2017年最新版

驗證刑訴改革脈動

Verifying the Direction of Criminal Procedure Reform

張麗卿　著

五南圖書出版公司 印行

新版序

近年來，刑事訴訟法有頗大幅度的改變，本書必須配合刑事訴訟法的變動，進行相對應的修改，持續驗證刑訴改革的脈動。

本次新版的更動，除了修改原有內容，更增加數篇新作，有：〈近20年刑事司法改革的趨向與檢討〉、〈關係人變被告〉、〈傳聞與共同被告的調查〉、〈刑事程序中之拒絕證言權〉、〈通訊保障及監察法之修正與評析〉及〈電子監控的實務運作〉等。整體來說，本書除了討論刑事訴訟法的重要問題之外，更將視野放大，把刑事訴訟法以外，涉及刑事程序的重要事項也一併納入。

在通訊科技發達的今日，通訊監察已經成為對付組織犯罪及恐怖主義等重大犯罪的有力偵辦方式；但如何保障民眾的通訊自由及隱私，兼顧真實發現與人權保障，是不可忽略的課題。與此同時，科技的發展也促成電子監控的進步。現在各國的治安政策，除了預防犯罪，亦重視避免再犯、減少監獄人數的負擔，因此電子監控扮演非常重要的角色。目前台灣的電子監控（科技設備監控），僅用於付保護管束的性侵害加害人，但諸多問題已經陸續浮現。職是之故，本書特以實證研究的方式，對主要執行電子監控的多位觀護人進行深度訪談，藉此明白實務執行狀況，並提出立法修正建議。

值得一提的是，2012年大陸刑事訴訟法第二次大幅度修正，將「尊重和保障人權」寫入刑事訴訟法；在刑事證據制度、刑事辯護制度、強制措施、訴訟監督、偵查、審判、執行和特別程序等方面，取得重大進步。針對這些內容的修改，本書獲得西南政法大學駱多博士及武漢大學薛文超博士兩人的大力相助，謹此致上最大謝意。

本次改版正值盛夏溽暑，我要特別感謝賢學隸與研究助理揮汗幫忙校正，他們是文化大學法律學系王紀軒助理教授、僑光科技大學財經法律系韓政道講師、東海大學法研所碩士生林聖鈞、陳秀菁，以及

高雄大學財法所碩士生高子淵、葉蕙禎、蔡岳玲、趙雨柔。

　　我還要深深感謝五南圖書公司楊榮川董事長，不計盈虧的提攜。1995年9月，我的第一本書《刑事訴訟法理論與運用》，蒙楊董事長接納，開啓我與五南的緣分，我的學術之路也得以擴展開來。歲月如梭，轉眼已逾二十年，感謝五南圖書公司始終堅持出版的品質，使本書能夠不斷新生。

　　2017年8月12日，美國維吉尼亞州的夏洛茨維爾鎮（Charlottesville）行人徒步區發生「開車撞人的種族衝突事件」。我正巧在維吉尼亞大學參加會議及訪學，感受整個事件對這個美麗城鎮的影響。小鎮麵包店門口張貼的海報：「少數人的權利也是人權。」這其實就是刑事訴訟法所持續追求的目標與精神。

　　我也要祝福所有讀者，身心都可以獲得安頓，圓滿而喜悦。

寫於

美國 維吉尼亞州
夏洛茨維爾鎮 維吉尼亞大學
2017年8月17日

Preface 2017

It has been ten years since the last edition of this book. In the interim, criminal procedure law in Taiwan experienced substantial modifications. This book must undergo corresponding revision to keep pace with the changes, to continue verifying the direction of criminal procedure reform. In addition to content update, this current edition incorporated a few new chapters. Besides addressing important issues in criminal procedure law, I have expanded the horizon to include significant matters that involve criminal procedure.

Given today's development in information technology, the surveillance of internet communication has become a powerful tool to detect or investigate organized crime and terrorism. But how to ensure simultaneously the public's freedom of communication and privacy? How to protect human rights and the integrity of the discovery process at the same time? These topics demand attention. With technological progress come advances in electronic monitoring. This book adopts the empirical research approach, and I conducted in-depth interviews with several probation officers in electronic monitoring to understand how it is operationalized in order to make recommendations for legislation consideration. Further, 2012 witnessed the second major modification of criminal procedure law in Mainland China, which included "respect and protection of human rights" in criminal procedure. That proved to be a momentous step forward, and this present edition entails new materials in accordance with such a move.

I am thankful to my many research assistants who diligently dedicated efforts toward making this new edition possible, laboring in the midst of the summer heat. My gratitude is due to WU-NAN Books Company, Ltd. which has assisted me from the start. The publication of my book titled *Theory and*

Application of Criminal Procedure Law in September, 1995 established my relationship with WU-NAN and helped broaden my academic publishing journey. It has been more than twenty years and WU-NAN has always insisted on the quality of its publications, allowing multiple reincarnations of this book. I am deeply grateful to WU-NAN for its continuous support.

I especially thank my good friend Dr. Maria W. Chee, Ph. D., Senior Administrative Director for Faculty Development and Institutional Compliance at the School of Continuing and Professional Studies, University of Virginia, Charlottesville. It is due to her invitation that I had the opportunity to visit and attend a meeting at the beautiful University. I also appreciate her assistance with the translation of this Preface into English.

On August 12, 2017 in Charlottesville, several white nationalist demonstrators mostly from out-of-town broke into violent confrontation with many local residents who were counter-protesting at the historic downtown mall, a five-block long pedestrian area flanked by green trees, sidewalk cafes, eateries and shops. One individual from Ohio purposely plowed a car into a large crowd of locals which resulted in one death and several injuries. I happened to be visiting the University of Virginia shortly after the event, and I could feel palpably the impact of such racially motivated incident on this charming college town. A poster pasted on the window of a restaurant reads as follows: "Minority rights are human rights." Such is indeed the goal and spirit of criminal procedure law.

I wish all my readers much good health and happiness in life.

Chang. Li

Charlottesville, Virginia, U.S.A.

August 17, 2017

自序

　　1995年開始，我國刑事訴訟法進入急劇的變動，首先是，羈押權是否應由法官決定的爭議；接著是搜索扣押與緩起訴的新規定；最大的變革則是1999年刑事司法改革決定採取「改良式當事人進行主義」。這些修正與變革，對於學界與實務界，都是必需面臨的挑戰。

　　本書先從「刑事訴訟法百年回顧與前瞻」出發，回顧這部法典，讓我們更親切的瞭解刑事訴訟制度的沿革，知道前人如何奉獻於現代法制的創建，並藉以惕勵我們自己，如何循著前人的軌跡奮進。在實際觀察比較「德美兩國刑事法教學與法庭活動」後，我確認如果從法學教育制度著手及司法實務的確實改變後，司法改革要走當事人進行主義的大方向，應無疑慮。

　　近幾年的修法過程中，搜索扣押與羈押是兩個很重要的議題，本書收錄了三篇關於搜索與扣押的論述：「搜索與扣押」、「附帶扣押與另案扣押」、「羈押審查的決定與救濟」。「評析新增訂之緩起訴制度」及「緩起訴處分之決定與效力」二文，肯定緩起訴制度是兼顧訴訟經濟與實踐當事人進行主義應有之配套措施。「鑑定人鑑定或專家參審」與「鑑定制度之改革」二文說明任何制度的實施，都不可能沒有瑕疵，對於現存的積弊找尋一條改革的道路，當然也不可能毫無障礙。不過，只要確信專家參審的確對司法制度的改革有正面意義，那就不該躊躇猶豫。

　　由於交互詰問是將來刑事訴訟程序的重心，是當事人進行主義的具體實踐，成效如何，必須有實證的依據。因此，我先詳細論述2003年修法通過後之「交互詰問之新規定」內容，並以「士林苗栗兩地之審、檢、辯實踐交互詰問」的情形，說明交互詰問制度運用於實務操作之實況。因為，藉著針對率先試行的第一線從事司法運作人員之實證研究結果，當可做為其他法院日後運作交互詰問時的參考。

　　最後，大陸刑事訴訟制度，雖與修法無直接關聯，但在兩岸結束四十年的隔離狀態而逐步開展交往後，掌握兩岸刑事訴訟制度的異同，也有助於對照與瞭解我們自己的刑事訴訟法，因此本書收錄了我耗費許多心力撰成的「兩岸刑事訴訟法之比較研究」一文。

　　任何制度的存在都有其目的，法律制度當然不例外。法律制度的存在目的是為了適當處理衝突，如果發現爭端不能適當獲得解決，不能得到當事人與民眾充分的信賴，制度就必須調整。制度的變革必然逢到阻礙，阻礙的發生源自對於制度的不理解。本書希望提供減少阻礙改革的知識，以及提供知識的檢驗。

　　我的學生林芳瑜與曾禾里揮汗分擔本書校對工作，備極辛勞，特此致謝。

謹識於史丹佛大學法學院

2003年8月

Preface

Since 1995, criminal procedure in Taiwan has entered a phase of rapid changes, notably the criminal justice reform in 1999 that adopted the adversary system. These changes pose immediate challenges to academia and the law profession. This book is a collection of my previously published articles related to these changes in, for example, search and seizure, preventive detention, deferred prosecution, cross examination, expert witness system, etc.

There is a purpose for the existence of any system, and the legal system is no exception. The purpose of the legal system is to appropriately handle conflicts. If conflicts cannot be resolved, or if the system fails to win the confidence of the public, then it is due for reform. The process of reform would undoubtedly encounter obstacles. Such obstacles often result from inadequate understanding of the legal system. It is hoped that this book will contribute to knowledge and to the understanding of the legal system, hence a decrease in the hurdles for legal reform.

I am grateful to Professor George Fisher of the Stanford Law School, as well as Professor and Chair Haun Saussy of the Comparative Literature Department at Stanford University. Professor Fisher provided me the opportunity to learn about American evidence and to observe the local court processes, while Professor Saussy enabled me to research on the influence of law and literature on each other. I especially thank my students Ching-Bin Liu, attorney-at-law and Mr. Yi-Tai Chiang, my teaching assistants Ms. Fang-Yu Lin and Mr. Her-Ly Tseng for proofreading the manuscript, but I alone assume full responsibility for all errors.

On a personal note, my son Jack Chen and daughter Jenny Chen have both accompanied me during the writing process. Their support has provided inspiration and comfort. I am also grateful to my good friends Gracie Chen, M.A. and Dr. Maria Chee. They each helped take care of my children in northern and southern California so that I might concentrate on my research and writing. In addition, through Gracie's encouragement I became a baptized Christian. I started to study the Bible in more depth and humility. I came to realize the insignificance and limits of humankind, and experience the importance of tolerance. Praise be to the Lord.

Chang. Li

At Stanford Law School, California

August 2003

目錄

　　隨著社會變遷，法律應當配合制定或修正，使之符合社會需求；因而符合社會變遷的法律脈動，就是體察社會的變遷；而且在體察社會變遷的同時，更應反思法律，期許法律制度的建構，更能合乎人民期待。刑事訴訟制度攸關人民權益極大，如果忽略社會變遷的影響，法制將難以進步，更遑論發現眞實與保障人權。

　　上個世紀後期，台灣人民權利意識逐漸高漲，此等權利意識，反映在刑事司法制度的變革。有必要驗證刑事訴訟法的改革脈動，並非只是記錄台灣刑事訴訟法的進步軌跡，更要放眼未來，思索刑事訴訟法的修正趨勢。是故，本書不是針對刑事訴訟法的個別專題進行探究，而是宏觀、全面討論刑事訴訟法的脈動。除了刑事訴訟法的討論以外，也有實地觀察的心得，比如筆者對於德國、美國刑事法教學與法庭活動的觀察，或台灣刑事法庭落實交互詰問的觀察，又或兩岸刑事訴訟法的比較觀察等。這些內容，對於台灣刑事訴訟法，也會有直接或間接的影響。

　　本書的第一個部分，是對於台灣刑事訴訟法的鑑往知來。中國的刑事訴訟制度，始建於周，但現行的刑事訴訟法制，則是承襲清末制度，自1935年施行至今。清末民初的刑事訴訟法，向歐陸學習，以職權進行爲原則，重視眞實發現；惟社經局勢變異，日益重視人權保障，1995年後，刑事訴訟法陸續修正，現改採改良式的當事人進行原則。百年來，刑事訴訟法的發展，可以參考〈刑事訴訟法百年回顧與前瞻〉；此外，爲了更深刻研究近年來的刑事訴訟變革，本次改版新增〈近20年刑事司法改革的趨向與檢討〉的鳥瞰內容，特別針對近年來台灣的刑事司法改革研析。或許刑事訴訟法的修正，無法盡如人意，但整體而言，每一次的革新，都是爲了

衡平眞實發現與人權保障，這也是未來刑事司法改革趨勢的重心。

　　刑事訴訟制度，與人權保障的關係密切，刑事訴訟法所規範者，涉及人民的重大權益。德國刑事法學者羅克辛（Claus Roxin）曾有傳神的描述，「刑事訴訟法是憲法的測震儀」，即表示刑事訴訟法所涉及的人身自由、隱私權、財產權或訴訟權等重要權益，與人權維護密不可分。在訴訟權的討論上，自訴權的定位是值得關注的議題。現行刑事訴訟法，採取以「公訴爲主、自訴爲輔」的政策，其主要原因之一，係爲導正台灣自訴氾濫的亂象。然而，當前自訴的功能並不可能完全被取代，除非揚棄自訴，否則其仍屬訴訟權的範疇。任何對於自訴的限制，都應合法、合理。這些問題的討論，請參見〈憲法解釋與訴訟權之保障—以釋字569號爲中心〉。

　　承前所言，刑事訴訟法所涉及的諸多國家行爲，舉凡拘提、逮捕、羈押、搜索及扣押等強制處分，都有侵害人權的疑慮，但爲了發現眞實，強制處分必然會存在。過去，台灣發生幾件與強制處分有關的事件，而這些事件之所受到民眾矚目，也是因爲背後都蘊含著社會變遷及法律修正的身影。1997年的刑事訴訟法修正，結束偵查中檢察官有權羈押的時代，是否羈押由法院決定，檢察官僅有聲請羈押之權；此際，發生台開遠倉購地案，法院准駁羈押聲請，成爲各界關注的焦點。不久後，2001年的刑事訴訟法修正，搜索權劃歸法院所有，除非有緊急搜索的情形，否則檢察官不能擅自發動搜索；對於附隨於搜索的扣押而言，也就有討論的必要。這二次修法的精神，基本上都在體現人權保障，但同時也不能忽略眞實發現的重要。相關的評述，請參見〈羈押審查的決定與救濟—台開事件相關裁定評析〉、〈搜索與扣押〉及〈附帶扣押與另案扣押〉的討論。

　　在刑事訴訟法走向改良式當事人進行原則的過程中，司法機關擔憂的是，訟源如果沒有相對應的減少，可能會成爲法曹極大的壓力。爲了落實改良式當事人進行原則，並兼顧訴訟經濟，刑事訴訟法於2002年增設緩起訴制度，〈評析新增訂之緩起訴制度〉與〈緩起訴處分之決定與效力〉，正是對當時修法的紀錄與檢討。緩起訴確實存有優點，不僅減少案件進入

法院，達到訴訟經濟，更可避免微罪者進入法院，無庸耗費於訴訟程序中，能夠保有原本的生活，有助於再社會化；且緩起訴可以附條件，如要求向被害人道歉、立悔過書、損害賠償等，有助於修復式司法。但是，同樣也被質疑，此不僅喪失對犯罪的檢驗機會，可能違反無罪推定；緩起訴要件模糊，對於相類似的案件，不同檢察官可能不同對待，未必公平。緩起訴制度的運作，迄今已逾十年，大體上值得肯定，但知古鑑今，未來仍應持續觀察，使緩起訴制度更趨完整。

　　本書的另一個重要部分，是涉及證據法則的相關內容。證據的蒐集與調查，應合乎正當法律程序的要求，以兼顧真實發現、人權保障。關於證據的蒐集與調查，在偵查程序中，思考的是如何節制國家機器的權力；在審判階段中，應關注的則是，如何確保偵查中的證據資料公正客觀，摒除不實與錯誤的風險。在刑事訴訟法的脈動中，我們可以發現，刑事鑑定制度的變革，是刑事證據的焦點議題。現在社會裡，刑事醫療、工程、專利等跨領域案件的增加，法官十分仰賴鑑定人，但若鑑定過程或結論有誤，恐將連帶造成判決的錯誤或瑕疵，關於鑑定制度的革新與建議，本書又分為幾個單元討論。

　　在〈鑑定人鑑定或專家參審〉與〈鑑定制度之改革〉二文之中，以較宏觀的視野，探討現行鑑定制度的問題，並提出相關修法與制度的建議。〈精神鑑定的問題與挑戰〉是有關鑑定制度在具體個案問題的探討。精神鑑定的結果，關係被告得否減輕或免除刑事責任，往往是刑事訴訟中檢辯攻防的重要戰場，該文特別觀察精神鑑定與裁判結果不一致者，並探討飲酒對身體及精神狀態會有何種影響等，希望能為司法實務提供有效之建議。最後，現今刑事訴訟法較為特殊的鑑定模式，是國家運用強制力來調查嫌犯或第三人的身體，藉以取得證據，如血液與尿液等檢測等，〈檢查身體之鑑定處分〉就是在探討這類型具有強制處分性質的鑑定方法，該如何理解其法理與定位，並進一步向實務提出如何妥善運用的建議。

　　被告與證人，也是極重要的調查方法。本書耗費極大的篇幅與心力，探討實務上與被告與證人調查有關的重要問題。在傳統偵查實務上，檢察

官常以關係人或證人的身分傳喚被告，訊問過程中如認定該者涉嫌重大，隨即又轉以被告的身分進行二度訊問，這可能有不法取供等侵害人權的疑慮。此外，被告以證人身分所爲之不利於己的陳述，能否作爲證據使用，是〈關係人變被告〉探討的重點。此與〈傳聞與共同被告的調查〉所討論的問題相似，也就是共同被告相互之間的身分地位究竟爲何。依傳聞法則的法理，若稱被告以外的第三人皆爲證人，共同被告本身對於相互間的不利指摘，又該選擇何種證據方法與踐行何種調查程序，皆有深入說明。在〈刑事程序中之拒絕證言權〉中，除了介紹證人概念與其權利與義務等，在其權利與義務中，相對於陳述義務外，最重要的拒絕證言權，是本文所欲探討與說明的核心。本文除了藉由比較法上的分析外，也於文末提出拒絕證言權的改進之道。

法諺云「交互詰問是發現眞實的利器。」審判程序中，藉由證人蒞庭接受檢辯之詰問，可以降低證人記憶錯誤或刻意杜撰不實，誤導裁判之風險，也能透過詰問使眞理越辯越明。2003年刑事訴訟法的修正，導入交互詰問制度；此亦是配合刑事訴訟法朝向改良式當事人進行原則的修正，進而落實檢察官的實質舉證責任。〈交互詰問之新規定〉、〈交互詰問制度之實踐－以士林、苗栗兩地爲研究中心〉等文，即是因應當初修法後，對於交互詰問制度的觀察與介紹。然而，交互詰問制度的落實，必將過度耗費審判時間與司法資源。改良式當事人原則的落實，會增加法庭活動的耗費，所以立法者也在刑事訴訟法中，建構疏減案源的相關配套措施，其中最受各界關注的，應屬認罪協商程序。〈刑事案件之「協商程序」〉一文，即是針對協商程序進行立法例的比較與評析。

綜觀整部刑事訴訟法，可以說是不斷與時俱進的動態法律，藉由不斷完善法律規範的內涵，創造發現眞實及保障人權的局面，應是法律工作者共同努力的目標。在努力過程中，對於其他國家或地區的立法例研究，不應偏廢。近年來，對岸人權保障的意識抬頭，刑事被告權益的維護，也能在2012年大幅翻修的中華人民共和國刑事訴訟法中看出端倪。〈兩岸刑事訴訟法之比較研究〉特別參考大陸的狀況，觀察有無值得借鑑之處，畢竟

台灣的學者通常習慣參考德、美、英、日等國家的法律制度，反倒忽略與台灣文化背景相近的大陸；同時，希望透過本文之撰寫，能爲兩岸刑事訴訟法之研究搭起橋樑，爲日後的學術互動提供實質幫助。

值得注意的是，近年來與刑事訴訟法相關的新興議題，如雨後春筍，其中涉及法令重大修正，並且與重要立法政策探討的議題，應該是網路通訊監察與電子監控。對於前者，於2014年以後有重要的修正，本書以〈通訊保障及監察法之修正與評估〉，進行相關的介紹與評析；至於後者的運用，主要是針對付保護管束的性侵害犯罪者，此涉及觀護人的重要業務，故本書的〈我國電子監控的實務運作——以觀護人的深度訪談爲核心〉，以質性的實證研究，瞭解目前實務上電子監控設備對於受監控個案的影響，以及觀護人作爲執行機關，在實際運作上面臨的困難，並於最後提出改善建議。

此外，本書也有刑法修正與刑事訴訟法的連動與刑事法教學的討論。〈刑法修正與案件同一性——兼論最高法院90年度台非字第168號判決〉，主要在討論2005年底的刑法修正，與刑事訴訟法同一案件認定的影響。〈德美兩國刑事法教學與法庭活動之比較觀察〉，則是本人的親自見聞，針對德國、美國的刑事法教學與法庭活動進行比較，提出看法，供作參考。關於刑事法教學的討論，在國內相對較少。所謂「百年樹人」，法學教育如何，多少影響司法改革的成敗。年輕法律學子終將投身立法或司法工作，因此培養具備法學專業，且富含人文素養的法律人，是法學工作者責無旁貸的責任。

第一章

刑事訴訟法百年回顧與前瞻

壹、前　言

我國關於刑事訴訟制度的形成，在周朝已見端倪。不過，「刑事訴訟」一詞，則是繼受外國新法制後才有的[1]。清朝末年，西方法律思想對於中國法制發生了極大的影響力，許多主要的法律如民刑法與訴訟法的制訂，無不參照西方法律制度。我國現行刑事訴訟法（以下簡稱「刑訴法」）的骨架，基本上承續百年前清末的刑訴法，現行法在近年來雖有很大幅度的修正，精神上還是西方法律思想的餘緒。清末迄今，這部刑訴法已近百歲了，這個東西方文化交會的產物，值得我們做一些回顧。

回顧這部法典，可以使我們更親切的瞭解刑事訴訟制度的沿革，知道前人如何奉獻於現代法制的創建，並藉以惕勵我們自己，如何循著前人的軌跡奮進。回顧過去，也可以使我們公平的看待前人，不武斷批評過去的立法設計為落伍。

本文首先說明，清末民初刑事程序立法過程的曲折與問世。接著論述現行刑訴法實施以後到近年來（1935～1994年）的一些修法歷程。1995年以後的一連串密集修法過程，是我國刑訴法施行以來很具關鍵性的變動，將以較長的篇幅說明。除了回顧之外，對於刑訴法的興革，本文將提出一些意見俾供參考。

黃源盛教授提供本文很重要的參考資源，在此致謝。如果不是黃教授在法制史上長年的辛勤耕耘，本文也不能追源溯遠的回顧以往的立法背景。

貳、清末民初刑訴法的催生與問世

晚清以來刑事訴訟程序立法的演進過程頗為曲折。民國創立，法制多

---

[1] 參閱黃源盛，民國初期近代刑事訴訟的生成與展開——大理院關於刑事訴訟程序判決箋釋（1912～1914年），政大法學評論，61期，1999年，頁33；另參閱徐朝陽，中國訴訟法溯源，台灣商務，1973年1版，頁1～3。

關，不得不刪除與民國政體相牴觸部分，暫時仍援用清季法令[2]，故對清末民初刑事程序法的制訂背景與生成過程應先掌握，才能清楚現行刑訴法的承繼軌跡。

一、刑事民事訴訟法草案

清末修訂法律大臣沈家本等主持修訂法律館，譯述外國法律及法學文獻，於1906年（光緒32年）編訂「刑事民事訴訟法草案」[3]，該草案將民事訴訟與刑事訴訟[4]合於同一法典之中，關於刑事訴訟程序部分已經採取歐陸各國的陪審制度及公開的審判制度，不過，也仍保留舊體制的糾問制度。1910年12月24日，沈家本等以「刑事民事訴訟法」為名，奏呈朝廷，該奏摺開啟了清末變法修律中「理法之爭」的先聲[5]。「刑事訴訟律草案」計分六編515條，然未及頒行，清朝覆滅[6]。

二、刑事訴訟律與刑事訴訟條例

民國肇始，由於太過匆促，法制不備，理屬當然，而有關刑事訴訟程序的法制自亦未遑建立；整體說來，民國初期（1912～1914年）的審判制度，基本上是援用清季沈家本等人所主持編纂的相關法規。

1921年，廣州軍政府鑑於我國刑訴法規，龐雜糾紛，不成系統，法院極感困難，訴訟或因此停滯，乃將前清刑事訴訟律加以刪除修正，於同年3月2日明令公布，4月13日又公布刑事訴訟律施行細則第7條，規定「刑事訴訟律自公布後二個月施行」。我國之有正式刑訴法，蓋自此始，惟其施

---

[2] 民國初年，尚未建立立法機關，大理院是當時最高司法審判機關，大理院初期從民國1年至3年的判決，基本上，除了與民國的國體相牴觸外，仍然承續前清「法統」，換言之，清朝所訂頒的法規在民國初期仍然具有拘束力。參閱黃源盛，前揭文，頁37。

[3] 島田正郎，清末近代法典編纂，東京創文社，昭和55年，頁73。

[4] 該草案的刑事訴訟部分，於1910年（宣統2年）12月27日，在日本修律顧問岡田朝太郎的協助下，完成「刑事訴訟律」，該律計六編514條。參閱謝振民編著，中華民國立法史，台北正中，1948年，頁1248。

[5] 關於當時的理法之爭，詳細內容可參照黃源盛，前揭文，頁40以下。

[6] 參閱島田正郎，前揭書，頁97；黃源盛，前揭文，頁39、41。

行區域，只及於西南數省[7]。

此外，當時的北京政府修訂法律館編成刑訴法草案，司法部改稱爲「刑事訴訟條例」，並擬具刑事訴訟條例施行條例第13條，呈經政府於1921年11月14日由大總統（徐世昌）公布，定於1922年1月1日起，先就東三省等法院區域施行。至同年1月6日，又明令自同年7月1日起，全國各法院一律施行，惟實際上只施行於北京政府統治下各省，西南各省仍遵行「刑事訴訟律」[8]。該「刑事訴訟條例」主要係就清末之「刑事訴訟律草案」損益而成，內容大多仿自日本大正年間（約1920年）的「刑訴法草案」[9]。

三、刑訴法（舊刑訴法）附施行條例

從1922年以後，中國有兩種刑訴法規並行；1928年，全國統一；1928年2月，國民政府始於第29次委員會決議，由司法部速提出刑事訴訟適用法規。該部以各省自爲風氣，在同一系統下之法院，適用關於刑事訴訟程序之兩種法規，實非正軌，且事實上亦窒礙難行，乃博采成規，旁稽外制，釐訂刑事訴訟統一法規。甫經脫稿，適中華民國刑法於1928年3月10日公布。惟因程序法與實體法應相輔而行，未便稍有歧異，致礙援用，乃依據刑法，將該項草案重加編訂，成「刑訴法草案」，共分七編，計496條，附施行法草案第17條，於5月送呈國民政府提經第65次委員會決議交法制局審查。該局召集編審會議，迭次縝密研討，詳愼修訂，擬具修正案九編，共513條。

修正案較原草案增加二編，共17條，原附施行法草案亦分別加以修正。法制局審竣後，即提出意見書，連同修正案，呈經中央政治會議於第146次會議討論，該會議決議指定委員李烈等及最高法院法制局審查，由

---

[7] 參閱謝振民編著，中華民國立法史，台北正中，1948年，頁1248。

[8] 參閱謝振民編著，前揭書，頁1248。

[9] 參閱島田正郎，前揭書，頁97。此外，該條例併有兩種補充法令，其一是1920年10月28日司法部公布的「處刑命令」；其二為1922年1月25日大總統命令公布的「刑事簡易程序暫行條例」。參閱黃源盛，前揭文，頁50。

司法部部長蔡元培召集開會。蔡部長旋召集審查會，將原草案修正案一併提出共同討論，詳加修正。

　　李烈等審查完竣後即繕具報告書，提經中央政治局會議於第149次會議，將「刑訴法及其施行條例」完全通過，國民政府於1928年7月28日公布，並定於同年9月1日起施行。刑訴法（即舊刑訴法）共分九編，計513條[10]。

四、新刑訴法（現行刑訴法）附施行法

　　1931年12月9日，立法院以現行刑法，亟待修正，刑訴法亦應同時改訂，特指派委員史尚寬等組織委員會，起草修正刑法，對於刑訴法未能同時進行，直至1933年6月，司法行政部擬具「修正刑訴法草案」，並總揭修正要旨於編首，呈請行政院轉送立法院審議。

　　立法院於第三屆第25次會議，將該修正草案提出一讀，並議決付刑法起草委員會審查。該會於1933年開始審查，就該草案詳加研究，並參酌各方意見，該會各委員考察所得，從事修正，直至1934年9月20日完成修正案初稿，該刑訴法修正案共九編，20章，計560條，先後共開會67次。除依法院組織法，將四級三審制改為三級三審制及遵照中央政策會議決定之原則，擴張自訴範圍外，力求程序簡便，結案迅速，減少訟累，防止流弊，其由司法行政部先後送院之「刑事簡易程序暫行條例草案」及「刑罰執行法草案」，亦酌量採納，以期完密，而利施行。

　　1934年立法院於11月27日、28日開第三屆第83次會議，將「刑訴法修正案」提出討論。於第84次會議，將保留各條照審查案通過，以全案付表決，出席委員均無異議通過。立法院通過刑訴法並議決：「本法與中華民國刑法均定於1935年1月1日公布，至施行日期，俟將來施行法通過後，再行決定[11]。」

---

[10] 「刑訴法」大致與「刑事訴訟條例」相同，較特殊者，是將第二編第一章公訴中的「預審」一節刪除，只分偵查、起訴、審判三節，其第二章為自訴。參閱謝振民編著，前揭書，頁1254。

[11] 參閱謝振民編著，前揭書，頁1257～1260。

　　新刑訴法直至1935年1月1日國民政府公布修正，同年3月刑法起草委員會擬具「刑訴法施行法草案」並於4月1日公布，最後終於決定7月1日為「新刑訴法附施行法」之施行日，整部刑訴法分九編，共516條。

參、1935年後的修法歷程

　　1935年刑訴法（即現行刑訴法）公布施行以後不久，國民政府遷台，由於仍屬法制適應期間，故在1995年以前，只有幾次零星的修正。

一、1967年

　　從1936年至1967年的三十餘年間，其間1953年行政院曾送請立法院審議刑訴法修正草案，並由司法暨法制聯席委員會討論審查多年，除此之外，並無其他修正的提案。直至1967年修正公布之刑訴法，對於審判程序的進行，才有相當重要的變革。本次修正最重要的是，增訂「證據」法則的專章，例如，對於證據調查的方式及程序有詳細的規定，並採取英美法當事人進行精神的規定，明文規定檢察官的舉證責任（刑訴§161）、交互詰問的順序（刑訴§166）、賦予當事人調查證據請求權及辯論證據證明力的機會（刑訴§163）。此外，擴大審判中適用強制辯護案件的範圍及限制羈押延長的次數。本次修正是為了調和新刑訴法中有些規定過分職權進行的缺點，而酌採當事人進行制度的規定，這對於調查證據的法制化及當事人權益的保障，有相當貢獻[12]。

二、1982年

　　1967年以後的15年間，刑訴法未曾有任何修正。不過，王迎先命案的發生確立了偵查中得選任辯護人的制度（參照刑訴§27以下）、辯護人得於檢、警訊問被告或犯罪嫌疑人時在場（刑訴§245 II），這個修正明文賦予人民受有辯護協助的權利，且對於偵查機關喜用違法偵查的手段有

---

[12] 參閱拙著，刑事訴訟法理論與運用，2003年6月8版，頁36。

相當程度的抑制，可說是，係以人權保障的法治國原則爲方向的修正。不過，也開發司法警察爲了調查「犯罪嫌疑人」及蒐集證據，得使用通知書，「通知」犯罪嫌疑人到場接受「詢問」的法源依據（刑訴§71之1）。此警察之通知，也被稱做約談。通知書應由司法警察機關長官簽名（警察局長、分局長、調查局長、憲兵隊長）。通知書的記載事項與傳票相同。犯罪嫌疑人受通知，無正當理由不到場，得報請檢察官核發拘票（刑訴§71之1Ⅰ）。另外，美中不足的是，增訂的「逕行拘提」（刑訴§88之1），卻是屬於擴充了檢警人員爲強制處分的權限範圍[13]。

三、1990年

1990年的主要修正有，判決書應記載的事項（刑訴§308）以及簡易判決的相關部分條文，如修正第451條、第454條，增訂第451條之1、第455條之1，增列簡易判決書應記載事項（刑訴§10之1）。總言之，本次修正的重點在於減輕判決書應記載事項，及擴充簡易程序的適用範圍[14]。

四、1993年

1993年只有第61條關於送達內容的修正。

肆、近年來刑訴法的重要修正內容

1995年以後，司法改革的聲浪越益高漲，輿論一方面要求司法妥善保

---

[13] 不過，依第88條之1第4項規定，檢察官或司法警察實施緊急逮捕時，「必須告知」犯罪嫌疑人及其家屬，得選任辯護人到場。本條係1982年所增訂；1977年修正第95條，於第4款增列，訊問被告時：應告知得選任辯護人。對於檢警違反告知義務，所得的被告自白有無證據能力？最高法院早年認為（72台上1332判例；後經最高法院92年度第5次刑事庭會議決議不再援用），如經法院「調查與事實相符，自得資爲裁判之基礎。」現在，最高法院的判決，如87台上4342；87台上4140；86台上3768及台北地院88訴826號判決等，均認為實施刑事訴訟之公務員，於訊問被告程序中未遵守上開規定，即屬剝奪被告所享有之正當法律程序保障，其因此取得之被告自白，自不具備證據能力。從上述實務意見的轉變，足見本條歷次修正的結果，已對實務的運作有相當影響。

[14] 關於簡易程序歷年來重大修正的內容及評估，可參閱拙著，刑事訴訟法理論與運用，2016年9月13版，頁611以下。

護人權，一方面要求司法有效處理刑事案件，刑事訴訟制度面對了嚴格的考驗，於是展開了前所未有的密集而且重要的一連串修正。以下分別就歷次的修正內容詳加說明[15]。

一、1995年

1995年主要的修正在於，擴大限制上訴第三審的範圍，並配合修正第253條擴充檢察官得裁量不起訴的範圍，及同時修正第449條以下的相關規定，使得適用簡易處刑案件的範圍加大，詳細內容大致如下：

（一）擴充檢察官職權不起訴處分的範圍

關於職權不起訴的案件範圍，刑訴法第253條本來規定以刑法第61條的輕微案件為限，1995年修正為凡不得上訴第三審的案件，都可以職權不起訴處分，更多的輕微案件因此無須進入審判程序即能終結。這是配合限制上訴第三審的案件範圍已修正擴大，及加強微罪不舉的功能，而將檢察官的職權不起訴範圍比照擴大。

（二）簡化第二審判決書之制作

修正刑訴法第273條，簡化第二審判決書之制作，第二審認定之理由與第一審相同者，亦得引用之，惟如對案情重要事項第一審未予論述，或於第二審提出有利於被告之證據或辯解不予採納者，應補充記載其理由，以符合第二審為「覆審制」的法意。如被告之上訴僅求其宣告緩刑時，第二審法院除可引用原審判決書所載之事實、證據外，並可依新規定引用第一審判決之理由，單僅就准否緩刑之理由，為補充之記載，以減輕第二審法官工作負擔。

---

[15] 由於篇幅之故，關於各次修正詳細內容的評估，可參閱拙著，刑事訴訟制度與刑事證據，2003年5月2版，頁201以下。

（三）嚴格限制上訴第三審之案件

修正刑訴法第376條，增加不得上訴於第三審法院的案件種類。修正理由爲上訴第三審之刑事案件日增，法官不勝負荷，參照外國對上訴第三審的案件均加限制之立法例，關於第321條加重竊盜罪、第336條第2項業務侵占罪、第341條之準詐欺罪、第342條背信罪及第346條恐嚇取財罪等案件，修正爲不得上訴於第三審法院。

（四）修正簡易程序

1. 聲請適用簡易程序的範圍擴大

本來適用簡易程序的範圍，以刑法第61條所規定的各罪爲準，本次修正將之變更爲依刑訴法第376條所規定的案件，其適用範圍因而擴充。

2. 法院得酌情適用簡易程序

簡易程序以檢察官聲請爲原則，但是，得否適用簡易程序的決定權在於法院，因此，法院對於檢察官依通常程序起訴，認爲宜以簡易判決處刑者，得不經通常審判程序，逕以簡易判決處刑，如此又將用簡易程序的案件範圍擴大。然而，法院將通常審判程序轉爲簡易程序的決定，亦宜以被告同意或無異議時，方得爲之。

3. 科刑範圍增加

簡易判決所科之刑原以六個月以下的有期徒刑、拘役或罰金爲限。本次修正爲了達到訴訟經濟及擴大適用簡易程序的目的，將科處刑罰的範圍，回復到1967年以前的規定。這修正只考慮到訴訟經濟，卻枉顧被告的權益，值得商榷。

4. 簡易判決書的記載更加簡化

爲了簡化簡易程序，判決書得以簡略方式爲之，如認定之犯罪事實，證據及應用的法條，與檢察官聲請簡易判決處刑書或起訴書之記載相同者，得引用之。

二、1997年

依大法官釋字392號解釋，羈押決定權應歸屬法官，刑訴法的羈押案件及程序均隨之大幅修正，修法後對於被告或犯罪嫌疑人的人權保障更加周密。除此之外，訴訟經濟也是本次修正重點。以下說明本次修正的重要內容[16]。

（一）羈押制度

1997年最重要的修正之一是，羈押的決定權回歸法官（法官保留原則），檢察官只有聲請權。司法警察不能直接向法官聲請羈押。法院在決定羈押之前，應先訊問被告。訊問程序適用第94條以下的規定。修正後刑訴法規定「被告經法官訊問後，認為犯罪嫌疑重大，於必要時得羈押之」。羈押的要件分為形式及實質要件，這兩個要件必須同時具備始得羈押被告。

依羈押的目的，羈押可粗分為一般羈押與預防羈押。一般羈押是指，被告逃亡或可能逃亡（訴訟無法進行）、被告有湮滅證據之虞（案情可能陷於膠著）、被告犯重罪，而加以羈押。不過，關於重罪被告的羈押，不需要有逃亡或湮滅證據的可疑事由。這將與無罪推定原則及比例原則相違背。原則上，羈押是拘提或逮捕的後續處分。司法警察對於拘提或逮捕的被告，必須儘速解送該管檢察官；但被告或犯罪嫌疑人未經拘捕者（自首、自行到案者），不得解送（刑訴§229Ⅲ）。對於傳喚、自首或自行到案的被告，檢察官訊問後認有羈押的理由與必要，得予逮捕，再聲請法院羈押（刑訴§228Ⅲ但書）。對於解送的被告，如有羈押必要，檢察官必須於拘捕此刻起二十四小時內，向法官聲請（刑訴§93）；未經司法警察解送的被告，檢察官不能聲請羈押。

此次修法增列「再犯危險」為羈押要件之一。依第101條之1規定，特

---

[16] 關於本次修正內容的重要評估，詳細內容可參閱拙著，論刑訴法的新修正（上），法令月刊，49卷6期，1998年6月，頁18以下。

定犯罪的被告，有事實足認為可能反覆實施同一犯罪者，亦得羈押，此種預防性的羈押規定，違背羈押制度的原始設計，與無罪推定原則相衝突。

（二）訊問程序

關於訊問的程序，此次刑訴法作大幅的修正。例如，明文賦予被告緘默權，依新法第95條規定，訊問被告時，應告知其犯罪嫌疑及所犯「所有」罪名，罪名經告知後，認為應變更者應再告知。除此之外，尚應告知被告得保持緘默，無須違背自己意思而為陳述；得選任辯護人，以及得請求調查有利之證據。

另外，增訂禁止疲勞訊問，規定訊問被告應出以懇切之態度，不得用強暴、脅迫、利誘、詐欺、疲勞訊問或其他不正之方法（刑訴§98）。並增訂第100條之3，原則上司法警察不得於夜間詢問犯罪嫌疑人，然經受詢問人明示同意、於夜間拘捕到場而查驗其人有無錯誤、經檢察官或法官許可或有急迫之情形者，不在此限。

最後，由於訴訟程序中時有被告辯解於訊問時遭受刑求，故增訂之第100條之1，規定訊問被告應全程連續錄音，必要時並應全程連續錄影[17]；但有急迫情況且經記明筆錄者，不在此限。筆錄內所載之被告陳述與錄音與錄影之內容不符者，除非係有急迫情況且經記明筆錄，否則不符之部分不得作為證據。這樣，可以建立訊問筆錄之公信力，並擔保程序之合法性。

（三）人犯之解送

關於人犯的解送也是本次修正的重點，主要有：

1. 對於拘提或因通緝逮捕之被告，縮短先行解送訊問之時間

為配合憲法第8條第2項規定，限期解送人犯、保障人身之自由的本旨，對拘提或因通緝逮捕之被告，由原「三日內」改為「二十四小時

---

[17] 關於錄音帶及錄影帶的證據能力，可參閱拙著，論相片與錄影帶之證據能力，軍法專刊，33卷12期，頁16以下。

內」。如不能解送至指定處所，應分別其命拘提或因通緝者爲法院或檢察官，先行解送較近之法院或檢察機關，訊問其人有無錯誤。

另外，司法警察逮捕或接受之現行犯，若所犯爲最重本刑一年以下有期徒刑、拘役或專科罰金之罪、告訴或請求乃論之罪，其告訴或請求已經撤回或已逾告訴期間者，得經檢察官之許可，不予解送（刑訴§92II），以節省警力並兼顧人權之保障。因爲修法前所有現行犯之案件，爲避免錯誤逮捕的疑義，不問輕重均應立即解送檢察官審查，對於輕微犯罪及欠缺追訴條件案件的犯罪嫌疑人，造成不必要的人身干預，爲使沒有羈押必要的現行犯儘早恢復自由，乃有第92條第2項但書的規定。

2. 增訂二十四小時移送時限之法定障礙事由

拘提或通緝逮捕之被告，依第91條及第93條第2項規定，應自拘提或因逮捕時起二十四小時移送至指定處所以及聲請法院，此二十四小時之時限，如有特定事由，其經過之時間應不予計入。並增訂第93條之1明定法定障礙事由，包括因交通障礙或其他不可抗力事由所生之遲滯、在途解送期間、因夜間而不得爲詢問之時間、因人犯身體健康突發事由上不得爲訊問之時間、等候辯護人、通譯之時間、候保或等待責付之時間、經法院提審之期間等[18]。

3. 拘捕前置原則

爲保障人權，規定非現行犯、通緝犯或拘提到案之人犯，司法警察不得解送檢察官處理（刑訴§229III）。第228條第3項規定：被告經傳喚、自首或自行到場者，檢察官於訊問後，認爲有羈押之必要者，得予逮捕，並將逮捕所依據之事實告知被告後，聲請法院羈押之。換言之，檢察官不

---

[18]增訂第93條之1「法定障礙事由」規定之理由說明，「憲法第8條第2項所謂至遲於二十四小時內移送之二十四小時，係指其客觀上確得爲偵查之進行而言，本院釋字130號之解釋固仍有其適用，其他若有符合憲法規定意旨之法定障礙事由者，自亦不應予以計入」，由於刑訴法並無相關法定障礙事由之規定，遂增訂本條文，詳列因交通障礙之遲滯、在途解送時間、夜間不得訊問或因犯罪嫌疑人身體狀況致無法訊時間以及因等候辯護人或通譯到場等之經過時間，不計入限時移送之二十四小時內。

得未經拘提[19]或逮捕[20]程序，即逕行聲請羈押被告，此即所謂「拘提逮捕前置原則」[21]。

拘提逮捕前置原則，是憲法第8條第2項規定「人民因犯罪嫌疑被逮捕拘禁時，其逮捕拘禁機關應至遲於二十四小時內移送該管法院審問」的具體實踐，因為，經拘捕之人犯，始有移送法院審查其拘捕是否合法以及有無羈押之必要。其目的，在於區分兩個階段分別審查有無拘提及羈押之要件[22]，避免一開始即對犯罪嫌疑人加以羈押，俾保障犯罪嫌疑人人身自由，以免遭受不當之侵害。

憲法第8條第2項規定，逮捕拘禁機關應移送該管法院，此之逮捕拘禁機關，應指法院以外之機關。換言之，憲法第8條第1項中所謂之「司法機關」雖包括檢察官及法院，惟同條第2項「限期移送」之規定，則係要求執行逮捕拘禁之司法警察或檢察官，至遲應於二十四小時內移送法院訊問，以決定是否有繼續羈押之必要。故拘提逮捕前置主義在偵查中始有其適用，審判中於法院決定羈押被告時，得逕命司法警察執行羈押，不受應先經拘提或逮捕之限制。因此，審判中未設「拘提逮捕前置主義」，並不違反憲法第8條第2項。因此，為了符合憲法第8條第2項及釋字392號解釋保障人身自由之本旨，避免一開始即對犯罪嫌疑人施以長達二個月的羈押處分，增訂上述條文，主要在確立犯罪嫌疑人之羈押應以犯罪嫌疑人經拘提或逮捕為前提，先經判斷有無拘提逮捕之事由及執行逮捕拘提後，認為有羈押之必要者，始得聲請法官予以羈押。

---

[19] 關於拘提到案者，刑訴法規定於第75條、第76條、第87條第1項及第88條之1。

[20] 關於逮捕到案者，刑訴法規定於第87條第1項、第88條第1項及修正後之第228條第3項。

[21] 是對司法警察機關的限制，規定在第229條第3項被告或犯罪嫌疑人未經拘提或逮捕者，不得解送。

[22] 簡言之，必須先有拘提與逮捕的存在，才可進一步考慮是否有羈押的必要，拘提逮捕的前置是聲請羈押的前提要件，不是考慮得否羈押要件的本身。

（四）智能障礙者及被害人的保護

1. 通知選任辯護人

被告或犯罪嫌疑人因智能障礙無法爲完全之陳述者，應通知其法定代理人、配偶、直系或三親等內旁系血親或家長、家屬得爲被告或犯罪嫌疑人選任辯護人。但不能通知者，不在此限（刑訴§27III）。

2. 強制辯護之案件

被告因智能障礙無法爲完全之陳述，於審判中未經選任辯護人，審判長應指定公設辯護人爲其辯護（刑訴§31I）。另外，被告或犯罪嫌疑人因智能障礙無法爲完全之陳述者，應有得爲其輔佐人之人或其委任之人或主管機關指派之社工人員爲輔佐人陪同到場。但經合法通知無正當理由不到場者，不在此限（刑訴§35III）。

3. 審判時應傳喚被害人陳述意見

新法增訂第271條第2項規定，審判期日應傳喚被害人或其家屬，並予陳述意見之機會。但經合法傳喚無正當理由不到場或陳明不願到場，或法院認爲不必要或不適宜者，不在此限。

（五）擴大簡易處刑的範圍

爲了達到訴訟經濟的目的，減輕檢察官及法院處理案件的負擔，「簡易程序」也有不少修正，尤其在第451條之1引進「認罪協商制度」，是最值得注意的。

1. 擴大簡易處刑的適用範圍

依修正後第449條規定，第一審法院依被告在偵查中之自白或其他現存之證據，已足認定其犯罪者，得因檢察官之聲請，不經通常審判程序，逕以簡易判決處刑。但有必要時，應於處刑前訊問被告。前項案件檢察官依通常程序起訴，經法院訊問被告自白犯罪，認爲宜以簡易判決處刑者，得不經通常審判程序，逕以簡易判決處刑。依前二項規定所科之刑，以宣告緩刑、得易科罰金之有期徒刑、拘役或罰金爲限。

依前述規定，簡易判決所科之刑為宣告緩刑、得易科罰金之有期徒刑、拘役或罰金，其適用範圍，不再限於不得上訴第三審的範圍案件。

2. 引進認罪協商制度

為了鼓勵初犯及輕微犯罪人改過自新，此次修正更引進認罪協商之制度。檢察官在被害人同意的情況下，對於被告在偵查中自白者，得命被告向被害人道歉，並向被害人支付相當數額之賠償金，以換取檢察官向法院求刑或請求為緩刑之宣告。

依修正後之第451條之1規定，得聲請簡易判決處刑之案件，被告於偵查中自白者，得向檢察官表示願受科刑之範圍或願意接受緩刑之宣告，檢察官同意者，應記明筆錄，並以被告之表示為基礎，向法院求刑或為緩刑宣告之請求。被告於審判中亦得向法院表示之，檢察官得依被告之表示向法院求刑或請求緩刑之宣告。法院除有下述例外情形，否則應於檢察官求刑或緩刑宣告請求之範圍內為判決：(1)被告所犯之罪不合第449條所定得以簡易判決處刑之案件者。(2)法院認定之犯罪事實顯然與檢察官所據以求處罪刑之事實不符，或於審判中發現其他裁判上一罪之犯罪事實，認檢察官之求刑顯不適當者。(3)法院於審理後，認應為無罪、免訴、不受理或管轄錯誤判決之諭知者。(4)檢察官之請求顯有不當或顯失公平者。同時檢察官為該求刑或請求時得徵詢被害人之意見，並經被害人同意，命被告向被害人道歉或支付相當數額之賠償金。

（六）其他修正

1. 修正宣示判決時限及裁判原本交付時限

由於實務的需要及更新審理間隔日數之期限過短，將原本之宣示判決期日為自辯論終結之日起「七」日內修正為「十四」日內（刑訴§311）。另外，配合第311條宣示判決時限已酌予延長，並為兼顧當事人之權益，故修正為裁判書應於裁判宣示後當日將原本交予書記官；於辯論終結後之期日宣示判決者，應於五日內交付之（刑訴§226）。

2. 增訂檢察官的「退案權」及修正司法警察之相關規定

第231條之1新增訂，檢察官對於司法警察移送之案件認為調查未完備者，得將卷證發回，命其補足，或發交其他司法警察或司法警察官調查。司法警察或司法警察官應於補足或調查後，再行移送或報告。檢察官對該補足或調查並得限定期間。此項新增訂的「退案制度」係規定檢察機關對司法警察機關移送或報告之案件，認為「偵查未完備」的情形時，有權退案與司法警察機關，要求警察機關對於事實不清楚及證據不夠充分的地方繼續調查。此項作法，與刑訴法第258條所規定的法理相同，換言之，上級法院檢察署認為告訴人再議聲請有理由，且偵查未完備，發回原檢察官續行偵查。

另外，修正後刑訴法已經刪除縣市長為一級司法警察官之規定，並配合現制增訂警政署署長、警察總隊總隊長為一級司法警察官（刑訴§229 I）。

三、1998年

1998年的修正，值得注意的是，提升被害人的權益。這包括被害人於偵查中受訊問時可有陪同人員，並將被害人納入受送達之列。

（一）被害人為受送達人的範圍

為強化被害人刑事訴訟之主體地位，修正刑訴法第55條將被害人納入應受送達人之範圍，規定被害人應將其住所、居所、事務所或送達代收人向法院陳明；被害人死亡者，則由其配偶、子女、父母依序陳明之。

（二）被害人於偵查中受訊問之陪同人員

偵訊被害人時得有人陪同在場陳述意見。由於被害人受害後心理、生理、工作等極待重建之特殊性，新法增訂第248條之1，規定被害人於偵查中受訊問時，得由其法定代理人、配偶、直系或三親等內旁系血親家長、家屬、醫師或社工人員陪同在場，並得陳述意見，以減少二度傷害。

（三）錄音、錄影資料之保管

修正刑訴法第100條之1、第100條之2。司法警察官或司法警察之詢問筆錄，在訴訟程序中，時有被告或辯解非其眞意，或辯解遭受刑求，屢遭質疑，爲建立訊問筆錄之公信力，以擔保程序之合法，所以訊問過程應全程連續錄音並錄影，並應於一定期間內妥爲保存，偵審機關如認爲有必要時即可調取勘驗，以期發現眞實，並確保自白之任意性。另外，爲避免由原承辦人員保管而易發生遺失或竄改之流弊，規定將錄音及錄影之資料由所屬機關另行保管。

（四）增列法官或檢察官因案受懲戒處分得爲再審理由

修正前之舊法對法官、檢察官於案件審理時有違法失職情事，必須法官或檢察官因此受司法審判、負刑事責任時，當事人方得據以聲請再審。新法增訂若法官、檢察官因該案件違法失職之行爲已受懲戒處分，且其行爲不利被告足以影響原判決者，即得作爲聲請再審之理由（刑訴§420Ⅰ⑤），俾周詳保障當事人的權益。

四、1999年

1999年的修正，沒有規範內容上的重要更動，只是配合1997年的刑法及刑訴法的修正，做了一些對應的文字更改。

（一）預防性羈押之文字修正

爲配合刑法第227條之修正，修改第100條之1第1項第2款之「姦淫或猥褻罪」爲「與幼年男女性交或猥褻罪」。

（二）搜索、扣押限制例外之文字修正

爲配合刑法第16章章名之修正作修改。將第147條第3款之條文文字「賭博或妨害風化」修改爲「賭博、妨害性自主或妨害風化」。

（三）法定障礙事由之文字修正

　　1997年刑訴法修正，已將第100條之2移列修正爲第100條之3，爰配合修正第93條之3第3款爲「依第100條之3第1項規定不得爲詢問者」爲不予計時之原因。另外，第35條第3項已修正增列：「被告或犯罪嫌疑人智能障礙無法爲完全之陳述者，應有第1項得爲輔佐人之人或其委任之人或主管機關指派之社工人員爲輔佐人陪同在場。」依此規定，偵查機關即有義務等候本條所列之人到場，如不能將其等候時間列爲法定障礙事由，顯不合理，爰修正增列於第93條之1第1項第5款。

（四）禁止夜間搜索、扣押之文字修正

　　1997年刑訴法修正，已將第100條之2列移修正爲第100條之3，爰配合修正第146條第4項：「第100條之3第3項規定，於夜間搜索或扣押準用之。」

五、2000年

　　2000年，針對羈押與自訴做了重要的修正。關於羈押，增訂「再執行羈押條款」；關於自訴，刑訴法本來採「自訴優先於公訴」的原則，此次修正改採「公訴優先自訴」原則。以下分別說明[23]。

（一）再執行羈押條款

　　有關羈押的規定，1997年底已有重大修正。本次修正是延續上次未加考慮的問題。再執行羈押的法律適用，其前提在於有「羈押的停止」。羈押的停止，是暫時恢復羈押中被告或犯罪嫌疑人的自由。與再執行羈押修正相關的條款敘述如下：

---

[23] 關於本次重要修正內容的評估，詳細可參閱拙著，論2000年2月刑訴法的新修正，法令月刊，51卷6期，2000年6月，頁3以下。

1. 逕命具保等處分之準用

2000年2月刑訴法修正時增訂第116條之2及修正第117條第1項第4、5款之規定，然該二條之修正均係針對羈押後停止羈押之情形，於檢察官或法院於羈押前逕命被告具保、責付、限制住居之情形，既未經羈押，本無再執行羈押之問題，但為強化羈押前逕命被告具保、責付、限制住居之約束力，立法者認為仍宜比照羈押前停止羈押之規定，賦予檢察官及法院有命被告遵守一定事項之權限，並於被告違背該事項時，得成為撤銷原具保等處分改命羈押之事由。故於2000年2月刑訴法修正時增列第117條之1成為逕命具保、責付、限制住居之情形，亦有再執行羈押之準用。

2. 停止羈押遵守事項

具保、責付、限制住居而停止羈押之被告，羈押原因仍然存在，僅因無羈押必要或不適宜羈押，而准其保釋期間之行為仍應受到一定限制，以符合具保、責付、限制住居替代羈押之目的，故命被告應加遵守，不得實施危害或恐嚇行為；保外就醫者，未經許可，不得從事與治療目的顯然無關之活動，以強化具保、責付、限制住居處分之約束力。另外，為顧及個案情形，強化強制處分的約束力，並增訂一概括規定，於法院認為適當時，亦得命被告遵守一定之事項，例如不得與被害人、證人或鑑定人為非必要之聯絡，或命接受適當之治療等，以切實保護相關人或防衛社會安全。故2000年2月刑訴法修正時，特別參照德國刑訴法第116條[24]及日本刑訴法第93條第3項之規定，於我國刑訴法增訂第116條之2許可停止羈押時應遵守之事項。

3. 再執行羈押條款

為配合第111條之1、第116條之2之增訂及重罪羈押之立法意旨，於2000年2月修正第117條再執行羈押之相關規定。

---

[24] Roxin, Strafrechtsverfahren, Strafrerfahrensrecht 25. Aufl., 1998, S. 256ff.

（二）自訴程序的相關修正

本次關於自訴程序修正之條文有四：第323條、第326條、第328條、第338條。以下分別說明：

1. 第323條修正為「公訴優先原則」

由於法務部已漸次規劃檢察官專組辦案制度，加強檢察官功能之發揮，公訴制度已趨健全，故不需保留自訴制度與公訴制度相對等之地位，此次修正採「公訴優先原則」。且為避免當事人利用自訴程序干擾檢察官偵查犯罪，或利用告訴再改提自訴，以恫嚇被告，此次修正立法者認為同一案件既「經檢察官依法開始偵查」，告訴人或被害人之權益當可獲保障，由檢察官處理已足，無使用自訴制度之必要。換言之，係將原條文中之「經檢察官終結偵查者，不得再行自訴」[25] 的時點提前至「經檢察官依第228條規定開始偵查者，不得再行自訴」。

另外，如案件為告訴乃論之罪者，經犯罪之直接被害人於檢察官開始偵查後始提起自訴者，檢察官均應即停止，將案件移送法院（參照刑訴§323 II）。換言之，同一案件經檢察官依第228條開始偵查後，不得再行自訴，但告訴乃論之罪，經犯罪之直接被害人提起自訴者，不在此限[26]。亦即，一旦案件經檢察官開始偵查，除非案件為告訴乃論之罪，而得由犯罪之直接被害人自訴外，均不得再行自訴。

至於何時得謂「開始偵查」，悉依本法第228條之規定決之，換言之，檢察官因告訴、告發、自首或其他情事知有犯罪嫌疑，而開始展開偵

---

[25] 修正前之刑訴法規定，檢察官終結偵查前，隨時都可以提出自訴。但是，過去經常發生當事人利用自訴程序干擾檢察官偵查犯罪，或利用告訴再改提自訴，以恫嚇被告的事件。例如，喧騰一時的「華隆炒股案」，即為利用台北地檢署檢察官許阿桂終結偵查前利用自訴程序干擾檢察官辦案的實例。

[26] 此項規定並非司法院所提，而是立法委員要求增定的規定，其立法理由在於：「告訴乃論之罪本質上訴追與否特重當事人之意思表示。因此告訴乃論之罪之被害人，若再擇自訴程序，追究被告犯行，其追訴之意思應受尊重，雖同一案件已經檢察官開始偵查，仍例外的許其提起自訴，源於第1項設有但書規定，以資適用」，不過該項但書之規定，將使公訴優先原則，有了例外情形而無法貫徹。

查時，即為「依法開始偵查」。

2. 第326條用語之修正和慰撫金準用為執行名義之增訂

第326條僅修正第1項及第3項之規定。第1項為文字的修正，係將原第1項之「推事」，配合法院組織法修正為「法官」。第3項修正主要係因本法第253條第4項關於慰撫金得為民事強制執行名義之規定，於裁定駁回自訴之情形，允宜準用，以求周全，故修正第3項後段之「……並準用第253條第2項、第3項之規定」為「……並準用第253條第2項至第4項之規定」。

3. 刪除第328條但書

為使被告於期日前先行作防禦之準備，保障被告的防禦權，法院於接受自訴狀後，自應速將繕本送達於被告，俾其得悉被訴內容，故將原條文之「但認為有先行傳喚或拘提之必要時，得於訊問時交付之」規定加以刪除。

4. 將反訴要件限於與自訴事實直接相關

第328條是反訴之規定。本次修正為了防止濫行反訴，將提起反訴之限制規定，除了「須於第一審辯論終結前提起」及「須自訴尚在法院繫屬中」外，另應以「與自訴事實直接相關者」為限，使提起反訴的要件更加嚴謹。

六、2001年

搜索權的歸屬問題，向來未受重視。由於發生了檢察官搜索立法院及中時晚報的事件，立法委員自行提案修正，快速審查通過，將搜索權的發動移交法院。這是我國立法史上罕見的高效率。茲將此次的修正內容及評估說明於下。

（一）修正內容的介紹

1. 增列犯罪嫌疑人及電磁紀錄為搜索的對象

對於被告或「犯罪嫌疑人」之身體、物件、電磁紀錄及住宅或其他處所，必要時得搜索之。對於第三人之身體、物件、「電磁紀錄」及住宅或

其他處所，以有相當理由可信為被告或犯罪嫌疑人或應扣押之物或電磁紀錄存在時為限，得搜索之（參照刑訴§122）。特殊的搜索對象，如軍事上應秘密之處所修正為，該管長官除有妨害國家重大利益者外，不得拒絕搜索（刑訴§127）。

2. 搜索由法官決定

為配合搜索由法官決定的意旨，本次增訂偵查中檢察官認有搜索之必要者，除第131條第2項所定情形外，應以書面記載前條第2項各款之事項，並敘述理由，聲請該管法院核發搜索票。司法警察官因調查犯罪嫌疑人犯罪情形及蒐集證據，認有搜索之必要時，得依前項規定，報請檢察官許可後，向該管法院聲請核發搜索票。前二項之聲請經法院駁回者，不得聲明不服（刑訴§128之1）。

搜索，應用搜索票。關於搜索票的記載增列：案由與有效期間的限制。另外，亦明確「犯罪嫌疑人」及電磁紀錄為搜索的對象（刑訴§122 I）。搜索票，由法官簽名。法官並得於搜索票上，對執行人員為適當之指示。關於核發搜索票之程序，亦明確規定不公開之（刑訴§128IV）。搜索，除由法官或檢察官親自實施外，由檢察事務官、司法警察官或司法警察執行。檢察事務官為執行搜索，必要時得請求司法警察官或司法警察輔助（刑訴§128之2）。關於搜索執行之規定，原規定於第128條第4項，但以其性質異於該條其他部分，為求簡明、區辨，乃將原第128條第4項修正移出，列為本條第1項，並配合法院組織法之用語，將「推事」修正為「法官」。又法院組織法第66條之2已有設置檢察事務官之規定，同法第66條之3第1項並規定檢察事務官受檢察官之指揮，得實施搜索，故於本條增列之，以相呼應。檢察事務官為執行搜索，有請求司法警察官或司法警察輔助之需要，爰增訂第2項，以求周延。

另外，參照各國實務最常見的無令狀搜索，若出於被告同意，得不用聲請核發搜索票，同意搜索為有效率的執行方法，我國實務亦行之多年。特於第131條之1增訂，搜索，經受搜索人出於自願性同意者，得不使用搜索票。但執行人員應出示證件，並將其同意之意旨記載於筆錄。法官、檢

察官、檢察事務官、司法警察官或司法警察執行搜索時，除依法得不用搜索票之情形外，應以搜索票出示第148條在場之人（刑訴§145）。執行搜索時，為確保執行扣押或搜索之順利執行，第244條增列第3項，凡對於違反本條第2項規定者，得命其離開或交由適當之人看守至執行終了。

檢察官或司法警察官於執行核發之搜索票後，應將執行結果陳報核發之法院，如未能執行者，應敘明事由（刑訴§132之1）。執行搜索完畢後，聲請核發搜索票之人員，應以書面報告法院執行情形，以利查考。

3. 增列附帶搜索及緊急搜索的範圍

檢察官、檢察事務官、司法警察官或司法警察逮捕被告、犯罪嫌疑人或執行拘提、羈押時，雖無搜索票，得逕行搜索其身體、隨身攜帶之物件、所使用之交通工具及其立即可觸及之處所（刑訴§130）。附帶搜索乃緊隨於拘捕後的無令狀搜索，因舊法所規定的「身體及物件」一詞，無法涵蓋其所使用之交通工具及其立即可觸及之處所，特增列之，以杜疑義。

第131條第1項修正檢察官、檢察事務官、司法警察官或司法警察，雖無搜索票，於急迫情形時，得逕行搜索住宅或其他處所。第2項規定檢察官於偵查中有相當理由認為情況急迫，非迅速搜索，證據有偽造、變造、湮滅或隱匿之虞者，得逕行搜索，或指揮檢察事務官、司法警察官或司法警察執行搜索。前二項搜索由檢察官為之者，應於實施後三日內陳報該管法院，由檢察事務官、司法警察官或司法警察為之者，應於執行後三日內報告該管檢察署檢察官及法院。法院認為不應准許者，得於三日內撤銷之（刑訴§131Ⅲ）。由於舊法第131條第1項各款所規定之要件極為嚴格，且未設概括規定，無法囊括偵查犯罪時可能發生的各種情況，故於第2項增列不及報請法官簽發搜索票的急迫情形時，特許檢察官為無令狀之搜索。

4. 增訂救濟管道

執行搜索或扣押時，發現搜索票所未記載之物而予扣押者，與無搜索票而搜索之情形無異，故準用緊急搜索之事後審查，規定就該扣押物品仍

應讓簽發搜索票之法院知悉，爰增訂於第137條第2項準用第131條第3項之規定。修正第416條及第404條的救濟範圍，將法院所為之搜索、扣押、限制住居（限制出境）、對在押被告之禁止接見通信等裁定，亦納入得提起抗告及準抗告之範圍，予受處分或受裁定人有法律上的救濟機會。

5. 條文用語之修正

法院組織法已設置檢察事務官，故於第136條及第137條增列規定，檢察事務官為執行搜索扣押之人員，並於第228條增列檢察事務官為偵查犯罪之一員。此外，為統一法典對於法官之稱呼，亦同時修正第153條。

（二）修正內容的評估

本次修法雖然修改了21條條文，唯因時間倉促，以致整個體系出現紊亂欠缺一致性的現象。現將相關修法的內容評估如下。

1. 法官迴避制度的闕如

此次修法雖將搜索的決定改由法官簽發，不過，此舉亦有可能違反法官中立之原則，因為新法雖然刪除檢察官、法官親自搜索的規定，然而，新法第128條之2第1項仍有法官親自搜索的規定，這可能會造成承審本案的法官親自發動並實施搜索的情形。欲解決此一問題，學說上有主張設立「偵查法官」專職審查令狀法官的制度，亦即，檢察官或法官在實行搜索時，應事先向偵查法官取得搜索票[27]，將令狀審查法官與本案審判法官分開，維持法官審判案件的中立。

不過，本文認為偵查法官只是以前擁有搜索令狀簽發權的檢察官換個名稱而已，換言之，可說是變相的檢察官，且法官與檢察官必須向偵查法官取得搜索票，無疑是增加法院程序上的繁複。另外，偵查法官是否必須就非搜索令狀案件的其他案件為本案審理，亦有疑義，若偵查法官在其他案件上依然須為本案審理，則法官同時必須審理搜索令狀與審理其他案件，無疑增加法官案件的負擔；若偵查法官不須為其他非搜索令狀案件的

---

[27] 參閱林鈺雄，搜索修法之回顧與前瞻，台灣本土法學，21期，2001年4月，頁65。

本案審理，則偵查法官就只負責偵查中的一部分，實讓法官與檢察官的權責更加混淆。

　　為了避免「裁判法官偵查化」的現象，應於法官的迴避條文中增訂第17條第9款為：「法官對同一案件於偵查中曾為強制處分之裁定者。」為迴避事由之一。如此可將法官於審判前可能形成「先入為主」的預斷危險減至最低，否則，原來檢察官自行核發令狀再行起訴之「球員兼裁判」的疑慮，亦將發生於核發令狀的法官。故本文認為簽發令狀的法官對同一案件在偵查中如曾為強制處分之裁定者，均應迴避為本案審理，才能確保審判之公平性。因為，修正後刑訴法於偵查中有關的強制處分（如羈押、搜索等）幾乎都由法官決定，故凡於偵查中曾為簽發令狀的法官對同一案件為強制處分之裁定者，均應迴避為本案審理[28]。

2. 媒體搜索的忽略

　　本次搜索修正的導因之一是因檢察官搜索「媒體」（中時晚報）。搜索媒體為搜索第三人的問題，由於可能牽連甚廣，所以發動的要件比起搜索嫌犯、被告更為嚴格。對第三人的搜索，必須「有相當理由」（刑訴§122Ⅱ）。相當理由是指，令人相信的程度高過「合理的懷疑」。對於搜索媒體本次修正未加考慮，是立法上的疏漏，以下介紹德國處理媒體搜索的相關規定及見解，作為將來修法時的參考。

　　德國刑訴法第97條、第53條第1項第5款謂：享有拒絕證言權的人所持有之物，不應該扣押。而屬於搜索第三人的「搜索媒體」情形，媒體是否有拒絕證言權，可以分從兩方面來看。如果媒體的消息來源得自特定人，此提供消息者信賴媒體不會揭露來源，那麼，媒體工作者享有拒絕證言權，持有物不能扣押，所以也不能成為搜索的對象；媒體如果透露消息來源，將間接使提供消息者曝光，也享有拒絕證言權[29]。如果媒體所持有的

---

[28] 這對於羈押裁定的適用尤具重要性。關於羈押審查的決定與救濟，詳細內容可參閱拙著，羈押審查的決定與救濟——台開事件相關裁定評析，月旦法學，72期，2001年5月，頁172以下。

[29] 這主要是德國聯邦最高法院的判決意見（BGH36, 298），引自Pfeiffer, StPO, 3. Aufl., 2001, §97, Rdnr.10.

資訊是自己查訪所得，就沒有拒絕證言權，在此情況下，媒體持有的文件資料就可以搜索扣押。

然實際操作上，媒體可以主張任何消息來源曝光都將揭露提供者的身分，如此對於媒體搜索根本就難以進行，所以德國聯邦政府欲修法，將媒體自行取得的資訊也規定為不得搜索。不過，本文認為對於媒體取材來源物件的搜索，應限於扣押該物件以作為證據使用的利益，顯然大於媒體的自由與國民知的利益才能搜索[30]。

3. 有條件雙軌審查體系的混亂

此次修法，對於令狀聲請採有條件的雙軌制，亦即，在偵查中由檢察官或司法警察官向法院聲請（刑訴§128之1Ⅰ、Ⅱ）以及司法警察官須先經檢察官許可始得向法院聲請（刑訴§128之1Ⅱ）。採有條件雙軌制主要在於每年司法警察官向檢察官聲請搜索票之件數超過3萬件，檢察官實無力負荷此一大量聲請案，不過，顧及檢察官乃偵查程序的主導者，司法警察官如欲發動強制處分，仍有先行知會檢察官許可，以發揮檢察官對司法警察官的監督功能[31]。根據蔡碧玉的觀察，此項檢察官之許可，在實務上僅由檢察官在司法警察官之聲請書上批示，即交由原聲請人持向法院聲請[32]，手續上甚為簡便，應不致影響司法警察之辦案效率[33]。

4. 緊急搜索的困境

為瞭解決搜索票由法官簽發而造成偵查效率不彰，刑訴第131條第2項特明定：「檢察官於偵查中有相當理由認為情況急迫，非迅速搜索，證據有偽造、變造、湮滅或隱匿之虞者，得逕行搜索，或指揮檢察事務官，司法警察執行搜索。」且須於執行後三日內報告法院接受法院事後審查。由於實際運作上檢察官們可能會擔心法官對於緊急搜索認定之標準與檢察官不同，或有可能事後被法院撤銷，使得扣押物被宣告為無證據能力的情

---

[30] 詳細內容參閱拙著，搜索與扣押，月旦法學，2001年4月，71期，頁17。

[31] 參閱蔡碧玉，搜索權新制對犯罪偵查的影響，載於：「網路犯罪與刑事程序」──以搜索成大MP3案為中心學術研討會，東海大學法律系、台灣刑事法學會主辦，2001年6月，頁5。

[32] 參閱法務部擬定之「檢察機關實施搜索扣押應行注意事項草案」第7點。

[33] 參閱蔡碧玉，前揭文，頁5。

形，故行使緊急搜索時亦將有所退卻[34]，不過，有效追訴犯罪與人權保障本來就立於衝突的情境，故欲解決此種困境的方法，唯賴院檢雙方於認定緊急搜索時的謹慎處理。

伍、未來的修法動向

如同人所創造的一切制度，刑事訴訟制度還會繼續的演化，朝向一條更理想的道路發展，所以，刑事訴訟制度的改革不是到此為止。任何人都可能因緣際會而涉訟，而成為刑事訴訟的當事人或關係人，因此刑事訴訟制度實踐的成效如何，很能扣動一般民眾的心，各界對於理想的刑事訴訟制度的期待，也格外殷切。實務與學界對於刑事訴訟制度的興革，本來已有許多意見，這些意見有的已經成為現實，有的還在伺機而動。以下所提刑訴法的興革動向，部分參照1999年司法改革的意見。

一、加強檢察官的舉證責任與交互詰問

為保障嫌犯的人權及正確行使刑罰權，刑訴法第161條規定，檢察官負有舉證責任。但是，長久以來都被認為只是形式上的舉證，無法落實真正的舉證精神。所以，加強檢察官的舉證責任，使檢察官的舉證責任具體化，才能落實公平正義的訴訟制度，其中最為具體的措施是「交互詰問之實施」。不過，交互詰問的實施，是否真能讓檢察官審慎起訴及提高當事人折服率的功效，並進而減輕第二審的案件負擔，值得觀察[35]。

另外，落實檢察官的舉證責任，與1997年底增訂的「檢察官退案

---

[34] 參閱蔡碧玉，前揭文，頁5。

[35] 根據林俊益法官所提「台灣士林地方法院刑事庭未結件數與折服率統計表」可以看出：士林地檢署檢察官的確做到「審慎起訴」，刑庭法官辦案之「折服率」亦隨著交互詰問制度之逐漸落實而有逐月上升的現象，因此，交互詰問制度的實施，的確勢在必行。

權」[36]有相互呼應的作用。有了檢察官的「退案制度」[37]再加上檢察官的舉證責任，應該能使眞實的發現過程更符合程序正義。

二、刑事訴訟審理集中化與嚴謹證據法則之遵守

刑事訴訟審理集中化，集中調查證據及辯論於第一審（如日本所稱的以公判爲中心或德國所稱的主要審判程序），採取第二審爲事後審查制，並確立第三審爲嚴格法律審。因爲只有在集中審理的情況下，檢察官的蒞庭才不會流於形式，才能匡正目前訴訟實務中檢察官與法官過分糾問的弊端[38]。

另外，檢察官對於非任意性的自白負舉證責任、法院對於違法取得的證據應加以排除、出於不正態度訊問所得的證據不具證據能力[39]，都是刑訴法第156條所規定精神的具體實踐，司法制度上必須嚴加遵守。只是，我們要特別注意的是，嚴謹證據法則的遵守，與是否採行當事人進行原則根本是兩回事。換言之，在採行職權原則的德國或我國，這些證據法則，雖然有些並未明文規定，卻是學界與「部分實務界」[40]所一致認同的鐵

---

[36] 刑訴法第231條之1規定：「檢察官對於司法警察或司法警察官移送或報告之案件認為調查未完備者，得將卷證發回，命其補足，或發交其他司法警察或司法警察官調查。司法警察或司法警察官應於補足或調查後，再行移送或報告。檢察官對該補足或調查並得限定期間。」從上述規定得知，賦予檢察官退案權後，也會使司法警察對真實的發現更加謹慎。

[37] 此項新增訂的「退案制度」（移送或報告案件之補足）係規定檢察機關對司法警察機關移送或報告之案件，認為「偵查未完備」的情形時，有權退案予司法警察機關，要求警察機關對於事實不清楚及證據不夠充分的地方繼續調查。亦即，將案件退回到原單位，就偵查未完備的事項，繼續進行偵查措施。此項作法，與刑訴法第258條所規定的法理相同，換言之，上級法院檢察署認為告訴人再議聲請有理由，且偵查未完備，發回原檢察官續行偵查。

[38] 由於未採取「集中審理」的關係，導致在訴訟實務無法確實落實辯論制度（包括事實、法律及證據的辯論），故演變成偵查程序中「檢察官糾問犯罪嫌疑人與證人」，審判程序中「法官糾問被告與證人」的現象。

[39] 例如，1997年修正第98條時，沒有明白排除以不正態度訊問所得之證據不具證據能力，使得本條的規定可能只成為訓示的規範，不具任何法律效果，不能達到立法的目的。因此，最好如刑訴法第156條的立法方式，規定為「訊問被告如非出以懇切之態度，或用強暴、脅迫、利誘、詐欺、疲勞訊問或其他不正之方法者，其所獲得之證據，不得做為證據」，才能真正保障犯罪嫌疑人在沒有壓力的環境中接受訊問。

[40] 根據報載於1999年6月某私人偵訊社所違法取得的證據（偵訊社竊聽某海軍艦長的通姦事實），在地方法院引用違法取證排除的法則，判被告無罪。但是，上訴到高等法院時，卻採

則。另外，禁止刑求、嫌疑人與被告的律師協助權、緘默權、證據辯論等原則，並非當事人進行原則的專利制度，這些都是職權原則所當遵循的規定。

三、採行專家參審制度

　　司法改革中具體革新措施中的項目之一是「建立專業諮詢管道」，此制度的建立是新的科學知識及生活領域專業化所必行。在刑訴法中，已有專業諮詢的相關規定，「鑑定人」在訴訟程序中所扮演的重要地位，是訴訟實務中所不可忽略的事實[41]。然而，由於我國刑訴法規定：「鑑定準用人證之規定」（刑訴§197），訴訟實務上因此將證人與鑑定人同樣視為人證。其實，鑑定人是在彌補法官專業知識的不足，其地位應不同於證人。在訴訟制度設計上，建立專業諮詢管道所配合的制度可能是參審，當然，是否引進參審制度還必需經過審慎的評估[42]。

　　我國在目前職權原則的訴訟制度下，參審制度的設計，應是比較可行的作法[43]。將來參審制度可以設計，參審員應扮演對審判權控制的功能，主要目的是讓專業法官的裁判可以受到牽制，並且讓審判程序更加透明，藉由參審員的參與審判，讓職業法官在審判時更加小心，對於證據的調查及其他裁判上的主要事實謹慎其事。而且審判的過程要在一般人都可以理解的程序下進行，如此，刑事訴訟就不完全是以專業術語來進行，而是用

用該「違法取得的證據」，將被告判有罪。相同事實，法官的判決出現如此怪異的現象，司法如何得到人民信賴。之所以如此，並非刑事制度未採「違法取證排除的法則」，關鍵在於有些法官的固顧不用。因此，只能說是部分實務界採嚴格的證據法則。

[41] 在許多專門知識的認知上，法官必須得到鑑定人的協助來判斷，此時鑑定人就同是以「穿白衣法官」的姿態出現在法庭上。參閱Schüler-Springorum, "Benzin nach Metern", in Pohlmeier (Hrsg.), Forensische Pszchiatrie heute, 1986, S. 52.

[42] 從1983年司法院院會首長會議中所做結論：「囿於國情，不宜陪審」，到1988年的司法院長林洋港召開的司法會議中認為，歐陸參審制度值得試行，決議研擬法律，至1994年提出「刑事參審試行條例草案」的過程，似乎看出參審制比較可行，將來是否有真正採行的可能性，還必須經過審慎的評估。

[43] 詳細內容可參閱拙著，德國刑事訴訟參審制之研究——兼論我國刑事參審試行條例草案，刑事法雜誌，39卷4期，1995年8月，頁18～64。

一種讓社會大眾和被告都可以理解的觀念來運作。

尤其重要的是，某些刑事案件的參審員應該是專家法官或鑑定法官[44]，因爲不少刑事案件都非常複雜，法官對於其他領域的專業知識，無法充分瞭解，例如，遇有涉及精神醫學、交通鑑識、建築科技等案情時更備覺困難。刑訴法雖有規定，法官可以選任具有特別知識經驗的鑑定人提供鑑定意見，但法官如具有與鑑定人相同的專業知識，就可以避免完全倚賴鑑定人的意見[45]，還可以對案情作有意義且恰當的發問。完全倚賴鑑定人的意見，無法對鑑定意見的正確與否加以判斷。所以，援用具有專業知識的參審員，不但符合審判民主化的要求，也是改進現行鑑定人制度的最佳選擇。

四、當事人進行主義或起訴狀一本主義？

實施全面的當事人進行主義及起訴狀一本主義，勢必使整個刑事司法制度有非常大的轉變。職權調查原則是否一定不妥，當事人進行主義是否一定優於職權進行原則，都必須慎重考量。德國的刑事制度採取職權原則與調查原則的制度，並未見有人批評該國司法制度不符時代需求或司法欠缺公信力。

以當事人進行主義爲主的日本，一直是以德國的刑事制度爲師法與研究的對象[46]。我國刑訴法源自歐陸法系，是否有必要改弦更張採取當事人

---

[44] 這個看法與我國刑事參審試行條例的規定是相同的。我國刑事參審試行條例草案（1994年3月）中的第3條第1項中的少年案件，需選任、具有教育、社會、心理相關知識或工作經驗的參審員，及第3條第1項第3款的專門職業及科技性的案件，需選任具有相關之專門知識或技能的參審員的規定是相同的。

[45] 法官之所以會形成倚賴鑑定人的原因，詳細內容可參閱拙著，鑑定證據之研究，台大法學論叢，23卷2期，1994年6月，頁311~314。

[46] 1999年5月13日至16日在德國 Halle 大學舉行的「刑法學家年會」，有許多日本的刑事法學者參加，本人亦應邀參加。本人曾親自請教該國的刑訴法學者高田昭正、宮澤浩一、石塚伸一及山中敬一等教授，彼等毫不諱言的指出，日本雖然實施以當事人進行主義爲主的訴訟制度，卻仍有許多制度上的問題必須借重德國的先驗。高田教授更語重心長的說，台灣應該尋找適合自己國情的刑事訴訟制度，不必學習美國，也不必嚮往日本。

進行主義或起訴狀一本主義[47]，是一項非常值得省思的問題[48]。

陸、結　語

　　國家的任務不僅要有效追訴犯罪，也要保障嫌犯的人權，這雙重任務基本上呈現緊張的關係。此一緊張關係的調和，是刑訴法極其重要的規範內容。早年刑訴法的規範傾向於有效追訴犯罪，這和「當事人進行」與否，並無任何關聯。現今世界各國的人權思想發端於歐洲，歐陸各國的刑訴法雖採職權調查原則，但無人敢於質疑歐陸國家對人權保障的成就。人權保障的觀念一直在演化。美國刑事訴訟制度被認為極重視人權保障，可是若干被奉為典範的制度，也是近半世紀才形成的，例如證據排除法則。在這之前，美國的刑事訴訟仍以有效追訴犯罪為主。

　　百年前清朝擬定的刑訴法，以歐陸法制為師，採職權調查原則。對於現今的人權觀念，百年前的刑訴法自然是陌生的，但我們不能因此認為舊法落伍，這不是公平看待過去歷史的態度。前人依照當時的進步思潮建立刑事訴訟制度，後人才得以在既有的骨架裡增補。現代人所批評的司法弊病，不完全因為前人立法設計的不妥，而是實務操作不遵立法精神。把司法弊病全部推給前人，認為一開始就走錯方向（如不採當事人進行原則），是嚴重的曲解歷史。

---

[47] 1991年在林洋港先生擔任司法院長期間，亦曾由基隆地院試辦「起訴狀一本主義」制度，至於效果如何，就不得而知，參照1991年3月31日，自由時報。另外，司法院1998年7月1日起，亦指定板橋地院為試辦「刑事訴訟採當事人進行精神的制度」。兩個地院所試行的制度都冀望「檢察官的確實蒞庭及具體舉證」，但是，「檢察官的確實蒞庭及具體舉證」，並非一定要在「起訴狀一本主義」及「當事人進行主義」中才能獲得解決，目前的問題在於現行司法實務中檢察官未能確實履行法律所規定的任務，並非未採取當事人進行主義的緣故。

[48] 有關於此，林山田教授所著，別迷失在主義的叢林中，有很深刻的評估意見，載於台灣本土法學雜誌創刊號，1999年4月。美國的當事人進行主義已經淪為「訴訟競技」而非發現真實，日本的以當事人進行主義為外表的制度已經有「審判空洞化」的危機，這些事實讓我們憂心，難道只要採取「當事人進行主義」就將刑事司法的一切弊端都改革了嗎？參閱蔡碧玉，「當事人進行主義不應該奉作信仰」，http://www.chinatimes.com.tw/news/papers/ctimes/cfocus/88040803.htm。因為，尋求如何在改變最少卻能達到最高效率的修改是最好的改革，採行「當事人進行主義」的口號，應該不是修法過程中的唯一指導原則。

　　近半世紀以來的西方刑事訴訟制度漸漸強調人權保障的重要，我國近年來的修法也明顯的朝人權保障的方向移動。所謂的人權保障，狹義是指對於嫌犯的保障；由於任何人都可能因緣際會涉案，因而成為被告，所以推而廣之，人權保障也是針對一切可能涉案的人。只是保障人權當然重要，但不是刑事訴訟唯一的目的，所以在「少數情況下」，刑事訴訟也可能優先考慮有效追訴犯罪。

　　人所設計的一切制度都應當適時調整，因為人不會活在停滯不前的社會，刑事訴訟制度需要不斷調整，當然也因為必須因應現實的社會條件。不管現實社會條件如何改變，刑事訴訟制度都應當不斷找尋「人權保障」與「有效追訴犯罪」的平衡點。

第二章

近20年刑事司法改革的趨向與檢討

壹、前　言

　　司法制度關係人民權益極大，若忽略社會變遷影響，制度將無法進步，無法達到發現眞實與保障人權的目標。近年來，台灣社會人民普遍權利意識高漲，此等權利意識的聲浪，尤其反映在司法制度的變革。

　　台灣刑事司法制度在1967年後趨於穩定，上世紀90年代前，僅有二次修正，變革幅度相當有限。然而，於1990年代，對於犯罪嫌疑人的人權保障意識日趨受到重視，因此陸續造就了多次刑事司法制度的改革。其中除了1997年的強化被告人權的改革外，最大的變革在於1999年的改良式當事人主義的改革內容。其後，2010年的持續變革與2013年後的重點改革，均獲致相當之成效。然而，2016年才登場的再改革，項目極多，熱鬧異常，後效如何，有待觀察。

　　本文以近二十年來（1997～2017年間）刑事司法制度的改革脈動爲主軸，就歷次重大修法的背景與遭遇困境予以介紹，說明及檢討20年來重大司法制度變革的內容，並提出未來持續修法的方向與期待。

貳、1997年的強化被告人權

　　1997年之修正，堪稱「上世紀台灣刑事司法制度的改革指標」，當時刑事訴訟制度雖早已由「糾問」走向「控訴」，但控訴終歸只有形式。檢察官雖作爲偵查主體，握有強制處分權，惟實質上並不負舉證責任，刑事訴訟之起訴證據仍全交由法官進行主導，使得「審、檢」雙方形同聯手共同打擊被告，無異於糾問制度重現。

　　因此，1997年修法的改革在於強化被告人權之部分，其中包含：羈押決定權採行絕對法官保留原則，將羈押權限回歸法官，使剝奪人民自由權之羈押手段得到更嚴謹的程序保障；再者，賦予被告緘默權，使被告無庸違背自己之意思而爲陳述；以及增訂不正方法訊問之禁止規定，例如，夜間訊問和疲勞訊問之禁止等；並增列人犯在途解送期間之限制，避免偵察

機關不必要之拖延，恣意侵害被告之人身自由，使憲法人身自由權保障得以落實；最後，則是增訂智能障礙者若涉及刑事訴訟應予以強制辯護之規定，加強弱勢被告之訴訟防禦權，進而彰顯憲法訴訟權之保障。

　　1997年的刑事訴訟法修法後，雖對於被告人權之保障有相當大的貢獻，然而，仍有許多弊病未受到解決。例如，檢察官依舊無庸負擔實質舉證責任，法官仍舊握有調查證據之主導權限，控訴制度並未落實，法庭的三角關係仍處於失衡狀態，也因此促成日後「改良式當事人進行主義」的變革[1]。

　　此外，隨著台灣民眾使用法院次數增加，刑事訴訟制度若欲從「職權進行主義」轉向「當事人主導」，若無相關配套措施，司法機關負擔必將沉重。因此，立法者針對不同案情，制定相異處理方式。最為顯著者，即為1990年「簡易程序」的制定，其後更於1995年及1997年持續擴大「簡易程序」的適用範圍。[2]

參、1999年後的改良式當事人進行主義

　　20世紀末，台灣面臨上述刑事司法的困境，因而引發一連串的改革。司法院於1999年召開全國司法改革會議，指出關鍵缺失有二：其一，審檢辯彼此實際權能不均，進而使得公平法庭難以落實；其二，訴訟制度設計不符合經濟效益，造成司法資源的長年虛耗。綜觀90年代末期至21世紀的改革特色，司法改革重點主要圍繞在「改善法庭三角關係之失衡」，以及「減輕司法案件之負擔」兩大面向。以下說明這兩大主軸的重要變革：

---

[1] 在改良式當事人進行主義下，證據之調查原則應由當事人、代理人、輔佐人、辯護人或代理人聲請之，而非由法院職權調查。有關改良式當事人主義的詳細內容，參：張麗卿，刑事訴訟法理論與運用，2016年9月，頁364以下。

[2] 本於訴訟經濟觀點與刑事政策目的，而設計的刑事案件簡易處理程序，除了簡易審判程序外，還有起訴便宜原則的適用，關於台灣相關規定的內容以及與德國制度的比較，可參：張麗卿，起訴便宜原則之比較研究，刑事訴訟制度與刑事證據，中國檢察出版社，2016年9月，頁50～64。

一、改善失衡之法庭三角關係

　　面對審檢辯三角關係的失衡，其改革方向應朝向建構當事人實質平等的訴訟環境。其主要修法方向在於：檢察官應負擔實質舉證責任；被告，應強化被告訴訟防禦權，不至於落後檢察官過鉅；整體訴訟模式，盡力朝向當事人進行之模式修正。以下是具體的作為：

（一）落實檢察官的實質舉證責任

　　針對檢察官之舉證責任，2002年刑事訴訟法修正161條：「檢察官就被告犯罪事實，應負舉證責任，並指出證明之方法。」其中，證明方法，應包括調查途徑、與待證事實之關聯以及證據證明力等事項，藉此科以檢察官之實質舉證責任，貫徹無罪推定原則。第2項規定「法院於第一次審判期日前，認為檢察官指出之證明方法顯不足認定被告有成立犯罪之可能時，應以裁定定期通知檢察官補正；逾期未補正者，得以裁定駁回起訴。」更藉由「起訴審查」之規定，以立法方式要求檢察官檢視舉證是否達到起訴門檻，強化檢察官控訴力道。

　　然而，現仍採行「卷證併送」制度；亦即法官於審理前對於案件已了然於心，將可能使檢察官舉證責任流於形式。因此本文以為，若要確實持續強化檢察官之實質舉證責任，可改採「卷證不併送」，避免審檢接力，干擾法官之心證。

（二）訴訟模式以當事人調查為主

　　2002年以前，台灣仍是以職權調查為主，例如法院調查優先原則、審判長應訊問被告調查證據等規定，皆彰顯職權主義之色彩。2002年後，刑事訴訟法修正，改採「改良式當事人進行主義」，證據調查程序改以當事人為主[3]，依據刑事訴訟法第163條，法院僅於事實未明、為維護公平正

---

[3] 證據調查若改以當事人為主，檢察官之職權即至關重要。詳參：陳運財，檢察獨立與檢察一體之分際，月旦法學雜誌，124期，2005年9月，頁11。

義之必要或與被告利益有重大關係時,方得裁量是否補充介入調查。換言之,於證據調查程序中,法院之職權調查範圍已受到相當大程度之限縮。

實務上,最高法院更進一步於2012年第2次刑事庭會議決議做出決議,認為法院僅就「有利被告事項」始有調查之義務[4],可見法院調查證據之權限整體受到限縮,日益走向符合當事人進行主義精神之刑事證據調查程序。

(三)被告訴訟權的整體強化

改採「改良式當事人進行主義」後,證據調查程序由法院職權主導改由當事人進行主導。檢察官對於程序之進行必然較為瞭解,且握有國家公權力,其訴訟實力必然強於被告,因此被告訴訟權的強化,在改行「改良式當事人進行主義」後,即是必然要面對的課題,使其訴訟實力儘量能與檢察官相抗衡[5]。

目前台灣設有之辯護制度有:公設辯護人、義務辯護人、選任辯護人以及法律扶助等,並設有「強制辯護」制度,使重罪或弱勢者涉訟,必有辯護人協助,確保弱勢族群面臨刑事訴訟時,受到足夠的辯護權保障。2006年,刑事訴訟法修正,更將偵查中案件亦納入強制辯護範圍,使強制辯護不再僅侷限於審判程序當中。並於2010年修正,使被告與律師於羈押中有充分自由溝通之權利,不再受到不當之干預,亦無庸擔心談話內容可能作為證據使用。

(四)建構堅實的事實審

台灣之刑事訴訟程序,原則上採三級三審制。第一審為事實審之審判中心;第二審採覆審制,形同「第二次的第一審」因此仍屬事實審。第三審則為嚴格之法律審。台灣實務上之案件,陷於經常往返二、三審的窘

---

[4] 關於本決議,學說尚有不同意見,詳參:張麗卿,前揭書,頁365。

[5] 例如,賦予被告對質詰問權,屬於強化被告訴訟權之一環,被告可藉由對質詰問權之行使,確保其程序主體地位。詳參:張麗卿,醫療糾紛鑑定與對質詰問權,東吳法律學報,20卷2期,2008年10月,頁15。

境，不僅造成訴訟之延宕，更造成第一審不斷上訴至第二審、第三審亦經常發回至第二審之「第二審肥大化」情形。此種情形表現出刑事審判結構不具效率，司法資源不斷消耗，法官工作負荷不斷加重，要求法官善盡應有的審判職責，無異緣木求魚。

　　建構一個堅實的審判結構便是刻不容緩的課題，其中又以事實審的建構最為重要。至於如何建構出堅實有效的事實審，本文認為，可以從交互詰問的確立、刑事審理集中化、證據法則的制定，三方面加以落實，以下分別討論。

1. 交互詰問的確立

　　交互詰問制度之建立及能否順利運行，乃刑事訴訟程序由「職權主義」成功轉型為「當事人進行主義」的關鍵。交互詰問程序規定於刑事訴訟法第166條以下，大致上是由檢察官、被告（積極主動）分別對證人直接問話，使證人講出對自己有利的證據；或發現證人虛偽陳述時，提出質問。

　　不過，交互詰問制度的運作仍有許多問題待解。例如法官、檢察官及辯護人一起詰問證人、交互詰問冗長，無法突顯詰問重點，且講一句話就得記錄一句話，造成訴訟程序冗長，往往開一個下午的庭僅為了交互詰問[6]。本文認為，交互詰問衍生的問題，一方面應從提升司法從業人員素質著手改革；另一方面則是於準備程序中切實整理出事實與爭點，方得於審判程序中有效率的發現真實。

2. 刑事審理集中化

　　2003年前，刑事訴訟程序並未有集中審理的概念，法官的心證往往是歷經多次間隔久遠的開庭過程漸漸成型，很難進行有效率的法庭活動，造成實務工作者不少積案壓力。採行「改良式當事人進行主義」後，「集中審理原則」概念應運而生，法院應將人物齊聚，集中證據調查與審理時程，有條不紊、按部就班迅速終結案件。因此，以梳理案件為目的之「準

---

[6] 此屬「當事人進行主義」下難以避免的缺點，詳參：王兆鵬、張明偉、李榮耕，刑事訴訟法（下），2013年9月，頁8～10。

備程序」，便扮演相當重要的角色，該程序具有過濾案件、整理爭點、篩選無證據能力證據之功能，係審判程序得順暢有效率進行集中審理之基石[7]。

此外，爲呼應集中與迅速審理，2010年通過《刑事妥速審判法》[8]，以契合「公民與政治權利國際公約」，保障人民接受迅速審判權之意旨。例如，該法第4條規定：「法院行準備程序時，應落實刑事訴訟法相關規定，於準備程序終結後，儘速行集中審理，以利案件妥速審理。」即明文要求法院應儘速審判。

3. 證據法則的制定

發現眞實，有賴證據的存在，以及「證據法則」的適用。其主要在落實幾項原則：(1)無罪推定：排除傳統有罪預斷的觀念；(2)證據裁判：犯罪事實依證據認定；(3)自由心證：心證不能違背經驗及論理法則；(4)嚴格證明：證據判斷須經合法調查程式。

2003年修法的核心，便是證據法則的修正。首先爲「重大違法取證採絕對排除」，例如違背訊問禁止規定與告知事項，以及證人、鑑定人未具結所爲陳述，因此所得之證據皆予以絕對排除[9]；針對違反法定程式搜索、扣押等取證採相對排除，藉由刑事訴訟法第158條之4審酌人權保障及公共利益間均衡維護判斷是否排除該證據[10]。

另外，就「自白法則」亦有大規模的修正。過去司法實務過度依賴自白，產生刑求取供、威逼利誘等不正訊問方式，造成錯誤判決和冤獄。因此2003年修法，規範偵查機關須找尋其他證據（補強證據）佐證自白犯罪

---

[7] 林俊益，論準備程序有關證據能力爭議之調查——最高法院九十四年度台上字第七二七四號判決之闡析，月旦法學雜誌，139期，2006年12月，頁256～257。

[8] 影響本法迅速立法的重要關鍵報導文學作品爲「流浪法庭30年」，全書寫三名銀行官員從1979年到2007年才獲三審無罪定讞，共達28年6個月之久，是台灣審判耗時最長的一個案件。本書深入探討台灣司法「積案如山」的現況及成因。該書披露後，獲得巨大迴響，時任司法院長賴英照教授、陳長文所長及蘇永欽教授均爲之提序推薦。本人的序題爲：法律與文學的美麗火花。

[9] 詳參：張麗卿，關係人變被告，月旦法學教室，73期，2008年11月，頁23。

[10] 詳參：張麗卿，檢查身體之鑑定處分，月旦法學教室，63期，2008年1月，頁18～19。

並非虛構，且自白必須符合「任意性」及「眞實性」方得作爲證據。

　　除上述議題之外，關於被告以外之人審判外陳述，證據能力究竟如何，向來是實務重大困擾，2003年修法時，亦引進「傳聞法則」，增訂刑事訴訟法第159條。依照該條規定，傳聞證據原則上不得採爲證據，但爲兼顧現實需要及實務運作無礙，亦設有例外規範，例如法官及檢察官前之陳述[11]、檢警偵調中之陳述、紀錄、證明文書符合必要性、可靠性、可信性的情況保證要件下，依情形定其證據能力等。

二、減輕司法案件之負擔

　　刑事證據調查趨於嚴謹、交互詰問下的法庭攻防，法院必須耗費更多時間精力進行審判，爲有效緩解當事人進行主義下累積的龐大訟源，陸續調整制定以下四道緩解訟源的機制：

（一）增定緩起訴制度

　　緩起訴制度是兼顧訴訟經濟與當事人進行主義的配套措施，主要參酌日本起訴猶豫制度，充分發揮篩檢案件功能，起訴案件大量減少。因此被譽爲「精密司法」，其主要功能在於使輕微犯罪，儘早脫離司法程式枷鎖，協助司法機關將心力投注重大複雜案件[12]。

　　2002年，新增第253條之1「緩起訴處分」，其適用範圍限於輕罪，亦即被告所犯者爲「死刑、無期徒刑或最輕本刑三年以上有期徒刑」以外之罪方有適用，且須檢察官考慮認以「緩起訴爲適當」者方得科以緩起訴處分。至於是否適當，則分別觀察是否具充足的犯罪嫌疑以及權衡再社會化與一般預防綜合判斷。其優點在於犯人沒有經過公開審判或貼上標籤，因此緩起訴更能鼓勵自新。

---

[11] 不過，法官或檢察官面前所爲的法庭外陳述，並不必然就有高可信度，因此第159條之1的理解上，應有「證人傳喚不能、所在不明」等不成文要件，以免傳聞證據立法的美意遭受破壞。參：張麗卿，傳聞與共同被告的調查，月旦法學教室，95期，2010年9月，頁19。
[12] 緩起訴制度之詳細說明，可參：張麗卿，前揭書，頁485～491。

（二）實行簡式審判程序

「簡式審判」是除被告所犯為「死刑、無期徒刑、最輕本刑為三年以上有期徒刑之罪或高等法院管轄第一審案件」者外，因案情已臻明確，審判長可參考當事人意見裁定進行簡式審判程式[13]。

該程序貴在迅速便捷，因此主要在於簡化繁複之證據調查程序，例如交互詰問程序、傳聞法則皆可省略。其優點及效果在於合理分配司法資源（訴訟經濟），以及迅速終結審判，被告免於訟累。

（三）擴大適用簡易程序

簡易程序，係指第一審法院認定被告犯罪事實證據明確，透過檢察官聲請或法官自行認定開啓程序，以「書面審理」替代通常審判程序。簡易判決所科之刑為宣告緩刑、得易科罰金之有期徒刑及拘役或罰金之罪，是以「凡法院得為二年以下有期徒刑、拘役或罰金宣告之案件」皆可適用簡易程序。簡易程序，最大特色亦在於簡化嚴格證據調查程序，採用書面審理的模式[14]。

（四）引進認罪協商制度

2004年，增訂「認罪量刑協商」程序，規範在刑事訴訟法455條之2以下[15]，其立法理由在於：為建構良好的改良式當事人進行審判環境，將被告不爭執且非重罪的案件，宜適用協商制度快速終結，使法官專心重大繁複案件審理[16]。

---

[13] 詳參：張麗卿，前揭書，頁577。

[14] 基於訴訟經濟而設之簡易程序制度，於1995年、1997年皆修法擴大其適用的範圍，有關歷次重大修正的內容與疑義，可參：張麗卿，前揭書，頁609～619。

[15] 關於協商程序之說明，可參：王兆鵬、張明偉、李榮耕，前揭書，頁120～145。

[16] 重罪不得協商之理由，是因重罪協商將造成被告心理壓力，為避免推定無罪之被告受不當之心理壓力，不適宜以簡易程序終結，而將重罪排除。參：王兆鵬，新刑訴‧新思維，2004年10月，頁178；黃朝義，訴訟制度：第五講，簡易訴訟制度——協商程序，月旦法學教室，35

協商制度程序，首先必須使檢察官與被告就1.科刑範圍、沒收之範圍、緩刑；2.被告向被害人道歉；3.支付賠償金；4.向公庫支付一定金額等事項進行協商並達成合意，再由檢察官向法院聲請協商判決，而法官必須依協商範圍進行判決。近年來，透過協商程序結案之案件量，每年均在4500件以上，2011年甚至高達8061件[17]，顯示其確實有效紓解刑事訴訟資源。

肆、2010年後的持續變革

2002年以來雖不斷進行司法改革，但仍有許多待改善之處，諸如：未採卷證不併送、律師辯護品質不一之問題。更重要的是，案件量過大的問題仍無法獲得有效解決，司法判決無法獲得人民信賴。

2010年7月中旬，法官、檢察官收賄情事接連爆發，震撼了台灣社會。9月下旬，連續幾件幼女性侵案件，法官都認定「沒有違反當事人意願」，爆發了白玫瑰運動，超過10萬網民連署要求法官下台。在人民對於司法不信任的浪潮下，為回應排山倒海的民怨，2011年通過「法官法」，作為評鑑法官及檢察官之依據。司法院更為回應人民的司法改革聲浪，召開「全民司法改革策進會」[18]重新研擬司法改革的重大方向及人民參與審判的制度，希望藉此挽回司法聲譽，讓人民相信司法。

（一）2011年全民司法改革策進會

為發揮訴訟制度功效，縮短社會與司法的距離，提高人民對司法的認識與認同，司法院組成「全民司法改革策進會」，並於2011年4月，由司法院院長主持之首次會議正式啟動新司改，並以5個工作小組、4個委員會

期，2005年9月，頁87。

[17] 參考司法院年報。http://data.gov.tw/node/44549（最後瀏覽日期：2017年7月4日）。

[18] 該會主要功能在於聽取，由其下所設幕僚小組所提之改革方案及各界建言，經討論後，提出推動改革之具體建議，召集人兼主席為司法院院長賴浩敏，本人亦為委員之一。http://www.judicial.gov.tw/revolution/index2.asp（最後瀏覽日期：2017年7月7日）。

依計畫運作，並以各地方法院為司改基地，期待司法決策更貼近民意。

　　為解決積案問題，「刑事訴訟改革成效評估委員會」確認「刑事訴訟分流」基本方向，將「明案速斷、疑案慎判」。並將第二審朝向「事後審」及「續審」調整，並將第三審定位為「嚴格法律審」，由法律明文上訴事由，且僅得於牴觸憲法、違背司法解釋或判例時廢棄原判決。藉此宣示金字塔型訴訟架構的落實勢在必行。

（二）人民參與審判

　　人民參與審判，其主要目的在於使司法程序透明化，提升人民對司法的信賴。人民透過參與審判，可以對於法律規範與法庭活動更加理解，並因理解而信賴，展現司法民主化精神。

　　2012年6月司法院提出《人民觀審條例試行草案》，其後2012～2014年間司法院努力推動人民觀審制度在各地方法院試行，讓經由一定程序選出的人民擔任「觀審員」，針對一些重罪案件，全程參與「第一審」法院的審判程序，觀審員在法官下判決結論時，雖不能參與表決，但可以表示意見，提供法官下判決時的參考[19]。遺憾的是，該制度因被質疑觀審員只有表意權沒有表決權的疑慮，以致於該制最後因政黨輪替，而胎死腹中。

伍、2013年後的重點改革

　　台灣於2009年通過《公民與政治權利國際公約及經濟社會文化權利國際公約施行法》（簡稱兩公約施行法）將兩公約視為內國法。刑事司法制度作為憲法及人權保障之測震儀[20]，其修法方向亦隨著兩公約施行法之通過，更轉向強化人權保障與被告防禦權之維護。大體而言，2013年後因兩

---

[19] 參考司法院人民參與審判網站。網址：http://www.judicial.gov.tw/LayParticipation/intro01.asp（最後瀏覽日期：2017年7月15日）。

[20] 保障個人基本權的法治國原理，當然可適用於任何訴訟程序，而「刑事訴訟法」作為國家刑罰權具體化所依據的法規，因此更顯其重要性。參：張麗卿，憲法解釋與訴訟權之保障——以釋字第五六九號為中心，東海大學法學研究，24期，2006年6月，頁4。

公約影響而有的司法改革，大致如下：

（一）再次強化辯護範圍

　　2013年刑事訴訟法修正第31條，將強制辯護案件適用範圍持續擴張：於審判中，若被告具有原住民身分或爲低收入戶、中低收入戶，則其所涉之刑事訴訟案件應予以強制辯護；於偵查中，亦使智能障礙者及具原住民身分者獲得強制辯護之保障。此外，修正第95條，若被告爲原住民、低收入戶、中低收入戶，應告知得請求法律扶助。

　　近日的修正，則是司法院針對羈押中被告之權利，進行《憲法法庭言詞辯論》，做出釋字737號解釋，該號揭示：「本於憲法第八條及第十六條人身自由及訴訟權應予保障之意旨，對人身自由之剝奪尤應遵循正當法律程序原則。偵查中之羈押審查程序，應以適當方式及時使犯罪嫌疑人及其辯護人獲知檢察官據以聲請羈押之理由；……始符憲法正當法律程序原則之要求。」2017年4月26日，依據該號解釋公布修正第101條第3項，規定重點有二：1.羈押程序原則上應強制辯護；2.偵查中，以提供閱卷爲原則，僅於有礙偵查之部分，才得以例外限制或禁止。

　　對於保障被告辯護權之立意，本文表示贊同。然而，未來被告防禦權仍有待改善之處，例如律師品質參差不齊，且受法律扶助之被告皆爲弱勢或重罪，若未賦予更佳之辯護品質，幾與未保障其辯護權無異。因此，未來應朝向：培養刑事專業扶助律師、擴大法律扶助範圍及律師員額，並建立有效的評鑑機制，繼續落實、努力。

（二）軍事審判的改革

　　2013年，某士官因攜帶有照相功能的行動電話，遭查獲而被懲處禁閉，由於禁閉處分過度嚴屬而死亡。這個事件引發「廢軍審，回歸普通法院」的聲浪，促成軍事審判法修正[21]。

---

[21] 蘋果日報，洪仲丘枉死　白衫軍上街促《軍審法》修法，2015年2月9日。網址：http://www.appledaily.com.tw/realtimenews/article/new/20150209/556703/（最後瀏覽日期：2017年7月14日）。

該次修正將軍人犯罪分為「戰時」與「非戰時」。僅於戰時，方適用軍事審判法；若為非戰時，則應回歸刑事訴訟法。

（三）通訊保障監察法的修正

2013年6至9月，特偵組懷疑柯建銘涉收賄案，向台北地院聲請監聽。監聽中錄到「柯建銘立委，請立法院院長王金平代為處理全民電通背信案」。時任檢察總長的黃世銘親自求見馬英九總統，報告調查內容，進而引發濫權、違法監聽批評。因此促成《通訊保障及監察法》之修正[22]。

2014年《通訊保障及監察法》修正，將通訊監察書之核發採「絕對法官保留」，而通訊紀錄之調取採「相對法官保留」；且一份通訊監察書僅得監聽一「人」非一「案」，以確實將通訊監察與個人之人權保障做正確之連結。此外，原則上亦不容許另案監聽，若取得另案內容，原則上無證據能力。

（四）破除冤獄的再審制度

2015年修法前，若因發現新事實、新證據而聲請再審，須符合「新規性」（指判決當時已存在，判決前未發現）和「確實性」（指足以動搖勝敗）二要件。因此，若是判決後始存在的事實、證據即無法提起再審，例如：因新舊技術導致DNA鑑定結果不同，新鑑定結果將因不具「新規性」，而無法據之聲請再審，恐造成許多已確定案件，雖有新事證得推翻原判決，但因法律之要件，而無法獲得再審之機會，造成不當之冤獄。

然而，再審制度應重在真實發現而非否定舊判決[23]，因而2015年刑事訴訟法修法，新事實、新證據之要件，僅需較原先事實、證據「新」即可，且不論判決前或判決後存在皆可，使得許多冤獄案件得以重新聲請再

---

[22] 本次修法兼顧了許多重要的原則，包括：令狀元則、重罪原則、補充性原則、最小傷害原則、期間限定原則、事後監督原則。參：張麗卿，通訊保障及監察法之修正與評析，月旦法學雜誌，229期，2014年6月，頁45。

[23] 相同意見，如王兆鵬，重新檢視為受判決人利益之再審制度，國立臺灣大學法學論叢，39卷3期，2010年9月，頁311。

審，逐漸破除原先狹隘的再審大門。

陸、2016年後的再改革

　　近二十年來，台灣雖然歷經多次的司法改革，但是仍有許多重大案件之判決結果，難以符合人民期待，司法人員與人民之間的鴻溝越來越大。2016年5月20日，蔡英文於總統就職演說時，聲明「司法必須回應人民的需求，不再只是法律人的司法，而是全民的司法」，揭開台灣司法再一次改革的序幕。2016年11月，司法改革國是會議籌備委員會正式設置，並由蔡英文自任召集人[24]。

　　該次國是會議議題龐雜，將整體司法改革議題分為五組，各組別之主要任務如下[25]：

（一）保護被害人與弱勢者的司法

　　長久以來，司法改革均著重在「審、檢、辯」的三方結構，因此，本組以「保護犯罪被害人」、「減低冤案發生與強化救濟機制」、「保護弱勢族群在司法中的處境」、「司法科學、鑑定機制與專家證人」、「偵查不公開、媒體影響審判與隱私保護」等議題為重點。

（二）全民信賴公正專業的司法

　　如何從程序及組織的角度，對現行司法體系進行改造，以增進司法程序的效能，進一步落實憲法對於人權的保障，提升人民對於司法的信賴。

　　主要議題包括：「建立人權、效能、透明的大法官解釋程序」、「司法政策權歸屬—雙元司法行政系統的變革」、「建構效能、精實的法院組織與程序」、「建構專業的法院／法庭」、「切斷政治與司法的糾葛，維

[24]有關此舉，各界意見看法不一，參照：蘇永欽批蔡干預司法府倒打蘇：脫離時代價值，https://video.udn.com/news/524699（最後瀏覽日期：2017年7月16日）。
[25]以下內容均參考：總統府司法改革國是會議官方網站，https://justice.president.gov.tw/meetinggroup（最後瀏覽日期：2017年7月16日）。

持司法的中立」及「設置司法政策研究機構」等。

（三）權責相符高效率的司法

權責相符的高效率司法，主要就審、檢、辯三方的內容進行檢討，討論如何提升法律專業人員之能力進而提升司法效率。其議題包括：「提升檢察系統的透明與效能」、「檢討法官、檢察官的任用、監督與退休給付」、「律師的專業化與職業倫理」、「檢討檢、警、調人員的專業分工」等。

（四）參與透明親近的司法

「建立參與、透明、親近的司法」，就是希望司法友善，透過改革拉近、消弭司法體系與人民之間的距離。討論內容有：「法律人的養成、考選、專業訓練」、「人民參與司法」、「公開透明的司法」、「親近人民的司法」等。

（五）維護社會安全的司法

社會安全的議題範圍相當廣泛，本組橫跨刑事法、犯罪、警政、獄政、婦幼、少年、金融投資、媒體、政治等多元領域，討論議題大致有：「獄政制度改革」、「毒品、物質濫用、精神疾病犯罪等刑事政策檢討」、「有效打擊犯罪」、「犯罪預防與管理」、「兒少與性別司法制度檢討」等。

柒、結　語

台灣近二十年來的若干刑事司法改革措施，具有指標性的意義，例如，改採改良式當事人進行主義，改革的主軸以「改善失衡之法庭三角關係」及「減輕司法案件之負擔」為目標而務實的持續前行。

司法最受人期待的，便是裁判品質，尤其是社會矚目的重大案件。因

此，必須讓比較輕微的案件不要進入審理程序，或者不需要經由通常的審判程序。過去的改革為此做了一些重要的決定，例如，規定緩起訴制度、簡易程序、簡式判決。目前刑事司法實務上，這些制度的運用都相當廣泛，也讓通常審判程序得到一定程度的紓解。

　　2016年以來的台灣司法改革，沸沸揚揚，熱鬧異常，但一般的評價是內容繁雜，共識有限。無論古今中外，一切改革的大病就是「求其廣泛」，這是失敗的宿命。無論何種改革，成功的要素必須是「逐步漸進」，而非「無所不包」，司法改革的決策，也不能貪多。司法改革必須針對核心議題。

　　目前台灣司法改革的迫切議題，仍是「人民參與審判」與「紓解案件壓力」的核心。人民參與審判，是為了讓司法更透明、更公開、更無可質疑。問題是參與的型態是什麼？這已經討論了幾十年，有爭議的是，要採取陪審制或參審制？或傾向於陪審制或參審制？這是司法改革的核心，永恆的議題，需要不斷凝聚共識，但也無須急於得到答案。至於諸如「法庭直播」等，則值得商榷[26]。

　　紓解案件壓力一直是司法界的夢想，長期以來就是司法改革的核心。針對這項議題，陸續建立了改善的制度，只是人民權利意識的升高，讓訴訟案件越來越多，每個法官的案件量都超過負荷的限度，如何要求法官辦好每一個案件？解決之道無非是「刑事訴訟分流」的基本方向，金字塔型訴訟架構的落實勢在必行。讓案件合理地進入審判程序，法官可以有更多時間審理案件，思考判決的理由，所謂慢工出細活，法官的判決才能更具說服力，人們對司法才有更多的信賴。

---

[26] 司法不是演藝事業，司法的存在不是為了取悅社會大眾。針對法庭直播的最大質疑是，被告因為法庭直播在網路上任人指認，任人說三道四，如果判決有罪，烙印既深，將來如何復歸社會？而復歸社會不就是刑罰最重要的任務？所以法庭直播牴觸最根本的刑法理念。如果判決無罪，在法庭上被直播的人也已經受到難堪，名譽的損傷如何挽回？

第三章

憲法解釋與訴訟權之保障
——以釋字569號為中心

壹、前　言

憲法第16條規定，「人民有請願、訴願及訴訟之權」，訴訟權因此成為「人權清單」[1]的一部分。訴訟權乃在確保人民憲法上之權利或法律上之利益遭受不法侵害時，依法請求救濟的權利。亦即，憲法所揭示的平等權、自由權、財產權等基本人權的保障，國家應依法治國原理加以充實，且為貫徹並實現此等權利，人民有請求保障之權利，此種司法行為請求權，乃依據憲法第16條訴訟權保障所享有之權利。

不過，這些權利必須藉由訴訟與裁判才能實現，其中關於使國家刑罰權具體化所依據的法規為「刑事訴訟法」。本來保障個人基本權的法治國原理，當然可適用於任何訴訟程序，但在刑事訴訟更顯其重要性；蓋其一方面係國家為確認刑罰權所實行之追訴與審判程序，另一方面又因個人防禦權行使涉及自由等基本權利之保障，而產生緊張關係；故國家如何在保障個人基本權利之同時予以實現刑罰權，即成為重要之課題。

刑事訴訟法中包含許多與憲法特殊關聯的規定，這些規定必須符合憲法基本權的保障[2]。故刑事訴訟法中許多未臻明確[3]或甚至違憲[4]的規範，可以透過大法官對憲法解釋的途徑而可以得到澄清。誠如學者所言，大法官解釋扮演了憲法與訴訟法間的橋樑角色，使訴訟法成為「具體化之憲法」，或使憲法成為「可裁判之訴訟法」[5]。截至目前，大法官作了近600號解釋，構成非常精密的價值體系與規範。其中與刑事訴訟法直接相關的

---

[1] 英文的bill of rights通常譯為「人權法案」，張佛泉認為，這是不懂基本人權在整體法律體系所占的地位的譯法。法案只是議會立法程序中的一個階段，而bill of rights則是先於法律系統而存在的，是法律系統以外的，為了保證這些權利，國家與政府方在人間豎立起來。張佛泉因此將bill of rights譯為人權清單。參閱張佛泉，自由與人權，台灣商務，1995年2版，頁13。

[2] Roxin, Strafverfahrensrecht, 25. Aufl., 1998, § 2, Rn. 1. 例如，羈押的法律規定與現實性往往被認為是一個國家的法律政治氣氛與國家文化的「地震記錄器」（測震儀）。並參閱張麗卿，刑事訴訟法理論與運用，五南圖書出版，2016年9月13版，頁246。

[3] 例如，針對「犯罪被害人」定義的大法官釋字297號解釋。

[4] 例如，憲法明訂關於拘束人身自由的法官保留原則，經大法官釋字392號解釋，將1997年以前在偵查中賦予檢察官羈押權限的規定，因違反憲法第8條的規定，將其宣告違憲。

[5] 參閱劉宗德，憲法解釋與訴訟權之保障——以行政訴訟為中心，司法院大法官93年度學術研討會大會手冊（下冊），2004年12月4日，頁2。

字號約有38件⁶，與刑事訴訟權相關的字號共18件，約占刑事訴訟法聲請件數中的50%，這個數目顯現訴訟權保障的重要性。

訴訟權屬於基本權的一種，依憲法第23條，是可以合理限制之權利。舉例而言，依照普通審判程序，必須言詞辯論、公開審理、直接審理與集中審理，法院比較可能因此而發覺真實，被告方能充分享有防禦權利；然而法院的案件日益增多，為了節約司法資源，不得不改變許多案件的普通審理程序，而改採簡易程序或協商程序，連同上訴權一併加以限制（刑訴§455之10Ⅰ）⁷。由於訴訟權的內容相當廣泛，舉凡告訴權⁸、自訴權⁹、上訴權¹⁰、抗告權¹¹、詰問權¹²、被告的防禦權¹³等等，皆屬於訴訟權的內

---

6 這些字號分別為：大法官釋字582號、569號、535號、523號、512號、395號、392號、306號、302號、300號、297號、271號、249號、245號、238號、233號、181號、178號、168號、159號、146號、144號、140號、135號、134號、118號、108號、98號、90號、60號、53號、48號、47號、43號、39號、37號、28號、9號（詳如附表）。

7 不過，亦有學者認為，刑事訴訟協商程序的限制上訴規定，違背憲法第16條的精神，甚或有違憲的疑義。參閱楊雲驊，「刑事訴訟法新增『協商程序』之探討」，月旦法學教室，第21期，2004年7月，頁106以下。

8 如大法官釋字507號理由書：「……專利法前述規定以檢附侵害鑑定報告為行使告訴權之條件，係對人民訴訟權所為不必要之限制，違反憲法第23條之比例原則。……」

9 如大法官釋字569號乃針對自訴權被限制是否違憲的解釋。

10 有關上訴權的大法官解釋及理由書如：釋字574號、釋字288號理由書、釋字306號理由書、釋字442號及釋字395號孫森焱大法官協同意見書略謂：「……本院釋字302號解釋……其中心意旨乃認訴訟權原包括上訴權在內，不以第一次起訴之訴訟權為限……」

11 大法官釋字288號理由書：「憲法第16條所保障人民之訴訟權，應包括對下級法院裁判不服時之上訴或抗告權，除有憲法第23條所定必要情形外，不得加以限制。……」

12 如大法官釋字384號創設對質詰問權，而大法官釋字582號則具體落實憲法詰問權之保障。大法官釋字582號解釋文提到：「憲法第16條保障人民之訴訟權，就刑事被告而言，包含其在訴訟上應享有充分之防禦權。刑事被告詰問證人之權利，即屬該等權利之一……」

13 刑事訴訟的兩大主軸是：有效追訴犯罪與保障人權。在政治制度與法律思想尚不成熟之時，有效追訴犯罪是刑事訴訟的唯一目的。現代文明國家的刑事訴訟制度，則同時兼顧有效追訴犯罪與人權的保障，所有追訴與審判制度的設計，皆在尋求兩種目的之平衡。被告防禦權之受到重視，顯然與人權思想的抬頭有關。任何人都可能因緣際會而成為被告，訴訟上給予被告充分的防禦權，國家的刑罰權方能得到節制，人民的權利因此可以確保。無論是否熟知法律，涉訟的被告必然驚慌失措，國家必須加以照料，必須告知訴訟上的權利。偵查中或審判中如果不告知所犯罪名、不告知可以緘默、不告知可以選任辯護人、不告知可以請求調查有利之證據，其偵查或審判所獲證據，都可能因為侵害被告的防禦權而失去證據能力。同一犯罪事實以某一法條起訴，審判時變更起訴法條，卻不在傳票上記載已經變更起訴之法條，被告有如接受突襲性的裁判，難以答辯，亦為侵害被告防禦權。參閱張麗卿，驗證刑訴改革脈動，五南圖書出版，2004年9月2版，頁200以下。

容。本文僅以自訴權的探討爲核心。

本文首先探討刑事訴訟權的憲法內涵，接著說明自訴制度的創設理由，其次精要論述德國的自訴制度，用以對照我國自訴制度的寬鬆與不合理；並分析我國自訴制度上所謂「被害人」的概念，並檢討限制自訴的規定是否合理；最後，對於大法官釋字569號及理由書加以回應。

貳、憲法解釋與刑事訴訟權

憲法對於訴訟權的保障，是一種制度性的保障，且爲了落實憲法基本權的規定，應該提供無漏洞且確實的訴訟保障。雖然在立憲主義之下，憲法透過各種基本權的保障來確立並維護人性尊嚴。換言之，基本權的保障，不但充實了人性尊嚴的內涵，也保護了人性尊嚴核心領域不可侵犯性。故基本權兼備目的與手段的雙重性質。只是憲法規定的基本權僅具初步保障性質，須經有權解釋憲法之機關的闡釋及確認，方能確定具體的保障範圍。憲法第16條的訴訟權亦然。關於訴訟權保障的內涵，翁岳生大法官從大法官釋字396、418及512號等解釋，進一步分析爲以下三種層次[14]：

一、無漏洞的權利保護

無漏洞的權利保護是「有權利必有救濟」之法理，源於大法官釋字243號及396號解釋。雖就審判權之劃分、訴訟進行之程序及訴訟類型等，立法者基於政策等考量，有一定程度的制度形成自由（立法裁量權），不過，仍必須有限制之正當化理由，並考量平等原則等與其他憲法基本權規定之關係。同時，就其制度設計之風險，如審判權衝突所生危險等，則不應由人民負擔。

---

[14] 參閱翁岳生主編，行政訴訟法逐條釋義，五南圖書出版，2002年，頁2以下。更詳細的說明，參閱劉宗德，同註5，頁10以下。

二、實效的權利保護

　　實效的權利保護主要是指大法官釋字418號解釋理由書所稱：「訴訟權……此種司法上受益權，不僅形式上應保障個人得向法院主張其權利，且實質上亦須使個人之權利獲得確實有效之保護。」如前述之立法權之制度形成自由，即應以實效性為取向，設計合乎比例原則之訴訟程序，故有效權利保護的內容包括：接近法院之權利（救濟途徑之明確性、實體裁判要件之實效性、事後性／預防性／暫時性的權利保護等）、訴訟程序保護之委託（如意見表達權與對法院之資訊請求權、促進訴訟之程序要求等）、權利保護實踐之確保（判決之執行可能性與執行力等），這些其實也都是法治國原則之核心價值。

三、公平審判的訴訟程序

　　大法官釋字512號解釋稱：「憲法第16條保障人民有訴訟之權，旨在確保人民有依法定程序提起訴訟及受公平審判之權利。」此概念源自英美法系之「due process of law」或「fair trial」。具體而言，含司法獨立原則（法官之職務上與身分上獨立、法院之內部獨立、司法之集體獨立）、法定法官原則（分案順序不可變更原則）、法律上聽審權（對法院之資訊請求權、表達意見權、請求法院斟酌之權）、武器平等原則（訴訟上機會平等）、公平程序權（基本權之組織與程序保障權）等。

　　由於我國憲法第16條並未區分適用範圍，因此民事訴訟制度、行政訴訟制度及刑事訴訟制度皆應具有無漏洞的權利保護、實效的權利保護及公平審判的訴訟程序的實質內涵。

　　以刑事訴訟權為例，開啟程序的告訴權、自訴權、上訴權與抗告權應屬無漏洞的權利保護的範疇；而平衡國家與被告實力的緘默權、聽審權、辯護權與聲請調查證據權等，則屬有關審判程序之公平性；且被告也可藉由詰問權、對質權之行使，實質確保其程序主體地位，故此類防禦權屬於權利之實效保護層次。惟應注意者，某些權利可能同時兼屬橫跨複數訴訟

權的層次，以聽審權爲例，即兼具權利之實效保護與公平審判二種功能。

參、自訴權屬無漏洞權利保護之範疇

由於刑事訴訟制度在實現刑法所確定之國家刑罰權。更精緻的說，人民訴訟權的行使是啓動國家刑罰權的機制之一，而國家行使刑罰權，係透過訴訟權的保障，來保護人民的其他基本權利免於受侵害。換言之，國家獨占刑罰權的終極目的，僅能也必須是在保障基本人權，因爲刑事訴訟法是實質的憲法，更是憲法的具體實踐。只不過，國家在確定刑罰權與發現眞實的過程中，可能傷及無辜；刑罰權的具體行使，也可能逾越比例原則而侵害被告的基本人權。這些情形，在某種意義上，皆構成基本權的衝突。原則上，沒有任何一種權利是絕對優勢，只能透過立法或司法的權衡來實現正義。

基於基本權的保護義務功能及獨占武力的事實，國家行使刑罰權，不僅是國家的權利更是國家的義務。發現眞實固然是刑事訴訟最重要的目的之一，因爲唯有在眞實發現後，對被告的刑事制裁才具正當性，對被害人的保護也才有意義。刑事被告並非在刑事訴訟程序中唯一需要被「照顧」到的，法和平性的恢復（無論具體或抽象），也是刑事訴訟制度的重要功能。就此言之，被害人的自訴權，自應有其憲法上的意義與定位。

依照大法官釋字569號，自訴權屬於立法者的自由建構，但也屬於訴訟權的一部分[15]。自訴與公訴屬於訴訟程序的兩種管道，以上述分類標準言，屬於「無漏洞的權利保護」範疇，爲訴訟權其他主觀權利面向的基礎與前提；也因此，關於自訴制度之形成自由，立法者所爲是否爲合理的限制，即成關注的焦點。原則上，自訴程序準用公訴程序之規定（刑訴§343）。美國與日本並無自訴程序，德國雖有自訴的規定，但嚴格限

---

[15]例如，本號解釋文指出：「……對於與其配偶共犯告訴乃論罪之人，並非不得依法提起自訴。本院院字第364號及院字第1844號解釋相關部分，使人民對於與其配偶共犯告訴乃論之人亦不得提起自訴，並非爲維持家庭和諧及人倫關係所必要，有違憲法保障人民訴訟權之意旨」，明示不得提起自訴，有違憲法保障人民訴訟權之意旨。

制程序的發動。我國自訴程序的發動，規定相當寬鬆，只要是犯罪的被害人，皆得自訴（刑訴§319Ⅰ）。故自訴權為司法上的受益權，有此權利，人民始可藉著國家的強制力量，保障其權利[16]。人民於法益受到不法侵害時，若無此項受益權，則自由權利的規定將形同具文。故我國刑事訴訟法規定，人民權利遭受侵害時，可向檢察官告訴，請求提起公訴，亦可向法院提起自訴。自訴權源於人民的司法上受益權，屬於憲法所保障的權利[17]，自訴權使憲法層次上之無漏洞之權利保護，得以貫徹。

　　刑事訴訟的主要目的，雖在兼顧人權保障與有效追訴犯罪，不過，刑事訴訟制度的最終目的也在實現公平正義，公平正義不只是無辜者獲得無罪判決的被告的正義，也是真正加害人受到司法制裁的被害人的正義。

　　傳統以來，關於被害人的權益保障，似乎僅著重於如何避免被害人受到「司法的二次傷害」，希望藉由「消極的不接觸」，來回復被害人的創傷，如家庭暴力防治法、性侵害犯罪防治法、證人保護法關於隔離訊問、限制訊（詰）問等相關立法。但我們並不能排除有些被害人希望透過刑事訴訟程序的積極參與，以滿足正義及回復原有生活秩序的需求。把被害人都設定為「脆弱、敏感、易受傷的」，而推定他們都需要被司法「隔離保護」的想法是恣意的。

　　社會之所以能透過刑事程序而重新獲得法和平性，是因為被害人的權益也得到伸張，國家必須透過司法權對社會宣告「被害人的權益不容侵犯！」並對犯罪人（被告）加以制裁。因此，刑事程序不能漠視被害人對正義的需求，如果被害人信任檢察官，願意透過公訴制度來平撫受傷的正義，國家當然不能反讓被害人身陷危險；但如果被害人希望積極參與制裁

[16]這與大法官釋字574號解釋之意旨相同：「憲法第16條所規定之訴訟權，係以人民於其權利遭受侵害時，得依正當法律程序請求法院救濟為其核心內容。」即明認「權利受害──司法救濟」為訴訟權的核心內容。因此，國家應提供有效之制度保障，以謀其具體實現，除立法機關需制訂法律，為適當之法院組織及訴訟程序之規定外，法院於適用法律時，亦須以此為目標，俾人民於其權利受侵害時，有即時、充分回復並實現其權利之可能。

[17]蔡墩銘教授亦採此一見解，認為憲法上明定人民有訴訟之權利，不限於民事訴訟之提起，人民亦可提起刑事訴訟，保留自訴制度，符合憲法對訴訟權保障之旨意。參閱蔡墩銘，刑事訴訟法論，五南圖書出版，1999年3版，頁392以下。

犯罪的刑事司法程序[18]，基於正義，國家亦不應拒絕。換言之，被害人在刑事程序的積極參與權必須受到重視與保障。對自訴權的限制，固然是立法裁量的範圍，但從刑事政策的角度觀之，當被害人與被告的天平已然傾斜於後者時，對自訴的限制是否會使被害人在刑事程序的積極參與權更雪上加霜，非無疑義。

肆、自訴制度之創設理由

　　自訴是被害人向法院起訴的制度，在自訴程序中，自訴人與被告同為當事人（刑訴§3）。公訴程序中，被害人提出告訴後，通常轉換為證人的角色，已非當事人。公訴程序的當事人，是檢察官與被告。

　　自訴人既然是當事人，就必須有訴訟能力[19]。訴訟能力，指在刑事訴訟上得為有效行為之能力，只要有意思能力即有訴訟能力，不問其是否有民法上行為能力。自訴人訴訟能力之有無，以起訴時為準，起訴時有訴訟能力，縱使於起訴後喪失，其訴訟行為仍屬有效[20]。

　　宜注意的是，我國法特別規定被害人若無行為能力或限制行為能力或死亡，僅能由法定代理人、直系血親或配偶自訴（刑訴§319Ⅰ但書）。提起自訴，必須委由律師為之（刑訴§37Ⅰ、§319Ⅱ）。告訴是向刑事追訴機關申告犯罪事實，是偵查的發動原因之一。犯罪的被害人，得為告訴（刑訴§232）；告訴人無須具備行為能力，只要有「自然的意思表示能力」即可。被害人即使是限制行為能力人，甚至無行為能力，亦得告訴。告訴無須委任律師，得親自為之，但得委任律師為告訴代理人提出告訴（刑訴§236之1、§271之1）。由於被害人可以隨意發動自訴，實務上

---

[18] 關於被害人地位在刑事訴訟制度的演進，參閱徐瑞婷，被害人與被告在刑事程序中地位之比較研究，中正大學犯罪防治研究所碩士論文，2004年6月。

[19] 德國法的自訴制度，同樣要求自訴人應有訴訟能力。Lutz Meyer/Goßner, StPO, 47. Aufl., 2004, §374, Rn. 8.

[20] 參閱張麗卿，同註2，頁535以下。

判決有罪的比率因此很低[21]，解釋上也難免發生困擾。爲了澄清自訴權的合理運作，乃有大法官釋字569號。

　　然而何以在公訴程序之外，另創自訴制度？一般認爲，創設自訴制度的理由有二：一、滿足被害人復仇之心理。通常被害人提起自訴，都有某種程度的報復心理。自訴人雖然不具有檢察官的處分權，但因爲處於原告的地位，所以檢察官在審判期日所得爲之訴訟行爲，由自訴代理人爲之（刑訴§329I）。自訴人可將自己比擬爲檢察官，對被告實施追訴，藉以滿足報復心理；二、防止檢察官濫用起訴裁量權。民初制訂刑事訴訟法以來，對自訴之範圍擴張了幾次，直到現在，對自訴已不設範圍。立法者對自訴不設範圍，含有對檢察制度的不信賴，希望藉此防止檢察官濫權不起訴[22]。另外，在德國也有對於「輕罪軟化訴訟程序」的作用。因爲在德國只有輕罪可以提起自訴，自訴被視爲是正式程序的替代方案，且被害人與加害人有庭外的調解機會[23]，讓被害人迅速得到具有實益的損害賠償，這顯示被害人對於追訴及審判之間接影響，同時也提升了被害人在追訴過程中之參與地位[24]。

伍、德國法之自訴制度

　　在細部說明我國的自訴制度前，將先精要介紹德國的自訴制度與實務狀況，以作爲對照。由於美國與日本都沒有自訴制度，能夠比較觀察的外國法律，以德國法較爲方便。

---

[21]例如：1997至2001年，各地方法院自訴案件的科刑比率爲11.70%；公訴案件的科刑比率則爲80.26%。兩相比較，自訴案件的科刑比率顯然偏低。以上數據參閱台灣板橋地方法院辦理自訴案件之統計簡析資料。

[22]當然從另一個角度來看，亦有疏減檢察官工作負擔的功能。因爲，如果准許某些無關公益或影響公益較輕之案件，不必由檢察官處理，使其有充足之時間，應付較重大之案件，應可收疏減檢察官工作負擔之效。

[23]Vgl. KK-Senge, StPO, 5.Aufl., 2003, §380, Rn. 2.

[24]Vgl. Geerds, Zur Rechtstellung des Verletzten im Strafprozes. JZ 1984/17, 795 f.; Schöch, Die Rechtsstellung des Verletzten im Strafverfahren, NStZ 1984 (Heft 9), S. 391.

一、自訴制度之緣起與批判

德國刑事訴訟法於1877年即規定有自訴制度，制訂的理由乃使被害人在不服司法拒絕起訴時，其權益能受到保障；亦即，防止檢察官的濫行不起訴。然而此項規定，引起嚴厲批判。李斯特（Franz von Liszt）以奧地利法爲參照，並以檢察官的起訴獨占爲理由，極力反對自訴制度，認爲是違反原則、多餘而且危險。在他收錄於1905年發行的《刑法論文與演講集》一書的文章裡，他說[25]：「自訴制度違反刑事法學的最高原則，刑法屬於公法，而且所有犯罪行爲皆破壞或將危及公共的法秩序；對於發展至今的刑法學而言，創設自訴制度實爲一種倒退。立法者企圖藉由自訴制度而達成的目標，其實可由他途取代，例如以告訴乃論制度、以檢察官的權宜原則取代自訴制度。」

二、得提起自訴之犯罪與限制

儘管遭到質疑，但德國仍保留自訴制度。依照德國刑事訴訟法第374條第1項，提起自訴受到嚴格的限制，只有輕微案件方能自訴。可提自訴的輕微案件有明文列舉，包括：無故侵入住宅（刑法§123）、侮辱（刑法§185～§187a、§189）、妨害書信秘密（刑法§202）、普通傷害（刑法§223、§223a、§230）、單純恐嚇（刑法§241）、商業賄賂（刑法§299）、毀損（刑法§303）、不正競爭防止法之罪、專利法第142條之罪（其他附屬刑法之罪，恕略）。

不過，這些輕微犯罪如果涉有公共利益，檢察官仍得提起公訴或在自訴程序中擔當訴訟（德刑訴§376、§377）。所謂涉有公共利益，是指逾越被害人的生活圈，對於法的和平有所干擾；如果被害人因與行爲人有特殊的個人關係，而不能被期許提起自訴，則可判斷爲涉有公共利益[26]。以

---

[25]von Liszt, Strafrechtliche Aufsätze und Vorträge, 1. Bd., 1905, 25 f. 轉引自：Grebing, Abschaffung oder Reform der Privatklage? GA 1984, 1.（Grebing這篇論文是1981年在哥廷根大學的教授就職演講，1984年論文發表於GA時已經過世。）

[26]Lutz Meyer/Goßner, a.a.O. (Fn.19), § 374, Rn. 1.; KK-Senge, a.a.O. (Fn.23), § 374, Rn. 1f.

侮辱罪爲例，若侮辱行爲發生於集會中，或以散布文字的方式爲之，涉及被害人公共生活中的地位，而且侮辱行爲將使被害人的公共影響力大受減損，則此侮辱涉及公共利益[27]。再以普通傷害爲例，如傷害行爲兇殘，手段甚爲卑劣，原則上都可評價爲涉有公共利益[28]。

德國刑事訴訟法第380條第1項規定，輕微犯罪的被害人，在提起自訴之前，必須先經過調解程序。調解機關由各邦的司法行政部門指定。如果和解（調解）無效，必須附上證明書方能自訴。這些必須先經調解的輕微犯罪包括：無故侵入住宅、侮辱、妨害書信秘密、普通傷害、單純恐嚇、毀損。至於商業賄賂以及不正競爭防止法的犯罪行爲，則無須經過調解程序。調解的目的在於維護法和平，希望盡可能避免訟累[29]。

三、自訴制度之現況

可能因爲自訴制度的條件嚴格，又有檢察官介入的機會，所以自訴制度在德國實務上越來越失去重要性，自訴案件越來越少[30]。舉例說，1980年德國區法院所受理的刑事案件總數約爲100萬，其中自訴案件約爲1萬，自訴所占比率爲法院受理刑案總數的1%。如果與1960年的統計比較，更顯得自訴案件的大幅減少。1960年的自訴案件爲3萬4千，可是1980年的自訴案件降爲1萬。換言之，單以案件看，德國從1960年至1980年，自訴案件減少了70%[31]。最新的統計資料顯示，自訴案件更是大爲減少。2002年德國各區法院受理的刑事案件總數是85萬7,046件，自訴僅有892件[32]。自訴案件只占區法院處理刑案總數的0.1%。

如前所述，只有輕微案件方能自訴。難道是德國的輕微案件大減，所以自訴減少？事實並非如此。輕微案件在過去數十年不減反增，尤其是普

---

[27]Lutz Meyer/Goßner, a.a.O. (Fn. 19), § 374, Rn. 1.; KK-Senge, a.a.O. (Fn. 23), § 374, Rn. 6.

[28]Lutz Meyer/Goßner, a.a.O. (Fn. 19), § 374, Rn. 1.; KK-Senge, a.a.O. (Fn. 23), § 374, Rn. 6.

[29]Roxin, a.a.O. (Fn. 2), § 61, Rn. 3.

[30]Lutz Meyer/Goßner, a.a.O. (Fn. 19), § 374, Rn. 1

[31]Grebing, a.a.O. (Fn. 25), 6.

[32]資料取自：Statistisches Bundesamt, Fachserie 10. R.2.3. 2002.

通傷害、侮辱、毀損與無故侵入住宅；而德國文獻指出，大約三分之二的自訴案件爲侮辱罪，三分之一爲普通傷害，其他的輕微犯罪占自訴案件的比率則根本微不足道[33]。

德國自訴案件的逐年減少，除了提起自訴嚴格受限之外，自訴人必須繳交訴訟費用[34]，對於自訴結果多不樂觀，也是被害人不願提起自訴的原因。另有一個被害者學上的共同原因，此即被害人告訴意願的低落；告訴意願低落，自然也影響自訴的提起[35]。

自訴人必須扮演檢察官的角色，可是並無檢察官的專業素養，也沒有國家機關作爲後盾，不能參與強制處分的決定或聲請，蒐證能力必然大受限制，因此自訴案件獲判有罪的比率一定極少。以德國1980年的統計說明。該年1萬個自訴案件，法院判決不受理，約占19%；撤回自訴，約占16%；達成和解，約占15%；因情節輕微或其他原因而停止訴訟[36]，約占41%；有罪判決的比率只有8%至9%[37]。

經過二十年，統計數字也沒有多大的變動，例如，2002年德國區法院受理的892件自訴，113件有罪判決（12.6%）[38]，188件判決不受理（21%），73件和解（8%），157件撤回（17.6%）[39]。

上述情形所呈現這麼低的有罪判決率，似乎透露自訴制度並沒有滿足犯罪被害人所想要的正義，憲法所保障的訴訟權也沒有經由自訴而獲得多大的保障。這個自訴制度的法律現實面，也正是德國學者主張廢除自訴的

[33] Grebing, a.a.O. (Fn. 25), 7.

[34] 依照德國刑事訴訟法第379條，基於保全的理由，應繳訴訟費用。不過，這項規定可能與自訴的減少並無太大關係，因爲自訴人必須繳交訴訟費用的情況，通常是自訴人爲外國人或無國籍人士，而且在德國沒有設籍；訴訟費也只有在嫌犯的要求下才需要繳交，參閱Lutz Meyer/Gosner, a.a.O. (Fn. 20), § 379, Rn. 2. 儘管如此，主張改革自訴制度的德國學者仍認爲，取消自訴人繳交訴訟費用的規定，是應行之道。參閱Grebing, a.a.O. (Fn. 25), 11.

[35] Grebing, a.a.O. (Fn. 25), 7.

[36] 依照德國刑事訴訟法第383條第2項，行爲人罪責輕微者，法院得停止訴訟程序。

[37] Grebing, a.a.O. (Fn. 25), 9.

[38] 有趣的是，民國86年至90年間，各地方法院自訴案件被告被科刑比率11.70%，與德國不相上下。參閱台灣板橋地方法院辦理自訴案件之統計簡析資料。

[39] 資料取自：Statistisches Bundesamt, Fachserie 10. R.2.3. 2002.

理由之一[40]。不過，雖然自訴制度長期以來，在德國有效果不彰的情況，而被認為聊備一格，可有可無，甚至主張廢除。但是也有學者認為，在刑事訴訟法仍然保留自訴與公訴並列為被害人所得自由選擇的兩種訴追程序前，基於民主法治國原則，被害人所享有之訴訟程序上的參與權，就不應該任意被剝奪，或輕言廢除[41]。

陸、我國法之自訴制度

自訴制度可以討論的問題並不少，但是本文以回應大法官釋字569號為主軸，因此下文以該號解釋所觸及的自訴問題為討論核心，亦即，自訴的身分上限制是否合理？所謂「被害人」究竟是誰？此外，對於我國實務上的自訴現實面也略加著墨。

一、自訴之身分限制

我國的法律允許自訴，但對於特定人不得自訴，例如：對於直系尊親屬或配偶不得自訴（刑訴§321）；對於未滿十八歲的少年犯不得自訴（少事法§65II）。限制對於特定人的自訴，是否合理？必須瞭解限制的目的究竟何在。以下說明，少年事件處理法不許對於少年犯自訴，有極為重要的理由，但禁止對尊親屬與對配偶自訴，就較難有堅強的論據，作為對照。

（一）對少年犯不得提自訴

依照少年事件處理法（以下簡稱少事法），未滿十八歲的少年犯，一律先由少年法院審理。少年法院接受警察移送的少年犯，或學校、監督權人的請求，或任何人的報告，必須先由少年調查官調查少年的行為、品

---

[40] 當然，從自訴案件的逐年遞減，以及有罪判決率的偏低，可以說明自訴制度在德國的無足輕重，更能夠體會十九世紀末李斯特的先見之明。Grebing, a.a.O. (Fn. 25), 13.

[41] Geerds, a.a.O. (Fn. 24), 795f.

格、經歷、身心狀況、家庭情形、社會環境、教育程度等事項（少事法§19）。調查結果成為少年法院的重要判斷資料，決定如何處理少年犯。除非少年所犯的是最輕本刑五年以上有期徒刑之罪，少年法院得斟酌情況，裁定移送或不移送檢察官（少事法§27II）。少年法院的此種斟酌權限，學說稱為少年法院的「先議權」。一旦裁定不移送檢察官，少年法院即依照「少年保護事件」審理；審理結果，可以裁定不付保護處分（少事法§41I），或裁定訓誡、保護管束並勞動服務、交付安置於教養機構、感化教育等保護處分（少事法§42），而不能科處刑罰[42]。

　　事實上，大多數的少年犯都依照少年保護事件而處理。總之，少年犯罪被當成刑事案件處理的機率很低。少年事件處理法的重要立法理由，就是盡可能不讓少年犯與封閉性的矯治機構接觸，避免貼上犯罪人的標籤，因而比較容易重新為人。如果允許被害人向少年法院自訴，少年法院將沒有行使先議權的機會，而只能以刑事案件處理，少年事件處理法的立法目的亦將不能達成。

（二）對直系尊親屬與配偶不得提自訴

　　對於直系尊親屬（包括直系血親尊親屬及直系姻親尊親屬，如公婆、岳父母與繼母）不能自訴，有倫理上的考慮。兒女與尊長在法庭上成為當事人，並針鋒相對的交互指控，場面必極其尷尬，不特有傷固有道德，於社會善良風俗，亦非所宜，為維護固有倫常，所以刑事訴訟法禁止對於尊親屬自訴[43]。

　　如前所述，少年事件處理法不許對於少年犯自訴，有極為重要的理由，禁止對尊親屬自訴，也能找到倫理上的論據。

　　然而，禁止對於配偶自訴，是否有同樣堅強的理由？配偶的關係如果不是惡化到了極點，就不會興起訴訟。民事上的訴請裁判離婚，是配偶的關係惡化，夫妻必須以原被告的身分在法庭上相見。刑事訴訟上，不論以

---

[42] 參閱張麗卿，同註2，頁547。
[43] 參閱陳樸生，刑事訴訟法實務，自版，1999年，頁393。

自訴的方式，或是以提出告訴的方式，彼此終究必須在法庭上相見，交相指控的情況因此不能避免。

民事上的訴請裁判離婚無異於自訴，刑事訴訟上不許對配偶自訴，卻又為了什麼？如果是為了避免尷尬，則提出告訴之後，其尷尬可能更多。提出告訴之後，警察或檢察官還有相當冗長的調查時間，配偶間的尷尬緊張因此持續存在。提出自訴，反而可讓這種尷尬的關係早日解除。

此外，即使對於配偶自訴，也沒有倫理上的顧慮。因為配偶的地位平等，在訴訟上以當事人的身分相迎，也沒有以下犯上的倫理禁忌。總之，禁止對於配偶自訴，似乎只是農業社會的顧慮，在現代社會恐怕已經失去意義。且參照德國關於自訴的規定，並無對配偶或直系尊親屬之限制。我國獨創的限制提起自訴的規定，應該有更具說服力的論證。

配偶對簿公堂，最有可能是因為婚外情，亦即通姦。通姦必須告訴乃論。告訴乃論之罪，對於共犯之一人告訴，其效力及於其他共犯（刑訴§239Ⅰ）。換言之，配偶如果只對於相姦人提出告訴，則另一方配偶也在告訴範圍內，學說稱為「告訴不可分」。

對於配偶不得提起自訴，如果允許對於相姦人自訴，則法院勢必在自訴程序中審問另一配偶。此一情況下，配偶在法庭裡雖非以當事人的身分相見，但終究難免針鋒相對，對於配偶不得提起自訴的規定，將因而形同虛設。要化解這種尷尬的場景，而且避免禁止自訴的規定成為具文，應該不許對於相姦人提起自訴。最高法院29年上字第2333號判例以及29年非字第15號判例，即清楚指出，對於配偶不得提起自訴，「依告訴不可分之原則」對於相姦人亦不得提起自訴。司法院院字第364號及院字第1844號解釋，也都有相同見解。儘管當初刑事訴訟法的立法者禁止對於配偶自訴，不過，在現代社會顯已過時也欠缺說服力，但實務歷來的見解，都恰當的尊重了立法者的決定。

二、被害人之概念

只有犯罪的被害人，方能提出自訴。所謂被害人，依照我國實務與

學界的普遍意見，指直接被害人，而非間接被害人[44]。侵害個人法益的犯罪，如殺人、傷害、毀損、竊盜、妨害秘密、公然侮辱或誹謗，被攻擊的對象屬於直接被害人。侵害非個人法益的犯罪（刑法§100～§270），如公共危險、偽造文書、妨害司法或妨害家庭，則不能一概而論。大多數侵害非個人法益的犯罪，沒有直接攻擊的對象，因此稱為「無被害人的犯罪」，也因而無人可提自訴。

有些侵害超個人法益的犯罪，同時攻擊某種社會制度與個人利益，此遭受攻擊的個人，亦屬於直接被害人[45]。舉例而言，偽證與誣告同屬於妨害司法之罪，但是偽證並無直接被害人，只有間接被害人；誣告則不同，同時被侵害的，除了司法之外，還有遭到誣告者的個人自由與名譽。實務因此認為，被誣告者為直接被害人，可提自訴[46]。這應該是合理的意見。刑法的條文順序是原則性的排列，所謂侵害國家法益或社會法益的犯罪，也只是學理上的稱謂或分類，並不表示侵害國家或社會利益的行為必然沒有直接的被害人[47]。

如前所述，犯罪類型在刑法上的排列，只是相對的原則，而非絕對。侵害個人法益的犯罪，也可能不易說出直接被害人。以贓物罪為例，贓物罪規定在刑法的財產犯罪裡，解釋上該罪所要保護的是「被害人財物返還請求權」，然而竊盜被害人果真為贓物犯的直接攻擊對象嗎？事實上，收受、藏匿或買賣贓物的行為，同時阻擾了刑事司法機關的證據調查行動。換言之，贓物罪的屬性更可能是妨害司法。德國刑法的贓物罪（刑法§259～§260a），即規定於妨害司法的脈絡中。依照德國刑法，贓物罪並非財產犯罪的一種，亦非侵害個人法益的犯罪。再舉例說，妨害性自主罪於1999年從妨害風化罪章獨立而出，自成一章，為了不變動條文的順

---

[44] 參照大法官釋字297號、院字第2314號。

[45] 同此見解，院字第1620號、院字第1563號、院字第1702號、院字第1573號。

[46] 院字第1641號、院字第1616號、院字第1540號、院字第1545號、院字第1542號。

[47] 此正如一個台灣人擁有雙重國籍，並不少見，不能因為此人向來居住在美國並持有美國護照，而否定其台灣的選舉權。同此見解，院字第1601號略謂：「……侵害國家或社會法益，同時被害之個人……得依刑事訴訟法第311條被害人資格提起自訴，與刑法章次無關。」

序，仍舊安排在「侵害社會法益」的犯罪類型裡。但是非常顯然，妨害性自主的行為，有直接攻擊的被害人，這類犯罪並不侵害社會法益[48]。

妨害家庭屬於侵害社會法益的犯罪，略誘（刑法§241）與通姦皆屬於妨害家庭罪。略誘罪之典型者，如擄走他人的嬰兒。嬰兒的父母親應該是直接的被害人，可以自訴。略誘罪的規範目的所保護者，固然是「家庭監護權」此一抽象的機能，但略誘行為具體侵害的則是父母親的情感。

刑事訴訟法第321條規定，對於配偶不得提起自訴，因此討論通姦罪有無直接被害人，並沒有實際意義。理論上，有配偶而與人通姦，應已侵犯了配偶他方的權利，此權利被侵害的配偶即為被害人，大法官會議的多號解釋文即如此理解[49]。

三、自訴制度之現況

自訴濫訴的現象，一直是我國推動修正自訴制度的原因之一。參照「台灣板橋地方法院辦理自訴案件之統計簡析」，以民國86年至90年各地方法院的裁判資料分析，得出一些值得關注的數字。

首先，各地方法院五年來自訴案件的科刑比率為11.70%，亦判決有罪者8.5人才有1人，但是公訴案件的科刑比率則有80.26%，判決有罪者1.25人就有1人。就刑事裁判結果，板橋地院刑事訴訟案件五年來審判結果，自訴案件與公訴案件相比，科刑比率少67.31個百分點，無罪高出30.30個百分點，不受理也高出13.95個百分點；另外，裁定自訴駁回的比率，近三年也呈增加趨勢。

其次，自訴案件之罪名大多集中於財產犯罪。近五年來，各地院審理自訴案件最多的前三項罪名，分別為詐欺、偽造文書、侵占，合計占所有罪名五成八。就罪名裁判結果言，上述罪名在板橋地院五年來的自訴案件

---

[48] 參閱張麗卿，同註2，頁536。

[49] 例如大法官釋字242號、362號、554號。林子儀大法官在大法官釋字569號的協同意見書，則有不同的意見，認為通姦罪並沒有直接被害人：「婚姻制度之存續與圓滿必須配偶雙方共同努力維持，而忠誠義務也是當事人雙方在婚姻中互許的承諾，無法由國家背書或應由國家強制。」

被告人數占自訴案件總被告人數的65.95%，而公訴案件中詐欺、偽造文書與侵占的被告人數占總被告人數的11.59%。自訴與公訴的財產罪被告人數，相差達54.36%，可見自訴案件多被民眾利用催討債務，解決財產糾紛。此外，瀆職罪的自訴案件，板橋地院近二年以本項罪名終結被告人數共32人，其中司法治安人員達23人，占被告人數71.88%，而被告無一人科刑，似乎自訴人多存報復心態誣告。諷刺的是，當事人的折服率，自訴案件比公訴案件低7.28%。

就審理所需日數言，近五年來板橋地院審結刑事訴訟案件，平均1件所需日數，自訴案件169.07日（約5個月），公訴案件98.10日（約3個月），二者相差達2個月，主要原因是自訴案件自訴人大多未能善盡舉證責任，法官甚至要推敲自訴人告的是什麼罪？如還要依職權調查，勢必拖延訴訟。司法資源有限，要法官以一般刑事程序處理自訴案件，實有浪費。

最後，比較值得注意的是，依照地方法院刑事案件收結件數統計，從民國83年至91年皆維持在6千至7千件左右，但在92年新收的自訴案件卻突然降到僅有3,956件，較過去減少約2千餘件，這與92年修正自訴相關章節，改採強制律師代理有相當關聯[50]。足見強制律師代理自訴制度，具有某種程度嚇阻濫訴的作用[51]。

柒、我國與德國自訴制度之比較

在精要掌握德國與我國自訴制度的提起與限制後，發現有很大的差

---

[50] 參閱法務部編，犯罪狀況及其分析，2004年，頁8～124。

[51] 其實，2003年採強制委任律師為代理人之自訴制度，主要目的亦係在保護被害人權益，因本法第161及163等條文修正施行後，刑事訴訟改以「改良式當事人進行主義」為原則，在強調自訴人舉證責任之同時，若任由無相當法律知識之被害人自行提起自訴，無法為適當之陳述，極易敗訴，是立於平等及保障人權之出發點，自訴採強制律師代理制度，自有其意義。何況我國憲法所保障之平等，應指實質之機會平等，於此當指任何人均可利用司法資源以尋求正義實現之機會平等，而非賦予得濫用訴訟制度以遂個人私慾之形式上齊頭平等。參閱張麗卿，同註2，頁559。

異，這些不同的規範有助於反省自訴制度與釐清本號解釋。

一、得提起自訴之罪名與限制

關於得提起自訴之罪名，我國並無限制，德國則限於輕微案件（德刑訴§374Ⅰ），如：無故侵入住宅（刑法§123）、侮辱（刑法§185～§187a、§189）、妨害書信秘密（刑法§202）、普通傷害（刑法§223、§223a、§230）、單純恐嚇（刑法§241）、毀損（刑法§303）等。

有關自訴權人的身分限制。依我國刑事訴訟法第321條，對直系尊親屬或配偶不得提起自訴，及參照大法官釋字569號解釋，此項自訴之限制並不及於與其配偶共犯告訴乃論之罪之人。復依少年事件處理法第65條第2項，刑事訴訟法關於自訴之規定，於少年刑事案件不適用之。德國則無此等關於自訴權人的身分限制。

另外，我國提起自訴，只須管轄法院提出自訴狀為之（刑訴§320），並無其他法定先行程序。而依德國刑事訴訟法第380條，大部分的自訴案件，需先經由司法行政機關指定之調解機關調解，否則自訴將被裁定為不合法而不受理[52]。換言之，此一訴訟要件之欠缺並不得補正。目的在於盡可能的避免自訴。惟若經調解不成者，仍可重新提起自訴。

關於訴訟費用之負擔，我國刑事訴訟法並未就自訴程序作特別規定。而依德國刑事訴訟法第379a條及訴訟費用法第76條規定，自訴人有預繳訴訟費用之義務，在特別情形，尚須就被告預期所生之費用提供保證（德刑訴§379及德民訴§108～§113）。此點，於不鼓勵自訴政策之實務面上，發揮了相當程度之功能[53]。

另依我國刑事訴訟法第319條第2項，自訴之提起，應委任律師行之，亦即採強制委任律師代理制，以補充當事人專業知識之不足，惟未同時考量義務律師制度之配合，有剝奪無資力人自訴權之疑慮。而依德國刑事訴

---

[52]Roxin, a.a.O.(Fn.2), §61, Rn. 17; KK-Senge, a.a.O. (Fn. 23), §380, Rn. 3.

[53]Roxin, a.a.O.(Fn.2), §61, Rn. 3; KK-Senge, a.a.O. (Fn. 23), §380, Rn. 8.

訟法第385條第1項，自訴人擁有檢察官之地位，並不強制委任律師。但閱卷權之行使，自訴人只能透過律師為之（德刑訴§385III）。

二、被害人之概念

我國關於得提起自訴之罪名並無類似德國法上「輕微案件」的限制，因此，原則上所有的案件皆得提起自訴或公訴，而限制自訴的政策，則主要表現在「自訴權人」也就是「被害人」概念的定義及身分上的限制（刑訴§321）。關於「被害人」概念，我國進一步區分為直接被害人與間接被害人[54]，唯有前者方得提起自訴。故在僅侵害國家法益或社會法益的犯罪，原則上，並無可提起自訴之被害人。但須注意者，實務及學說並不排除同時侵害「超個人法益」與個人法益之可能性；而法益的概念也並非絕對，與刑法章節之排列或犯罪類型之區分亦無涉。

另一方面，德國法在所有罪名中，以「輕微案件」為標準，清楚區分可提自訴之罪的範疇。在自訴之罪的領域，如涉有公共利益，容許檢察官提起公訴。由於德國在罪名的規定上限制了自訴的範疇，因此在被害人的概念上，似乎就沒有進一步再加以限縮的必要。故德國法上採取廣義的「被害人」概念：凡因該違法行為而受到利益侵害者，以致於有權循刑事訴訟途徑要求應報之人，均得為被害人，包括「間接被害人」在內。

簡言之，德國與我國在政策上雖然都採取限制自訴的立場，但限制的手段則大異其趣。德國是在立法上即決定何種罪名得提起自訴，而我國則委由法官判斷提起自訴者是否為「直接受害人」。前者的優點為標準明確，杜絕爭議；缺點則是無法顧及個案的差異性。後者較有彈性，但在「直接被害人」的認定上可能見仁見智，易生法官恣意的批評[55]。

---

[54] 相關說明，參閱張麗卿，同註2，頁536以下。

[55] 如：院字第1540號認為：「……偽證罪之構成，與誣告罪之要件不同，當然不得提起自訴。」似欠缺論理上的說明。又，院字第1812號認為：「……侵害墳墓屍體之罪，死者之子孫，除其自己即係犯罪人之情形外，管理權既亦被害，自得提起自訴。」不過，何謂墳墓屍體之管理權，並不清楚。

捌、大法官釋字569號之回應

在比較觀察德國與我國自訴制度及其實務運作之結論後，下文將針對釋字569號的解釋文以及協同意見書加以回應。

一、聲請釋憲之爭議與範圍

我國立法者於刑事訴訟法的自訴章節，特別限制被害人對於配偶的自訴權，即第321條規定「對於直系尊親屬或配偶，不得提起自訴」，如有違反，法院應諭知不受理判決（刑訴§334）；此外，第239條規定「告訴乃論之罪，對於共犯之一人告訴或撤回告訴者，其效力及於其他共犯。但刑法第239條之罪，對於配偶撤回告訴者，其效力不及於相姦人」，一般稱作告訴不可分之主觀效力，例如，甲乙對丙共犯屬於告訴乃論之公然侮辱罪（刑法§309、§314），丙為被害人，根據告訴不可分的規定，丙雖僅向甲提出告訴（或撤回告訴），但告訴（或撤回告訴）效力及於同為共犯的乙[56]。

過去實務一向將告訴不可分結合自訴配偶之限制，認為人民不僅不得對配偶自訴，對於與其配偶共犯告訴乃論罪之人，亦不得提起自訴。例如：「有夫之婦與人通姦，本夫對於姦婦既屬配偶，應受刑事訴訟法第339條之限制，不許自訴，僅得向檢察官告訴，依公訴程序辦理（參照院字第40號解釋）。其對姦夫，依告訴乃論之罪告訴不可分之原則，亦僅得告訴，不適用自訴程序」（院字第364號）、「戊自訴其妻己與庚通姦，或共同輕微傷害。戊與己係屬配偶，既受刑事訴訟法第313條限制，不得提起自訴，依告訴不可分原則，戊對於庚之自訴，自應併予不受理」（院字第1844號解釋(三)後段）、「告訴乃論罪依刑事訴訟法第218條規定，對於共犯中之一人告訴，其效力及於其他共犯，故共同被告之一人為被害人之配偶時，被害人既不得對之提起自訴，則依告訴不可分之原則，對於其他被告亦即不得自訴」（29年上字第2333號判例前段）、「對於配偶不

---

[56] 參閱張麗卿，同註2，頁471以下。

得提起自訴，刑事訴訟法第313條有明文規定，被告與自訴人之妻某氏相姦，本為觸犯刑法第239條之罪，依同法第245條第1項須告訴乃論，自訴人對於其妻某氏既不得提起自訴，依告訴不可分之原則，即對於被告亦不得提起自訴」（29年非字第15號判例）。

由於刑事訴訟法明文限制被害人不得自訴配偶，而實務則是將不得自訴配偶的規定，透過告訴不可分主觀效力及於與配偶共犯告訴乃論之罪之人。舉例來說，甲乙為夫妻，乙與丙通姦，根據刑事訴訟第321條，甲不得對配偶乙自訴，又依據上開實務擴張告訴不可分的見解，甲也不得自訴相姦人丙。對於通姦配偶與相姦人，他方配偶都不能提起自訴，刑事訴訟法第321條限制自訴配偶，以及實務向來擴張告訴不可分的效力，兩者是否侵害了人民的訴訟權？這也就是聲請人聲請釋憲的爭議所在。

大法官釋字569號針對上開兩個爭議，表示：

(一)刑事訴訟法第321條規定，對於配偶不得提起自訴，係為防止配偶間因自訴而對簿公堂，致影響夫妻和睦及家庭和諧，乃為維護人倫關係所為之合理限制，尚未逾越立法機關自由形成之範圍；且人民依刑事訴訟法相關規定，並非不得對其配偶提出告訴，其憲法所保障之訴訟權並未受到侵害，與憲法第16條及第23條之意旨尚無牴觸。

(二)刑事訴訟法第321條規定固限制人民對其配偶之自訴權，惟對於與其配偶共犯告訴乃論罪之人，並非不得依法提起自訴。本院院字第364號及院字第1844號解釋相關部分，使人民對於與其配偶共犯告訴乃論罪之人亦不得提起自訴，並非為維持家庭和諧及人倫關係所必要，有違憲法保障人民訴訟權之意旨，應予變更；最高法院29年上字第2333號判例前段及29年非字第15號判例，對人民之自訴權增加法律所無之限制，應不再援用。

關於本號解釋，除了學理上的論證可能有疑慮外[57]，也涉及「聲請外解釋」[58]的問題。因為，在解釋理由書中一開始，即聲明「本件聲請人因

---

[57] 這些疑慮將於下段說明。

[58] 關於憲法解釋標的範圍與聲請外解釋，請參閱李建良主持，「司法院大法官解釋標的與範圍之認定」學術座談會，台灣本土法學，59期，2004年6月，頁75以下。

妨害婚姻案件，認系爭確定終局判決所適用之最高法院29年上字第2333號及29年非字第15號判例有牴觸憲法之疑義，聲請解釋。按上開判例係以告訴不可分之原則限制人民不得對於與其配偶共犯告訴乃論罪之人提起自訴，其意旨與本院院字第364號及院字第1844號解釋之有關部分相同。上開解釋雖非本件聲請解釋之標的，惟與系爭判例關聯密切，為貫徹釋憲意旨，應一併納入審查範圍，合先說明。」亦即，院字第364號及院字第1844號解釋本非本件聲請釋憲之標的，但大法官援用自大法官釋字455號解釋所建立的「與該具體事件相關聯且必要」的基準，一併審查院字第364號及院字第1844號，這是學理上所稱的「聲請外解釋」[59]。由於釋憲實務並不否定聲請外解釋的效力（例如，大法官釋字530號解釋涉及的司法院定位及近例的釋字582號實質審查共同被告相關判例，皆涉及聲請外解釋），故本號解釋應無違反司法自制（Judicial self-restraint）之不告不理原則[60]。

二、禁止對配偶自訴是否合憲

本案聲請人請求解釋「禁止對配偶自訴是否合憲」，對於這個釋憲爭

---

[59] 聲請外解釋，是超出其所應審查的範圍而為解釋，如大法官釋字436、530、535號等，且從大法官釋字445號以後，更建立起「關聯必要性」之認定準據。尤其，在大法官釋字445號與582號均特別指出關聯必要性之基準。以下略述：
釋字445號解釋理由書：「……人民聲請憲法解釋之制度，除為保障當事人之基本權利外，亦有闡明憲法真義以維護憲政秩序之目的，故其解釋範圍自得及於該具體事件相關聯且必要之法條內容有無牴觸憲法情事而為審理。」
釋字582號解釋理由書：「按確定終局裁判援用判例以為裁判之依據，而該判例經人民指摘為違憲者，應視同命令予以審查，迭經本院解釋在案（大法官釋字154號、271號、374號、569號等解釋參照）。本聲請案之確定終局判決最高法院89年度台上字第2196號刑事判決，於形式上雖未明載聲請人聲請解釋之前揭該法院五判例之字號，但已於其理由內敘明其所維持之第二審判決（台灣高等法院88年度上更五字第145號）認定聲請人之犯罪事實，……核與本件聲請書所引系爭五判例要旨之形式及內容，俱相符合，顯見上開判決實質上已經援用系爭判例，以為判決之依據。該等判例既經聲請人認有違憲疑義，自得為解釋之客體。依司法院大法官審理案件法第5條第1項第2款規定，應予受理。」
[60] 不過，蘇永欽教授則建議，大法官的權力行使，應該格外謹慎，多加考慮「司法自制」的原則。參閱氏著，大法官會議解釋效力之探討——由大法官釋字188號解釋談起，人權保障與憲法體制，自版，1993年，頁377～378。

議，大法官釋字569號解釋以「對於配偶不得提起自訴，係為防止配偶間因自訴而對簿公堂，致影響夫妻和睦及家庭和諧，乃為維護人倫關係所為之合理限制，尚未逾越立法機關自由形成之範圍」為由，認為未侵害人民憲法上之訴訟權。大法官直接以刑事訴訟第321條的立法理由作為未侵害憲法第16條訴訟權的合憲性基礎，恐怕不符基本權限制的違憲審查理論。

　　要判斷限制自訴人自訴配偶是否侵害其於憲法上的訴訟權，首應判斷自訴權是否為訴訟權。由於自訴制度在於回復被害人報復心理，也是給予其被害權利救濟的管道，故自訴權應屬於訴訟權的一環，應該沒有爭議。不過，訴訟權分為核心領域與保護範圍（Schutzbereich），在訴訟權核心領域之處，因是訴訟權必備之基本內容，而不容立法者任意刪減[61]，若僅是保護範圍，則在符合憲法第23條法律保留原則與比例原則之下，得以法律限制人民之基本權利[62]。現行刑事訴訟法雖然有第321條限制自訴的規定，充其量也僅是具備法律基礎，卻不足以回答違憲審查的根本問題，即立法者限制自訴，是否侵害了憲法訴訟權的核心，這才是聲請人聲請釋憲的關鍵問題。

　　然而，大法官釋字569號卻以本身就是存有人民聲請違憲審查爭議條文之立法理由：「私訴（現稱自訴）由被害人與被告兩方為當事人，攻擊、防禦，立於對待之地位，施之直系親屬等，恐不適宜，故本條設此例外」，衍生為「對於配偶不得提起自訴，係為防止配偶間因自訴而對簿公堂，致影響夫妻和睦及家庭和諧，乃為維護人倫關係所為之合理限制，尚未逾越立法機關自由形成之範圍」，據此推論自訴配偶之限制不侵害憲法上之訴訟權。換言之，大法官迴避「憲法訴訟權」的核心領域與保護範圍的前提問題，逕以第321條的立法理由來支撐該條文合憲性基礎，可謂跳脫違憲審查步驟，似乎只是對該條文進行歷史解釋[63]，探求立法者立法當時之本意，並未實質進行違憲審查。也難怪林永謀大法官的一部協同、一

---

[61] 參照大法官釋字569號解釋林子儀大法官之協同意見書。

[62] 關於基本權利的限制，請參閱李建良，基本權利理論體系之構成及其思考層次，憲法理論與實踐（一），學林文化出版，2003年2月，頁51以下。

[63] 關於歷史解釋的概念，參閱吳庚，憲法的解釋與適用，三民書局，2003年4月，頁510以下。

部不同意見書以「若此而可行，則法律將無違憲之可能，亦即無一法律不爲合憲者」批判大法官釋字569號解釋的審查方法[64]。

　　訴訟權核心領域與保護範圍如未區隔，即無法回答立法者限制自訴，到底是屬於保護範圍而得以透過法律保留原則加以限制，或屬於核心領域而非立法者所能干涉。大法官解釋也僅在大法官釋字574號解釋文提到「憲法第16條所規定之訴訟權，係以人民於其權利遭受侵害時，得依正當法律程序請求法院救濟爲其核心內容」，亦即，只有抽象的指出「人民得依正當法律程序請求法院救濟」是訴訟權的核心內容，並未具體說明哪些權利視爲訴訟權。因此，在訴訟權的核心領域與保護範圍未明瞭之前，直接援用立法者的立法理由論述違憲爭議法律條文的合憲性基礎，恐怕只是循環論證。

　　最後，解釋文更以維護人倫來作爲合憲性基礎，也令人難解。如本文前面所述，唯有配偶的關係惡化到了極點，夫妻才可能對簿公堂。夫妻因不能和諧而興訟，並非興訟而致家庭不能和睦。這是一項簡單的因果法則。一旦興訟，無論告訴或自訴，都要對簿公堂。果眞要維護人倫關係，比較有效的方式是禁止配偶共同進入法庭。但是，夫妻儘管不在法庭內怒目相視，法庭外依舊已經形同陌路，甚至有如仇敵。總之，配偶一旦發生嚴重的緊張關係，一旦下定決心訴諸法律，無論民事法或刑事法都不可能「維護人倫關係」，更遑論憲法[65]。且從憲法第23條比例原則加以檢視，以禁止對配偶提起自訴，作爲限制自訴權的手段，實在無助於達成「維護人倫關係」的立法目的。若眞認爲限制對配偶自訴即可達成避免夫妻失和

---

[64] 大法官釋字569號解釋林永謀大法官的一部協同、一部不同意見書：「茲解釋憲法之機關用以判斷法律係屬合憲，竟未加憲法上之論證，逕即執與該法律立理由同義之內容爲依據，豈非等同以該法律之立法理由判斷該法律本身爲合憲，若此而可行，則法律將無違憲之可能，亦即無一法律不爲合憲者，其之不可採取，何庸懷疑。」

[65] 林永謀大法官在大法官釋字569號的協同意見書上提及：「夫妻或鶼鰈比翼、或同床異夢、甚或勞燕分飛，本屬夫妻如何自我經營婚姻生活之事，此等家庭和諧與否，人倫協洽與否，僅屬家庭倫理範疇，無關乎法律所應保障之家庭制度、婚姻制度核心。蓋其間所遭之變、所遇之情不一，國家既無絕對予以保護之可能與必要，又豈係憲法所應予保護之對象，又豈能爲自訴限制與否所關涉之憲法上事項。」真是真知灼見。

與家庭破碎，無疑只是達成「粉飾太平」的目的。

三、自訴與告訴是否相同或可以取代

　　解釋文另提到「且人民依刑事訴訟法相關規定，並非不得對其配偶提出告訴，其憲法所保障之訴訟權並未受到侵害，與憲法第16條及第23條之意旨尚無牴觸」，亦即，大法官認為刑事訴訟法第321條雖然限制自訴配偶，但被害配偶仍可透過告訴制度保障其訴訟權，故法律限制自訴配偶並不侵害被害配偶的自訴權。由此引發一個質疑，自訴與告訴是否相同或完全可以取代，若兩者於刑事訴訟之效力不同，則大法官以被害配偶猶有告訴權來論斷限制自訴未構成侵害訴訟權，即非無疑。

　　告訴為偵查機關發動偵查之原因之一（刑訴§228Ⅰ），如在告訴乃論之罪，告訴並為合法訴訟條件（刑訴§303③），於刑事審判上，告訴人至多以證人地位到庭，不負責論告，僅是提供法院調查事實的證據方法之一，地位比較被動，必須在法院傳喚時，始有程序法上之行為空間；而自訴則是與檢察官公訴並列的訴訟程序，自訴人與檢察官同樣擔任起訴之原告，雖於2003年改採律師強制代理之後，檢察官於審判期日所得為之訴訟行為，於自訴程序由自訴代理人為之（刑訴§329Ⅰ），但仍無妨於自訴人擔任原告之地位。既然在法庭上擔任原告角色，自不得作為證人，但自訴人處於原告地位，卻可利用各種證據方法聲請法院加以調查（刑訴§163Ⅰ），自己安排調整攻擊方法，決定調查證據的範圍次序與方法，與作為證人之被動受制於法院傳喚不同。故告訴與自訴在刑事程序上的地位，顯然不相同，更不可能完全取代自訴的功能。

　　提起自訴，讓犯罪人直接而快速的接受審判，可以滿足被害人的復仇情緒，這也許是不爭的事實。但是，認為自訴制度可以約束檢察官的獨斷，恐怕不是充分合理的意見。在公訴程序中，檢察官獨攬結案權，決定起訴或不起訴，因此，如果沒有自訴制度，似乎檢察官可以擅自結案。然而，事實上並不能如此。因為告訴人如果對於檢察官的不起訴處分有意見，得聲請再議（刑訴§256），若不服再議結果，甚至可以聲請交付審

判（刑訴§258之1）。即使沒有自訴制度，告訴人仍有救濟機會，檢察官無法獨斷獨行，告訴人的訴訟權不至於遭到忽視（聲請再議，應該也屬於訴訟權的一部分）。此外，檢察官明知為有罪之人，而無故不使其受追訴，必須承擔濫權不追訴的後果，可處一年以上七年以下有期徒刑（刑法§125）[66]。

更何況，以本號解釋所稱的「對於配偶不得提起自訴，係為防止配偶間因自訴而對簿公堂，致影響夫妻和睦及家庭和諧，乃為維護人倫關係所為之合理限制」，果真是為了避免尷尬，則提出告訴之後，其尷尬可能更多。提出告訴之後，警察或檢察官還有相當冗長的調查時間，配偶間的尷尬緊張因此持續存在，提出自訴，反而可讓這種尷尬的關係早日解除。

林永謀大法官的意見書便認為「就審判而言，其欲調查、認定該犯相姦罪之人之犯罪事實時，其犯通姦罪之一方不可能置身事外，而不予調查，如此，即令許其得僅就相姦人提起自訴，因未經偵查程序之訊問、調查、蒐集證據，仍不能免於與另一配偶之一方『公堂相見』，並陳述其與相姦人間如何通姦、相姦之事實，似此該通姦之配偶雖非屬被告之供述，但究其實際，則與『對立』、『對待』、『對簿』無殊，蓋『公堂』云者，以今日之語詞言之，即公開審理之場所（法庭）也，如此又何能『維持家庭和諧及人倫關係』」。

總之，告訴並不能化解通姦配偶與告訴配偶公堂互見之衝突，被害配偶一旦對於通姦配偶提出通姦告訴，大法官釋字569號解釋正當化自訴限制的理由（夫妻和睦、家庭和諧、維護人倫），難道在公訴程序就不用維護嗎？若限制自訴係基於維護人倫關係，何不也限制告訴呢？大法官釋字569號解釋顯然出現論理上之矛盾。

---

[66] 不過，濫權不追訴或濫權追訴，屬於侵害國家法益的犯罪，沒有直接被害人，因此無人可以自訴或告訴。自認為權利受到侵害的人只能告發，但是告發人無權對於不起訴處分聲請再議。

四、允許對相姦人自訴是否符合立法理由

由於法律明文規定，對於配偶不許提起自訴，但對於與其配偶共同犯罪之人（如相姦人），能否提起自訴？並無明文。實務向來皆以「告訴不可分」為由，不許對於與配偶共犯告訴乃論罪之人提起自訴。但是，大法官釋字569號有不同意見，解釋文指出：「對於與其配偶共犯告訴乃論罪之人，並非不得依法提起自訴。本院院字第364號及院字第1844號解釋相關部分，使人民對於與其配偶共犯告訴乃論罪之人亦不得提起自訴，並非為維持家庭和諧及人倫關係所必要，有違憲法保障人民訴訟權之意旨，應予變更；最高法院29年上字第2333號判例前段及29年非字第15號判例，對人民之自訴權增加法律所無之限制，應不再援用。」

如本文前所敘述，不許對於與其配偶共犯告訴乃論罪之人提起自訴，方能避免「對於配偶不得提起自訴」的規定成為具文。故本文認為，實務向來的運用方式並無不妥，較為不妥的是以「告訴不可分原則」的法理運用[67]。既然創設自訴制度的立法理由不夠充分，那麼在解釋上嚴格限制對於特定人提起自訴，就似乎可以修補立法者牽強的決定。大法官釋字569號的解釋文前段，贊同不許對於配偶提起自訴的規定（同意立法者的決定），卻又在解釋文後段認為可對相姦人提起自訴，讓配偶一併在自訴程序中受審（不同意立法者的決定），並認為自訴人的訴訟權才可以得到保障。解釋文的前後意見，既同意又不同意立法者的決定，恐怕又彼此矛盾了。

一個可能的理解方向是：實務限制對通姦罪的相姦人提起自訴，有其維繫家庭和諧之功能上意義，但所依據的理由不應該是「告訴不可分原則」的適用，也無法引用公訴章節，換言之，這是立法論的問題。因此在法律沒有明文規定，而限制基本權利禁止類推適用，即禁止類推「告訴不可分原則」的前提下，提起自訴的限制，除了法律已經由法律保留明文的

---

[67] 因為，告訴非對特定人而係針對犯罪事實請求訴追，故有「告訴不可分原則」之適用，但自訴係針對特定人及犯罪事實請求訴追，故不適用告訴不可分的原則，實務見解僅注重告訴與自訴在表象上的相同，卻忽略兩者在基本上的差異。參閱張麗卿，同註2，頁542。

第321條之外，在法無明文的情形下，自訴之限制不應及於通姦罪的相姦人，但同時，當初立法時的美意可能也要打折扣了[68]。

該解釋可能暗助了社會復仇意識，無形中提高了通姦配偶的優勢，卻未必真能有益於夫妻和睦與防衛家庭健全，讓刑事司法更深介入家庭糾紛。姑且不論大法官宣告刑法的通姦罪並不違憲，隱然與通姦除罪化的方向背道而馳[69]；再加上本號的解釋，容許配偶單獨針對介入婚姻的相姦人提出自訴，可能加強了自訴人的復仇意識。

配偶雖然彼此不得自訴，但仍可向檢方針對配偶（及相姦者）提出告訴，仍然不免對簿公堂。故本號解釋與立法目的完全背道而馳，而無法維持家庭和諧。其實，有配偶之人與他人通姦，通姦配偶與相姦人相比，更該受到譴責，因為違反婚姻忠誠義務的是通姦配偶，不是相姦人。因此，配偶雖能縱容或宥諒配偶（刑法§245），卻需以刑罰追訴第三人，如此是否形成以防衛婚姻之名，卻行報復之實的局面呢？

五、通姦罪有無被害人

依據刑事訴訟法第319條第1項本文規定：「犯罪之被害人得提起自訴」，如本文前述，必須是犯罪之被害人始有自訴之資格。而通姦罪到底存不存在著被害人，即通姦配偶之配偶是否為通姦罪之被害人，將影響是否享有自訴權，若根本不是被害人，自無自訴權，遑論自訴之限制了。

關於通姦罪有無被害人，林子儀大法官的協同意見書持否定見解，他在協同意見書提到：「婚姻制度之存續與圓滿必須配偶雙方共同努力維持，而忠誠義務也是當事人雙方在婚姻中互許的承諾，無法由國家背書或應由國家強制。」在協同意見書上，他繼而認為：即使承認配偶與人通姦的確侵害他方配偶的權利，而得以提起自訴，但自訴權亦非當然為憲法所

---

[68] 同本文見解，林永謀大法官意見書提到：「配偶間不得提起自訴之限制，目的既在避免配偶為當事人，立於對待地位而攻擊、防禦，則為貫徹規範意旨，解釋上將自訴提起之限制擴及於相姦人以資涵括，殊無違於立法之目的。」
[69] 關於通姦罪除罪化的理由，詳細內容請參閱黃榮堅，論通姦之除罪化，刑罰的極限，元照出版，1998年，頁9以下。

保障。林子儀大法官的協同意見書更進而認為，不得對配偶提起自訴之規定，並不侵害配偶的訴訟權：「刑事訴訟法第321條規定之立法目的，係為維持婚姻存續與家庭和諧，應屬合憲無虞，至於立法者所採取之手段，係為避免配偶雙方分別以自訴人與被告身分對簿公堂。……因此規定有配偶者不得對其配偶提起自訴，雖於積極營造幸福無功，惟對消極避免傷害擴大有益，就立法之達成並非毫無助益。」

本文認為，重婚罪、通姦罪與略誘罪同屬妨害家庭罪，均有其被害人[70]。家庭的和諧圓滿固然是當事人雙方的責任，國家不能以強制力促進當事人的幸福，但是國家既然以刑法保護家庭制度，即必須承認攻擊行為有其加害對象。家庭不是虛擬的情境與抽象的制度，而是人的組合，侵害家庭制度的行為，必有權利受侵害的一方，因此得以提起自訴。況且，根據現行法規，亦可以顯現通姦配偶之配偶其權利受到侵害，例如民法第195條第3項規定「前二項規定，於不法侵害他人基於父母子女或配偶關係之身分法益而情節重大者，準用之」，將配偶通姦導致另一配偶人格精神痛苦作為一請求權基礎，若非權益受害，豈能主張賠償？

其次，刑事訴訟法第234條第2項規定「刑法第239條之妨害婚姻及家庭罪，非配偶不得告訴」，係為保護夫妻之共同生活及家庭之正常秩序而對告訴權人所為之限定[71]，僅被害配偶始得提出通姦告訴，立法者雖然限定通姦罪的告訴權人為配偶，但因「犯罪之被害人，得為告訴」（刑訴§232），無形中立法者也等於承認配偶是通姦罪的被害人，否則何來告訴權？尤其，在經過大法官釋字554號解釋[72]，認為刑法第239條通姦罪並未違憲的見解後，從刑法保護法益的思想，更難認通姦對被害配偶權益無所影響。

---

[70] 特別澄清的是，本文認為通姦罪有被害人，並非等於贊同大法官釋字554號的見解，而是認為在通姦罪沒有除罪化前，當然就有該條法益被侵害的人。

[71] 參閱朱石炎，刑事訴訟法（上），三民書局，2003年9月，頁265。

[72] 大法官釋字554號解釋略謂：「婚姻關係存續中，配偶之一方與第三人間之性行為應為如何之限制，……乃立法者就婚姻、家庭制度之維護與性行為自由間所為價值判斷，並未逾越立法形成自由之空間，與憲法第23條比例原則之規定尚無違背。」

　　雖然我國實務及通說認為本條之被害人，指犯罪當時法益直接受到侵害的人，不過，法益的概念並非絕對，也與刑法章節之排列或犯罪類型之區分無涉。故「被害人」的概念，應認為凡因該違法行為而受到利益侵害者，以致於有權循刑事訴訟途徑要求應報之人，均得為被害人，亦即，依照實體刑法足認其直接受害即可，至於實際上是否真的直接受害，被告有無加害行為，並不影響被害人的認定[73]。綜合前述看法，本文認為通姦罪應有被害人。

玖、結　語

　　刑事訴訟的主要目的，雖在兼顧人權保障與有效追訴犯罪，不過，刑事訴訟制度的最終目的也在實現公平正義，公平正義不只是無辜者獲得無罪判決的被告的正義，也是真正加害人受到司法制裁的被害人的正義。

　　自訴制度的創設，一般認為，除了滿足被害人的復仇心理外，還可以防止檢察官的擅斷，但是防止檢察官擅斷，可以在實體法或程序法上找到相應的規定，例如：濫權不追訴罪（刑法 § 125），告訴人的聲請再議。創設自訴制度，反而成了被害人脅迫加害人就範的工具（尤其是損害賠償），同時由於大多數被害人不熟知法律程序，欠缺強制處分的權利，提起自訴之後，獲判無罪的比率（與提起公訴比較）明顯偏低，自訴制度因此不免有兒戲的嫌疑。如果自訴制度有留存的必要，勢須限縮在極小的範圍內，例如：很輕微的犯罪（如最重法定刑三年以下有期徒刑之罪），或必須告訴乃論的罪。儘管如此，由於自訴權源於人民的司法上受益權，屬於憲法所保障的權利，自訴權使憲法層次上之無漏洞之權利保護，得以貫徹。因此，在刑事訴訟法仍然保留自訴與公訴並列為被害人所得自由選擇的兩種訴追程序前，基於民主法治國原則，被害人所享有之訴訟程序上的參與權，就不應該任意被剝奪。

　　犯罪的被害人方得提起自訴，所謂被害人是指直接被害人，而非間接

---

[73]Vgl.Beulke, Strafprozeßrecht, 7. Aufl., 2004, Rn. 590.

被害人。不過，直接被害人的認定，不能依照刑法的編排順序，即使是侵害「超個人法益」的犯罪，也可能有直接被害人。妨害司法與妨害家庭，都是侵害超個人法益的犯罪，但都可能有直接被害人，誣告罪有直接被害人，通姦與重婚也有直接被害人。刑法條文的順序只是立法上的權宜安排，並不表示侵害國家法益或社會法益的犯罪絕無直接被害人。

由於告訴與自訴在刑事程序上的地位，顯然不相同，更不可能完全取代自訴的功能，故大法官以被害配偶猶有告訴權來論斷限制自訴未構成侵害訴訟權，即非無疑。縱然本號解釋並未明白指出，自訴權並非訴訟權的核心，但認為「自訴權屬於訴訟權的一部分，而且是可以限制的部分，因此對於特定的對象不能提起自訴的規定，不能認為違憲」。不過，限制針對特定人提起自訴，必須有合理的目的。例如，不許對未滿十八歲的少年自訴，有其合理而且重要的目的，但不許對於配偶自訴，卻沒有同樣有力的理由。

刑事訴訟法不許對於配偶提起自訴，如果立法目的真是為了維持家庭和諧，則對於與配偶通姦的相姦人，亦不應許其自訴；否則，對相姦人自訴，其配偶必然在自訴程序中一併受審，與對簿公堂的情形無異。實務向來以「告訴不可分」的原則，不許對於相姦人提起自訴。雖然告訴與自訴的意義不同，但實務向來的見解卻最能體現立法目的。大法官釋字569號卻推翻實務向來的意見，認為不許對於相姦人自訴，是不當的限制配偶的訴訟權。此解釋文既承認禁止對於配偶提起自訴的規定是合理的，卻又認為對於相姦人可提自訴，恐怕是自相矛盾的解釋。

附件：與刑事訴訟法相關之大法官釋字一覽表

表一　涉及最高法院之判例、決議或大法官釋字者

與訴訟權有關	釋字號次	所涉之刑事訴訟法條文或最高法院刑事判例、決議	違憲解釋	合憲解釋	說明
＊	釋字582	最高法院31年上字第2423號及46年台上字第419號判例	＋		以共同被告之自白限制被告之詰問權，違反訴訟權
＊	釋字569	院字第364號及院字第1844號解釋、最高法院29年上字2333判例前段、29年非字15號判例	＋		對於與配偶共犯告訴乃論罪之人亦不得提起自訴之限制，違反訴訟權
＊	釋字395	公務員懲戒委員會再審字第335號案例	＋		懲戒案件之議決應包括再審議之議決
＊	釋字306	院解字第3027號解釋、最高法院53年台上字第2617號判例、69台非字第20號判例（刑訴法第367、384條）	＋		辯護人為被告之利益提起上訴卻未於上訴狀內表明者，應先命補正、
＊	釋字297	最高法院70年台上字第1799號判例（刑訴法第319條）		＋	犯罪被害人（自訴權人）之範圍得由審判法院依具體個別犯罪事實認定之
＊	釋字271	最高法院25年上字第3231號判例（刑訴法第1條）	＋		無效判決仍具判決之形式，應依法定程序撤銷之
	釋字249	院字第47號解釋（刑訴法第178條）		＋	告發人有出庭作證義務
＊	釋字245	院解字第2939號解釋、院字第1387號解釋（刑訴法第484條）		＋	就易科罰金之換刑處分聲明異議者，如有必要法院自非不得於裁定內同時諭知准予易科罰金
＊	釋字238	最高法院29年2月22日民刑庭總會決議（刑訴法第379、380條）		＋	在客觀上為法院認事用法之基礎之證據未調查者，判決當然違背法令
	釋字159	院字第1320號解釋（刑訴法第315、470、471條）		＋	判決書登報費用執行方法之補充
	釋字134	院字第1320號解釋		＋	自訴狀繕本未送達於被告，而已為言詞辯論者，瑕疵治癒

與訴訟權有關	釋字號次	所涉之刑事訴訟法條文或最高法院刑事判例、決議	違憲解釋	合憲解釋	說明
	釋字118	釋字43號解釋		+	更正裁定不以原判決法官之參與爲必要
	釋字108	院字第1232號解釋（刑訴法第237條）		+	連續犯之告訴期間起算時點

表二　涉及刑事訴訟法或其特別法者

與訴訟權有關	釋字號次	所涉之刑事訴訟法條文或最高法院刑事判例、決議	違憲解釋	合憲解釋	說明
*	釋字569（重複）	刑訴法第321條		+	配偶不得提起自訴之限制
	釋字535	警察勤務條例第11條第3款	+		警察執行臨檢勤務應符合比例原則
	釋字523	檢肅流氓條例第11條第1項	+		留置處分應符合比例原則
*	釋字512	肅清煙毒條例第16條		+	對上訴第三審之限制未逾越立法形成自由
	釋字392	刑訴法第101、102、105、120、121、259條（院解字第4034號解釋）	+		檢察官之羈押權
*	釋字302	刑訴法第377條		+	限制上訴第三審並未於逾越立法裁量範圍
	釋字300	破產法第71條	+		對羈押展期之次數應加以適當限制期限
	釋字233	刑訴法第108條		+	法院所爲之（延長）羈押，不發生另書面告知並據以聲請提審之問題

表三　關於刑事訴訟法條文之闡釋者

與訴訟權有關	釋字號次	相關條文	說明
＊	釋字181	刑訴法第477條	應調查而未調查之證據，顯然於判決之結果有影響者，即屬判決違背法令，非僅訴訟程序違背法令
＊	釋字178	刑訴法第17條	刑訴法第17條第8款在保護當事人之審級利益，故係指曾參與下級審之裁判而言
	釋字168	刑訴法第302、303條	在同一法院重行起訴之處理
＊	釋字146	刑訴法第420、441條	認定犯罪事實與所採用證據顯屬不符者，自屬審判違背法令，非不得提起非常上訴或再審
	釋字144	刑訴法第477條	數罪併罰併合處罰之結果不得易科罰金者，原可易科部分所處之刑，自無易科罰金之餘地
＊	釋字140	刑訴法第257條	對不起訴處分合法聲請再議者，應將該處分撤銷之
＊	釋字135	刑訴法第378、420、441條	無效判決仍具判決之形式，應依法定程序撤銷之
	釋字98	刑法第50、53條	緩刑期內受刑之諭知者之合併執行
	釋字90	刑訴法第88條	關於現行犯之闡釋
＊	釋字60	刑訴法第376條	變更起訴法條與上訴第三審之關係
	釋字53	刑訴法第251、252條	誣告案件之處理
＊	釋字48	刑訴法第225、260條（院字第2292號解釋）	告訴乃論案件欠缺與補正告訴條件之處理
	釋字47	刑訴法第8條	連續犯與管轄競合之關係
	釋字43	刑訴法第40、220、266條	判決正本誤寫之處理
	釋字39	刑訴法第119條	提存物請求權之消滅時效應類推民法第125條
	釋字37	刑訴法第471條	扣押物之發還
＊	釋字28	刑訴法第235條（院字第2747號解釋、院解字第3004號解釋）	得獨立告訴之被害人血親，並不排除天然血親（養子女之本父母）
	釋字9		裁判違憲之處理

總計：共38件，與刑事訴訟權解釋有關者18件。
＊：表示與訴訟權有關。＋：表示「有」。

第四章

德美兩國刑事法教學與
法庭活動之比較觀察

壹、前　言

　　我國1999年的司法改革，決定在刑事訴訟上採取英美模式的「改良式當事人進行主義」。我在大學講授刑事訴訟法多年，又曾在德國留學累計約五年，並於慕尼黑大學取得博士學位，一直認為德國刑事訴訟模式應該是改革過程中無可偏廢的選擇；但是，我也一直疑惑，何以美國的刑事訴訟制度總是各國學習的榜樣。要解開這個疑惑，必須在美國的大學法學院及法庭詳細學習觀察。很幸運，我獲得傅爾布萊特的獎助，有機會去美國八個月。我在史丹佛大學法學院雖然只有七個月，但是比起慕尼黑大學，我遠遠得到更多熱心的協助，由於沒有論文壓力，我更密集聽課，積極參與許多法學院的學術活動，並多次在史丹佛刑事訴訟法及證據法教授費雪（George Fischer）的帶領下觀摩聖合西（San jose）刑事法院的審判。七個月的用心與積極投入，使我見到美國大學與法院不同於德國之處。

　　依照2001年的美國大學排名調查，耶魯法學院居第一，史丹佛法學院排名第二，哈佛法學院居第三。德國大學沒有排名調查的習慣，各大學皆有一流的師資與圖書設備，不過，一般而言，慕尼黑大學具有很高的聲望則為不爭事實。《明鏡週刊》（Spiegel）在2000年曾大規模做過歐洲大學的排行調查，慕尼黑大學法學院占有很好的位置。史丹佛與慕尼黑都是很好的國際知名學府，像巨大的磁鐵一般，吸引川流不息的各國訪問學人以及各國學子，這不是國內任何一所大學可以比擬的。沒有一個大學能夠完整代表一個國家的學術環境，但是史丹佛與慕尼黑大學可以相當程度的代表自己國家的學術象徵，應該不算誇大。本文將提出我對於兩個大學的刑事法教學及兩國法庭活動的簡略觀察心得，也許可供參考。

貳、上課與教學情形

一、德國慕尼黑大學

我在留德期間雖然有博士論文的壓力，但也認眞的聽了所有刑事法教授的課。如同德國的其他大學，慕尼黑大學的課程粗略可分成三類：基礎的講授課（Vorlesung）、研討課（Seminar）以及案例練習課（Übung）。「講授課」通常是必修課程，參加者主要是初進大學的人。由於慕尼黑是大的學校，講授課的學生可能多達一、二百人，而且同一門課程有三班。人數眾多的年輕初學者聚集在一起，通常要在教授開口說話之後五到十分鐘，教室才會安靜下來。有時候，教授在幾次請求安靜後，會稍動肝火。羅克新（Roxin）的刑法與刑事訴訟法口碑極佳，條理清晰，字正腔圓，抑揚頓挫，不僅初學者容易理解，即使教師旁聽，都可以得到很好的啓發。但是我也親見羅克新在上課鐘響許久之後，數度無奈搖頭。這些初學者渾然不知親炙大師的珍貴。講授課雖然偶有發問，不過因爲人數眾多，基於進度的壓力，教授通常並不會引導大家發表意見。

「研討課」屬於進階研究課程，且通常是選修課，人數約在20人之內。選課者在上一個學期末已選定報告主題，擇定報告時間順序，在假期中寫好書面報告，所以第一堂課開始就由學生發表，並熱烈討論。德國學生的好發表意見，遠在台灣學生之上，所以研討課不會冷場。

「練習課」讓學生思考案例並做解答，這類課程很多都是由助教擔任；這些助教多已國家考試及格，正在撰寫博士論文，或已取得博士學位，正準備教授資格論文（Habilitation）。

二、美國史丹佛法學院

美國法學院學生都是大學畢業，嚴格說，美國的Law School（或School of Law）其實就是我們的法律學研究所。由於法學院學生的年紀較大，很多人都有從業經驗（如醫師、會計師、電腦工程師等），也由於學

費昂貴（史丹佛一學年高達35,000元美金），所以即使是基礎的講授課，也都非常投入，沒有遲到早退，沒有缺席，課堂上沒有閒置的一雙手。學生不是爭先舉手發問，就是不停敲打筆記電腦。課堂上互動的熱烈，學生的用功，更在慕尼黑之上。當然允許學生在講授課上可以熱烈發問討論，可以安心打電腦做筆記，還有其他客觀條件，主要是人數不多，即使是最受歡迎的課程，大約也只在70名內，教室設備良好舒適。講授課都在橢圓形的階梯教室，光線良好，座椅高度可以任意調整，座位上都有電腦插座，所以，幾乎人人都隨身攜帶兩個背包，一包書本，一包筆記型電腦。

　　我雖然是訪問教授的身分，不過為了真正瞭解美國刑事法，我認真旁聽刑法、刑事訴訟法、刑事證據法的課，也旁聽很多刑事法學以外的課，如美國憲法史、法律與藝術、法律政策分析。我的英文並不好，課程也未必全都聽懂，但是我課前認真預習，預借許多教學錄影帶以及學生的上課筆記，努力查閱字典，所以上課的主要內容都可以把握，聽課期間也從未缺席。我可以無愧的表示，我對於史丹佛法學院的觀察絕對不是短暫的片面印象。史丹佛法學院的學生都是千挑萬選而來，不但大學成績極其優異，家境也相對的富裕，所以不免有傲氣。儘管如此，美國人的習性使然，比起德國學生更有熱情，更願意與人課餘攀談。當然我的「傅爾布萊特」交換學人身分，以及本有的教授身分，也很可能是史丹佛學生願意與我來往交談的原因。這一點優勢，是我在慕尼黑大學讀書時所沒有的。

三、比　　較

　　慕尼黑與史丹佛的教授都非常敬業，不遲到早退。令我印象非常深刻的是，史丹佛的教授，都在課前十到十五分鐘即到教室靜候學生並調整電子設備，準時開講，教授對於學生的姓名都瞭如指掌（我曾私下詢問費雪，他告訴我是座位固定的關係）。我們對德國人的印象是一絲不苟，態度嚴謹，可是從史丹佛看到的美國教授，我必須承認，美國人的嚴謹一點不亞於德國人。美國可以在許多知識領域執世界牛耳，不是沒有原因。

　　從上課情形比較慕尼黑與史丹佛，很簡單的結論是，師資不相上下，

學生的素質與認眞則有明顯區別。可能的關鍵是，史丹佛的學生經過嚴格篩選，而且比較年長，都是大學畢業生。這一點很值得國內法學教育參考。國內已經有不少法律學研究所，以非法律科系的畢業生而且有工作經驗者爲招收對象，這類學生上課的動機都很強，社會閱歷豐富，領悟力比一般大學部的學生高，而且國家考試的表現非常可觀。這些人將來投入司法實務工作，由於有雙重學門的基礎，有較多的生活磨練，比起純粹的法律科班畢業生也許更能精確把握事理，更能拿捏分寸。這種碩士班的招考，是已故的法學前輩李模先生最先在東吳大學創建，相當有遠見。

　　慕尼黑與史丹佛的課程安排都相當多樣，不限於國家考試有關的科目，也不拘於解釋學的討論。但是我發現，史丹佛法學院的課程更重應用。舉例而言，史丹佛有談判課程、仲裁與調解課程，而且學分很多。美國的情形，國家考試及格者，大多先擔任律師，之後再擔任檢察官或法官，不管任何角色，都必須面對談判、調停等工作。這類課程慕尼黑並沒有安排。事實上，史丹佛法學院的教授在上課時針對個案發問，常常提醒學生，如果你是檢察官，如果你是律師，該如何對應？從上課情形與課程設計可以窺出端倪，史丹佛更重視法律人的知識實踐。

　　史丹佛同時重視學生的實務知識。我觀摩加州的各級法院，都因爲參加費雪教授（George Fischer）教授的刑事訴訟法演習，參觀法院是這門課程的一部分。費雪原在哈佛大學任教，曾經擔任過檢察官，所以對於實務運作相當熟悉，由他帶領學生參訪法院自然就不是看熱鬧，而是看門道。

　　我第一次去慕尼黑讀書是在1990年8月，爲期兩年半。當時慕尼黑大學的刑法教授考夫曼（Arthur Kaufmann）退休已兩年，但是仍主持每兩個星期的週二中午的固定餐會（Stammtisch），參加者10餘人，主要是法哲學研究所的幾名教授與博士生。我曾受博士論文指導老師菲立普教授（Lothar philipps）之邀參加幾次，因爲初到德國語言不通，但是也隱約體會德國教授私下如何互動。這種聚會在慕尼黑其實不多見，史丹佛的情況則有不同。

　　史丹佛法學院每星期三中午有一個Wednesday Lunch Workshop，不妨

譯為「週三午餐研究坊」，參加者主要是法學院的老師與院裡的訪問學人，學生必須提前報名，每次只准一、二名參加。工作坊在大型的教授休息室舉行，法學院提供簡便午餐，用餐同時由法學院的教授或各地來的學者專家報告約半個小時，再由與會者發問討論一小時或更久。在這個工作坊，我曾與提倡法律經濟分析最力的美國聯邦法官波斯納（Richard Posner）同餐，也聽了許多知名學者的演講，例如法國詮釋學大師德利達（Jacques Derrida）的演講。這類很有意義的聚會，是慕尼黑所沒有的。

參、法庭活動

一、德國的觀察

我在留德期間，主要是後半段時期（1996～1997年），經常到慕尼黑刑事法院參觀，並多次與審理法官、檢察官或律師交談，有時於案件審理結束後，私下訪問被告或證人，詢問他們對於開庭的看法，是否服氣判決。我看過幾次開庭，在辯論終結後法官當庭判決無罪，並宣讀理由。無罪的理由都是法官專心聽取檢察官、辯護人、被告、證人的意見，並且認真思考做筆記所得的結論，當然法官也一定事前詳細閱讀過卷宗證物。

曾經有一偷竊價值50馬克（約新台幣900元）聖誕樹的案件，令我印象很深。檢察官本來可依刑事訴訟法第153a條不起訴，但是竟以「有起訴的公共利益」而起訴。開庭審理約兩小時，一次辯論終結並當庭宣判被告無罪。宣判時法官不厭其煩的解釋德國刑法第242條竊盜罪的構成要件，說明檢察官無法舉證被告竊盜意圖的理由，並詢問雙方當事人是否再提出上訴，我清楚記得檢察官當庭陳述不再上訴。

德國的法庭活動雖然採取職權原則[1]，但是，我觀察到的法庭活動，法官通常只引導訴訟活動的進行，被告、證人或鑑定人的詢問，多交由檢察官或辯護人去做。法官除了發問外，通常都是振筆疾書，像一個認真用

---

[1] 第244條規定，法官訊問被告後，為瞭解事實真相應依職權調查證據。

功的學生在課堂上奮力做筆記。我也看到法官在審理一件車禍致重傷的案件，可能是聽不清楚被告或證人的陳述，要求他們到法官面前畫圖解釋，辯護人與檢察官也因此跟著向前，圍繞在法官周圍交談，如同一群聚精會神的下棋與觀棋的人。

從兩鬢斑白，可以看出德國法官的年紀似乎都不輕；從他（她）們疲倦的臉龐與桌上堆積如山的卷宗，可以看出案件的壓力很大，不過他們問話的口吻不疾不徐，沒有不耐煩的表情，更不可能譏諷被告或辯護人。可見「聽訟吾由人也」不是當事人進行主義的必然結果，職權原則同樣可以做得到，重點恐怕是法官的專業倫理是否足夠，法官是否把自己當成高不可攀的國王。

德國法院的布置成馬蹄形，檢辯雙方的兩列長桌相對，開庭時如同台灣研究所的上課，或如同公司的會議。被告、證人、鑑定人陳述時都不必站立，通譯就坐在被告或證人身邊，安靜對話，氣氛祥和肅穆。審判台也只大約高出被告席位20公分，基本上每個人平行而坐。這情形與美國相似。

雖然，德國刑事訴訟法第239條也有類似英美法的交互詰問規定，但是，基於訴訟構造、訴訟理念與技術問題，交互詰問的規定形同具文，轉而發展出「輪替詰問」（Wechselverhör）[2]。德國法將「詰問」定位為「發問」，法條因此也使用中性的「發問」或「直接發問」用語。以下就其法律規定及法庭活動的觀察簡略說明如下：

在德國法交互詰問的主體，僅限於檢察官及辯護人（刑訴§239 I），至於其他程序參與者（尤其是被告），若欲發問，僅能使用一般發問權利（Fragerecht）（刑訴§240 II）而非交互詰問之形式。交互詰問的對象，為檢察官及被告所提的證人與鑑定人，被告並非交互詰問的對象；被告也不是交互詰問的主體。不過，法院本於職權而主動傳訊的證人、鑑定人，並不適用交互詰問的規定，自訴人、從訴人及從參加人所提

---

[2] 詳細內容可參閱林鈺雄，輪替詰問之法庭活動（上）、（下），台灣本土法學，12、13期，2000年7月、8月。

的證人、鑑定人則必須採用其他發問形式。

　　詰問證人與鑑定人，通常由聲請的檢察官及辯護人為之。由檢察官所提的證人與鑑定人，檢察官有先行詰問權；由被告所提的證人與鑑定人，辯護人有先行詰問權（刑訴§239Ⅰ）；詰問完畢，審判長如認案情尚有澄清必要，應向證人與鑑定人提出問題（刑訴§239Ⅱ）。經陪席法官請求者，審判長應准許向證人及鑑定人提出問題（刑訴§240Ⅱ）。訊問16歲以下的證人，僅由審判長為之（刑訴§240aⅠ）。

　　當然，審判程序的指揮、訊問被告及調查證據，由審判長為之（刑訴§238Ⅰ），經陪席法官請求者，審判長應准許其向被告提出問題（刑訴§240Ⅰ）。同一情形，審判長應准許檢察官、被告與辯護人及參審員為之。但共同被告對於被告之直接發問，不予准許（刑訴§240Ⅱ）。對於濫用第239條第1項之詰問權者，審判長得剝奪其詰問權（刑訴§241Ⅰ）；第239條第1項及第240條第2項之情形，審判長得駁回不適當或與案情無關之問題（刑訴§241Ⅱ）。關於問題准許與否的疑問，於任何情形下，皆由法院決定之（刑訴§242）。參與審判之人如認審判長之訴訟指揮命令不合法而異議者，由法院決定之（刑訴§238Ⅰ）。

　　總言之，德國訴訟構造所呈現者，不是兩造的攻防關係，而是多方的詢問過程。由於法官受到職權調查原則的拘束，負有查明事實的澄清義務（刑訴§238Ⅱ）。因此，除了法官與檢察官外，訴訟活動的進行，被告、證人或鑑定人等均賣力的演出。這使得德國法庭的「輪替詰問」與美國法庭的「交互詰問」，呈現截然不同的現象。

二、美國的觀察

　　由於認罪協商制度，在美國刑事司法程序中發揮很大的疏減案源功能；而且司法機關對於不同犯罪案件的亦有不同審判程序，除了重罪（felony）與輕罪（misdemeanor）的實體法上區分外，程序上還區分控告程序與起訴程序，以下略加說明：

1. 分別輕重罪的程序

美國刑事法依照普通法（common law）的傳統，將刑事犯罪分為重罪與輕罪。重罪與輕罪的區別，以刑罰為準，若犯罪可處罰一年以上徒刑或拘禁，屬重罪（felony）；若僅能處一年未滿的自由刑或科罰金刑，則為輕罪（misdemeanor）。此二種犯罪的處理程序不同。首先，對犯罪嫌疑人追訴之前，必須決定控訴的罪名屬於重罪或輕罪，不同的罪質，決定不同的處理程序。

簡言之，警方對嫌疑人偵訊完畢作成報告，若嫌犯是被逮捕，則做成逮捕報告；警方如認有犯罪嫌疑而有追訴必要，即會向治安法院提出控告狀（to file a complaint），接著由治安法院就逮捕事由及訴追事實的犯罪相當理由（probable cause）進行審查。對於重罪，控告狀只是向治安法官（the magistrate）說明追訴的初步決定及案情大要；但對於輕罪，控告狀本身即是正式的訴追文件。

2. 初訊程序

提出控告後，犯罪嫌疑人的身分變為被告，留置中的被告最遲需在四十八小時內被帶到治安法院，未經留置的被告，亦須被通知於指定日期到治安法院，此一程序，稱為首次到庭（the first appearance）。初訊程序，適用於輕罪案件與重罪案件，此一程序結束後，輕罪重罪的處理程序即開始分開處理。初訊程序的主要作用在於確認被告身分，告知被控告內容以及被告的相關權利。初訊程序最主要的目的在於「罪狀答辯」。

由於輕罪案件由治安法院逕予審理，法院於審理輕罪案件時，在告知罪名後，隨即詢問被告是否認罪。如果被告認罪，法院固可直接據以量刑科罰，但若不認罪，即開始進入審判準備程序。法院將訂期開庭審判，但當事人可以在審判期日前提出與證據有關的各種審前聲請。若屬於重罪案件，在首次到庭後正式審判程序開始之前，尚有預審（preliminary hearing）、正式起訴（若為大陪審團起訴，則尚有大陪審團審查grand jury reviewing）及起訴提審（the arraignment on the information or indictment）等程序。

3. 認罪協商程序

美國法院系統得以順利運作，是基於大約有90%的被告會認罪這個前提；不論從歷史或統計來看，這都是一個基本事實。認罪比例即使小幅度變動，對司法制度所產生的影響都可能十分鉅大。對美國的刑事司法而言，如果沒有認罪協商制度，是無法想像的事[3]。

認罪協商，既適用於重罪案件，也適用於輕罪案件。輕罪、重罪的正式認罪程序，分別在首次到庭及起訴提審程序開始。由於首次到庭程序也稱爲控告提審程序，承審法官在此等程序中，會正式詢問被告認罪的意願，不過，在提起控告之後、判決之前，對當事人而言，認罪協商的機會，一直都存在。

案件屬輕罪者，在治安法官確認被告身分並作必要告知後，會向被告解釋控告的罪名、告訴被告可以認罪協商的選擇及範圍，並受理被告的認罪，詢問被告是否就檢方的控告認罪。通常其認罪的比例約在80%到95%之間。重罪案件的正式認罪程序於起訴提審程序爲之。被告認罪的程序，大致與輕罪的程序相同，於法官告訴被告起訴罪名之後，由被告爲答辯有罪、無罪。整體而言，被告答辯有罪的重罪案件，約在75%至90%之間。

4. 訴追程序

開啓輕罪與重罪的正式訴追程序，一以控訴狀爲之，一以起訴書爲之。檢察官的起訴書，若由大陪審團決定起訴者，稱爲indictment；由檢察官直接起訴者，則稱information。實際上以information起訴的情形，遠多於以indictment起訴者，但檢察官的起訴書，經常也被概括稱爲indictment。審理法院亦分別由治安法院與一般事實審法院爲之。

案件的審判是否有陪審團，取決於兩個因素，一爲追訴罪名的刑罰，一爲當事人意願。若所訴罪名爲可處六個月以上有期徒刑或更重刑罰之罪，即使犯罪屬於輕罪，被告亦有接受陪審團審判之權，因爲，得接受陪審團審判，爲被告的憲法上權利，不得以法律剝奪之。但該罪雖爲得受陪

---

[3] 參閱吳巡龍，美國量刑分式化，月旦法學，85期，2002年6月，頁171。

審團審判之罪，如果當事人兩造均同意不由陪審團審判，仍可不由陪審團進行審判。

5. 審判程序

審判程序之進行可分為下列各階段：

(1)開端陳述：檢辯雙方均得為之。其目的，係先予陪審團一本案之概略輪廓，在陪審團心中留下深刻而有利之印象，掌握勝利之契機。

(2)交互詰問：檢察官先就檢方證人進行主訊問，緊接由被告辯護人進行反詰問，隨後檢辯雙方均得再訊問及再詰問。辯方可隨即主張控方舉證不足而聲請裁定駁回起訴，如聲請成立，該案即告終結，否則，應由辯方訊問其所據證人，隨後檢方得舉證反駁。在交互詰問中，均得提出物證，雙方並擁有對證據能力之異議權。

(3)結辯：檢辯雙方均得為結辯，因檢方負有舉證責任，故得於辯方結辯後，行反駁結辯。

(4)裁決：辯論終結後，法官應就案情爭點，應適用之法律及證據法則等要項，先向陪審團作提示，然後方由陪審團進行評議，作成裁決。陪審團之裁決須全體陪審團進行評議，否則即成為懸而未決之陪審團。

(5)科刑及判決：陪審團作出有罪裁決後，法院擇期進行量刑之聽證程序，妥為量刑。

三、比　較

在美國的法院審判台，看不到年輕的法官臉孔，而是有點滄桑意味的面貌，這使得法官引導的法庭活動可以肅穆，但不粗暴。當事人進行主義使得法官不必積極介入證據調查與訊問證人鑑定人，法官可以相對的減輕問案壓力，態度也得以必較溫和，贏得當事人與關係人的信賴。但是，就我所觀察到的德國法院，法官的態度理性溫和也不下於美國法官，因此，職權原則的法官未必就會粗暴。法官的態度是不是溫和，可能與專業倫理的培育有關，也與法官人選的安排有關，例如：是否先擔任檢察官多年，

再從事審判工作較妥？

　　當然，可以確知的是美國法庭的活動的確比德國法院生動，由於交互詰問的實踐，檢察官與辯護人的精彩互動，時常出現在法庭上。另由於認罪協商的廣泛運用，我覺得美國法院法官的辦案壓力似乎也比德國法官輕些。在詳細觀察了美國的法庭活動後發現，美國的刑事審判，以「檢辯雙方從事攻擊與防禦的法庭活動」為主，再加上陪審制度的運用，除了能使民眾對其司法有高度的信賴外，亦能符合程序正義的要求。

肆、建　議

　　單從教師的專業能力與敬業程度，似乎很難分出德美的刑事法學教育的高下；不過，如果從學生的學習動機與課堂互動，美國很明顯地在德國之上。美國學生的學習動機強烈，主要因為已經大學畢業，多有工作經驗，年紀較大，清楚自己的學習方向；當然也因為美國的法學院學費昂貴，學生必須與時間競賽，無法蹉跎。無論如何，我國已經行之有年的招考非法律科班畢業的碩士生，應該是正確的方向。法律的判斷，尤其是關係人民自由權至鉅的刑事法，實在應該交給有工作歷練、性情穩定的人來學習，並且去從事刑法實務的工作。

　　在實際觀察兩國刑事法的教學及法庭活動後，我發現：如果從法學教育制度著手及司法實務的確實改變後，司法改革要走當事人進行主義的大方向，應無疑慮。只是，如此大的變革，並不是法律的移植與制度的引進就夠了，因為，如果沒有根本從刑事法學的教育及司法實務的訓練著手，可能無法達成。最後，對於我國刑事法學的教育與實務，我有如下的幾個建議：

一、調整刑事法學的教育內容

　　沒有法學教育的改革，司法改革的成果也將事倍功半，由於刑事訴訟程序已經確定改走當事人進行主義的路線，法律系的畢業生將來投入司法

工作，就必須面對交互詰問的實務；不過，我國現今法律系學生的課程安排固定，令學生難以跳脫困境，無法思辨法律的原理原則或是釐清法律與政策間的互動關係，實體法規與程序法規的學習呈現脫節，理論與實務無法銜接，因此，法律系的授課內容應當考慮到交互詰問可能需要的技巧，不能讓法律人通過國家考試後，再從頭開始摸索。

長久以來，學術界與實務界對法學教育有認知上之差距，故單純講授實務的課程無法滿足學術界，認為法學教育會成為職業法曹的訓練課程，但是，若只教授純學術理論的法學教育，無異使學生成為毫無承擔實務法律能力的法律人，因此，宜折衷結合，學術界應給予學生部分的實務培訓，就如史丹佛法學院的教授在上課時針對個案問題，常常提醒學生，如果你是檢察官，如果你是律師，該如何對應？從上課情形與課程設計可以窺出美國刑事法學的教學內容，比德國更重視法律人的知識實踐。因為，實務工作者需要的知識，不只是法律規範的技術分析，重要的是，如何在交互詰問過程中掌握得宜。

此外，刑事審判所需要的相關知識，如犯罪偵查、審判心理、法醫學等相關知識，亦不容忽視。犯罪偵查學與法醫學對於檢察官特別重要；審判心理學對於法官則特別重要。所以法律系的課程內容似乎應該加上審判心理學、犯罪偵查學與法醫學等科技整合的相關科目。交互詰問制度已在國內刑事法院實施，所以，我們的學子在教育過程中，一定要學習將來必須面對的刑事司法審判技巧。

二、調整法學教育制度

國內法學教育的純粹化，使純法律人無法有多面的思考邏輯，因此如能參考美國法學教育學制，於大學畢業取得各系學位（醫學、歷史、文學、政治、財經、理工、農科等……）之後再念三年的法學院，這樣會創造更多元的法律人才。現今國內的法學教育制度已逐漸增加「學士後的碩士班」，使其他領域年紀較大且有社會閱歷的人加入司法行列，法學教育的內容因此可能多元化，純法律人難以持續獨占司法工作。再則，一般的

法律系學生名額不妨逐漸縮減，至於是否設立「五專法律科」，招考國中畢業生，必須非常慎重評估。法律知識的體會需要年紀，司法工作需要心性比較穩定的人參與，司法實務才比較可能穩健發展。

三、調整實務人員的培訓內容

　　實務人員的培訓可分兩部分，一是法官或律師的養成培訓，一是在職訓練。實務工作忙碌，不容易吸取太多的新知，在職訓練可以邀請學界介紹較新的國外法學資訊，相互討論。養成培訓主要以實務工作所需要的知識為主，佐以較新的學理知識。養成教育以資深法官為主力講師，但是實務所需的知識也可以考慮邀請非法官擔任，如毒品的認識與查緝，可以邀請富有工作經驗的警職人員擔任，而且不一定是高階警官，事實上第一線的資深警員或小隊長對於實務可能更有清楚的認識。又例如犯罪現場的勘查，可以邀請資深檢察官與刑事警官同時擔任講師。

　　此外，可參考美國法律學院利用暑假期間，請專家學者為實務界（主要是律師）開班授課，對於新的法學理論、新的判決、新的法學趨勢做綜合性的整理分析，如此不僅能讓實務界與學界充分的溝通，亦可把最新的資料提供給實務人員，使律師不致與社會脫節。由於司法工作的壓力很大，如何強化法律人的抗壓能力，也應該是實務人員的培訓所不能忽略，心理諮商或宗教課程也許有一些幫助。

伍、結　語

　　當前我國法學教育仍瀰漫濃厚的「考試領導教學」風氣，過度偏重法律而忽略其他法律領域，加上法律快速增加所帶來的學分爆炸現象，壓縮了知識方法、知識應用、教學空間，使得我們的法學教育無法培養獨當一面的法律人。本文引述德國、美國之法學教育制度，希望能給予我國法學教育提供思考。

　　我國新修正之刑事訴訟程序已採取「改良式當事人進行主義的法庭活

動」，此制度賦予檢辯雙方更大的責任與揮灑空間，不過，在探討檢辯雙方的攻擊防禦法庭活動的同時，是否更應該擷取美國與德國法律人的專業倫理態度，來加強往後交互詰問的法庭活動能更順暢的進行，給當事人有更可信賴的司法程序與判決。期待本文所敘能讓我國刑事訴訟制度的改革邁向完整法治結構。

第五章

刑法修正與案件同一性——兼論最高法院90年度台非字第168號判決

壹、案例及判決經過

甲基於傷害之犯意於4月14日22時許,在乙宅前,因細故與乙互毆,並分別受傷。乙受有左側第五掌骨骨折、左肩皮下瘀血、左下頭皮下瘀血之事實,業經桃園地院中壢簡易庭判處甲有期徒刑五月。

嗣後,乙向桃園地院檢察署提出告訴,稱甲對其心生不滿,於4月13日下午2時許,持木棍、木棒等物,至其所經營之檳榔攤毆打之,致其受有左側第五掌骨骨折、左肩皮下及左下頭皮下瘀血等傷害。桃園地院認為該案與桃園地院中壢簡易庭壢簡字之刑事判決認定被告甲傷害乙之犯罪事實並不相同,判處甲有期徒刑三月。

然而,最高法院檢察署認為案件是否同一,應從訴之目的及侵害性行為之內容是否同一而定。故數訴之事實及起訴事實與判決事實其社會的事實關係相同,訴之目的相同者,則為同一事實。縱犯罪之日時、處所雖有差異,但於事實之同一性並無影響,遂提起非常上訴。本案與桃園地院中壢簡易庭認定之乙的傷害情形,均係左側第五掌骨骨折、左肩皮下及左下頭皮下瘀血等傷害,兩案均採乙所提出之傷單為證據,又均屬A綜合醫院出具之同一病歷號碼之診斷證明書;顯然係同一之傷害行為所造成。雖然二判決所認定之犯罪時間,一為4月14日,一為同月13日,有所歧異,惟依上開說明,應為同一之案件。

不過,最高法院認為依上開事實之記載,並不足以認定二件判決,所指之犯罪事實為同一。因為二案所憑之診斷書雖均為A醫院大園分院出具之同一號病歷號碼診斷書,但依該診斷書所載乙之應診日期為4月17日,係在上述二判決所認傷害行為之後,則所載之傷無從判斷係一次或多次傷害之結果,故尚難僅以二判決認定被害人所受之傷相同,即謂二判決所指之犯行同一行為,屬同一案件。

基於上述理由,最高法院認為桃園地院依所確認之被告犯罪事實,依法論處被告甲傷害罪行,並無違誤。非常上訴指摘桃園地院未諭知免訴之判決為違背法令,即難認為有理由,故依刑事訴訟法(下稱「刑訴法」)

第446條，將非常上訴駁回。以下用圖表呈現本案件之認定過程：

	判決結果	理　由
桃園地院中壢簡易庭（88年壢簡字第926號）	判處甲有期徒刑五月	
桃園地院（89年簡上字第87號）	判處甲有期徒刑三月	桃園地院認為該案與桃園地院中壢簡易庭之刑事判決認定被告甲傷害乙之犯罪事實並不相同，而判處甲有期徒刑三月。
最高法院檢察署提起非常上訴	縱犯罪之日時、處所雖有差異，但於事實之同一性並無影響，遂提起非常上訴	1.本案與桃園地院中壢簡易庭認定之乙的傷害情形，均係左側第五掌骨骨折、左肩皮下及左下頭皮下瘀血等傷害，兩案採為證據之乙所提出之傷單，又均屬A綜合醫院出具之同一病歷號碼之診斷證明書；顯然係同一之傷害行為所造成。 2.雖然二判決所認定之犯罪時間，一為4月14日，一為4月13日，有所歧異，惟仍應為同一之案件。
最高法院（90年台非字第168號）	依刑訴法第446條，將非常上訴駁回	1.這二件判決，其侵害行為的時間有差異，非謂對事實之同一性並無影響，而得為所指之犯罪事實為同一。 2.二案所憑之診斷書雖均為A醫院大園分院出具之同一號病歷號碼診斷書，但依該診斷書所載乙應診日期為4月17日，係在上述二判決所認傷害行為之後，則所載之傷無從判斷係一次或多次傷害之結果，故向難僅以二判決認定被害人所受之傷相同，即謂二判決所指之犯行為同一行為，屬同一案件。

貳、刑法修正對單一案件與同一案件之影響

　　本案例中之前後兩次犯行，是否屬同一犯罪事實，攸關同一案件中犯罪事實之判斷。由於即將於7月1日上路之新刑法，廢除連續犯與牽連犯，未來許多原被判斷為連續犯或牽連犯的行為，將可能改依數罪併合處罰，這勢必也會影響刑事訴訟上「同一案件」的判斷範圍，對當事人之權益有

莫大影響。

　　案件是否同一，係以實體法上之刑罰權是否相同為標準，其中「被告」是否同一，較容易判斷；至於「犯罪事實」是否同一，又可分為「事實上同一」及「法律上同一」，判斷上較為困難及複雜。本案例爭執點即在於是否屬「事實上同一」的不同意見。

　　以下先論述實體法上行為數的判斷，再說明其與程序法上案件單一與同一間的相互關係。最後，澄清到底有無「新案件同一性」，並評論本案之相關意見。

一、實體法上之行為單數

　　確認行為人之犯罪事實究屬行為單數或行為複數的實益，在於避免雙重評價，或是有無充分評價行為人犯罪之不法內涵；因此，若實體法上確認為「行為單數的犯罪事實」時，在訴訟法上也應該受「犯罪事實同一」的拘束。因為，從行為單數或複數來處理競合論，其重要任務仍在探求「單罪或數罪之判斷與處理」[1]，換言之，從行為單複數的理論出發處理「競合論」的目的，與傳統上用「罪數論」來決定一罪或數罪的思維是一致的。

　　因此，必須先掌握何種情形屬於行為單數。由於確認行為不屬單數後，剩餘者即屬複數，故行為是否單數的認定，是決定有無犯罪事實同一性的樞紐。行為單數之情形，依通說有三類[2]：

　　　（一）單純的行為單數：即「自然意義上之一行為」，行為人出於一犯意顯現一個意思活動。不問侵害法益為何。例如，開一槍侵害數法益的想像競合犯。

　　　（二）自然的行為單數：行為人完全出於實現一次構成要件之意思，

---

[1] 參閱蘇俊雄，刑法總論Ⅲ：犯罪競合理論、刑罰理論，元照出版，2000年4月2版，頁2。

[2] 參閱拙著，刑法總則理論與運用，2016年9月6版，頁468、469。相同見解如林山田，刑法通論（下），2008年10版，頁300～305；陳志輝，牽連犯與連續犯廢除後之犯罪競合問題──從行為單數與行為複數談起，刑法修正後之罪數與同一案件問題研討會，2005年5月13日，頁2～12。

經由一系列有關的同種行動，而完成構成要件行為。例：小偷
到超商偷數物之接續犯。

（三）法的行為單數：即「構成要件行為單數」，從刑法分則構成要
件之規定，就法律概念，將數個自然意思、活動、融合為一法
律上概念之行為是為一個法律、社會評價之單位而成為一個法
的行為單數。其種類如：1.複行為犯：一構成要件有數行為，
例：強盜罪、強制性交罪；2.集合犯：如蒐集偽造變造通用貨
幣罪、施用毒品罪；3.繼續犯：如私行拘禁罪、酒醉駕車罪。

以上三種行為單數的情形，在實體法上均評價為犯罪單數，故在訴
訟法上應該受「犯罪事實同一」的拘束。換言之，實體法上的「行為單數
且犯罪單數的情形」，基本上一定是訴訟法上的「同一案件」。亦即，實
體法上一罪，訴訟法上為同一犯罪事實，實體法上數罪，訴訟法上為數個
犯罪事實。簡言之，行為單數之機能具有：實體法上可判斷國家對於行為
人之刑罰權；程序法上可確定案件在程序處理中，維持其犯罪事實之同一
性。

二、案件單一性

為何要檢討案件之單一性？由於國家對於單一被告之單一犯罪事實
僅有單一刑罰權，單一刑罰權具有不可分性，而單一犯罪事實除單純一
罪[3]（形式上或實質上均為一罪）外，尚有實質上一罪（例如：接續犯[4]、
繼續犯[5]、集合犯、結合犯、吸收犯及加重結果犯），在實體法僅構成一

---

[3] 85年台非字第239號判決要旨：「刑事法上所謂『一罪』者，係指單純一罪，或實質一罪而言。若以一犯意，為一行為，其結果侵害一法益，稱之為單純一罪，而若以一犯意、數行為而構成一罪，謂之為實質一罪。」

[4] 87年台上字第3896號判決要旨：「……接續犯，係指行為人以單一之犯意，單一之行為，持續侵害一個法益，在未完成犯罪前，其各個舉動不過為犯罪行為之一部分，無先後次序可分，非可獨立成罪，為單純一罪。」

[5] 87年台上字第3959號判決要旨：「按刑法上之連續犯與繼續犯有別，蓋繼續犯係以一個行為，持續侵害一個法益，自其行為之延長之點觀之，雖與連續犯類似，然連續犯係反覆實行數個相同之行為，而繼續犯之特性，則屬一個行為，不過其不法之狀態常在持續之中，因尚未完成其犯罪而繼續其動作，以使結果之發生。」

罪,在訴訟法為一個訴訟客體,亦具有不可分性;裁判上一罪(例如:想像競合犯、牽連犯及連續犯)在科刑上僅作一罪處置,在訴訟法上作為一個訴訟客體,亦係不可分割,均屬於單一犯罪事實,是以隨訴訟之進行、發展,逐漸確定起訴之犯罪事實是否為單一犯罪事實,如係確定單一案件(單一被告之單一犯罪事實)時,即應嚴守單一刑罰權不可分割之本質,法院對單一案件有全部管轄權,有「起訴不可分原則」、「審判不可分原則」、「自訴案件不可分原則」、「上訴不可分原則」[6]諸原則之適用,亦即在同一訴訟中,其起訴之效力及審判之範圍如何,端視案件是否具有單一性而定。由此可知,檢討案件單一性之目的在於確定法院所審理之訴訟客體是否具有不可分性,俾利確定具體刑罰權之個數係一個或數個。

從上述行為數的判斷,如實體法的評價客體為行為單數犯罪事實時,則其所存在的刑罰權亦僅有一個;既然實體法或是程序法,存在的意義都是受到刑罰權概念的拘束,則其所針對的對象係屬同一個對象;即實體法上行為單數之事實與程序法的單一案件的基本思維,應該是一致的。這也是為何在探求程序上所謂案件單一性問題時,宜先從行為數的判斷入手。

案件單一性之功能既係在決定程序處理的客體是否為單一,則決定的判斷基準者,實為實體法上所提供的判斷標準。換言之,案件單一的形成關係,具有相當濃厚的實體法色彩,甚至可以將案件單一性的判斷關係,逕理解為實體法上概念的認定。詳言之,當依刑法的認定基準確認為被告的犯罪事實係屬行為單數之犯罪時,不論其侵害關係及適用法律的多寡,該侵害行為終究是一個行為事實,在程序法上始終都必須以一個單一案件處理。因為當訴訟客體為單一行為事實時,在實體法的形成關係中,僅是一個刑罰權存在,在程序中對於一個刑罰權的實現時,無法對於此一形成單一刑罰權關係的單一客體,再行加以切割,故而在程序中係屬於一個不

---

[6] 86年台上字第1911號判決要旨:「按單一性案件,由於刑罰權單一,就其全部事實,自不得割裂,而應合一審判,是以此類案件之追訴審判,應適用起訴不可分、審判不可分及上訴不可分諸原則,……如上訴權人僅就其中一部判決上訴,他部判決形式上雖已確定,但不發生實質確定力,基於單一性案件上訴不可分原理,上級審法院仍應就全部事實合一裁判。」

可分割的單一案件[7]。

三、同一案件之機能

　　同一性與單一性是截然不同的概念，蓋同一性係程序進行的指導性原則，功能乃在於程序進行時，始終維持所處理的訴訟客體之一致性，性質上屬純粹程序法上概念。亦即單一性屬於靜態的案件決定的基礎，而同一性則是動態的程序流程管控原則。

　　為避免一罪兩判之一行為重複評價情事發生，倘原告先後起訴之彼此兩案，均為同一被告；而且被訴之犯罪事實亦屬同一時，因在實體法上僅有一個刑罰權，並非兩個單一之案件，僅為兩個單一案件之重複起訴之「一案兩訴」情形；受訴法院，僅得就其中之一個「同一案件」，為有罪或無罪之實體判決，以確定國家刑罰權之有無及範圍；而對另一個「同一案件」，則應拒絕為有罪或無罪之實體判決，即遂行認定其訴為不合法，以「不受理」之形式判決，將其公訴或自訴駁回，以終結之，始為合法[8]。

　　因此「同一案件」係指原告先後起訴之彼此兩案為同一被告，且被訴之犯罪事實亦屬同一[9]；其係從動態觀察起訴事實是否同一，重在訴訟關係已否發生，判斷案件已否起訴、可否再行起訴，起訴事實與判決事實是否同一，可否變更法條標準，乃至決定既判力範圍，是案件比較之程序面問題[10]。亦即在控訴原則下，法院應以起訴事實定其審判範圍，且判決事實與起訴事實應維持其同一性；而檢討案件是否具有同一性，在訴訟上之機能有四：(一)定已否起訴及是否其效力所及（刑訴§267）；(二)定

---

[7]　參閱拙著，刑事訴訟法理論與運用，2016年9月13版，頁147。換言之，實體刑法認為一罪的犯罪事實（即行為單數的構成犯罪事實），都是屬於單一的犯罪事實。

[8]　拙著，註7書，頁168。

[9]　91年台上字第3477號判決要旨：「按刑訴法所謂同一案件，係指同一被告被訴之犯罪事實係屬同一者而言，如其被訴之犯罪事實同一，不因自訴人所主張之罪名不同，遂謂非同一案件，原判決以上訴人先前提出告訴與本件之自訴，所述犯罪事實相同，僅罪名有異，自屬同一案件，既經檢察官開始偵查，即不得提起自訴。」

[10]　拙著，註7書，頁152。

可否變更其起訴法條（刑訴§300）；(三)定禁止二重起訴之範圍（刑訴§303）；(四)定既判力之範圍（刑訴§302）[11]。

四、同一案件的認定標準

案件是否同一？誠如前述應以被告及犯罪事實是否均屬相同，為其認定之標準；即須在訴訟繫屬中，或以判決確定之兩個案件，經互相比較之結果，彼此之被告同一，起訴之犯罪事實，亦屬同一，方為同一案件。茲分述如下：

（一）被告同一

被告同一應以原告起訴請求確定具體刑罰權之對象是否同一為準，並不以起訴書所載之被告姓名為唯一之標準，而認定是否檢察官（或自訴人）起訴書所指為「被告」之人，其認定標準有二：一為表示說，乃指起訴書所記載之被告為準，即從起訴書解釋其所表示之意思，必記載於起訴書上者，始為被告；二為行為說，乃司法機關實際上以之作為被告，實施訴訟行為者，即認定其為被告；非以起訴書所記載之被告姓名為標準[12]。

我國在司法實務上，歷來均係採表示說為原則；惟基於訴訟經濟，及避免對同一訴訟客體進行二重之追訴，以維持一行為僅受一次審判之訴訟原則，實務上司法院釋字43號，另外酌採行為說。

（二）犯罪事實同一

犯罪事實是否同一應以刑罰權對象之客觀事實是否同一為準；如數訴之客觀事實同一，其犯罪事實，即為同一。因刑事訴訟係採彈劾原則，本無訴即無裁判之法理，按刑訴法第268條之規定：「法院不得就未經起訴之犯罪審判」；但起訴之犯罪事實，並非單純之社會事實，而係就客觀

---

[11] 相同見解參閱林鈺雄，刑事訴訟法（上），2013年9月7版，頁277～280；林俊益，刑事訴訟法概論（上），新學林，2013年2月13版，頁158～160。

[12] 拙著，註7書，頁169～171。

事實為確定具體刑罰權對象之表示。是以法院應依此項起訴事實，定其審判權的範圍；且審理後之判決事實，應與起訴事實維持同一性，不得超越起訴事實，而自行另為認定犯罪事實，否則即為未受請求之事項予以判決（刑訴§379）[13]。

　　因為對於侵害的行為，應如何為刑法上之評價，法院本其職權應為適當之運用，方屬適用法律之範圍，故侵害行為之內容，原則上並非法院所得依職權加以變更或擴張。因此，確認訴訟法上之犯罪事實具有以下功用：

1. 確定法院審判之範圍

　　即按照憲法所導出之控訴原則，法院的審判範圍不得超過起訴機關起訴之範圍，否則判決當然違背法令（刑訴§268、§379），故對法院的判決具有重要意義。

2. 決定是否另行或追加起訴

　　當某犯罪事實未能被前訴所包括，須另行起訴或是追加起訴（刑訴§265）。法院可以在履行告知義務及賦予被告充分的辯護機會後，變更對起訴事實之法律評價（刑訴§300）。

3. 確保判決的終局性

　　對於一犯罪事實的訴訟程序已經因為有效的法院判決而終結後，不得再對同一犯罪事實於其他訴訟進行追訴[14]，因該法院判決所確定之犯罪事實具有確定力以及拘束力。

4. 避免浪費訴訟資源

　　由於對同一被告及同一之犯罪事實重複起訴，不但對被告帶來痛苦，對司法資源更是浪費，故於發生第303條第2款「已經提起公訴或自訴之案件，在同一法院重行起訴者」，及第7款「依第8條之規定不得為審判者」時，法院應為不受理判決。

---

[13] 拙著，註7書，頁173。
[14] 例如，我國釋字384號指出：「同一行為不得重複處罰」為憲法實質正當法律程序保障的程序法內容之一。

　　精確的說，犯罪事實同一有兩種情形，亦即，事實上同一（與自然的行為單數的概念相似）及法律上同一（與法的行為單數相同）。訴訟上只要符合其一的情形，就具備有「同一案件」的判斷基準。

1. 事實上同一

　　有關事實上同一之認定標準，學說上雖無定論，但大致有「基本的事實關係同一說」、「罪質同一說」、「構成要件共通說」及「指導形象類似說」[15] 等不同見解。我國實務過去通說曾採基本的事實關係同一說[16]為判斷標準，即基本的事實關係是否同一，以「社會事實」為準，倘起訴的事實與判決的事實的「社會事實關係」相同，就有同一性，如數訴之起訴事實與判決事實，其社會事實關係相同，縱犯罪之日時、處所、方法、被害物體、行為人人數、犯罪之形式（共犯態樣或既遂未遂）、被害法益、程序及罪名雖有差異，但於事實之同一性並無影響，只要基本社會事實相同，即使枝節有異，仍認為同一[17]。

　　對於單純之事實同一，縱檢察官起訴犯罪之時間、地點、態樣，甚至罪名等有所不同，亦不影響二者事實之同一性。由於採基本之事實關係同一說，故法院於不妨害此項事實同一範圍內，得自由認定事實、適用法律。

　　但採此說對被告保護之利益，則不無缺憾，蓋從上述可知社會的自然事實範圍實屬過大，倘在此範圍內法院均可依職權自由認定事實、適用法律，則恐有違控訴原則；且將導致被告防禦之重點經常與法院判決的重心有所出入，而無法為有效的防禦。

　　故實務上亦轉變認定案件是否具事實上同一，應從訴之目的及侵害性行為之內容（亦即，侵害行為的時間、地點、行為客體及侵害目的）是

---

[15] 詳細參閱林俊益，刑事訴訟法概論（上），頁139～140；陳運財，論起訴事實之同一性——評最高法院86年台非字第187號刑事判決，月旦法學，62期，2000年7月，頁150～155。

[16] 88年台非字第347號判決要旨：「……所謂事實同一，指犯罪權所以發生之原因事實係屬同一而言，非謂罪名或犯罪之構成要件同一，亦非謂全部事實均須一致。申言之，起訴書所指之罪名，對於審判上無拘束之效力，祇須其基本社會事實相同，縱令行為之程度有所差異，亦無礙其犯罪事實之同一性，仍得自由認定事實，變更檢察官所認之罪名，而適用刑罰。」

[17] 拙著，註7書，頁174。

否同一來決定[18]。詳言之，應以原告請求確定其具有侵害性之事實關係為準，亦即，經原告擇為訴訟客體之社會事實關係，其於空間上與時間上構成緊密相關的事件過程，其行為本身、行為客體與行為手段及侵害目的間，都是一個相同的歷程與具體事件，才屬同一犯罪事實。故數訴之起訴事實與判決事實，其社會的事實關係雖相同，但訴之目的及侵害性行為的內容不同時，即非同一事實[19]。

綜上，倘被告之犯罪事實在實體法上被評價為行為單數之犯罪事實時，則基於重複處罰禁止之人權保障理念，國家對其只有一個刑罰權；而同一案件其犯罪事實是否同一，亦係以刑罰權對象之客觀事實是否同一為準，故訴訟法上犯罪事實同一與實體法上行為單數之犯罪事實之概念相似。

例如，實體法上「單純的行為單數」（如想像競合犯），在程序法上是同一犯罪事實。又如：實體法上「自然的行為單數」之判斷，與訴訟法上「事實上同一」之判斷，兩者的概念非常接近。以接續犯為例，雖客觀上有數行為，然因其時間及空間具有密接性，且行為人係出於單一犯意而反覆侵害同一行為客體[20]，故該數行為之獨立性較為薄弱，並不需要分開個別評價其行為，將其視為自然的行為單數[21]。由此可見，事實上同一之判準，與自然行為單數類似，二者均以由侵害行為的時間、地點、行為客體及侵害目的做綜合性之判斷。

---

[18] 依訴之目的與侵害性行為內容是否同一判斷，是否有事實上同一的實務見解有：將檢察官起訴之搶奪事實變更為強制猥褻（43年台上字第62號判例）、法院將檢察官起訴之侵占事實變更（最高法院44年7月決議）、法院將檢察官起訴之買受事實變更為盜賣（48年台上字第73號判例）、法院將檢察官起訴之走私事實變更為竊盜（48年台上字第228號判例）、法院將檢察官起訴之詐欺事實變更為行賄（69年台非字第187號判決）；另外，較新實務判決如：81年台上字第2039號判決、84年台上字第1378號判決、90年台非字第168號判決等。

[19] 相同見解參閱林俊益，刑事訴訟法概論（上），頁141～153；林東茂，被告防禦權——評最高法院87年台非字第407號判決，月旦法學，53期，1999年10月，頁182。

[20] 甘添貴、謝庭晃，捷徑刑法總論，瑞興，2004年，頁300以下；相同見解參閱高金桂，連續犯廢除之後的刑法適用問題，連續犯規定應否廢除暨其法律適用問題，2003年12月，頁183。

[21] 拙著，註2書，頁416。

2. **法律上同一**

法律上之事實同一，係指一個單一之刑事案件，經原告先後向同一或不同之法院起訴，而爲數訴之刑事案件；縱其起訴之基本事實，彼此並不相同，但此等不相同之基本事實，依實體法之規定僅構成一罪時，例如結合犯、繼續犯、集合犯等；因國家對之僅有一個刑罰權，則在法律上具有不可分性，故起訴一部，效力即及於全部；該不相同之基本事實，仍構成「同一案件」之犯罪事實（刑訴§267）。以刑法第332條第1項所規定之「結合犯」爲例，其雖係由「強盜」及「故意殺被害人」之兩個不同基本事實所構成，惟在實體法上僅評價爲一罪，因此在訴訟法上亦只能當作是同一犯罪事實來處理[22]。

這種不得不承認犯罪事實本質上縱屬於數案件的結構，係因立法的刻意整合將不同犯罪行爲事實結合在一起的結合罪類型，在程序的處理中，亦僅能始終維持其單一性。這樣不但可符合刑法罪刑法定之要求，同時亦可避免實務操作之紛擾。由此足見同一案件之比較，並不以單純犯罪事實的比較爲限，以刑罰權爲內容之犯罪案件個數，亦應在比較範圍之列。如此才能知道該同一案件，是否一案數訴，亦即，一個案件之重複起訴。這就是法律上事實同一的特徵。

以實體法上所認定的構成要件行爲單數（即法律意義的行爲單數）如：集合犯、複行爲犯、繼續犯、結合犯爲例，各行爲間雖具有其獨立性，惟就實體法之規定言，仍將其評價爲行爲單數，故國家對行爲人僅有一個具體刑罰權。此與程序法中所謂的「法律上同一」的概念是一致的。

五、新案件同一性？

由於刑法修正，論者有謂勢必直接影響傳統對於判斷案件的操作模式，因此，應藉此機會建立「新同一案件」判斷基準，而稱爲訴訟實務數

---

[22] 拙著，註7書，頁181～182。

十年來的重大變革[23]。尤其，應改正「實體法上一罪，訴訟法爲一訴訟客體，審判上不能分割」之錯誤認知，並主張應釐清「實體法上的罪數概念≠刑事訴訟的犯罪事實概念」。因爲刑法總則內「牽連犯」及「連續犯」規定刪除後，「舊競合論」必須瓦解，並須建立「新競合論」[24]。

　　論者並提出，新案件同一性對「犯罪事實」判斷基準爲「按照自然生活觀點的一個單一生活事實」[25]，對於犯罪事實的概念，並不等同於實體法評價的犯罪事實，亦即，應以一事實上、自然的觀察方式爲準，也就是按照自然生活觀點的一個單一生活事實爲主[26]，屬事實層面之判斷，而與實體法之罪數判斷屬規範面者不同。惟礙於各種案件彼此間的差異，新案件同一性亦認所謂的按照自然生活觀點的一個單一生活事實，可能沒有辦法提出一個完全精確、完整的判斷標準，也就是無法將之高度抽象化到可以對個案進行要件「公式化」的判斷，因爲此一判斷是繫諸個別的具體生活事實。但在多數的案例，還是可以歸納出幾個判斷基準[27]：(一)犯罪行爲地點；(二)犯罪行爲時間；(三)犯罪行爲之對象；(四)侵害之目的等四者，藉此確定審判的範圍。

　　其實，對於所謂犯罪事實同一應採「自然生活觀點的一個單一生活事實」的新同一案件說，與近來實務所採之「訴之目的及侵害性行爲之內容」之認定標準，並無不同。如前所述，二者最後的判斷基準，均係以侵害行爲的時間、地點、行爲客體及侵害目的之具體情形來認定同一案件中之犯罪事實是否同一，因此，本文認新案件同一說，究其本質與「訴之目的及侵害性行爲之內容」之認定標準並無二致。

[23] 相關文獻可參閱林鈺雄，新刑法總則與新同一案件，月旦法學，122期，2005年7月，頁29以下；楊雲驊，「牽連犯」及「連續犯」規定廢除後對刑事訴訟法「犯罪事實」概念之影響，均刊法務部所辦之刑法修正後之罪數同一案件問題研討會，2005年5月13日；楊雲驊，結合犯與案件單一性判斷，台灣本土法學，74期，2005年9月，頁147以下。
[24] 林鈺雄，註23文，頁36；楊雲驊，註23「『牽連犯』與『連續犯』規定廢除後對刑事訴訟法『犯罪事實』概念之影響」文，頁64以下。
[25] 楊雲驊，註23「結合犯與案件單一性判斷」文，頁151以下。
[26] 林鈺雄，註23文，頁48；楊雲驊，註23「『牽連犯』與『連續犯』規定廢除後對刑事訴訟法『犯罪事實』概念之影響」文，頁69以下。
[27] 楊雲驊，註23「結合犯與案件單一性判斷」文，頁151。

此外，對於同一案件中之犯罪事實同一之認定，按照自然生活觀點的一個單一生活事實為判斷案件是否具犯罪事實同一之基準，實際上只是在重新強調以實體法上行為單數之概念來理解同一案件中之犯罪事實同一的整體概念。不過，值得注意的是，所謂按照自然生活觀點的一個單一生活事實的見解似僅針對犯罪事實同一中之「事實上同一」，可能會忽略「法律上同一」的判斷。蓋犯罪事實並非單純之自然事實，而是符合刑法構成要件之事實。換言之，刑訴法的犯罪事實概念，雖係指一個生活歷程的具體事件，惟如果把實體法一罪的概念從訴訟上排除，無異等於允許法官推翻實體法上的立法意旨。因為倘實體法分明規定強盜殺人之結合犯係屬一罪，若在程序法上完全不顧，則實體法原應論處一罪者，在訴訟上可能變成數罪，實有違反「罪刑法定原則」[28]。

綜上，刑法上「行為單數」的判準與訴訟法上「案件同一性」之判準，如依「自然生活觀點的一個單一生活事實」，事實上絕大部分的判斷結果均相同。亦即，實體法上的「行為單數」一定是訴訟法上的「同一案件」，只有少部分的例外情形是實體法上為數罪關係，但因該數行為可能因符合「自然的生活歷程」，可認為是訴訟法上的同一案件。就此種結果言，將實體法與訴訟法的判準分開處理的話，事實上也只有極少數的特例會有二者判斷結果不一致的情形[29]。

參、案例評析

針對本案所呈現之犯罪事實，本文認為最高法院駁回最高法院檢察署之非常上訴，洵為正論。

首先，必須澄清實體法上行為數的判斷，掌握本案是否屬於行為單數。本案甲在4月13日下午2時，於乙所經營之檳榔攤前毆打乙，又於4月

---

[28] 拙著，註7書，頁150。
[29] 有關於此，主張「自然生活觀點的一個單一生活事實說」者，亦持相同看法。參閱林鈺雄，註23文，頁51。

14日22時在乙宅前與乙互毆，由於時間、地點及傷害型態均不同，故不屬接續犯，也不屬於連續犯，係兩個完全不同的行為。

「同一案件」係指原告先後起訴之彼此兩案為同一被告，且被訴之犯罪事實亦屬同一，即須在訴訟繫屬中，或已判決確定之兩個案件，經互相比較之結果，彼此之被告同一，起訴之犯罪事實，亦屬同一，方為同一案件。

本案屬被告同一，因為4月14日22時在乙宅前，甲毆打乙，業經桃園地院中壢簡易庭判處甲有期徒刑五月；此外，在4月13日下午2時，甲於乙所經營之檳榔攤前毆打乙，乙向桃園地院檢察署提出告訴，並經桃園地院判處甲有期徒刑三月。是故，被告皆是甲，屬被告同一。

至於是否屬犯罪事實同一，應以刑罰權對象之客觀事實是否同一為準。有關事實上同一之認定標準，我國過去實務採「基本的事實關係同一說」為判斷標準。即基本的事實關係是否同一，以「社會事實」為準，倘起訴的事實與判決的事實的「社會事實關係」相同，就有同一性。如數訴之起訴事實與判決事實，其社會事實關係相同，縱犯罪之日時、處所、方法、被害物體、行為人人數、犯罪之形式、被害法益、程序及罪名雖有差異，但於事實之同一性並無影響。

本案最高法院檢察署認為案件是否同一，應從訴之目的及侵害性行為之內容是否同一而定。故數訴之事實及起訴事實與判決事實其社會的事實關係相同，訴之目的相同者，則為同一事實。縱犯罪之日時、處所雖有差異，但於事實之同一性並無影響，遂提起非常上訴。

不過，最高法院檢察署雖以「訴之目的及侵害性行為之內容」當做立論基礎，實際操作卻係採過去實務通說，即基本的事實關係同一說，故謂桃園地院中壢簡易庭與桃園地院認定之乙的傷害情形，均係左側第五掌骨骨折、左肩皮下及左下頭皮下瘀血等傷害，兩案採為證據之乙所提出之傷單，又均屬A綜合醫院出具之同一病歷號碼之診斷證明書；顯然係同一之傷害行為所造成。雖然二判決所認定之犯罪時間（一為4月14日，一為同月13日）、處所（一為乙宅前，一為乙所經營之檳榔攤）有所歧異，但訴

之目的相同，犯罪時間雖不同，仍然認為是同一犯罪事實，亦即甲所犯之犯罪事實，為連續犯，故屬同一犯罪事實，仍為同一之案件。

　　值得注意的是，本案最高法院之見解，即充分掌握「訴之目的及侵害性行為之內容」之涵義，最高法院認為最高法院檢察署所提之非常上訴理由，並不足以認定二件判決，所指之犯罪事實為同一。因為二案所憑之診斷書雖均為A醫院大園分院出具之病歷號碼診斷書，但依該診斷書所載乙應診日期為4月17日，係在上述二判決所認傷害行為之後，則所載之傷無從判斷係一次或多次傷害之結果，故尚難僅以二判決認定被害人所受之傷相同，即謂二判決所指之犯行為同一行為，屬同一案件。是故，本案應為兩個獨立不同的犯罪事實，因為侵害性行為的時間、地點完全不同，非同一犯罪事實。因為最高法院檢察署所採基本的事實關係同一說，對認定社會的自然事實範圍過大，故在此範圍內適用法律，不但不符合原告主張之目的，且與侵害行為之內容也不同。是以，最高法院檢察署對犯罪事實是否同一的認定，似乎過於寬鬆，最高法院將其非常上訴駁回，實為高見。

　　有趣的是，2005年刑法修正後有論者提出，新案件同一性對「犯罪事實」判斷基準應改為「按照自然生活觀點的一個單一生活事實」來判斷。然而，如前所述，本說礙於各種案件彼此間的差異，歸納出幾個判斷基準：(一)犯罪行為地點；(二)犯罪行為時間；(三)犯罪行為之對象；(四)侵害之目的等四者，藉此確定審判的範圍。本案若採新案件同一性，以事實上、自然的觀察方式為準，一為4月14日，一為同月13日，犯罪時間有所歧異；至於犯罪行為地點，一為乙宅前，一為乙所經營之檳榔攤前。故亦難僅以二判決認定被害人所受之傷相同，即無視犯罪行為時間與地點之歧異，認為屬同一案件。

　　簡言之，本案對於所謂犯罪事實同一採「自然生活觀點的一個單一生活事實」的新同一案件說，與最高法院所採「訴之目的及侵害性行為之內容」之認定標準，並無不同。二者最後的判斷基準，均係以侵害行為的時間、地點、行為客體及侵害目的之具體情形來認定同一案件中之犯罪事實是否同一，所得之結論也會一致。

肆、結　語

實體刑法的修正與實踐，有賴刑事司法制度的完善。因為，實體刑法不管如何精緻、如何富於理想色彩，假若沒有完善的刑訴法，都必然不能使理想成眞。近年來，刑法與刑訴法一直在修訂，實務操作也一直在變革。不過，不管是立法者或實務家，他們最終的目的都是在實踐刑法與刑事訴訟的目的，因為，只有在承繼過去美好傳統前提下的「現在」裡耕耘，才有充滿希望的「未來」。

本文認為，通常實體法上評價為「行為單數的犯罪事實」時，在訴訟法上也應該受「犯罪事實同一」的拘束。由於在確認行為不屬單數後，剩餘者即屬行為複數，故行為單數的認定，是決定有無犯罪事實同一性的樞紐。

關於犯罪事實是否同一的判斷，學說上雖無定論，然而按照「自然生活觀點的一個單一生活事實為主」的標準，與我國實務近年以來的操作方式並無二致。亦即，新案件同一說的內容與「訴之目的及侵害性行為之內容」之內容相同，從本案最高法院駁回最高法院檢察署的論點，就可證明，同樣的操作方式，以不同的言語表達而已，沒有所謂的新或不新。

第六章

搜索與扣押

　　2000年3月13日清晨，鋼鐵場老闆張三被發現死於辦公室。依據現場重建，張三應該是邀兇手入室，遭兇手從後方開槍射殺。現場並無打鬥跡象。警方於3月15日接獲密報，商人李四在最近與張三常有嚴重爭執。警方於是對李四展開調查，李四矢口否認與案情有何關係，可是無法提出不在場證明。辦案警官甲因而請李四不要離開所在地，以便調查。

　　一、甲稍後得悉，李四極可能於3月17日至19日之間出境。甲於是向檢察官聲請，對李四搜索扣押，以確定李四行蹤並發現行兇槍枝。檢察官是否可以核發搜索票？

　　二、由於行蹤成謎，李四被通緝。稍久之後，某電視台有張三命案的深入報導，許多細節為警方所不知。警方於是向檢察官聲請搜索電視台編輯室，以便瞭解命案細節。是否可以搜索電視台？

壹、前　言

　　本案的法律問題是：一、刑事訴訟法修正後，由誰決定搜索？二、搜索媒體的要件為何？

貳、搜索與扣押的決定

　　搜索與扣押的發動，依照我國刑訴法原來的規定，在偵查中，由檢察官決定；在審判中，由法官決定。2000年底，發生了檢察官搜索立法院及中時晚報的事件，立法委員於是自行提案修正搜索的相關條文，並快速審查通過，將搜索權的發動，不論偵查或審判階段，均移交法院。2001年1月3日，立院三讀通過「刑事訴訟法部分修正條文」，檢察官不得再為搜索之決定。

　　為配合搜索由法官決定的意旨，修正增訂偵查中檢察官認有搜索之必要者，除有急迫情形外（指刑訴§131 II的急迫搜索情形），應以書面記載前條第2項各款之事項，並敘述理由，聲請該管法院核發搜索票。司法

警察官因調查犯罪嫌疑人犯罪情形及蒐集證據，認有搜索之必要時，亦得依前項規定，報請檢察官許可後，向該管法院聲請核發搜索票。

　　根據上述修正後的法律規定，本案警官甲向檢察官提出聲請對李四搜索扣押，以確定李四行蹤並期發現現行兇槍枝時，應報請檢察官許可後，向該管法院聲請核發搜索票，檢察官不可以直接核發搜索票。法院於審核是否准許搜索時應注意：是否有具體的事實足認有犯罪嫌疑存在，搜索的事由與犯罪嫌疑間有足夠的關聯性，並於告知搜索義務的履行後，得核發搜索票；設若甲之聲請經法院駁回時，甲不得聲明不服（刑訴§128之1）。

　　搜索時，應用搜索票。搜索票，由法官簽名。法官並得於搜索票上，對警官甲為適當之指示，告知搜索義務的履行。關於核發搜索票之程序是不公開的。司法警察官甲執行搜索時，應以搜索票出示在場之人（刑訴§145）。執行搜索時，為確保執行扣押或搜索之順利執行，亦得為相當處分。甲於執行核發之搜索票後，應將執行結果以書面陳報核發之法院，如未能執行者，亦應敘明事由（刑訴§132之1）。

參、對於媒體的搜索

　　搜索目的在發現被告或犯罪證據，搜索目標包括被告或第三人的身體、物件、住宅或其他處所。搜索電視台的編輯室，涉及「搜索第三人」的問題。依刑訴法的規定，對於第三人的搜索，由於可能牽連甚廣，所以發動的要件比起搜索嫌犯、被告更為嚴格。對第三人的搜索，必須「有相當理由」（刑訴§122II）。相當理由是指，令人相信的程度高過「合理的懷疑」。

　　搜索媒體，屬於「搜索第三人」的問題，其要件應該嚴格，尤其要特別注意「拒絕證言權」與比例原則。享有拒絕證言權的人所持有之物，不應該扣押（參照德刑訴§97、§63I⑤）。媒體工作者是否有拒絕證言權，可以分從兩方面來看。如果媒體的消息來源得自特定人，此提供消息者信賴媒體不會揭露來源，那麼，媒體工作者享有拒絕證言權，持有物不

能扣押，所以也不能成為搜索的對象；媒體如果透露消息來源，將間接使提供消息者曝光，也享有拒絕證言權[1]。如果媒體所持有的資訊是自己查訪所得，就沒有拒絕證言權，在此情況下，媒體持有的文件資料就可以搜索扣押。

能否搜索扣押媒體，理論上可以區分如上。實際上，媒體可以主張任何消息來源曝光都將揭露提供者的身分，搜索扣押媒體也就成為問題。也許因為實際操作上，對於媒體搜索根本就難以進行，所以德國聯邦政府決定修法，將媒體自行取得的資訊也規定為不得搜索。但這項修法工作還未通過[2]。

保障新聞媒體的自由，也是保障國民知的權利。對於媒體取材來源物件的搜索，應限於扣押該物件以作為證據使用的利益，顯然大於媒體的自由與國民知的利益。由於本案媒體所掌握的資訊與命案有關，而非輕微的刑事案件，破獲命案的訴訟利益應該大於一般的媒體自由的利益，所以對於電視台編輯室所可能持有的物件，得搜索扣押之[3]。

最後，搜索扣押應該注意比例原則，亦即，如果以其他和緩的方式可以取得訴訟資料，就不應使用強制處分。其他和緩的方式，如請求交付。對於第三人搜索更應注意比例原則，因此對媒體搜索時應先請求交付，請求交付不成，才能發動搜索。

肆、結　語

搜索扣押屬於強制處分的一種。依原來刑事訴訟法的規定，除了羈押之外，強制處分的發動，在偵查中由檢察官決定，在審判中由法官決定。

---

[1] 這主要是德國聯邦最高法院的判決意見（BGH36, 298），引自：Pfeiffer, StPO, 3. Aufl., 2001, § 97, Rdnr.10.
[2] 引自：Beckemper, u.a., Fallsammlung zum Strafprozessrecht, 2000, S.64.
[3] 除了有更重大的社會利益，新聞自由必須退讓之外，若媒體所掌握的消息確實為審判中不可或缺、足以改變判決結果，且無法以其他方式獲知者，應強迫媒體陳述，以免誤判。見拙著，刑事程序中之拒絕證言權，刑與思——林山田教授紀念論文，2008年11月，頁454。

依照新修正的刑事訴訟法，搜索扣押無論在偵查或審判階段，均由法官決定。

　　搜索媒體涉及「第三人搜索」的問題。搜索，本來就不限於被告，對於第三人亦得為之，只是搜索第三人的要件必須更為嚴格。對於媒體的搜索，其要件原則上與搜索第三人相同，但應注意「拒絕證言權」的問題。如媒體的消息來源由他人主動提供，基於保護消息來源的理由，媒體應有拒絕證言權，所持有之消息來源不得扣押。如媒體是因為查訪打聽而獲得消息來源，沒有保護提供消息者的理由，所持有的消息物件則得扣押。

第七章

附帶扣押與另案扣押

　　甲涉嫌殺害張三，司法警察官乙得到檢察官同意向法院聲請並取得搜索票。乙持搜索票（搜索票記載應搜索及扣押之物為：槍枝或武器）前往甲住家搜索，未發現甲行蹤，只找到一把與命案有關的槍枝，不過，卻意外發現甲準備寄給情人的信，信中提到殺害張三的計畫，乙扣押該書信。此外，警方在甲的住處還扣押了一些文件，透露甲多年來行賄稅務人員，以便逃稅。這些扣押的書信與文件，有無證據能力？

壹、前　言

　　本案的法律問題是：何謂本案附帶扣押與另案扣押，在何種情形下可實施該兩項扣押，以及扣押後該如何處理。

貳、本案附帶扣押與另案扣押的意義及處理

　　執行搜索時，可能發現與本案有關的證物，而未為搜索票所記載，例如搜索票記載找尋被告行蹤，卻發現被告遺留的本案證物。對於這種意外發現的證物仍得加以扣押，此稱為「本案的附帶扣押」。執行搜索，也可能發現與本案無關的證物，例如搜索命案的證物，卻意外發現行賄證據。對於這種不期而遇的證物，也可以扣押，此稱為「另案扣押」。

　　關於本案附帶扣押，刑訴法第137條規定，檢察官、檢察事務官、司法警察官或司法警察執行搜索或扣押時，發現本案應扣押之物為搜索票所未記載者，亦得扣押之。此種情形等於無令狀搜索，故準用緊急搜索的事後審查規定，就該扣押物品應讓簽發搜索票的法院知悉（參照刑訴§137Ⅱ準用刑訴§131Ⅲ之規定）。換言之，關於急迫搜索的情形，由檢察官為之者，應於實施後三日內陳報該管法院。由檢察事務官、司法警察官或司法警察為之者，應於執行後三日內報告該管檢察署檢察官及法院。法院認為不應准許者，得於三日內撤銷之。

　　另外，有關另案扣押，最新的刑訴法未做修正，仍依第152條規定處

理。不過，附帶扣押與另案扣押均屬「急迫性的暫時扣押」，並非本案搜索的標的，不屬於本次搜索的範圍，應將另案扣押之物的處理程序，至少比照附帶扣押的處理才妥適。

參、附帶扣押與另案扣押之要件

如前所述，附帶扣押與另案扣押，無異於「無令狀扣押」。警察人員在執行搜索扣押時，可能任意翻動被搜索人的住處或物件，當獲得可疑證物時，主張附帶扣押或另案扣押。如果這樣，強制處分的令狀原則將被破壞殆盡，人民權利的保障也將受到嚴重挑戰。

附帶扣押與另案扣押必須有比較精確的規定，才可以有效保護人民權益。我國刑事訴訟法對於附帶扣押只有簡略規定（刑訴§137Ⅰ）：執行搜索或扣押時，發現本案應扣押之物為搜索票所未記載者，亦得扣押之。對於另案扣押也是簡略的規定（刑訴§152）：實施搜索或扣押時，發現另案應扣押之物，亦得扣押之。至於在何種情況或條件下，可以附帶扣押或另案扣押，則完全未做規定。搜索扣押的執行者是否得以任何名義聲請搜索票，再大肆搜取本案有關的其他證物，甚至與本案無關的證物？難怪有學者主張，另案扣押的規定侵犯人民權利過甚，應予刪除[1]。

附帶扣押與另案扣押必須有其要件，在法律上未清楚規定要件之前，文獻的討論或許可以作為實務的參考。有學者認為，美國聯邦最高法院所創用的「一目瞭然法則」（plain view doctrine）可以補充我國規定的不足。依該法則，警察在合法搜索時，違禁物或證據落入警察目視的範圍內，警察得無令狀扣押該物。唯恐一目瞭然法則的濫用，聯邦最高法院強調，警察在施行該法則時，應嚴守兩個前提要件[2]：

第一，必須因為合法的搜索、扣押，或其他合法行為，而發現應扣

---

[1] 參閱林山田，刑事程序法，2000年，頁342。王兆鵬則認為，第152條的另案扣押的規定有其必要，理由詳述於：王兆鵬，路盤查與人權，2001年，頁37～38。

[2] 參閱王兆鵬，路檢盤查與人權，2001年，頁40～44。

押之證物。如果警察自始並無合法的搜索行為（如非法進入住家搜索），縱然發現應扣押的證物，並予以扣押，此證物必須被排除。第二，必須立即明顯可以認定，所扣押之物為證據。所謂「立即明顯（immediately apparent）」，即是指「有相當理由」。

扣押物對警察而言，必須立即地、明顯地感覺是證據，才可以使用「一目瞭然法則」。本案，當警察發現甲寄給情人的行兇計畫信件時，如果信件攤開，目視即可得知是殺人證物，此信件雖非搜索票記載的扣押物，但仍可以附帶扣押。如果信件彌封，單從信件的外觀，實在沒有相當理由認為信件與兇殺案有關，所以不得附帶扣押。如要扣押，必須另外聲請搜索票，否則扣押物沒有證據能力。

本題的另案扣押部分，警察並無相當理由可以扣押行賄文件。文件必須經過翻動檢視，才可能知道文件的內容，不可能單純的目測（plain view）即可得知是否犯罪證據。同理，警察持票搜索偽造信用卡，於發現偽卡之前，另發現公司的帳冊，由於公司帳冊並無立即明顯的證據特性，所以不得扣押。如果警察在甲的住處目視發現毒品，依警察的專業經驗，有相當理由認為是犯罪證物，自然可以另案扣押。

肆、結　語

本案警察官乙意外發現甲準備寄給情人的信，信中提到殺害張三的計畫。乙能否將之扣押，依照嚴格的法理解釋，必須分別判斷。如果信件攤開，目視即可得知與犯罪有關，得附帶扣押。如果信件彌封，無法單純目測判斷其證據性質，即不得扣押。如欲扣押必須另行聲請搜索票。關於本題的另案扣押，乙缺乏「相當理由」認為文件有證據性質，因此不得扣押。

依照刑訴法第137條第2項規定（準用刑訴§131緊急搜索），乙附帶扣押後，應於執行後三日內報告該管檢察署檢察官及法院。法院認為不應准許者，得於三日內撤銷之。所以，甲於扣押信件後，應於三日內報告該

管檢察署檢察官及法院；法院准許該附帶扣押之信件時，該信件即得作爲本案有罪的證據。

　　附帶扣押與另案扣押都有其存在的必要性，但執行應當審愼，否則搜索權仍可能被濫用，人民權利仍將遭受侵害。本文同意美國聯邦最高法院所創的「一目瞭然法則」，認爲可以當作附帶扣押與另案扣押的要件，並作爲將來修法的參考。

第八章

羈押審查的決定與救濟
——台開事件相關裁定評析

壹、案例事實

檢調偵辦台開向遠倉（原為遠東倉儲公司，簡稱遠倉）購地案，專案主任檢察官S查知，嫌犯甲（遠倉董事長）於1998年元月初，向太平洋建設大股東乙，購入楊梅系爭土地（後來轉售台開）當天，有2億5千萬元支票一張，存入東森旗下欣聯企業丙的帳戶，其中1億9千萬再透過陸輝營造丁的帳戶，回流到甲擔任負責人的眾庭公司。

這筆被懷疑為「回流」的可疑款項，其經手人丙坦承是人頭戶，甲則堅稱這筆款項是他向丁等人的借款，與楊梅土地交易無涉；甲並強調所有作為皆著眼於公司利益，一切合法，並否認丁是遠倉公司向乙購地時的白手套。

檢察官偵訊後，列舉數疑點。台開向遠倉購地時，該地段公告地價每坪僅3千元，原鑑定總價只有8億餘元，台開不但未與賣方進行議價，反而依據二次鑑價結果，主動提高購地價格為18餘億元，顯然不合常理。

依理，台開向遠倉購地，理應自己鑑價。專案小組卻發現，該項交易由遠倉公司鑑價，將先後二次鑑價金額相差10億的報告交由台開審查；成交後，台開竟在一個月內付清所有款項，不留任何尾款，更違背一般不動產交易常情。

甲對上述疑點的說明，避重就輕，又未能拘提丁到案，乙復匆匆離境。為免相關事證遭湮滅或勾串，S於是向台北地院聲請羈押甲。

貳、裁定內容大要

為清楚掌握本案的裁定內容，需要知道檢察官S聲請羈押被駁回，以及兩次抗告均被駁回的所有流程。茲簡略整理如下。

一、檢察官聲請羈押（2000/8/25）

S訊問後，以有串證之虞為由聲請羈押。為求慎重，偵訊過程中，S兩

度中斷庭訊，與檢察長當面「和議」，並考量案情複雜，主動要求蒞庭論告，希望親自向法官說明聲押理由，但遭法官拒絕。

S質疑，若甲的借貸供詞爲眞，只要一筆匯款即可，何需大費周章？此外，買賣雙方簽約及付款迅速，以超過市價兩倍購地，甲顯與台開公司董事長及不動產鑑定公司勾結；至於如何勾結，需要再詳查。S所提最重要的理由，就是疑似回扣的資金匯款，皆於土地交易當日完成轉帳，加上丙帳戶先前僅69萬，丁不過100多萬，更顯示匯款當日二人帳戶之進出鉅款，應爲購地款。復次，有一筆2億元鉅資「分成七筆」小額款項，流入甲所屬公司的「七名人頭」帳戶，此手法爲標準的洗錢模式。

甲涉嫌利益輸送，背信罪嫌重大，顯有與在逃共犯丁等串證之虞，具有羈押理由與必要性。

二、台北地院駁回羈押聲請（2000/8/26）

駁回羈押聲請理由：S無法就具體事實證明嫌犯甲有勾串共犯、湮滅證據之虞。根據檢方提送卷證資料和甲的供詞，顯示丁和甲是交情極佳的老友，雙方資金往來頻繁並不令人意外；不能以甲、丁兩人帳戶中的幾筆資金匯款有疑義，就認定必有問題。

由於台開土地弊案的發展和大部分證據資料，均已由檢察官充分掌握，就算重要關係人丁一直未能到案說明，也不致有串證之虞，且不得以羈押作爲偵查犯罪及蒐集證據之手段，因此無羈押甲的必要，諭令甲以1,500萬元交保並限制住居和出境。

三、檢察官抗告（2000/9/1）

抗告理由如下：原審法官做出裁定時，似有資深法官陪同，違反「偵查不公開、司法獨立及公平審判」的原則[1]，裁定因此違反法令。抗告書也

---

[1] 抗告理由指出，聲請羈押當天，檢察官至法官辦公室時，親眼看見兩名男法官在場，法官告稱他們係協助辦案；當時檢察官S留下行動電話號碼，請法官訊問甲時，通知檢方到場陳述，但法官卻未通知檢方到場陳述理由及提出必要證據。

指述甲所犯背信等罪，均屬最重本刑五年以下有期徒刑之罪，對於甲有無逃亡或有事實足認有逃亡之虞部分，在裁定書的理由中並無隻字片語。

此外，原裁定既認定甲無逃亡之虞，自不得對甲具保、責付或限制住居。然而，原裁定於庭訊完畢後竟未將甲飭回，反而諭知具保1,500萬元，並限制住居及限制出境。此一處分，限制甲的人身自由，與裁定理由稱甲「無逃亡之虞」，顯有矛盾。

抗告理由另指出，遠倉公司向乙購買系爭土地，再售予台開公司，這兩件買賣均涉有弊端。其涉案人數眾多，輸送金額龐大，掏空遠倉、台開二家公司之利益。同案尚有疑似白手套之被告丁在逃[2]，乙出境未歸，甲當然符合刑事訴訟法明定的羈押要件。此案不論所涉金額、共犯結構和身分背景均極特殊，犯罪情節重大，嚴重危及金融秩序；甲等人聯手掏空遠倉及台開公司殊屬事實，原裁定未正視此一嚴重危害金融秩序的重大經濟犯罪，認無湮滅、偽造、變造證據或勾串共犯及證人的可能，予以羈押，自非允適。

四、高院撤銷原裁定，發回台北地院（2000/9/6）

高院認定原審的具保裁定不當，主要理由有三。其一，原審認為「甲和丁兩人結交多年，不能以部分金錢流向不明，就予以羈押」的說法，高院並不認同。合議庭認為，甲身為眾庭公司負責人，卻無法說明公司資金調度情形，有違常理。甲所稱向丁借款數額，也和檢方調查實際匯款的金額不符。何以遠倉公司購地款項竟會流入眾庭公司，甲也未交代清楚。

其二，丁和眾庭公司資金往來情形，是檢方急欲查證的重點，原審卻以另一嫌犯戊已被裁定羈押，認定縱使丁未到案，也不會造成甲與丁二人串證勾結之虞。上述論證並不適當。雖然檢方對涉案人資金往來情形已充分掌握，但其中原因事實仍曖昧不清，有待涉案人詳細說明。原審這部分的認識用法並不恰當。

---

[2] 共犯丁曾於2000年8月27日撥打嫌犯甲之行動電話，次日即潛逃出境。

其三，原審法官就檢方未提出聲請的羈押事由，直接予以審酌，已踰越法官權責。亦即，原審未依檢察官之聲請內容為裁定，卻裁定甲限制出境、限制住居及具保1,500萬，已超出檢察官之聲請事項，裁定違背法令。至於台北地檢署在法院裁定前，對外發布新聞稿，被原審指為違反偵查不公開原則，合議庭認為新聞稿內容僅說明偵查方向，並未論及偵查細節，原審以消息外洩為由，認定無羈押必要，也不適宜。

五、台北地院再度裁定駁回羈押聲請（2000/9/20）

高院撤銷發回後，台北地院二度駁回檢察官的聲請，發還原審裁定的1,500萬元交保金，並解除對甲有關住居及出境的限制。

裁定指出，審酌刑事訴訟法規定的正當程序要件及實質要件，衡量憲法對人身自由的保障，及為發現犯罪事實而須採行的羈押必要性後，認為檢方聲請羈押甲所提出的罪證，不足以證明甲有湮滅證據、串證之虞，故駁回聲請。

偵查中欲羈押被告，須先經合法拘提或逮捕，並在二十四小時內向法院聲請，同時還須被告犯罪嫌疑重大，才構成羈押的先決條件。是否羈押甲，缺乏羈押的正當性和必要性。是否「非予羈押，顯難追訴、審判或執行」，似有問題。裁定指出，檢方以甲和在逃嫌犯丁的通聯紀錄、甲一旦交保將不利搜索扣押，以及共犯丁、乙等人在逃等理由，即要求羈押，並不可採，且不得以重要契約未能搜索尋得，則認有湮滅證據之嫌。

六、檢察官再抗告（2000/9/28）

再抗告書指出，檢方曾傳訊甲與丁，丁未到案，甲則供稱，此案發生後就未和丁連絡。檢調過濾二人通聯紀錄，卻發現甲獲交保後，丁隔天即以「太平洋建設」名義申請個人使用的行動電話，並持以與甲的行動電話通訊。

另外，甲的秘書證詞有偏頗之虞。依刑事訴訟法第186條第5款，其相關證詞不生具結效力，原審卻誤令其具結，已違反審判經驗與論理法則。

同案被告丁及證人戊、己等均一致證稱：「須打前述行動電話，並透過甲的秘書，才能找到甲」，證明甲丁兩人有串證可能。

原審以偵查未盡完備，作為不予羈押之部分理由，再抗告書反駁指出，偵查如已完備，檢察官即可起訴或不起訴處分，已無必要聲請羈押。且進行搜索扣押後，縱無湮滅證據之虞，卻難防止串證發生。

最後，承審法官與現擔任嫌犯甲為負責人之遠倉公司法律顧問及同案被告戊之辯護人有研究所師生情誼，該辯護人為承審法官在研究所求學之所長，由於研究所教授與研究生的互動多，且彼此關係較密切，所長掌握較多行政資源，對在職之研究生法官，應有心理上的牽制，故法官應予迴避。

七、高院駁回再抗告（2000/10/18）

檢方以甲罪嫌重大，有勾串共犯之虞，非予羈押難以追訴審判，聲請羈押。合議庭審酌後，認甲雖罪嫌重大，但由於檢方現行偵查程度，及所提卷證資料，仍無法證明甲可能有「湮滅罪證、勾串共犯」的事實，因此贊同原審法院見解，認定無羈押必要。

合議庭認為，遠倉出售的楊梅土地，在市場機制下，土地價值公開透明，並不易互相勾串。且根據檢方卷證，購地、鑑價事宜，皆由在押的力霸公司副總經理戊處理，檢方似宜從戊等人身上追查購地真相和資金流向。

購地價款是否異於常情，及8億4千5百萬的價款，為何有1億8千萬匯入眾庭公司，檢方可依職權主動調查。甲供詞是否可採，應依論理法則或經驗法則審酌，不宜以共犯乙和丁在逃，就認定與甲有勾串之虞。

本案偵辦數月，由於甲的身分特殊，媒體已有顯著報導。即使甲有意和乙丁二人勾串，也「應有相當機會」。是否仍有羈押實益，因此不無疑問。本案相關契約、帳冊、支票、資金流向已記載於卷宗，相關人士之證言已記載於筆錄，其餘待證事實為檢察官之工作，而非羈押之理由。檢察官仍未就被告有勾串共犯、湮滅證據、偽造文書之虞，提出證明。

　　至於承審法官與同案被告之辯護人有研究所師生關係一項，高院的合議庭認為，並不足以使法官執行職務有偏頗之虞，否則檢察官和法官為司法官訓練所（現在的司法官學院）前後期同學，豈非須一律迴避。

八、檢察官提起公訴（2000/12/30）

　　高檢裁定駁回再抗告，意味著無羈押甲的必要。檢察官遂於同年底偵查終結，依法提起公訴。

參、評　析

　　本案應是1997年刑事訴訟法修正，將偵查中的羈押改由法院決定後，最引人注目的案件。被聲請羈押的甲身分特殊，院方不贊同檢方見解，引發院檢對立風波，並相繼訴諸媒體，使本案備受矚目。羈押是干涉人身自由最深的強制處分，是確保嫌犯接受刑事追訴審判執行的最後手段，任何人無論其身分地位，均須經由正當的司法程序審查後，才能羈押。

　　羈押是最激烈的強制處分手段，之所以必須改由法官決定，主要目的當然是為了避免濫押。濫押的問題，在修法前，各界屢有指摘。修法前，偵查中由檢察官決定羈押與否，為了偵查的方便，比較可能濫用羈押手段。由於法官不是訴訟當事人，也不是關係人，而是中立的第三人，由法官決定羈押，理論上會比較慎重；由法官作主，對於一切強制處分的發動都比較可以客觀無私。但是，檢察官對於案件的瞭解比較動態而立體，檢察官聲請羈押可能有相當的把握，被告將來受有罪判決的可能性很大，而且確實有羈押的理由與必要。法官在決定是否羈押時，除了審查檢察官所附的卷證資料之外，還要訊問被告，不過對於案情的瞭解可能比較靜態而平面，能否做出恰當的裁定，也是工作上的一大考驗。

　　對於備受矚目的熱鬧新聞如本案件，法院在審查應否羈押時，承受的心理壓力更可以想像。這不僅是法律上的專業判斷而已，還有道德上的壓力。如果裁定羈押，可能遭同情被告的人指為屈從輿論壓力；如果裁定不

羈押，可能被指責爲同情權貴，只拍蒼蠅不打老虎。

　　高院最終裁定不羈押，最主要的理由，因爲檢察官未能證明被告有勾串共犯、湮滅證據之虞。仔細觀察本案流程，可以發現最主要的癥結在於，偵查中羈押審查程序的決定與救濟。換言之，羈押審查的程序該如何進行，才能眞正達到「人權保障」與「有效追訴犯罪」的平衡。這攸關法官實施羈押訊問時的規定與證據法則的適用。對於本案的裁定，本文將就下列問題逐一討論說明：

　　一、刑事訴訟法修正後，偵查中裁定羈押規定的內容如何？

　　二、法院審查羈押時應踐行的程序如何？檢察官有無到場陳述理由的權利或義務？嫌犯或其辯護人能否要求檢察官到場陳述聲請羈押之理由？

　　三、法院認定羈押與否所憑的證據及調查程序，應否嚴格證明？

　　四、法院審查的範圍如何？檢察官以嫌犯具有串證之虞聲請羈押，法院能否以有逃亡之虞作爲羈押的理由？

　　五、法院審查羈押的流程，有無時間限制？羈押被駁回時，有無急迫的處置方式？

　　六、師生情誼是否爲裁定法官的迴避事由？

一、偵查中裁定羈押的規定

　　1997年刑事訴訟法修正後，偵查中聲請羈押，以拘提或逮捕之被告（拘捕前置原則），經訊問後，認爲有羈押之必要，並於拘捕時起二十四小時內由檢察官向該管法院聲請裁定羈押，始符合刑事訴訟法第93條第1項及第2項的規定。不過，爲了方便檢察官對於傳喚或自行到場者的聲請羈押，也創設了檢察官之逮捕權（刑訴§228III參照）[3]。換言之，法院爲裁定羈押前，應爲「羈押訊問」，且應即時訊問。法官進行羈押訊問前，

---

[3] 當然，依據釋字392號解釋的精神，偵查中嫌犯之羈押、撤銷羈押、停止羈押、再執行羈押等關於羈押處分的決定，均由法院爲之（參照刑訴§93II、§101、§102、§105、§107、§110、§117、§121 I）。

應告知嫌犯得選任辯護人到場[4]，且應通知檢察官到場（刑訴§101Ⅱ）。接著，法官在進行羈押訊問時，應告知嫌犯得保持緘默無庸違背自己的意思而爲陳述（參照刑訴§95），並應告知嫌犯及其辯護人羈押之原因[5]。

二、羈押審查之踐行程序

本案甲經傳喚到場，檢察官S訊問後，認有串證之虞聲請羈押，屬第228條第3項的情形。S爲求愼重，偵訊過程兩度中斷，與檢察長當面「和議」，並考量案情複雜而主動要求蒞庭論告，希望親自向法官說明聲押理由，但遭法官拒絕。這攸關法院審查羈押實施訊問的程序宜採「言詞審理原則」。亦即，檢察官到場陳述理由的性質爲何？法院能否要求檢察官到場？檢察官能否要求主動到場說明？嫌犯或其辯護人能否要求檢察官到場陳述聲請羈押之理由？

依第101條第2項規定，法官爲羈押訊問時，檢察官得到場陳述聲請羈押之理由及提出必要之證據。換言之，法官認爲檢察官聲請羈押所述理由或所提證據不足，得指定應到的時間及處所，通知檢察官到場陳述或提出具體證據。本條的規範目的相當明顯，檢察官在法官爲羈押訊問時在場，對於法官決定是否羈押的心證有所助益。實務上曾發生法院漏未通知，逕予駁回檢察官之聲請，經檢察官提起抗告，抗告法院以原審法院漏未指定應到之時間及處所，通知檢察官到場陳述或提出證據，以程序上的理由，撤銷原審法院之裁定[6]。實務此一見解嚴守立法意旨，使羈押的審查得以客觀精確，值得稱許。

---

[4] 最高法院87年度台上字第644號判決說明，此項權利為人民依憲法第16條所衍生的基本權，法院於訴訟程序的進行，必須實踐該項辯護權，不得恣意漠視，否則即不能維護訴訟上之程序正義。

[5] 更詳細的說明可參閱林俊益，羈押權改制後法院對被告人權之保障，月旦法學，45期，1999年2月，頁47以下。

[6] 本案係1998年間，高雄地檢署檢察官就嫌犯有關凌虐工人致死案聲請羈押，法官認無羈押必要，諭知交保20萬，檢察官抗告，高雄高分院認為，原審法院漏未通知檢察官到場陳述或提出證據，程序上欠妥，檢察官之抗告有理由，將原駁回聲請羈押之裁定撤銷發回原審法院。參照聯合報，1998年2月22日，7版。

　　法官訊問時，檢察官得到場陳述聲請羈押的理由及提出必要的證據；裁定羈押，應將其所依據的事由告知嫌犯及其辯護人（刑訴§101Ⅱ、Ⅲ）。刑事訴訟法雖僅規定檢察官得到場說明，但前述規定使檢察官與被告就有無羈押的理由與必要，有充分陳述意見的機會。法官因此對案情有立體而動態的瞭解，得以做出做最恰當的裁定。換言之，偵查中羈押審查之程序，檢察官、被告及其辯護人均得在場行言詞辯論，不過，基於偵查不公開的理由，法院不應准許其他人在場[7]。

　　檢察官到場陳述理由的性質，更是一種義務。法院應要求檢察官到場陳述或提出具體證據，檢察官當然也能要求主動到場說明。不僅如此，嫌犯或其辯護人亦能要求檢察官到場陳述聲請羈押的理由，俾有除去羈押理由之機會。辯護人的在場權，並非僅在場觀察，辯護人必須可以在法官訊問時陳述意見及請求調查證據。

　　本案檢察官要求法官審查羈押時，請求到場陳述理由，目的無非輔助法官形成心證，瞭解案情。此無論從立法意旨看，從事理的合宜看，或從消除疑慮看，法官都應欣然接受。台北地院的裁定拒絕檢察官的請求蒞庭，不但背離立法意旨，而且與事理有違，並因而布下各界揣測的疑雲。

三、羈押裁定的證據法則

　　法院裁定羈押所憑的證據及調查程序，是否受嚴格證明法則所拘束？刑事訴訟上關於犯罪成立與否（實體爭點）的證明，必須嚴格遵循形式上的法定程序，叫做「嚴格證明」。判決所憑的證據，必須是訴訟法所規定的幾個主要證據，如被告自白、人證、物證、書證等。必須嚴格證明的事項，只能以法定的證據方法證明，並且嚴守法定的調查程序，所得證據才有證據能力。例如，證人是法定的證據方法，證人必須在法庭上陳述，而且必須具結，具結的證言必須受詰問（刑訴§166），這樣的證言才具備證據能力。嚴格證明的要求，規定在第155條第2項：「無證據能力，未經合法調查之證據，不得作為判斷之依據。」所謂「合法調查」，即指必須

---

[7] 相同看法，林山田，刑事程序法，2000年，頁301。

「嚴格證明」。只有嚴格證明，所得的證據才可能最接近眞實，證明被告有罪的可信程度「達於無合理懷疑的地步」。

　　無關可罰性事項的裁定，不須遵循嚴格的法定程序，不受直接審理原則、言詞辯論原則、公開審理原則的拘束，稱爲「自由證明」。例如，有無羈押的原因與必要、法官有無迴避事由、是否發動搜索等，不是爲了證明被告的有罪程度達於無可懷疑的地步，因此不需嚴格證明，只需自由證明[8]。裁定羈押的法官可以比較彈性的認定被告有罪的程度，以及是否有羈押的理由與必要，否則若要求檢察官提出確切的證據，並以審判程序的嚴格證明爲之，將削弱羈押的急迫效率。當然，法官仍須謹守經驗法則與論理法則。

　　關於本案，高院最終裁定不羈押，主要是因爲檢察官未能證明被告有勾串共犯、湮滅證據之虞。不過，對於程序爭點的證明程度，高院可能有誤解。理論上，檢察官向法院的證明，只要達於使法院相信有串證的高度可能即爲已足，而非無可懷疑的確有串證事實；羈押審查並非犯罪事實能否證明的判斷，不需適用嚴格證明的程序。有鑑於此，將來修法時應明文增訂「法院裁定羈押之程序，不受嚴格證明法則拘束」[9]。羈押審查畢竟是快速的訊問程序，不是蒐集犯罪嫌疑人有罪的證據程序。

　　另外，有無串供與湮滅證據的可能性，是羈押的主要理由之一。案件如果有若干證人與嫌犯，被告與證人或其他嫌犯串供的可能性自然增大；證人之一被押，不表示被告與其他嫌犯或證人的串供機率消失。此對於一般案件如此，對於重大案件更是如此。高院駁回再抗告的裁定書，認爲本案已有在押的嫌犯戊，檢方應從戊著手偵查，而無須顧慮被告甲與不到案的證人串供。此一見解已經背離論理法則。

---

[8] 相同看法，林山田，刑事程序法，2000年，頁36；林鈺雄，刑事訴訟法上冊，2013年，頁385。

[9] 例如，美國聯邦羈押法第18U.S.C.3142(f)與聯邦證據法Rule 1101(d)(3)均採此原則。

四、羈押審查的範圍

法院審查的範圍如何？檢察官以嫌犯有串證之虞聲請羈押，法院能否以有逃亡之虞作為裁定羈押的理由？

有無羈押的必要，在偵查中既由檢察官聲請，法院似應以聲請內容而審查，裁定內容不能超出聲請範圍。法院不得就未經起訴之犯罪審判（刑訴§268）。裁定雖非審判，但畢竟是裁判的一種，所以應與判決的精神互通。否則，就是訴外裁判，裁定與聲請豈不各說各話。

台北地院的首次裁定，就超出了檢方的聲請內容。檢方以甲有串供之虞而聲請羈押，法院以沒有羈押理由駁回聲請，但卻裁定具保與限制住居。具保與限制住居應該是對於有羈押理由的被告而發，只因為沒有羈押的必要，所以採取其他措施以代羈押。台北地院的裁定因而是不正確的。高等法院在第一次裁定時，清楚指出：「原審未依檢察官之聲請內容為裁定，卻裁定甲限制出境、限制住居及具保1,500萬，已超出檢察官之聲請事項，裁定違背法令。」高院的此項裁定，是正確的。因為，既然不具有串證之虞的羈押原因，法院即應駁回羈押聲請並當庭釋放被告。無串證之虞卻命限制出境，邏輯上的矛盾顯而易見。

五、審查羈押的期間

法院審查羈押的聲請，依現行法，並無時間限制。然而，羈押審查時間的不宜久延，從法條的規定已可窺知。現行法採「拘捕前置原則」，羈押必須以拘提或逮捕為前提要件，被告既遭拘捕，必須即刻決定是否羈押。否則，在沒有羈押理由的情況下，被告人身自由的拘束將無以解除。對於有羈押的理由，卻無羈押必要的被告，不能以具保或限制住居等措施回復自由，也有失公允。

聲請羈押被駁回，檢方可能抗告[10]；抗告有理由，法院可能重新裁定

---

[10] 不過，依照第409條第1項規定，檢察官的抗告並無停止執行的效力。檢察官即時抗告，亦不能阻止法院釋放被告，所以，即使抗告有理，在抗告與重新裁定的期間，已使羈押目的盡失。

羈押。不過，在以嫌犯有串證滅證或逃亡之虞而聲請羈押的情況下，在抗告與重新裁定的期間，被告可能逃之夭夭，湮滅證據，或與其他嫌犯及證人串供。此一期間內，若無急迫措施，等法院重新裁定羈押，羈押的意義與目的可能盡失。依現行規定，抗告法院如認檢察官的抗告有理由，必須裁定發回原法院，再由原法院另為裁定；若原法院再裁定駁回羈押，檢察官可再提抗告。如此再抗告再發回總共兩次，程序繁瑣，不但浪費訴訟資源，對法院及當事人均不利，更背離羈押審查是快速審查程序的本旨，例如，本案有無必要歷經兩個月的審查過程，實在啟人疑竇。

　　本案甲經法院裁定不羈押後，雖無逃亡事實，但與其他證人聯繫的跡證卻相當顯然。依檢察官的再抗告理由書，拒不到案的證人丁，以「太平洋建設」名義申請個人使用的行動電話，並持以與甲通訊。檢方還提出甲與丁的電話通聯記錄，作為證明。兩人的通話內容雖未進一步證實與案情有關，但絕不能排除與案情的關聯性，也因此有串供的可能。

　　假設最終裁定羈押，甲在不短的抗告與再裁定的期間內（8月26日抗告經發回到9月20再裁定共二十六天），可能已經從容串證與滅證，再裁定羈押就成為毫無意義的舉動。甚至法院可能以「被告早與證人串供完畢，已無羈押實益」為由裁定不羈押。高院駁回再抗告的理由，即隱有此意。

　　前述情形，在抗告與再裁定的期間內，如法院認為抗告有理由重新裁定羈押，但被告卻已有串證或滅證之舉，則羈押的裁定為時已晚。對於特殊案件，有認為宜在抗告與裁定期間設「暫時拘束被告自由的處分」[11]，以實現羈押的目的。本文認為，駁回羈押的聲請，卻暫時拘束被告自由，無異於短期羈押，等於認為有羈押被告的理由，所以暫時拘束自由的處分還要詳作討論。防止抗告期間內發生逃亡或串證等事，只能期盼實務操作

---

[11] 參閱林鈺雄，刑事訴訟法上冊，頁389。不過，任何拘束自由的強制處分，必須有法律規定，內容更需實質正當；在羈押處分確定前，拘束被告的身體自由，必須有明確的法律規定才妥。此從2001年3月22日大法官釋字523號解釋：「法院為確保感訓處分程序順利進行，限制送裁定者人身自由，與憲法第8條的精神不符，應自解釋公布日起一年內失其效力」的意旨可知。

的謹慎，由檢察官與法官詳細辯證羈押的理由與必要。舉例而言，對於持槍滋事後被捕的嫌犯，如無視於檢警所提的證據，竟認為無羈押必要而裁定交保，就會令所有人驚愕[12]。

六、裁定法官的迴避

　　刑事訴訟法關於法院職員迴避的規定，適用於訴訟程序的任何階段。偵查或審判中，判決或裁定，一律適用。迴避事由，有法定（自行迴避）與聲請迴避兩大類。本案涉及的，是聲請迴避的事由，依第18條第2款規定：「法官有自行迴避事由以外的情形，足認其執行職務有偏頗之虞。」本案檢方的再抗告，提及辯護人與法官有師生情誼（辯護人為承審法官的所長，掌握豐沛資源，對法官有某種程度的心理牽制），認為法官的裁定有偏頗之虞，但不為院方所採。院方認為無須迴避的理由並不充分，只簡略提到，如果法官與檢察官為司法官前後期同學，豈非一律迴避。這並未針對檢方的質疑而做有力反駁。

　　法條所謂「足認執行職務有偏頗之虞」，是一亟需價值判斷的用語。這用語是立法者有意留給實務做彈性判斷；生活經驗與人情世故等，都在彈性判斷之內。本人曾經擔任考選部的司法特考口試委員，考選部特別提醒，凡與考生有論文指導老師的關係者，必須迴避。這規定被認為極其合理。試想，如果師生同在一考場內對話，怎麼可能不影響給分，不影響其他口試委員的心證，評分結果如何客觀公平。即使口試委員自認為評分公正，也難杜其他知情考生的悠悠之口。法律學研究所的招生考試，可能需要推薦函，某些法研所為了杜絕評分上的困擾，特意規定曾經擔任考生的授課老師者，不要為考生寫推薦信。這些規定與要求，都為了評分的公正客觀。一般的師生關係可能導致評分不公，握有行政資源及可能影響研究生論文的所長與研究生間，其偏袒的可能性則又更大了。

　　裁判的客觀公正，其重要性不會低於考試。考試可以重來，可是訴訟

---

[12]這是在苗栗地院發生的案例，參照中國時報，2001年3月24日，7版。

程序一旦失誤，就可能帶來當事人的災難，或者正義不能實現，再回頭可能為時已晚。考場上的師生關係，可能使教師評分有偏頗之虞，何以法庭內的師生關係不會使法官執行職務有偏頗之虞？高院法官的生活歷練與人情練達，不同於法庭內的新鮮人，會有不同於檢方的意見，實令人驚異。

肆、結　語

　　羈押是最嚴厲的強制處分，發動羈押必須慎重。關於發動權限的歸屬，由法官決定比較可能慎重，此所以1997年修法的原因。羈押必須有理由與必要。羈押「理由」是前提條件，羈押的「必要」是充分條件。有無羈押的理由與必要，悉依法律規定，並依照生活經驗與周妥的人情世故思考。至於被告的身分與地位，不能額外考慮。

　　本案最終的裁定是不羈押被告。我們不能因被告身分特殊，即以此為由懷疑法院偏袒權貴。但法院的裁定在程序上有瑕疵，似無可懷疑。如：台北地院裁定拒絕檢察官的請求蒞庭陳述、法院對羈押裁定證據法則的誤解、羈押審查的範圍超出聲請事項、裁定羈押與否的過程過於冗長、師生關係的請求迴避不獲准許。

　　有羈押原因，但無羈押必要，方可使用羈押的替代措施，如具保、限制住居。台北地院最初不察，認定甲沒有羈押的原因，卻裁定具保與限制住居。高院發現此一錯誤，此為發回地院的原因之一。

　　高院認為已有在押被告戊，檢方應從戊身上發掘證據，據以認定甲沒有與其他嫌犯或證人串供的可能，此見解值得討論。檢方固然要繼續偵訊在押被告戊，但不到案的嫌犯與證人，檢方無法防止其與被告甲的串供。高院將二事混為一談，令人錯愕！

　　檢方對於羈押的裁定提起抗告，法院再為裁定前，被告有足夠的時間湮滅證據、逃亡或串供，現行法並無防止對策。這一點，只能期盼羈押聲請時檢方與法院的詳細辯證討論。

第九章

評析新增訂之緩起訴制度

壹、前　言

　　刑事訴訟的主要目的在於「人權保障」及「有效追訴犯罪」，只是這兩個目的經常無法找到平衡點。例如，被告本來應有直接審理、公開審理、集中審理與言詞辯論的機會，才能眞正洗刷冤情或發現事實眞相，但如果每個案件的追訴都如此繁複，司法機關將陷於癱瘓，所以，刑事訴訟法對於輕罪的被告或勇於認錯的被告，設有微罪不舉（刑訴§253）與簡易程序（刑訴§449以下，主要是刑訴§451之1）。不過，只有上述兩種制度的運用，也難以消化當事人進行主義制度下的訟源。這也是2002年2月8日公布新增「緩起訴制度」的主要目的。緩起訴制度被認爲是兼顧訴訟經濟與當事人進行主義應有之配套措施。

　　本文先從緩起訴制度運用的法理出發，說明起訴便宜原則在刑事程序中扮演的功能，再介紹緩起訴制度的相關內容，最後，評析緩起訴制度所可能出現的學理上隱憂及制度上運作的疑慮。

貳、緩起訴制度是起訴便宜原則之運用

　　起訴便宜原則係指，檢察官在一定的條件下，得裁量對於可以訴追的犯罪不予訴追，使該犯罪就此不再續行刑事訴訟程序，並且不爲訴之提起。

　　檢察官對於犯罪嫌疑人提起公訴，主要目的在於請求法院給被告適當的量刑，期望被告在接受刑罰制裁後，知道悔改，重新踏入社會。

　　但是，對於有些犯罪，如果認爲沒有對犯罪人施加刑罰必要[1]，在審判前的起訴程序即加以排除，使之不進入審判程序，比起不問犯罪情節，一律予以起訴科刑，將更符合訴訟經濟的觀點與刑事政策的目的。

---

[1] 像Rossner就以爲，國家所制定的制裁手段，並非爲了報應行爲人，應是爲被害人及社會的利益而存在，是恢復法律秩序和平的方法，故行爲人如對其所爲的行爲，基於自由意願承擔責任，就應優先於法院的強制而適用，故德國刑事訴訟法第153a條在思維上是基於損害補償的原理。Vgl, Rossner, Strafrechtsfolgen ohne Übelzufügung? NStZ 1992, S. 412f.

　　從訴訟經濟的觀點，法院及檢察機關，就可將全部的精神及力量用來處理重大刑事案件，避免浪費時間及人力於輕微案件。另從刑事政策的目的言，由於監所的教化功能並不理想，加上短期自由刑的弊害[2]，如果行為人可以不必等到審判執行之後才有自新的機會，而是在起訴的階段，就有機會不要接受一連串刑事訴訟程序，更早脫離刑事訴訟程序的負擔，必將更符合再社會化的積極意義。

　　緩起訴制度既符合訴訟經濟的原理，又能迅速達到刑事政策的理念，因此是起訴便宜原則的運用。

參、緩起訴制度表現預防之綜合理論

　　不管案情如何輕微，凡具備犯罪追訴的事實及法律上的要件，一律加以追訴，並不符合具體的正義，因此，有無發動刑罰的理由，應依犯罪人的具體情況而定。本於刑罰處遇個別化的理由，在刑事訴訟上，當然就賦予檢察官有起訴裁量的權限。不過，檢察官的起訴裁量權，在刑事程序中，應該扮演怎樣的地位，是以一般預防為優先考量，還是更應兼顧特別預防的作用，在學說上尚有歧見。

　　主張應以特別預防思想為優先者認為，緩起訴處分較之緩刑或假釋更為優越，更能鼓勵自新，因為犯人沒有被公開審判或貼上標籤[3]。刑罰並非唯一鎮壓犯罪的方法，有罪必罰的原則並非絕對[4]，就像各國幾乎都採用緩刑制度的道理是一樣的。從防止再犯的功能來說，若能廣泛應用便宜原則，以不起訴或緩起訴助其更生，將比起訴後再用刑罰威嚇來得優

<hr>

[2] 有關短期自由刑的弊害，可參閱Hassemer, Ein Einführung in die Grundlagen des Strafrechts, 2. Aufl., 1990, S. 290f. 國內文獻主要可參閱林山田，刑罰學，頁196以下。

[3] 有關標籤理論的詳細內容及其批評，可參閱林山田、林東茂，犯罪學，1995年，頁158以下。

[4] 李斯特（Franz von Liszt 1851～1919），在1882年德國馬堡大學所做的著名演講「刑法的目的思想」就指：「正確允當的刑罰，乃必要的刑罰，刑法的正義，乃嚴守依目的思想所賦科的必要刑罰」。有關演講的全文，收錄於李斯特論文與演講集（第一冊），頁126以下。Vgl, Liszt, Strafrechtliche Aufsatze und Vortrage, Erster Band, 1905, S. 126ff.

越[5]。

　　以一般預防思想為優先考慮者認為，整個刑事訴追程序，在偵查中要絕對以一般預防為念；在起訴時仍然要以一般預防為主，只有在不妨害到公益的情況下，才能兼顧到特別預防的應用；審判時則應一般預防與特別預防並重；刑罰執行時才以特別預防為主。整個訴訟程序流程，在刑事政策運用上，是從一般預防走向特別預防的。只有如此，才能有效維護社會秩序，兼顧刑罰處遇個別化的要求，所以，檢察官在決定是否追訴時，不應太注重特別預防的機能，否則將違背檢察官公益性與中立性的角色。檢察官代表國家行使職權，是公益的代表人與執行者，應該注意公眾的一般利益，不只是個別犯人的單獨利益。

　　依本文之見，緩起訴制度是「預防之綜合思想」之具體實踐。預防的綜合理論所強調者，規範存在的理由是為了保護個人之自由及社會之秩序，具體的處分只有在預防犯罪的考慮下，才可以達到保護個人自由與社會秩序之目的。在這樣的觀點下，一般預防與特別預防必須並存，藉由對個人與對社會的作用，防止犯罪行為。而且，同時要追求特別預防及一般預防之目的，並不會有問題，只要具體處分恰當，這兩個目的都可以有效達成[6]。

　　對於具體案例如果採一般預防的見解，將使特別預防之目的受到影響；如果以特別預防為優先考慮，則不致排除一般預防的刑罰作用（因為即使是輕微的處罰，也有一般預防的作用），只是減弱一般預防的作用而已。當然也不能只有考慮特別預防，而對於處分過分的折扣，使社會大眾對於制裁不嚴肅接受，因為一旦如此，人民對於法律秩序的信賴會受到動搖，而且可能引發他人模仿犯罪。另外，預防的綜合理論，並不完全放棄報應理念。所有預防理論均有缺失，亦即，忽略法治國家刑罰權必要的節

---

[5] 把不起訴處分或緩起訴處分視為刑事處遇的一種，其實就是基於「轉向處分Diversion」的構想。實證研究發現，轉向處分在一般預防及特別預防的效果上，並不輸於正式的審判。Vgl, Schöch, Empfehlen sich Änderungen und Ergänzungen bei den srafrechtlichen Sanktionen ohne Freiheitsentzug? Gutachten C, 59. DJ. 1992, S. C34.

[6] Roxin, Strafrecht AT, Bd I, 1997, S.39. 贊同在綜合理論中，特別預防有其優越地位。

制，此種缺失只有報應理論所強調的罪刑均衡，方可補救[7]。

　　從預防的綜合理論出發，得知特別預防理論在緩起訴制度中有其支配性的地位。特別預防理論以犯人的「再社會化」為核心，對於普通犯罪人的再社會化，有賴於刑罰的教育功能，對於特殊犯罪人的再社會化，則依賴治療或其他措施，緩起訴處分雖以特別預防為優先考量，但是，在具體個案的決定上，也能達到一般預防的作用及報應理論的理念，這也是第253條之2規定的立法精神。

肆、緩起訴制度內容之介紹

　　緩起訴處分是新增的制度，有必要先掌握該制度之相關內容。

一、緩起訴處分之適用範圍

　　依刑事訴訟法第253條之1規定，被告所犯為死刑、無期徒刑或最輕本刑三年以上有期徒刑「以外」之罪，檢察官得為緩起訴處分。關於緩起訴案件之適用範圍，主要是參考日本刑事訴訟法第248條之無範圍之限制，及德國刑事訴訟法第153a條僅適用於輕罪的折衷立法例。故第253條之1排除「極重大」的犯罪，規定得為緩起訴處分之案件，限於被告所犯為死刑、無期徒刑或最輕本刑為三年以上有期徒刑「以外」之罪[8]。易言之，除了極少數犯罪之外，幾乎所有的犯罪都可能受緩起訴處分。以財產犯罪為例，除了強盜、海盜、擄人勒贖之外，其他財產犯罪如竊盜、詐欺、侵占及背信等實務常見的財產犯罪型態，皆可能受緩起訴處分[9]。

---

[7] Roxin, Strafrecht AT, S. 42.

[8] 特別注意者，依1997年修正之簡易程序規定，其適用範圍是「以簡易判決所科之刑為宣告緩刑、得易科罰金之有期徒刑及拘役或罰金」的案件，是以「凡法院得為二年以下有期徒刑、拘役或罰金宣告之案件」皆可適用簡易程序。另外，檢察官依第253條規定，認為以不起訴為適當而為不起訴之適用範圍，仍以刑事訴訟法第376條所規定之案件為限。

[9] 不過，應注意其是否符合法務部於2001年1月16日法90檢字第173號函「法務部所屬各檢察機關處理假性財產犯罪案件改進方案」中之假性財產犯罪範圍，亦即，如屬性質上民事糾紛的假性財產犯罪案件，應以簡化格式的不起訴處分書以處分不起訴，使其能以最速簡的方式處理，解決大量的假性財產犯罪充塞刑事偵查程序的問題，不是運用緩起訴處分。

二、緩起訴處分之要件

在得為緩起訴之適用範圍內，並不意味檢察官均需為緩起訴之決定。檢察官決定緩起訴時，除了有足夠的犯罪嫌疑外，還必須「斟酌刑法第57條所列事項」及「公共利益之維護」，認以「緩起訴為適當」者，方得為緩起訴處分。

（一）犯罪嫌疑充足

新修正之刑事訴訟法雖未明白規定，檢察官必須足認犯罪嫌疑時，才可緩起訴，但基於犯罪事實明確性原則，應為如此解釋，且緩起訴處分必須參照刑法第57條之事由，由此可見，此處所指的犯罪嫌疑，也必須達到與刑事訴訟法第251條所規定之起訴程度相同[10]。

（二）斟酌刑法第57條所列事項

檢察官為緩起訴之前，必須就具體案件審酌刑法第57條所列事項，該項要件係指就犯罪人本身的事項、犯罪的事項及犯罪後情況所作之綜合考量[11]，換言之，如認被告的罪責很輕，即應緩起訴；不過，如認被告罪責並非輕微，但經由緩起訴處分仍可達到刑事政策之目的時，檢察官仍得為緩起訴處分。

（三）維護公共利益

關於「公共利益的維護」係指有無起訴之公共利益。這裡必須從法政策的觀點去瞭解，非僅考慮特別預防，尚須兼顧一般預防[12]。例如，商店

---

[10] 相同意見，參閱何賴傑，檢察官不起訴職權修法之總檢討——緩起訴處分，法學講座，6期，2002年6月，頁4。

[11] 本要件與日本刑事訴訟法第248條之規定相同。詳細內容請參閱拙著，刑事訴訟制度與刑事證據，元照出版，2003年5月2版，頁109以下。

[12] 罪責是否輕微，有無欠缺公共利益的考量，在適用的標準上，德國各法院的認定及適用情況並不一致，此種差異主要係來自主觀上的認定不同。Vgl, Hertwig, Die Einstellung des Strafverfahrens wegen Geringfügig- keit, Diss, 1982, München, S. 253.

竊盜或交通過失傷害，如這些犯罪有顯著升高的跡象，可認為有公共的起訴利益。

　　有些犯罪雖為告訴乃論之罪，但如果涉有公共利益，檢察官仍得加以追訴。例如，意圖營利略誘婦女為告訴乃論之罪，如刑事追訴機關認為，案件具有特殊之公共利益，仍得依職權追訴。故告訴乃論之罪具有特別訴追條件時（涉有公共利益），這時反而沒有變動國家之訴追權限，這種規定在彌補因告訴乃論之罪不具備訴追條件而無法追訴的缺失。

　　所以，所謂公共利益的維護，更精確說，係指是否違反追訴之公共利益，主要是考慮一般民眾對該緩起訴處分之觀感，如緩起訴處分讓一般民眾產生嚴重違反正義之觀感，則與一般預防矛盾，不應為緩起訴。也就是說，特殊公共利益必須是檢察官已瞭解個案的內容，在認定有公共利益存在，才用起訴的手段確保公共利益[13]，這時又有法定原則的適用。

（四）適當性

　　適當性是指，為緩起訴處分可以達到起訴便宜原則之目的，及表現預防之綜合思想。換言之，若緩起訴符合訴訟經濟及刑事政策之目的，也能達到以特別預防為主的綜合刑罰目的思想時，該緩起訴處分應屬適當。

三、緩起訴處分之內涵

（一）緩起訴處分之期間

　　關於緩起訴處分之期間為「一年以上三年以下」，緩起訴之猶豫期間內，最後是否仍會被檢察官提起公訴，懸而未定。由於檢察官為緩起訴時，應製作處分書敘述其處分之理由，並命被告遵守一定之條件或事項，命被告於一定期間內向被害人道歉、悔過、填補損害、支付金額、提供義

[13]例如，具有暴露狂的變態者，即使被害人沒有提出告訴，檢察官也可以基於特殊預防的理由加以起訴。Vgl, Dreher / Tröndle, Strafgesetzbuch, § 183, Rdnr. 5.

務勞務、完成適當處遇措施、保護被害人安全及預防再犯等之規定[14]（刑訴§253之2）。

自此角度言，該期間規定有惕勵被告應遵守檢察官命令，並改過遷善之效果，然而，如果期間不明確或過於漫長，亦有害人權保障。故明定緩起訴之猶豫期間為一年以上三年以下。另由於部分緩起訴之案件有得提起再議之情形，為免發生再議程序中猶豫期間已開始計算，可能導致期間屆滿，但再議程序仍在進行之兩歧結果，故明定期間自「緩起訴確定」之日起算（刑訴§253之1 I後段），亦即，需至聲請再議及交付審判皆被駁回後，緩起訴處分始為確定，緩起訴期間才開始起算。

由上可知，緩起訴期間有三個時點：首先是，檢察官為緩起訴的決定時；第二是，緩起訴的確定時，因為，緩起訴後可能還有再議或交付審判的程序後才能確定；最後是，緩起訴形式確定，所課予的負擔或指示履行完成，在緩起訴期間經過前未被撤銷所有的條件成就時才發生最終的實質確定力（刑訴§260）。

（二）緩起訴處分之負擔或指示

緩起訴制度的一大特色，是對被告課予負擔與指示。負擔，是讓被告透過金錢之支付或為一定行為，彌補對被害人或社會所為之侵害，藉以回復法律秩序的和平（刑訴§253之2 I ①、③、④、⑤）。指示，是為達特殊預防功能，要求被告遵照指示行事，藉此幫助被告回歸社會（刑訴§253之2 I ②、⑥、⑦）。另外，為了保護被害人，檢察官得指示被告不得為任何危害被害人之行為（刑訴§253之2 I ⑧）。

刑事訴訟法對於課予負擔或指示，只規定「得」為，亦即，檢察官有裁量決定負擔、指示與否的權利。如果檢察官決定不為任何負擔、指示，

---

[14] 應注意的是，其中第「3、4、5、6」各款之填補損害、支付金額、提供義務勞務、完成適當處遇措施等應遵守事項，因課以被告履行一定負擔之義務，被告須配合為一定之財產給付、勞務給付或至特定之場所接受處遇，其人身自由及財產將遭拘束，且產生未經裁判即終局處理案件之實質效果，應考慮被告之意願，故明定應得被告之同意（參照第253條第2項立法理由）。

只單純爲緩起訴處分，則該緩起訴處分只有預防再犯的功能，故於緩起訴期間內，犯罪嫌疑人不得再犯，否則緩起訴處分將被撤銷。

若檢察官決定爲負擔或指示，其負擔或指示應附記於緩起訴處分書內，雖然指示與負擔不是刑罰，但仍是一種「特殊的處遇措施」，因爲無論何種指示或負擔，對被告都有財產減少及自由受限的影響，且產生未經裁判即終局處理案件之實質效果，故必須考慮被告意願，應得被告同意。

四、緩起訴處分之效力

（一）追訴權時效停止

依刑法第83條第1項規定，案件因偵查、起訴或審判之程序不能開始或繼續時，時效期間即停止進行。緩起訴所定猶豫期間，亦產生偵查或審判程序無法開始或進行之效果，基於同一法理，爲避免緩起訴期間尚未屆滿，追訴權時效已完成，導致緩起訴嗣後經撤銷時，對被告已無法追訴之問題，定緩起訴處分期間時效停止進行（刑訴§253之1Ⅱ）。

參酌緩起訴案件之適用範圍，及緩起訴所定之猶豫期間爲一至三年，如果一律依刑法第83條第3項適用有關時效停止原因視爲消滅之規定，則於緩起訴之情形下，停止原因將極易被視爲消滅，而與停止前已經過之期間一併計算追訴權時效，如此將使第253條之1第2項的規定失其意義，故明定不適用刑法第83條第3項之規定（刑訴§253之1Ⅲ）。

（二）排除自訴

爲貫徹緩起訴制度之立法目的，及公訴優先之立法政策，於第253條之1第4項明定本法第323條第1項但書之規定，於緩起訴之情形不適用之。因此，告訴乃論之罪經被害人訴請偵查，檢察官作出緩起訴處分後，於緩起訴期間內，被害人不得依修正後之第323條第1項但書改提自訴，以免檢察官之緩起訴處分失其意義。該項之緩起訴期間，應指「檢察官爲緩起訴處分決定後至發生禁止再訴效力前」之廣義緩起訴期間，非指「緩起訴處

分確定後（緩起訴期間開始時）爲起點至發生禁止再訴效力前」之狹義緩起訴期間[15]。

（三）禁止再訴

依刑事訴訟法第260條之規定，緩起訴確定後，並非即生實質確定力，而須經緩起訴期間屆滿，且緩起訴處分未經撤銷，始生禁止再行起訴之效力。亦即，於緩起訴期間內，緩起訴處分雖有執行力，然係處於得撤銷之效力未定狀態。而已生實質確定力之緩起訴處分，如發見有不應爲緩起訴處分之事由，應予以改變。對於確定之判決尚得經再審（刑訴§420以下）加以平反，則緩起訴處分雖已確定，自得再行起訴，以資救濟。

再行起訴，必須參酌再審之原因，如無再審之原因，不起訴處分或緩起訴處分應受處分確定力之拘束，不得再行起訴。關於再審原因，刑事訴訟法分別列舉爲受判決人之利益聲請再審之原因（刑訴§420）及爲受判決人之不利益聲請再審之原因（刑訴§422），緩起訴處分確定後之再行起訴，對於緩起訴處分言，當係不利益，故所準用之再審原因，應爲受判決人之不利益聲請之再審原因[16]。

新修正刑事訴訟法第260條第1項規定，緩起訴處分期滿未經撤銷者，除有發現新事實或新證據，不得再行起訴，其中發現新事實與新證據，在我國傳統實務見解，認爲僅限於事實審法院「判決當時已經存在」，即事實審法院於判決前因未經發現，不及調查斟酌，至其後始行發現者，才具有發現新事實與新證據的適用。由於刑事訴訟法第260條基本上比照再審的規定，似乎應爲如此解釋，然而，如此將極端限縮新證據的認定，造成許多與案件相關之證據無法使用，例如，新的鑑定結果是屬於原法院於駁回裁定時不知且未爲斟酌之證據，若依照傳統實務見解，將無法爲再行起

---

[15]相同意見如：何賴傑，檢察官不起訴職權修法之總檢討——緩起訴處分，法學講座，6期，2002年6月，頁9；林鈺雄，緩起訴期間與自訴限制，法學講座，6期，2002年6月，頁50；此外，亦能參閱拙著，刑事訴訟法理論與運用，2016年9月13版，頁489。

[16]參閱拙著，刑事訴訟法理論與運用，2016年9月13版，頁490。

訴之要件所涵蓋，無疑使告訴人權益受損[17]。

五、緩起訴處分之撤銷

　　緩起訴處分於猶豫期間內，尚未具有實質之確定力，檢察官於期間內，可對被告繼續觀察，使被告知所警惕，改過遷善，達到個別預防之目的。若於緩起訴期間內，被告故意更犯有期徒刑以上之刑之罪經檢察官提起公訴，或前犯他罪，於期間內經法院判處有期徒刑以上之罪，或未遵守檢察官所命應遵守之事項，此時被告顯無反省之情或根本欠缺反省能力，檢察官得依職權或依告訴人之聲請，撤銷緩起訴之處分（刑訴§253之3）。至於被告對檢察官所命應遵守之事項已履行全部或部分後，其緩起訴之處分才經依法撤銷者，該已履行之部分，被告不得要求返還或賠償[18]（刑訴§253之3II）。

　　另外，就緩起訴處分撤銷之事由而言，實際上與刑法撤銷緩刑宣告的事由並無不同，所異者在於，緩起訴處分撤銷事由不考慮被告之違背是否有惡意或不可抗力、情勢變更等原因，一律皆認為具備撤銷事由，面對如此嚴屬的撤銷事由，檢察官為撤銷緩起訴處分時，理應更為慎重。故對於緩起訴處分之撤銷，為了保障被告權益，如能給予被告有陳述意見之機會，似較妥當[19]。

　　緩起訴處分經撤銷確定後，回復到未為緩起訴處分前之偵查階段，因而於緩起訴處分前所為之偵查，並不因該緩起訴處分之撤銷而失效，檢察官可以繼續先前所為之偵查程序而直接就該案件予以起訴或不起訴處分，甚而再為緩起訴處分。第253條之1第2、3項追訴權時效停止進行之規定，使緩起訴處分經撤銷，該案件不因罹於追訴權時效而無法起訴，亦即，從緩起訴處分撤銷之時起，追訴權時效又恢復開始計算，而與停止前已經過之期間一併計算。

---

[17] 相同意見如，林鈺雄，起訴審查與發現新證據，法學講座，4期，2002年4月，頁103。

[18] 該項規定是參照德國刑事訴訟法第153a條之立法例，參閱拙著，刑事訴訟制度與刑事證據，元照出版，2003年5月2版，頁93以下。

[19] 相同意見如，何賴傑，緩起訴處分之要件及撤銷，法學講座，5期，2002年5月，頁45。

六、緩起訴處分之救濟

　　緩起訴對於告訴人與被告之權益影響甚鉅，爲免因檢察官的疏忽而使告訴人或被告權益受損害，宜有救濟管道。告訴人對於緩起訴處分得「聲請再議」；若上級法院檢察署檢察長或檢察總長駁回聲請之處分，告訴人得「聲請交付審判」，亦即，法律規定聲請交付審判的前提，必須聲請再議被駁回後，方得爲之。以下就再議、交付審判等救濟管道論述之。

（一）再　議

　　再議的情形有二，亦即，聲請再議及職權再議。聲請再議是指，告訴人不服緩起訴處分，應於接受緩起訴處分書後七日內，以書狀敘述不服之理由，經原檢察官向直接上級法院檢察署檢察長或檢察總長聲請再議（刑訴§256之1Ⅰ）。惟檢察官爲緩起訴處分時，如經告訴人同意者，由於已考量告訴人之利益，爲使法律關係儘速確定，告訴人不得聲請再議（刑訴§256Ⅰ但書）。檢察官撤銷緩起訴之處分時，因事關被告之權益，應給予救濟之機會。鑑於撤銷緩起訴處分性質上與不起訴及緩起訴處分相同，均屬檢察官之處分行爲，故明定被告如有不服亦得以聲請再議之方式救濟之（刑訴§256之1）。

　　職權再議是指，案件經緩起訴處分者，如有告訴人得聲請再議，本當尊重其意見決定是否再議，惟如屬告發之案件，因無得聲請再議之人，爲免一經不起訴或緩起訴處分即告確定，乃於第256條第3項增訂，原檢察官應依職權逕送上級法院檢察署檢察長或檢察總長再議，以昭愼重。

　　惟告發案件經不起訴處分者，如一律依職權送再議，範圍似嫌過寬，宜依法定刑之輕重予以適當限制。依刑事訴訟法第256條第3項規定，死刑、無期徒刑或最輕本刑三年以上有期徒刑之案件，因犯罪嫌疑不足，經檢察官爲緩起訴之處分者，如無得聲請再議之人時，原檢察官應依職權逕送直接上級法院檢察署檢察長或檢察總長再議，並通知告發人。

　　由於第253條之1第1項規定，檢察官得爲緩起訴之案件限於被告所犯

為死刑、無期徒刑或最輕本刑為三年以上有期徒刑「以外」之罪，明定因犯罪嫌疑不足經檢察官為不起訴之處分者，限於被告所犯為死刑、無期徒刑或最輕本刑為三年以上有期徒刑以外之罪，始應依職權送再議。

（二）交付審判

對於檢察官起訴裁量權之制衡，除貫徹檢察機關內部一體之原則外，亦宜有檢察機關以外之監督機制。以往告訴人如不服檢察官所為之不起訴處分，固得聲請再議，惟若經上級法院檢察署檢察長、檢察總長駁回再議者，則缺乏進一步之救濟管道。

本次修法參考德國之規定[20]，增訂告訴人於不服上級檢察署之駁回處分者，得向法院聲請交付審判，由法院介入審查，以提供告訴人多一層救濟途徑。交付審判之裁定確定者，效力視為檢察官就該案件已經提起公訴，即進入通常審判程序。

基於保障被告審級利益之考慮，明定應向該管第一審法院聲請交付審判。第一審由地方法院管轄之案件交地方法院審查，第一審由高等法院管轄之案件，則交高等法院審查。同時為防告訴人濫行提出聲請，虛耗訴訟資源，明定交付審判之案件，必須委任律師提出理由狀，程序始為合法（刑訴§258之1）。

法院受理聲請時，必須對於該聲請以合議庭的方式裁定之（刑訴§258之3Ⅰ），法院決定的方式有二：其一為駁回聲請，即聲請有不合法或無理由時，應裁定駁回之，例如，非為告訴人所為之聲請，或未經委任律師為之；其二為「交付審判裁定」，亦即，認為交付審判之聲請有理由，法院推翻檢察機關所為之緩起訴處分，而使得案件直接進入審判程序。關於第258條之3第2項後段所稱有理由之交付審判裁定者，依第258條之3第3項規定，法院審酌是否為交付審判裁定時，得為必要之調查，但此種調查的範圍及內容，究竟是對於檢察官緩起訴事由的調查或是實質證據

---

[20]德國刑事訴訟法第172條規定「起訴強制」（Klageerzwingungsverfahren）之主要目的在於保護被害人在訴訟程序上的地位。Beulke, Strafprozeβrecht, 4. Aufl., 2000, Rdnr. 346.

的調查，並不很清楚，容易造成疑義。

　　另外，對於交付審判之裁定，被告若有抗辯，本來可以在審判程序爭執以求無罪判決，惟進入審判程序對被告之權益畢竟有重大影響，因此，新修正刑事訴訟法承認此時被告有抗告利益，得提起抗告加以救濟。

伍、緩起訴制度之疑慮

　　緩起訴制度具有加強個別預防與減輕司法負荷的功能，然而刀有雙刃、水有兩能，新制上路，難免遭到阻礙，故以下就學理上可能出現的隱憂及運作上可能會有的難題，分別說明。

一、學理上之隱憂

（一）背離平等原則

　　依照德國文獻上的討論，起訴便宜原則的運用，最可能發生平等原則的違背。因為基本法第3條「法律之前，人人平等」的規定，可能受到破壞[21]，由於有（德國）刑事訴訟法第153條以下的情況，檢察官可停止追訴[22]，如果這些條件對於裁量的運用沒有很明確的規定，就有可能出現同樣情節的犯罪行為，有些會被停止，有些會被繼續追訴。不起訴處分的運用經常疏忽個案的差異性，尤其在第153a條的適用條件上，可能會因貧富不同的行為人，做出不同的決定[23]。故此種非正式的訴訟程序的解決，常使得某些社會階層得到利益，因為有錢的行為人損害補償的能力較高，得到不起訴處分的機率也較大。尤其可依自己的自由意願，提出若干的履行負擔以換取不起訴處分，讓人覺得刑事訴訟不但可以討價還價，也可以自

---

[21] Fezer, Vereinfachte Verfahren im Strafprozeß, ZStW 106 (1994), S. 25.

[22] Löwe/Rosenberg/Rieß, Die Strafverfahren im Strafprozeßordnung und das Gerichtsverfassungsgesetz, § 153 Rdnr. 35; § 153a Rdnr. 37.

[23] Schöch, Empfehlen sich Änderungen und Ergänzungen bei den strafrechtlichen Sanktionen ohne Freiheitsentzug? 1992. S.C.34.

由買賣[24]。

　　另外，由於便宜原則有減輕工作負擔的作用，這些標準的精確規定，並不是很受歡迎，亦即，這些標準如規定的太精確，運用的機會反而更少，就不見得可以減輕司法機關的工作負擔；因而，如果不能好好運用這種立法上的授權，必然會形成一個相當程度的法治國家黑暗地帶[25]。

（二）違反無罪推定原則

　　無罪推定原則的違背，對於具有負擔及指示的停止追訴程序（如新修正之刑訴§253之2③、④、⑤、⑥規定），尤其顯著，因其有非正式的制裁性質，所以有必要在一定程度內，保護犯罪嫌疑人免受不公正的制裁。由於嫌犯的罪責在訴訟程序的停止階段上，還不是有效的被確定，刑事訴訟法上許多複雜的保全措施對於嫌犯的保護即成具文。而且刑事訴訟法的重心是訴訟程序在法院進行，嫌犯因此就處在一種衝突的情境。亦即，即使嫌犯並無罪責，可能還要接受檢察官所諭知的負擔，以免除掉他所將要面對的訴訟上痛苦，或是他要接受長遠而且不利的證據地位，一直到判決確定為止[26]。

　　雖然依刑事訴訟法第253條之2規定，須得被告同意，但是被告似乎別無選擇之餘地，只能為兩害相權取其輕的決定，而且被告對於尚未終結的事實，即應為相當數額的支付與若干負擔的履行，可能違反無罪推定的原則[27]。

（三）喪失對犯罪驗證的可能

　　緩起訴處分由於欠缺正式的訴訟程序，因而喪失對犯罪構成要件詳細驗證的可能性，實務上可能因為主客觀構成要件的證明困難，形成緩起訴

[24]Fezer, Vereinfachte Verfahren im Strafprozeß, ZStW 106 (1994), S. 26.
[25]Kühne, Strafprozeßlehre, Rdnr. 296.
[26]Kuhne, aaO., Rdnr. 296.
[27]Fezer, Vereinfachte Verfahren im Strafprozeß, ZStW 106 (1994), S. 26.

的動機[28]。此種不起訴處分的方式，非但限縮了法治國家所定程序正式化的構想（即人民接受正式審判的權利），同時也使得被害人被排除於正式程序之外，而損及參與程序的利益[29]。被害人的地位始終都是處於陰暗角落，既不能參與不起訴處分的過程，又不能擁有強制處分的可能性[30]。故緩起訴處分的方式，必須同時兼顧行為與行為人，並考量被害人及社會的利益較妥。

（四）難符經濟效益

　　緩起訴制度存在的重要理由之一為追求「訴訟經濟」。不過，如從新制之緩起訴時程來看，似乎無法得到該項目的，緩起訴可能變成「煩起訴」。

　　由於一個案件從檢察官開始偵查後，要有足夠的時間才能決定是否緩起訴處分；決定緩起訴處分後，有些案件仍要取得被告的同意；告訴人若有不服可以聲請再議及聲請交付審判；緩起訴處分確定後，還有一至三年的緩起訴履行期間，履行期間內，檢察官仍須隨時注意被告是否違反附隨處分或再犯罪，最後才發生緩起訴處分之實質確定力。其中所付出的成本似乎很大，時程似乎很長，因此，若無其他機關配合或相關行政的配套措施，令人擔憂是否真能達到速簡的目的？

二、適用上之難題

（一）範圍之妥當性

　　檢察官得為緩起訴之範圍，除輕微之案件外，亦可適用於中等程度之犯罪，此種處分範圍的擴張是否妥當，值得深思。緩起訴為起訴便宜原則的運用，與起訴便宜原則相對者為「起訴法定原則」。起訴法定主要在

---

[28]Hertwig, Die Einstellung des Strafverfahrens wegen Geringfügigkeit, Diss, 1982, München, S. 255f.
[29]Schöch, aaO., S. 34.
[30]Fezer, aaO., S. 26.

於既能確保法的安定性與公平性，及法的整體一致性，免得檢察官恣意決定，又能確保刑事訴追的公正執行及人民對於刑事訴追機關之信賴[31]，並收到一般預防的效果[32]，在此理解下，將緩起訴適用的範圍規定在，最輕本刑三年以上有期徒刑以外的案件，都可能受緩起訴處分，但是，最輕本刑三年以上有期徒刑的犯罪很少，所以，得受緩起訴的犯罪類型非常多，當然就形成「起訴法定原則大鬆綁」[33]的現象，故緩起訴範圍有無必要限縮，值得考量。

（二）要件之不確定性

得否為緩起訴，要件之一為「公共利益的維護」，不過，何謂公共利益，有時在認定上會讓檢察官流於恣意。例如，本人於旅德期間在慕尼黑地院旁聽審判，親眼目睹有一偷竊價值50馬克（約新台幣900元）聖誕樹的案件，檢察官本來可依刑事訴訟法第153a條不起訴，但竟以「有起訴的公共利益」而起訴，因此，何謂「公共利益」，在解釋上很難確定內容。

另外，刑法第57條所列舉之事項，雖係就「犯罪人本身的事項」、「犯罪的事項」及「犯罪後情況」所作之綜合考量[34]，不過仍無法提供檢察官具體標準，因此，如何將緩起訴條件儘量具體化或做除外規定，是將來修法的方向之一[35]。

（三）附隨處分之同意法則

檢察官為緩起訴處分者，得命被告於一定期間內遵守或履行一定事項

---

[31] 此種對案件一律進行訴追的情況，主要是基於報應的思想，因為，國家要確立絕對的公正性，所以，有權對任何違反刑法規範的行為加以處罰。Vgl, Roxin, aaO., S.74.

[32] 有關一般預防理論的詳細內容及其批評，可參閱拙著，刑罰理論與精神疾病犯罪人的處遇，台大法學論叢，22卷1期，1992年，頁262以下。

[33] 陳運財，緩起訴制度之研究，台灣本土法學，35期，2002年6月，頁77。

[34] 本要件與日本刑事訴訟法第248條之規定相同。詳細內容請參閱拙著，刑事訴訟制度與刑事證據，元照出版，2003年5月2版，頁109以下。

[35] 例如，排除累犯及公務員犯罪的適用。參閱吳巡龍，我國應如何妥適運用緩起訴制度——How should we appropriately apply Delay-Prosecution system in Taiwan，台灣本土法學，35期，2002年6月，頁109。

的「附隨處分」。附隨處分，有些明顯是對被告身體自由之限制，然而，新法僅規定須得被告同意，無須得管轄法院之許可，恐有問題。在欠缺法院的監督機制下，賦予檢察官拘束自由的附隨處分權限，可能侵犯法官保留原則，其正當性基礎似有不足，與憲法第8條的精神也相衝突[36]。

（四）可能形成檢察官之脫手捷徑

緩起訴制度無形中擴充了檢察官的權限，也減輕檢察官的案件負荷。不過，這樣的機制，產生了一個潛藏的危險。如果偵查不夠完備或出現瓶頸，檢察官依照舊法，只能繼續偵查；但新法卻提供檢察官將案件提早脫手的捷徑[37]。而且有些本應依法定原則為不起訴的案件，檢察官可能為了方便而為緩起訴處分，如此對嫌犯相當不利。亦即，緩起訴固然可使一些案件在法庭外解決，但也可能增加被告的負擔。

例如，「對於嫌疑不足的案件」本應絕對不起訴（刑訴§252⑩），然而緩起訴制度一旦存在，檢察官可能為了方便，不願意積極偵查被告並無充足之犯罪嫌疑，而逕以緩起訴處理，如此對於嫌犯形成更嚴重的威脅。因此，如何防止緩起訴權力遭到誤用，反而成為起訴前罪證不足的嫌犯添惹不必要的威脅，亦為重要之課題。

（五）可能成為以刑逼民之利用管道

檢察官對於證據充分的案件，改以緩起訴處分，可能對於被告發生予取予求的法律外威脅。緩起訴制度如果形成被害人在民事訴訟程序以外，與檢察官聯手尋求賠償的途徑，將偏離刑事訴訟法的本旨。尤其如果因此成為取代民事賠償的機制，反而可能增加刑事訴訟程序的負載，更非修法的本意。

由於自訴制度的存在，刑事訴訟常是民事糾紛中借力使力的淵藪，

---

[36] 不同意見如，陳運財，緩起訴制度之研究，台灣本土法學，35期，2002年6月，頁84。
[37] 參閱林鈺雄，鳥瞰2002年1月刑事訴訟之修法，台灣本土法學，33期，2002年4月，頁235以下。

「以刑逼民」的現象一直是刑事訴訟上尾大不掉的問題。緩起訴制度的建立，則易使刑事訴訟與當事人的賠償救濟發生替代作用，也有可能提供更多以刑逼民的誘因。檢察體系如果沒有適當的內部控管機制，緩起訴制度可能成為債權人追債的便利工具。

（六）緩起訴制度與其他制度重疊

除了上述的疑慮外，最讓人當心的是，緩起訴處分與相對不起訴處分及簡易程序之競合。因為，被告對自己的行為後果處在非常不安定的狀態，檢察官如何選擇，甚至有點命定，以下分述之。

1. 緩起訴處分與相對不起訴處分之競合

依新修正刑事訴訟法第253條規定，第376條所規定之案件，檢察官參酌刑法第57條所列事項，認為以不起訴為適當者，得為不起訴處分；並廢除舊法對於檢察官為相對不起訴處分，得課予被告特定義務之規定。故檢察官依第253條規定，為相對不起訴處分者，不得再令被告負擔特定義務，或為一定行為。然新修正刑事訴訟法第253條之1規定，被告所犯為死刑、無期徒刑、或最輕本刑為三年以上有期徒刑以外之罪者，檢察官得為緩起訴處分。

上述之「相對不起訴處分」及「緩起訴處分」，皆為起訴便宜原則的運用。二者的差異在於：(1)檢察官為緩起訴處分時得為附隨處分，課予被告在緩起訴猶豫期間內履行一定行為，或不得為一定行為之義務；檢察官為相對不起訴處分時，則不得課以被告任何負擔或不利益之處分；(2)相對不起訴處分由於無須得被告同意且無命被告遵守或履行一定事項，因此於不起訴處分確定時，即發生禁止再訴之實質確定力。不過，有些緩起訴處分內容需得被告同意，而且緩起訴處分確定後，依修正之第260條規定，仍未發生禁止再訴之實質確定力，在效果上有很大不同[38]。而且，從上述二個法條的適用範圍來看，二者具有相當重疊性，亦即，得為緩起訴處分

---

[38] 詳細說明緩起訴處分確定後，仍可再訴之法理上矛盾情形，可參閱何賴傑，檢察官不起訴職權修法之總檢討——緩起訴處分，法學講座，6期，2002年6月，頁9以下。

的範圍均包含相對不起訴處分的範圍。對於第376條的案件而言,即產生相對不起訴處分與緩起訴處分二種制度相互競合的衝突現象,此時檢察官該如何處理,即成問題。

依本文之見,如果認為對被告沒有施加刑罰必要,即能符合訴訟經濟與刑事政策的目的時,針對屬於第376條的案件,宜先考慮不起訴。

2. 緩起訴處分與簡易程序之競合

依刑事訴訟法第449條第3項規定,得適用簡易程序的範圍將與得為緩起訴之範圍發生重疊;另外,不同於「微罪不舉」不得令被告負擔特定義務或為一定作為。於簡易程序中依第451條之1第2項規定,可以為與緩起訴處分相同之負擔。所以,緩起訴實施後檢察官除多了一種終結偵查的手段外,也產生一案件同時符合緩起訴與簡易程序兩種制度的適用要件,所導致重疊的情形。例如,竊盜等一般財產犯罪案件,檢察官既得為緩起訴又可能循簡易程序協商,不過,緩起訴為暫緩起訴,簡易程序為協商起訴,效果顯有不同[39],兩者如何抉擇,亦為檢察官面臨的另一難題。

依本文之見,檢察官決定的基準,在於刑事政策的考量與特別預防的觀點。另從訴訟經濟的觀點,法院及檢察機關,可將全部的精神及力量用來處理重大刑事案件,避免浪費時間及人力於簡易程序,而且為了避免被告可能受短期自由刑或緩刑的宣告,宜優先適用緩起訴。

陸、結　語

為紓解審判壓力,同時也為了行為人的再社會化,並兼顧一般預防的作用,立法者創設了緩起訴制度。立法上規定,最輕本刑三年以上有期徒刑以外的案件,都可能受緩起訴處分。最輕本刑三年以上有期徒刑的犯罪很少,所以,得受緩起訴的犯罪類型非常多。因此,在2002年新修正的刑事訴訟法著重緩起訴制度之規定,就是希冀緩起訴制度能減輕法院或檢察

---

[39] 相同意見如,何賴傑,檢察官不起訴職權修法之總檢討——緩起訴處分,法學講座,6期,頁8。

官過重的案件負荷量，也給予當事人雙方一個較簡易的訴訟途徑，不至爲冗長的訴訟程序所累，同時達到保全當事人權益的目的，惟新修正刑事訴訟法所規定的緩起訴制度，無法避免產生學理上及運作上的疑慮，這也是以後學說與實務所必須解決的問題。然而，「即使艱難，也還要做；越艱難，就越要做。改革，是向來沒有一帆風順的，冷笑家的贊成，是在見了成效之後，如果不信，可看提倡白話文的當時。」（魯迅，且介亭雜文：中國語文的新生），讓我們攜手一起爲司法改革奮鬥吧！

第十章

緩起訴處分之決定與效力

甲騎車見女子乙獨行，心生歹念奪取乙手中皮包，乙呼叫，路人將甲制伏，送警偵辦。試問：一、偵查終結，檢察官得否為緩起訴處分？二、為緩起訴處分後之效力為何？

壹、前　言

刑事訴訟的主要目的在於「人權保障」及「有效追訴犯罪」，只是這兩個目的經常無法找到平衡點。例如，被告本來應有直接審理、公開審理、集中審理與言詞辯論的機會，才能真正洗刷冤情或發現事實真相。不過，如果每個案件的追訴都經過如此繁複的程序，司法機關將陷於癱瘓，所以，刑事訴訟法對於輕罪的被告或勇於認錯的被告，設有微罪不舉（刑訴§253）與簡易程序（刑訴§449以下，主要是刑訴§451之1）。但是，只有上述兩種制度的運用，也難以消化當事人進行主義制度下的訟源。這也是2002年2月8日公布新增「緩起訴制度」的主要目的。換言之，緩起訴制度被認為是當事人進行主義應有之配套措施。

貳、緩起訴之決定

檢察官是否得為緩起訴處分，宜注意下列之範圍與要件：

一、得為緩起訴之範圍

依刑訴法第253條之1規定，被告所犯為死刑、無期徒刑或最輕本刑三年以上有期徒刑「以外」之罪，檢察官得為緩起訴處分。關於緩起訴案件之適用範圍，主要是參考日本刑事訴訟法第248條之無範圍之限制，及德國刑事訴訟法第153條a僅適用於輕罪的折衷立法例。故第253條之1排除「極重大」的犯罪，規定得為緩起訴處分之案件，限於被告所犯為死刑、無期徒刑或最輕本刑為三年以上有期徒刑「以外」之罪[1]。易言之，除了

---

[1] 特別注意者，依1997年修正之簡易程式規定，其適用範圍是「以簡易判決所科之刑為宣告緩

極少數犯罪之外，幾乎所有的犯罪都可能受緩起訴處分。

二、得為緩起訴之要件

檢察官決定緩起訴時，必須「斟酌刑法第57條所列事項」及「公共利益之維護」，認以緩起訴為適當者，方得定「一年以上三年以下之緩起訴期間」為緩起訴處分。

檢察官為緩起訴之前，必須就具體案件審酌刑法第57條所列事項，該項要件係指就犯罪人本身的事項、犯罪的事項及犯罪後情況所作之綜合考量[2]。

關於「公共利益的維護」係指，有無起訴之公共利益，必須從法政策的觀點去瞭解，非僅考慮特別預防的問題，而且要考慮一般預防的觀點[3]。例如，商店竊盜或交通事故所造成的輕微傷害，如果這些犯罪有顯著升高的跡象，可以認為有公共的起訴利益。有些犯罪為告訴乃論之罪，但是，如果涉有公共利益，檢察官仍得加以追訴。例如，意圖營利略誘婦女罪（刑訴§298、§308），刑法規定為告訴乃論，但如果刑事追訴機關認為，案件具有特殊之公共利益並有追訴之必要，仍得依職權追訴。故告訴乃論之罪在具有特別訴追條件的情形時，因具有特殊的公共利益，這時反而沒有變動國家之訴追權限，這種規定在彌補因告訴乃論之罪不具備訴追條件而無法追訴的缺失。所以，這裡所謂特殊的公共利益，必須是檢察官已瞭解個案的內容，在認定有公共利益存在，才用起訴的手段確保公共利益[4]，也就是說，這時又有法定原則的適用。

刑、得易科罰金之有期徒刑及拘役或罰金」的案件，是以「凡法院得為二年以下有期徒刑、拘役或罰金宣告之案件」皆可適用簡易程序。另外，檢察官依照第253條規定，認為以不起訴為適當而為不起訴之適用範圍，仍以刑事訴訟法第376條所規定之案件為限。

[2] 本要件與日本刑事訴訟法第248條之規定相同。詳細內容請參閱拙著，刑事訴訟制度與刑事證據，元照出版，1999年，頁109以下。

[3] 罪責是否輕微，有無欠缺公共利益的考量，在適用的標準上，德國各法院的認定及適用情況並不一致，此種差異主要係來自主觀上的認定不同。Vgl, Hertwig, Die Einstellung des Strafverfahrens wegen Geringfügig- keit, Diss, 1982, München, S. 253.

[4] 例如，具有暴露狂的變態者，即使被害人沒有提出告訴，檢察官也可以基於特殊預防的理由加以起訴。Vgl, Dreher / Tröndle, Strafgesetzbuch (Kommentar), §183, Rdnr. 5.

三、緩起訴之效力

依刑法第83條第1項規定，案件因偵查、起訴或審判之程序不能開始或繼續時，時效期間即停止進行。緩起訴所定猶豫期間，亦產生偵查或審判程序無法開始或進行之效果，基於同一法理，為避免緩起訴期間尚未屆滿，追訴權時效已完成，導致緩起訴嗣後經撤銷時，對被告已無法追訴之問題，爰明定緩起訴處分期間時效停止進行（刑訴§253之1II）。惟參酌緩起訴案件之適用範圍，以及緩起訴所定之猶豫期間為一至三年，如果一律依刑法83條第3項適用有關時效停止原因視為消滅之規定，則於緩起訴之情形下，停止原因將極易被視為消滅，而與停止前已經過之期間一併計算追訴權時效，如此一來第253條之1第2項的規定將失其意義，故明定不適用刑法83條第3項之規定（刑訴§253之1III）。

四、小　結

本案例甲所犯之罪為刑法第325條之搶奪罪，其最輕本刑為六月以上之有期徒刑，檢察官自得斟酌為緩起訴之處分。不過，如果被害人因而受重傷或死亡，依刑法第325條第2項，搶奪致死或致重傷者，最輕本刑均為三年以上有期徒刑，就不在緩起訴的適用範圍內。

符合緩起訴之適用範圍時，檢察官仍須斟酌被告是否真的符合刑法第57條之事項及沒有起訴的公共利益，才決定是否緩起訴。決定緩起訴後，緩起訴所定猶豫期間內，即產生偵查或審判程序無法開始或進行之效果，這樣當然也達到紓解訟源的效果。

參、結　語

為紓解審判壓力，同時也為了考慮行為人的再社會化，並兼顧一般預防的作用，立法者創設了緩起訴制度。立法上規定，最輕本刑三年以上有期徒刑以外的案件，都可能受緩起訴處分。

　　檢察官在得受緩起訴的案件範圍內，必須仔細斟酌行爲人的再犯可能性，一般預防的作用，然後決定是否緩起訴。緩起訴決定後，在緩起訴所定猶豫期間內，產生偵查或審判程序無法開始或進行之效果，故緩起訴處分期間時效停止進行。

第十一章

鑑定人鑑定或專家參審

壹、前 言

依我國法制，法庭的審判由法官主導。關於法律的適用，由法官權衡；關於事實的認定，雖有鑑定人的意見供法官參考，但鑑定證據的證明力，仍由法官自由評價。法官主導判決可能衍生的弊病，不在於法官的法律素養不足，而在於法官可能情緒性的評價證據。如何避免法官輕率或武斷評價證據，實在是刑事訴訟制度上應該注意的大事。

鑑定人是對於待證事項提供意見的「專家證人」，例如，被告有無精神疾病，病情的嚴重程度如何。法官通常沒有法律以外的專業訓練，對於待證事項的專業知識可能不足，所以法庭上的判斷必須仰賴專家的意見，這並無可恥。可恥的是，法律人自以為思辨清楚，自以為無所不能，視野狹隘卻又以為通達人情世故。慕尼黑大學退休的刑事法學教授Schüler-Springorum說，法庭上的鑑定人是「穿白衣的法官」，有時是真正的裁判主導者。這指出了鑑定人在訴訟實務上的重要地位。當然，鑑定人在訴訟上的角色可能尷尬，法官就鑑定意見的價值如何權衡，也可能是一項難題。

鑑定人畢竟只在審判的某一階段出庭報告意見，而不是全程參與審判，隨時提供諮詢。如果有一專家，就特殊的案件（如公害或複雜的醫療訴訟）在法庭上全程參與審判，隨時讓法官諮詢，以便清楚掌握案情，作合理的判斷與評價，應該可以使判決更具說服力。這應該就是司法院1999年「專家參與審判諮詢試行要點草案」的原意。這個構想值得推崇，但似乎並未得到普遍的瞭解，甚至引起誤解。

專家參與審判並提供諮詢，雖能補足法官專業知識的不足，但畢竟只是提供諮詢，不是真正的參與審判，且對於待證事項以及法律的適用不能參與決策。這與德國的參審制度不同。德國的參審員雖然是業餘法官，但在法庭上與職業法官共同參與事實的認定，並共同決定法律的適用。

「專家參審」係就特定類型的案件（如勞工、家事審判、醫療糾紛、智慧財產權、公害、營建、交通、科技專利、證券金融、性侵害、環境保

護及少年）援聘該領域之專門知識人員參與審判的制度。該專家參審員全
程參與審判，且對於待證事項以及法律的適用參與決策，既可以彌補鑑定
人單純提供意見的缺失，也可以進一步實現「專家參與審判諮詢」的理
想。

　　本文首先說明，鑑定人的性質、角色爭議及鑑定證據的困境，在明
瞭了鑑定制度的缺失後，從德國參審制度實施的理念及其優點，來論述專
家參審制度的優越性。接著略為評估司法院的「專家參與審判諮詢試行要
點」。最後，提出將來真正落實專家參審制度時所應注意的事項。

貳、鑑定人的性質

　　法院或檢察署為取得證據資料，指定有專業知識的第三人，就特定事
項陳述其判斷意見，稱為鑑定。此第三人，稱為鑑定人。我國刑事訴訟法
對於鑑定採任意鑑定制，不採強制鑑定制，所以對於某一事項有無送付鑑
定的必要，由審理事實的法院裁量。鑑定人有下例特質[1]：

一、鑑定人有代替性

　　經政府機關委任有鑑定職務者，得為鑑定人，但鑑定人並不以此為
限，即就鑑定事項有特別知識經驗者（刑訴§198），亦得擔任之。可知
凡有特別知識經驗者均可為鑑定人，所以鑑定人有代替性。

二、鑑定人有得拒卻性

　　當事人得依聲請法官迴避之原因，拒卻鑑定人（刑訴§200Ⅰ），故
鑑定人有得拒卻性，以求鑑定之公平。

三、鑑定人有資格的限制

　　鑑定人限於有特別知識經驗，或經政府機關委任有鑑定職務，對被命

---

[1] 參閱拙著，刑事訴訟法理論與運用，2016年9月13版，頁385以下。

為鑑定事項具有特別經驗者。若無事項知識經驗，不應任命其為鑑定人。

參、鑑定人角色的爭議

　　鑑定人是對於待證事項提供意見的專家，鑑定人是否一直扮演著法院的輔助角色，有很大的爭議。從刑事訴訟法的規定來看，法官負有相當大的責任，必須本於自由心證，對一切有問題的事實證據自由評價。不過，法官的知識經驗有限，難以在法律知識以外，做出無瑕的自由心證。為了周全判斷事實證據的價值，法官需要鑑定人的意見作為輔助。

　　但是，法律人應該如何看待鑑定人的角色？鑑定人是否只是法官的輔助者？鑑定人在現代訴訟程序中，所從事的科學上的說明，常扮演關鍵性的角色[2]。由於社會複雜化、技術化、專業化的結果，使得在訴訟必得依賴專門知識，也因而加深了對鑑定的重視[3]。然而，鑑定人到底應具有何種功能，卻不斷有爭議。有人認為，鑑定人影響了法官的法律外的判斷。此說法雖嫌主觀，但由於越來越多的鑑定，才使得裁判變得合理及有根據。難怪有人要擔心鑑定人影響法官裁判。鑑定證據在法律上應如何評價，因此就值得深入討論。

　　由於鑑定人主導裁判的情況越來越多，因此產生如下的爭議[4]：

一、認為鑑定人是輔助者

　　有些人認為，鑑定人是輔助者，在訴訟上應受法官的指揮[5]。鑑定人乃「事實發現的當然輔助者」，而非當事人的輔助者，即使鑑定人由當事

---

[2] Foerster: Der Psychiatrische Sachverständig zwischen Norm und Empirie, NJW 1983, S.2051.

[3] Tröndle: Der Sachverständigenbeweis, JZ 1969, S. 374ff.

[4] 由於法官對鑑定人的依賴增大，鑑定人的權限因而日益增多，鑑定人支配裁判及權限踰越的情形也增多。參閱Kuar ß:Richter und Sachverständiger im Strafverfahren, ZStw 1973, S.320～359。

[5] 如RGSt52, 61; BGHSy3, 27;BGHSy7, 238; BGHSt8, 113; BGHSy9, 292, BGHSt11, 212; BGHSt13, 1; BGH G A 1962, 116; Roxin, Strafverfahrensrecht, 1998, 27/1; Kleinknecht/Meyer, Strafprozeßordnung, § 72, Rdnr. 8.

人選任，亦同[6]。鑑定人只在專業領域上補充法官的不足，幫助法官處理事實上的問題而已。例如，Roxin認為，鑑定人乃運用其專業知識，幫助法官對證據加以判斷；此判斷，依下列三個方法進行[7]：

依一般的經驗法則（科學上的經驗法則），告訴法官所不瞭解的專業知識。例如，初生兒的胃腸，在出生後約六小時是充滿空氣的。

鑑定人認定事實，乃基於專業知識掌握事實。例如，被殺害的嬰兒腸中沒有空氣。

鑑定人本其專業知識，依科學規則，從事實中推論並做結論。承上述，嬰兒是在出生六個小時以後才被殺的。

如上所述，鑑定人只是法官的輔助者，幫助法院做上述三個方式的事情。所以，被告是否具有責任能力，就不只是精神醫學的專業意見而已，而是已經跨入法律評價的領域。此種法律評價，屬於法院的權限，而不屬於鑑定人[8]。法院必須對鑑定人的報告，做獨立的評估。在裁判上，不能不對鑑定報告，不加檢驗即予援用，並且必須在裁判理由說明鑑定證據的評價結果，上訴審才可能做法律上的再檢驗。法官如果不採鑑定人的意見，也必須以可檢驗的方式，及基於鑑定報告的分析來加以論理[9]。

德國實務認為，法官可以運用自己的專業知識時，都可拒絕援引鑑定意見。聯邦最高法院的重要判決指出，法官若依其生活經驗及知識即能發現真相，就不必在訴訟程序中引用鑑定人。鑑定人應該只是法官的輔助人，用來補充法官所欠缺的專業知識；是否需要這個幫助，由法官自行決定[10]。法官對於訴訟中鑑定意見上的矛盾，可以不加採用獨立審判[11]。

---

[6] Kleinknecht/Meyer, a.a.O., § 72, Rdnr. 8.

[7] Roxin, a.a.O., 1998, 27/1 .

[8] 鑑定人是否僅判斷被告之精神狀態、被告的犯罪行為及其影響等事實問題；或是更進一步也判斷被告的責任能力問題，在德國向來就有爭論，換言之，就是不可知論者與可知論者之不同見解。亦即，不可知論者以為，應只判斷精神狀態，不判斷責任能力；可知論者則以為，亦應判斷責任能力，只是法官並非無條件遵從鑑定意見而已。

[9] Roxin, a.a.O., S.182; BGHSt12, 311; BGHStrV 1982, 210; BGH NStZ 1983, S. 377.

[10] BGHSt3, 27f. (1952).

[11] BGHSt8, 113 (1955).

二、認為鑑定人不是輔助者

有人認為，鑑定人不只是法官的輔助者。認為鑑定人是法官的輔助者，與實際情況並不符合。法官在裁判上相當不穩定並且依賴鑑定人，在鑑定人的影響下，法官的獨立性即值得懷疑[12]。Meyer認為，把鑑定人當成法官的輔助者，是沒有價值而且非常危險的說法。這說法會誤導，以為鑑定人比其他證據方法更有用[13]。

三、小　結

綜觀上述，鑑定人角色的爭議，導因於理論與實務的難以配合。重視現行法的人會認為法官應扮演裁判的主導者，反之，重視實務操作的人會以為，鑑定人才是裁判的主導者。謹守實證法的實際上困難是，法官欠缺專門知識，無法對特定事實做判斷；看重實務操作的困難是，某些事項的鑑定（如責任能力），兼具法律問題的評價，此種法律問題的評價，違反現行法的本旨。

其實，鑑定人的功能，應從具體個案來考慮。鑑定人在刑事訴訟程序中，扮演特殊的角色，尤其新的科學知識及生活領域的專業化，更增鑑定人在訴訟程序中的重要性，法律人因此不斷感受到來自鑑定人方面的威脅。

肆、鑑定證據的困境

鑑定證據的價值如何，可能引起懷疑。以精神鑑定為例，鑑定證據引發疑慮的主要原因是：醫學上的不確定性與鑑定結果可能錯誤。另外，法官可以自由心證與科技整合知識的困難等都是鑑定證據的困境。

---

[12]Dippel: Die Stellung des Sachverstandigen im Strafprozeß, 1986, S. 7.

[13]Meyer: (in Lowe/Roseberg) vor § 72, Rdnr. 3C; H. -J. Plewig., Funktion und Rolle des Sachverständigen aus der Sicht des Strafrichters, S. 13ff.

一、醫學上的不確定性

　　關於精神鑑定，鑑定人常常扮演主控的地位。但是，精神鑑定的結果可能不確定，甚至不實。原因有二。其一，醫學家認為，健康與疾病的過程是流動性的[14]；其二，缺乏客觀的方法，證明一個人並非罹患精神病，精神醫學的診斷及預測，仍有其困難[15]。另外，預測被告的將來危險性，也有不確定的情況。即使是精神醫學鑑定人也難以清楚預測被告的將來危險。此種情況便導致對鑑定人地位的質疑[16]。

　　不僅精神醫學上有鑑定證據不確定的現象，其他領域（如文書或彈道鑑定）也可能因為缺乏客觀可靠的測量工具，而發生鑑定結果不穩定的結局。即使精神醫學家極盡努力做到客觀公正，但也難免受自身價值觀的影響[17]。最明顯的例子是，關於同性戀的精神醫學上的意見轉變。西方社會早先認為同性戀是一種罪惡，1973年開始，美國精神醫學會則以為，同性戀是一種性心理變態；現在則因道德及文化變遷的影響，在精神醫學的診斷中，已將同性戀除名。此種意見上的轉變，意謂著精神醫學的診斷，也涉及價值判斷，隨著社會文化的轉變，精神醫學上的看法也跟著改變。診斷上的不確定性，即非難以想像。

二、鑑定結果可能錯誤

　　鑑定人本應客觀公正的鑑定，然事實顯示，有不少鑑定上的誤會，導致實務上無法適用的例子[18]。

　　關於責任能力的鑑定，據指出，1951年，海德堡醫院的第二次鑑定，與第一次鑑定意見相同者只有45.7%，不同意見者卻有54.3%之多，其中

---

[14]Bresser: Krise des Sachverständigenbeweises, in: Frank/ Harrer (Hrsg.), Der Sachverständige im Strafrecht Kriminalitätsverhütung, 1990, S. 42.

[15]Pertes: Fehler Quellen in Strafprozeß, Eine Untersuchung der Wiederaufnahmeverfahren in der Bundesrepublik Deutschland, 1972, S. 137.

[16]Horstkott, LK, § 67C, Rdnr. 52; Hanack, LK, vor § 61, Rdnr. 113, 116.

[17]Pfafflin: Vorurteilsstruktur und Ideologie psychiatrischer Gutachten, über Sexualstäter, 1978, S. 54.

[18]Venzlaff, a.a.O., S.199; Rasch: Richtige und falsche Psychiatrische Gutachten, Machrkrim 1982, S. 260～261.

以精神病態人格（人格違常）和精神分裂病的意見最不相同[19]。Pfafflin在1978年對於208個性犯罪人的研究報告，指出鑑定方法上的錯誤，亦即：25%的鑑定報告中缺乏以前性行為之記錄，大約有30%的性行為鑑定報告中，只有由二、三句話所組成；有66%的鑑定報告中，未採用被鑑定人兒童早期的發育；有56%的被鑑定人未接受生理上的檢查[20]。

　　Heinz在1977年的研究指出，有一半以上的鑑定，鑑定人對被鑑定人存有偏見，因而傾向於不利的判斷[21]。Heinz並指出，造成鑑定可能發生錯誤的原因，可分為二方面。其一，病人本身的問題，例如，病人缺乏合作的意願、病人弄不清楚自己的年齡、服藥及生活習慣，或病人本身有太多偏離常軌的病症等。其二，鑑定人的問題，例如，鑑定人沒有很好的調查技術、錯誤的認知或受到以前的診斷所拘束，情感上及意識型態上的偏見、遺漏或不完全的診斷；或在鑑定報告中使用否定的意義，或混合專業及日常生活用語，造成對被鑑定人的貶抑判斷[22]。

　　另外，由於鑑定人誤解自己在訴訟程序上的角色，在訴訟開始便希望提供法院絕對的意見[23]。尤其是，當鑑定人其他的工作負擔很大，形成時間的壓力，鑑定可能只引用已經過時的調查發現為根據，或根本未調查[24]。

---

[19]Seyffert: Über Verschiedenheiten bei der psychiatrischen Begutachtung Krimineller, Nervenarzt 22, 1951, S. 194.

[20]Pfafflin, a.a.O., Heinz: Fehlerquellen bei der Begutachtung und Fragen der Haftung des Sachverständigen, in: Frank/Harrer (Hrsg.): Der Sachverständige im Strafrecht Kriminalitätsverhütung, 1990, S. 30.

[21]Heinz: Fehlerquellen forensisch-psychiatrischer Gutachten, Eine Untersuchung anhand von wiederaufnahmenverfahren, 1982, S. 100ff, 110ff.

[22]Heinz, a.a.O., S. 32～33.

[23]Kaufmann: Das Problem der Abhängigkeit des Strafrichters vom medizinischen Sachverständigen, JZ 1985, S.1065; Heinz, a.a.O., 1990, S. 34.

[24]Albrecht, a.a. O., S. 104, 121; Gohde/Wolff: Die Transparenz der Untersuchungssituation in Psychiatrischen Gerichtsgutachten, R&P 1991, S. 170.

三、法官可以自由心證

　　由於我國刑事訴訟法第155條第1項與第172條規定：證據之證明力，由法院自由判斷；當事人或辯護人聲請調查之證據，法院認為不必要者，得以裁定駁回之。因此，事實審法院對於證據之取捨，及證據之證明力，可依自由心證判斷之。雖然自由判斷職權之行使，最高法院認為應受經驗法則與論理法則之支配[25]，不過，因為法官有其本身的專業知識，且法官並非義務應委託鑑定，當法官自信其具備必要的知識經驗時，亦可決定不委請鑑定。如此僅依據自己的知識在判決中擅加評斷的情況，會導致人民對司法失去信賴，因為，不成熟的專業知識對當事人所造成的損害，是無法彌補的。

四、科技整合知識的困難

　　刑事訴訟法第207條規定，鑑定有不完備者，得命增加人數或命他人繼續或另行鑑定。尤其，如認鑑定結果尚有可疑，審理事實之法院，仍應調查其他必要之證據，以資認定，不得專憑不實不盡之鑑定報告，作為判斷之唯一依據[26]。因此，鑑定人無論係提出書面或口頭報告對於鑑定形成的經過應詳細說明，尤其，如所引為鑑定基礎之理論有爭議或不同的立論時，應清楚交代爭執之點。此外，鑑定人亦應說明其所採之原則與研究方法，並應介紹該專門知識在科學技術及實務上之通說見解。因為，鑑定報告的結果必需基於鑑定人之最佳認知及確信所形成。

　　不過，刑事訴訟實務上鑑定人對於其引為鑑定基礎之學說、研究方法及實驗過程等均甚少說明。法官對於鑑定報告除了出現明顯之矛盾或謬誤外，甚少過問鑑定基礎之科學技術或專門知識，形成只重視鑑定結果不注重鑑定過程的現象。

　　其實，這就是跨科技專業知識瞭解之困難，由於法官與鑑定人在本

---

[25] 例如，最高法院31年上字第2200號與32年上字第2136號判例及85年度台上字第2014號判決。
[26] 參照40年台上字第71號意旨。

質上對專業領域之問題思考方法不同，此種跨科技見解的不同，形成判決過程中最棘手的困境。雖然，當鑑定事項牽涉不同科學領域時，有科技整合的研究[27]加以輔助。不過，如果連該門科學領域內部亦存在不同之見解時，問題可能就更加嚴重[28]。

伍、參審制度的理念與優點

我國並無參審制度，國人對於參審制度的瞭解遠少於陪審制度，在未說明何謂專家參審前，必須先就德國實施參審制度的理念及優點稍微詳細說明。

一、參審制度的理念

德國的參審制度，是由非職業法官參與審判。亦即，由職業法官與平民法官（參審員Schöffen）混合組成審判庭，從事特定案件的審判工作[29]。換言之，參審員與職業法官共同評議案件，行使與職業法官相同的評決權；評決範圍不限於案件的事實，並及於認定被告是否有罪，以及刑罰與保安處分的宣告[30]。

由於參審員同時審理事實與法律問題，更能發揮合議制審理的功能。比起陪審制度之下，只能由陪審員認定事實，職業法官不能參與評決，無法糾正陪審員可能錯誤判斷的情況，自是比較符合合議審判之理念。在參審制度下，職業法官與參審員共同作成裁判，職業法官可依其辦案經驗及

---

[27] 關於科技整合的重要性可參閱拙著，司法精神醫學——刑事法學與精神醫學之整合，元照出版，2001年，頁15以下。

[28] 詳細內容可參閱拙著，司法精神醫學，頁298以下。

[29] 區法院當中的參審法院，由一個或二個職業法官及二個參審員組成；地方法院的小刑事庭，由一個職業法官和二個參審員組成；地方法院的大刑事庭，由三個職業法官和二個參審員組成。職業法官與參審員各具有同等之權利，共同參與認定被告是否有罪之評決。

[30] 德國法院組織法第194條第1項參照。Vgl, Kleinknecht/Meyer-Großer, Strafprozessordnung, 44. Aufl., 1999, GVG § 149, Rn.1; Karlsruher Kommentar(KK-Kissel), Strafprozeßordung, 4. Aufl., 1999, GVG § 29, Rn. 4; Pfeiffer, Gründzüge des Strafverfahrehsrechts, 3. Aufl., 1998, Rn. 60.

法律素養，引導辦案，提供正確資料給參審員參考，防止誤判，所以參審制是由陪審制改進演變而來的[31]。

另外，參審員參與裁判，有助於抑制官僚體系的膨脹，發揮制衡的功效，使人民信賴司法的公正性[32]。因為，職業法官是國家的公務員，既是公務員，那麼司法官之任用、升遷、獎懲的人事行政，必會影響法官的獨立審判，故參審員之參與審判，可防止法官從屬於國家官僚體系的弊害。

由於參審員來自一般平民，可以增加人民對司法的信賴，此種由國民介入審判的理念，其實是民主基本思想的具體表現，直接貫徹主權在民的原理[33]。職業法官判斷案情，每從法律的觀點出發，以致於過分僵化或鑽牛角尖。參審員來自社會各階層，可憑其豐富的正義感，修正職業法官過於教條化的缺失。而且參審員選自民間，與具備高等教養的職業法官，對於社會變遷及生活方式的改變，必較為敏感，更能反映社會環境的法律價值觀，其所下的判斷更能獲得當事人的信服。如此，不但增加了司法的公信力，也可以提升裁判品質。

二、參審制度的優點

任何制度都可能優劣互見，參審制度也不例外，毀譽皆有[34]。反對意見主要是，參審員專業知識不足，對於裁判根本沒有任何幫助；而且在現代民主國家，也沒有必要讓人民去監督職業法官，因為職業法官的專業與人格，都必須從國家獨立出來[35]。這些反對者的意見[36]，最終的要求是，

---

[31]Roxin, Strafverfahrensrecht, 25. Aufl., 1998, § 7, Rn. 15.

[32]Roxin, a.a.O., § 7, Rn. 16.

[33]Nowakowski, Reform der Laiengerichtsbarkeit in Strafsachen, Verhandlungen des vierten Österreichischen Juristentags 1970, Bd.1,5,Teil, S.19; Roxin,a.a.O., § 7, Rn. 16.

[34]德國自從實施參審制度以來，一直有反對的意見，對於參審的意義、任務與本質也一直存有爭論，尤其，從1848年民眾再度參與審判工作後，對於參審制度的問題，一直都有批評的意見。Vgl, Benz, Zur Rolle der Laienrichter im Strafprozeß.1982, S.199.

[35]Nowakowski, Reform der Laiengerichtsbarkeit in Strafsachen, Verhandlungen des vierten Österreichischen Juristentags 1970, Bd.1, 5, Teil, S. 22f.

[36]關於參審制度的弊病，詳細內容可參閱拙著，參審制度之研究，收錄於如何建立一套適合我國國情的刑事訴訟制度，2000年，頁58以下。

希望完全由職業法官，組成合議庭，並且廢除業餘法官[37]。

　　儘管對於參審制的運作有許多疑慮，但是，支持參審制度的人卻以為，參審不宜廢除，因為它還是有下述的優點：

（一）參審法院是民主制度的結果

　　參審工作是民主憲政的一個要素[38]。讓民眾參加司法裁判，可以確保人民是司法的主體，而不只是司法的客體[39]。此外，也給人民一種機會，把法律當作自己的事情來做[40]。由於參審員間接的經由政黨代表所選出，參審員對於司法的共同作用，可以當作是民主的要素。

（二）參審是以民意來宣判

　　德國的判決書經常要寫：「依人民的意見」，本法官做如下的判決。判決書要如此記載，唯有真正讓民眾參加審判，才有可能使得判決正當化，被告也因此才能真正接受經由民眾參與的判決。法律規範既由人民所選出的立法者來規定，人民的行為是否有違法，亦應由民眾來決定[41]。

（三）更增社會大眾對司法的信賴與瞭解

　　藉由參審才能喚醒社會大眾對司法的信賴與瞭解。在啓蒙時期，參審員被認為是控制司法的唯一保證，可以協助直接與公開的審判程序，對於祕密的訴訟與法官的專斷，可藉由參審員的不可收買而得控制，讓人民對

---

[37] 像Volk對於參審制度的功能就非常質疑。筆者依稀記得，當我在修習他所教授刑事訴訟法的專題課程時，有學生曾詢問到參審制度的功能時，他僅以聳肩及一副無奈的表情應之。更詳細的內容可參閱Volk, Der Laie als Strafrichter, Dünnebier-FS, 1982, S. 373f.或是Volk, Strafprozessrecht, 1.Aufl., 1999, S. 16.

[38] Roxin, a.a.O., §7, Rn. 16; Nowakowski, a.a.O., S. 19.

[39] 不過，參審制度不見得就最符合民主的原則，因為立法者透過立法的選擇，其實已充分符合民主的原則，而且法律經由司法與行政的實踐，也未必一定要民眾來參與，尤其職業法官的選擇，是經由法官遴選委員會選出，這個委員會其實也建立在民主的基礎之上。Vgl, Nowakowski, a.a.O., .S.19ff.

[40] Peters, Strafprozeß, 4.Aufl., 1985, S. 121.

[41] Roxin, a.a.O., §7, Rn. 16.

司法獲得信賴[42]。參審法官來自一般的市民，所以，如同黑箱作業般的祕密審判就成為不可能。

一般人對法律問題的理解，可以經由承擔參審工作而擴大，至少對一般的法律問題會比較清楚，更熟知命令規範及禁止規範。民眾對刑法實務也將更加清楚，例如，一般市民也能知道，不是受過處罰的人都是犯罪人、自由刑也可以用緩刑來替代[43]。

（四）程序上的可透視性

參審員參與刑法實務，可以提高訴訟程序的可透視性，人民可以特別瞭解審判的過程及判決的理由。業餘法官由於參與訴訟，而且對於所出席的刑案有評決權，就因而必須注意訴訟程序。也因此必須要使用簡單清楚的法律用語，及盡可能對專業術語加以解釋[44]，讓民眾理解參與司法審判的訴訟程序，同時也可藉此保護被告。因為，如果被告對裁判不能理解，那麼，對所宣告的裁判就會抗拒[45]。

另外，有參審員在場，職業法官在問案時，就被迫更加小心。換言之，職業法官不敢輕易的缺乏耐心，打斷當事人的陳述，或用諷刺的口吻。職業法官在審理時的一些不恰當行為，會因為參審員的出現，而受到修正，例如，開庭準時、不任意耽擱庭期、個人情緒上的好惡等也都受到適度的壓抑[46]。所以參審員的作用，可以當作是司法上概括的控制，促使法律人對自己的裁判做充分的準備，裁判再也不會隱藏躲在法律的文字內，裁判可望更容易被民眾接受和理解[47]。

---

[42]Brodag, Strafverfahrensrecht, 9. Aufl., 1998, Rn. 27.

[43]Benz, Zur Rolle der Laienrichter im Strafprozeß.1982, S. 207.

[44]Nowakowski, a.a.O., S. 74f.

[45]Böttges, a.a.O., S. 127.

[46]Böttges, a.a.O., S. 127; Nowakowski, a.a.O., S. 47.

[47]Böttges, a.a.O., S. 127.

陸、專家參審的優越性

在充分掌握鑑定人的性質、角色爭議及鑑定證據的困境，明瞭了鑑定制度的缺失，及德國參審制度的理念與優點後，本文認為最適合我國司法審判的制度應是專家參與審判制度。主要的原因是：

一、專家參審可以彌補鑑定制度的缺失

專家參審不是鑑定人在審判上單純的鑑定報告，也不僅僅是專家在審判上提供諮詢，而是專家實際上參與審判（參審員當中有專家）。對於極需要專業知識的案件，由專家參與審判的好處是什麼？專家參審對案件的事實認定有決定權，法官因此不至於情緒性的排斥專家的意見，法官的適用法律亦因而受到拘束，判決結果比較可以讓當事人折服。極需要專業知識的案件，例如，複雜的公害犯罪或經濟犯罪案件，由專家與法官共同對於被告發問，更能切中問題核心，對於事實背景更清楚的掌握。鑑定人角色的爭議及鑑定證據的困境，在專家參與審判後將不再出現。

二、專家參審能夠提升裁判品質

有人認為，雙學位的法學教育以及學士後法學教育的推行，應該可以取代專家參與審判諮詢制度[48]。這恐怕是過度簡化問題的看法。雙學位的法律人（如化學系與法律系雙修），或學士後法學教育（如化學系畢業後就讀碩士班乙組），將來能否同時扮演法官與專家的雙重角色，還是大有問題的。任何知識領域都不斷在進步，只有在專業領域上持續精進的人才能充分掌握此一領域，提出最值得信賴的專業意見。雙學位無法創造有專業知識的法官，只能避免法官的知識偏狹，只能讓法官在法律以外多知道一些其他領域的知識。

---

[48] 參閱黃榮堅，評參審制度之研究，如何建立一套適合我國國情的刑事訴訟制度，2000年，頁99。

有人根本懷疑有所謂的專家，因此排斥專家參審[49]。專家當然不是指一個特殊領域的佼佼者，而是指受過專業訓練，領有特殊證照的人。我們稱律師為專業的法律人，因為律師具備此種條件。會計師、結構計師、建築師、醫師、引水員等等，無不如此。目前雖然已有醫師或會計師同時有律師執照，但似乎沒有會計師或醫師同時有法官身分，即使將來有，也必定為數極少。這極少數的法官，不能支應必然越來越多的複雜案件的審判。

三、專家參審能夠改進法官職業審判的缺點

職業法官長期處在機構體系，面對龐大的工作負擔及升遷考核的壓力，往往可能影響其獨立審判，尤其是權威式的問案方式，常使鑑定人不願出庭接受詢問，所以無法發現真實。反之，專家法官可以避免職業法官在特定機構體系的長期壓力與負擔，做恰當及有意義的問案，對鑑定人的鑑定過程及結果，做最專業的詢問，減低現行實務上法官與鑑定人意見相左卻互不信任對方的現象。

四、專家參審符合訴訟迅速的要求

相較於鑑定人鑑定，由專家參審可以節省訴訟時間。理由很簡單。如果請鑑定人做鑑定報告，公文的往返費時，等候鑑定、甚至鑑定人拒絕後再尋找其他鑑定人，時間的經過很可能都難以掌握。如果專家參審，等候鑑定的不確定時間就可以排除。除了少數需要實驗室的鑑定報告之外，參與審判的專家可以對案件立即提供意見，與法官共同做成判斷，所以訴訟延宕的情形比較可以避免。

---

[49] 參閱黃榮堅，評參審制度之研究，如何建立一套適合我國國情的刑事訴訟制度，2000年，頁99。

柒、我國「專家參與審判諮詢試行要點草案」之評估

司法院於1999年7月的全國司法改革會議，對於達成共識的專家參與審判制度，召開相關幕僚會議，並決定「專家諮詢」、「專家參審」兩階段實施專家參審制。第一階段，在修憲、修法前[50]，擬定「專家參與審判諮詢要點」試行；待修憲後，進入第二階段，再修法試行專家參審制。在修憲條文增訂之前，將仿日本現行「參與員」的作法，在現行法制之下，邀請專家諮詢；修憲之後再制定「專家參審試行條例」，正式邀請專家參與審判。

所謂的專家，指經由訴訟雙方共同合意選定的人，經法院篩選無不良前科後，即可坐在法官旁邊，提供法官諮詢、協助法官認定事實。例如，家事案件，可經雙方合意請專業的社工師諮詢。諮詢專家並非鑑定人，諮詢時不必具結，法官是否採納專家的諮詢意見，由法官決定，只在判決書以「本件經某某專家參與諮詢」的方式來表示。

基於上述宣示，司法院遂於日前訂定「專家參與審判諮詢試行要點草案」。本草案第1條說明訂定之目的為「為試行專家參與審判諮詢，以協助法官發現真實，並促進訴訟進行，特訂定本要點」。以下簡要評估本草案的內容。

一、本要點草案的內容

本要點草案全文共14條，現就「專家參與審判諮詢試行要點草案」（以下簡稱本要點）的規定略述如下：

（一）專家參與審判諮詢的適用範圍

地方法院（含簡易庭）及少年法院，於辦理下列各款事件，認有必要或經當事人合意時，得選定由專家參與審判諮詢。1.民事勞工事件、家事

---

[50] 司法院研擬的修正憲法條文，是增訂在憲法增修條文第5條的第7項，具體草案條文是：「法院為審理專業性案件，得遴選具有該項專業知識之國民參與審判，其實施以法律定之。」

審判事件、醫療糾紛事件、智慧財產權事件、公害事件及營建工程損害賠償事件；2.刑事醫療事件、交通事件、營建工程事件、電腦犯罪及科技事件、專利事件、證券金融事件、性侵害事件、環境保護事件及少年事件。關於當事人合意選定專家參與審判諮詢應於言詞辯論終結前為之。前項合意以文書證之，但於期日得以言詞為之，由書記官製作筆錄交當事人簽名。

　　根據本要點，為了配合以一審為重心的立法趨勢，將專家參與審判諮詢試行的法院，僅限於地方法院與少年法院，但是，對於高度專業知識的審理，高等法院亦有諮詢專家之必要，故不宜將高等法院排除在外。

（二）參與諮詢的專家資格

　　依照本要點，適於諮詢的專家人選，地方法院及少年法院應依各種類別，就管轄區域內具有特別知識、技能或工作經驗，適於諮詢之人，加以遴選並予列冊，提供法官參考。法院認為有必要時，亦得經當事人合意，選任前項名冊以外之人為「參與員」。然而，有下列情事之一者，不得為參與員：1.有犯罪嫌疑，經檢察官提起公訴，訴訟程序尚未終結者；2.曾因故意犯罪，受有期徒刑以上刑之裁判確定；但受緩刑宣告期滿者，不在此限；3.曾因犯毒品危害防制條例第10條之罪，經觀察勒戒者；4.曾受保安處分或感訓處分之裁判確定者；5.受破產宣告確定，尚未復權者；6.褫奪公權，尚未復權者；7.受禁治產宣告，尚未撤銷者。

　　參與員之資格以具有特別知識、技能或工作經驗的人來擔任，是妥當的立法。然而將地域限制在「管轄區域內」，就有可議之處。因為，參與員與參審員不同，其精神並非在使人民得以參與審判，故無須強調其參與員之地方代表性。況適用本要點者皆為專業性極高之事件，如限制法院必須在其管轄區域內遴選參與員，恐怕造成某些法院的管轄區域內無專家可供遴選的窘境。

（三）參與員的選定與迴避

　　專家參與審判諮詢，由法院選定參與員一至三人爲之；但當事人對於人選有異議或合意選定其他適當之人者，法院得另行選定或依其合意選定。參與員對於所參與事件表示意見後，除有具體事證足認其不適任外，當事人對於人選不得再爲異議。

　　依本要點，參與員有下列各款情形之一者，應自行迴避：1.參與員或其配偶、前配偶或未婚配偶，爲該訴訟事件當事人者；2.參與員爲該訴訟事件當事人八親等內之血親，或五親等內之姻親，或者有此親屬關係者；3.參與員或其配偶、前配偶或未婚配偶，就該訴訟事件與當事人有共同權利人、共同義務人或償還義務人之關係者；4.參與員現爲或曾爲該訴訟事件當事人之法定代理人或家長、家屬者；5.參與員於該訴訟事件，現爲或曾爲當事人之訴訟代理人、辯護人或輔佐人者；6.參與員於該訴訟事件，曾爲鑑定人或證人者；7.參與員曾參與該訴訟事件之前審或更審前之參審者。

　　由於專家參與審判諮詢，重大影響到訴訟的結果，故將參與員的遴選由法院決定，再保留當事人的異議權，是值得肯定的。因爲，試行本身含有利害權衡不當的風險，再加上實施的選擇性，對於相關的當事人有憲法人權保障或平等原則的疑慮，故對於是否實施專家參與審判諮詢，應儘量建立在自願的基礎上[51]。

（四）參與員的權限與義務

　　參與員行使諮詢職務的權限，依民事與刑事而有不同。民事事件，參與員經法院同意後得閱覽卷宗，並詢問當事人、代理人、證人或鑑定人，但刑事及少年事件，參與員不得閱覽卷宗並詢問當事人、代理人、證人或鑑定人。參與員於法官諮詢時提供專業意見供法官參考，不參與事實認定

---

[51] 參閱蘇永欽，司法改革的再改革，元照出版，1998年，頁101。

及法律判斷。參與員提供意見時應以言詞為之，並記載於筆錄，但法院認為必要時，得令其提出書面意見。參與員提供之意見應予當事人表示意見之機會。參與員因參與審判諮詢所知悉他人職務上、業務上之秘密或其他涉及個人隱私之事項，應保守秘密。

參與員可以支領日費、旅費，並得酌支報酬。此種規定較符合尊重專家知識的精神。

（五）參與員的在場

選定專家參與審判諮詢之事件，除別有規定外，法院應通知參與員到場，並聽取其意見。參與員無法通知或經通知後不到場，法院得徵詢當事人意見另行選定或逕行審理程序。

二、本要點的評估

（一）名稱疑義

本要點性質上是一種實驗立法，屬於有地區性、專門性、特殊性或臨時性的「措施法」。司法改革已決定採行「專家參審」，並分兩階段試行。專家參與審判諮詢的目的，在於彌補法官專業知識不足，進而達到發現真實迅速裁判。足見對於人民的權益會有很大影響，若僅以試行要點稱之，沒有法律基礎，將無法達到效果。是否應將要點改為「條例」，並賦予相關規定的法律效果，值得深思，否則可能淪為假試驗，白忙一場。

（二）「專家參與審判諮詢」與「專家參審」不同

「專家參與審判諮詢」與「專家參審」兩者的性質不同。前者並沒有與職業法官相同的職權，試行的成果仍須經仔細評估後，才能決定是否真正實施專家參審。不過，可以確知的是，參與員在法庭活動中是坐在法官旁邊，他不是審判者，卻比較接近鑑定人，可是他的意見卻不必經過詰問程序，就可能被法官直接採為裁判的基礎（鑑定人的意見則須經過詰問檢

驗後，才能採為裁判基礎，參照刑訴§166）。本文認為，「專家參與審判諮詢」可能發生與鑑定制度相同的缺失，所以，直接援用專家參審應是較恰當的作法。

（三）試行時限不確定

本要點第1條說明：「由於法官對於專門領域之事務，每因欠缺特別知識經驗，而難以發現事實，延宕訴訟，為輔助法官突破專業判斷之障礙，由專家在法庭上擔任諮詢之角色，彌補法官專業知識不足，進而達到發現真實迅速裁判，提高人民對司法之信賴。」

顯然本要點是為了填補法官知識的局限性，並藉以提高人民對司法的信賴。由於試行的適用範圍堪稱合理，應可減少一些風險，然而一般的實驗法都有限時、限區及限事的特性，本要點既屬實驗立法的性質，理應規定試行的期限，否則，試行期間可長可短，對執行者欠缺拘束力，受影響的各方又無法預期試行的結束，顯然已經超越憲法可以容許的界限[52]，故以明訂試行期限較妥。

（四）試行要點的缺漏規定

如前所述，本試行要點對於人民的權益會有很大的影響。故試行要點除了應有明確的試行時限外，應明定試行效果的組織與程序，明確公布試驗的結果，評估是否再繼續進行第二階段的專家參審制度。這些評估可以考量下列事項[53]：社會及參與員對法院的評價、參與員在審判程序中的實際影響與參與意願、職業法官對參與審判諮詢功能的評價、參與審判諮詢所增加的財務負擔等。

此外，本要點必須規定關於：應迴避而未迴避卻仍參與審判諮詢的法律效果，參與員未盡保密義務的制裁，否則，上述規定僅有訓示作用，恐將成為具文。

---

[52] 參閱蘇永欽，前揭書，頁100。
[53] 參閱蘇永欽，前揭書，頁101。

捌、結　語

　　本文認為任何制度的實施，都不可能沒有瑕疵，對於現存的積弊找尋一條改革的道路，當然也不可能毫無障礙。不過，先將可能發生的弊病在立法上加以防制，並在施行後定期就執行成效加以檢驗，只要確信專家參審的確對司法制度的改革有正面意義，那就不該躊躇猶豫。

　　將來我國導入專家參審制度時，應確立專家參審人員在訴訟程序中的功能，及對此等人員的尊重與訓練。以下提出三點建議作為本文的結語：

一、確立專家參審員在訴訟程序中的功能

　　專家參審員應扮演對審判權控制的功能，主要目的是讓專業法官的裁判可以受到牽制，並且讓審判程序更加透明化。藉由專家參審員的參與審判，讓職業法官在審判時更加小心，對於證據的調查及其他裁判上的主要事實謹慎其事。審判的過程要在一般人都可以理解的程序下進行，刑事訴訟就不完全是以專業術語與法律用語來進行，而是用社會大眾和被告都可以理解的觀念來運作。援用具有專業知識的參審員，不但符合審判民主化的要求，也是改進現行鑑定人制度缺點的最佳選擇。由專家參審，可以避免完全倚賴鑑定人的意見，還可以對案情作有意義且恰當的發問。

二、專家參審員的報酬與名冊建立

　　參審的專家必然犧牲了專職領域的工作，因此應該給予適當的報酬，除了日費及旅費外，應給予其職位工作相當的報酬，俾使有學識能力，具審判能力及特殊專長的人參加審判，徹底發揮參審制度的功效。

　　專家參審當然不是刑事司法的常態，只有在鑑定人或專家諮詢也不能合理進行審判的情況下，才需要專家參審。適合參審的專家，如何列冊以供評論篩選；對於準備參審的專家如何進行法律教育，等等技術問題，都可以再做討論。不過，要真正落實專家參審的制度，一定要有全國性專門知識領域人才檔案的建立，否則不知專家何在，也無法實施專家參審。

三、專家參審員的職前訓練

　　德國實務界指出，參審員無法充分履行其任務，主要原因之一是，參審員對自己的任務不認識。事實上，德國為了讓參審員理解自己的工作內容，對於第一次參加審判的參審員，會發給一份簡冊，說明工作內容與參審員的權利義務。此外，參審員也會得到一般人都可以理解的參審手冊[54]。

　　為了克服上述缺點，將來試行專家參審時，應可考慮在夜間對專家參審人員開設入門的法律課程，如此，將有助於提升專家參審員對自己權利義務的認識。尤其，對於新執行參審職務的專家，在執行職務前，應當由一個職業法官利用時間對於專家參審員做審前的教育。例如，介紹法院的組織、訴訟參與者的權利義務，說明審判的過程及參審員的任務，並解釋電視上所獲得的不正確知識。在職前訓練的階段也需提供相關文獻，讓專家參審員隨時翻閱資料，這樣應該可以確實發揮專家參審制度的功能。

---

[54]Benz, Zur Rolle der Laienrichter im Strafprozeß. 1982, S. 223.

第十二章

鑑定制度之改革

壹、前　言

　　2003年2月公布通過刑事訴訟法增修的重點之一是「鑑定制度的改革」。鑑定是由具有特別知識經驗者，根據有關事實法則或將該法則應用在具體事實上，所獲得的判斷報告。依我國法制，法庭的審判由法官主導。關於法律的適用，由法官權衡；關於事實的認定，雖有鑑定人的意見供法官參考，但鑑定證據的證明力，仍由法官自由評價。法官主導判決可能衍生的弊病，不在於法官的法律素養不足，而在於法官可能情緒性的評價證據。例如，法官基於自由心證的理由排除鑑定證據、強制鑑定的不必要、法官不知如何適確地評價鑑定證據、鑑定可能發生錯誤等。因此，如何讓鑑定過程合法妥適及如何避免法官輕率或武斷評價證據，是刑事訴訟制度上應該注意的課題。

貳、鑑定之基礎問題

一、鑑定證據之困境

　　鑑定證據的價值如何，亦即，鑑定證據的證明力如何，有時可能引起懷疑。例如，鑑定對象的物件發生疑問，鑑定的血液與排泄物等非屬被告本人所有；鑑定人的鑑定能力或公正性發生疑慮；鑑定的內容或方法具有瑕疵；鑑定報告所提供之研究基礎不盡完備等。由於本次增訂「鑑定留置」係以鑑定被告的心神狀態為主所做的大變革。故若以「鑑定留置的精神鑑定」為例，鑑定證據引發疑慮的主要原因是專業知識的不確定性與鑑定結果可能錯誤。

　　關於專業知識面不確定性精神鑑定，因鑑定人常常扮演主控的地位。但是，精神鑑定的結果可能不確定，甚至不實。原因有二：其一，醫學家認為，健康與疾病的過程是流動性的[1]；其二，缺乏客觀的方法，證明一

---

[1] Bresser, Krise des Sachverständigenbeweises, in: Frank/ Harrer (Hrsg.), Der Sachverständige im Strafrecht Kriminalitätsverhütung, 1990, S. 42.

個人並非罹患精神病，精神醫學的診斷及預測，仍有其困難[2]。另外，預測被告的將來危險性，也有不確定的情況。即使是精神醫學鑑定人也難以清楚預測被告的將來危險。此種情況便導致對鑑定人地位的質疑。

　　不僅精神醫學上有鑑定證據不確定的現象，其他領域（如文書或彈道鑑定）也可能因為缺乏客觀可靠的測量工具，而發生鑑定結果不穩定的結局。故即使精神醫學家極盡努力做到客觀公正，但也難免受自身價值觀的影響[3]。

　　另外，鑑定結果也可能有誤。鑑定人本應客觀公正的鑑定，然事實顯示，有不少鑑定上的誤會，導致實務上無法適用的例子[4]。例如，關於責任能力的鑑定，據指出，1951年，海德堡醫院的第二次鑑定，與第一次鑑定意見相同者只有45.7%，不同意見者卻有54.3%之多，其中以精神病態人格（人格違常）和精神分裂病的意見最不相同[5]。Pfafflin在1978年對於208個性犯罪人的研究報告，指出鑑定方法上的錯誤，亦即：25%的鑑定報告中缺乏以前性行為之記錄，大約有30%的性行為鑑定報告中，只有由二、三句話所組成；有66%的鑑定報告中，未採用被鑑定人兒童早期的發育；有56%的被鑑定人未接受生理上的檢查[6]。

　　Heinz在1977年的研究指出，有一半以上的鑑定，鑑定人對被鑑定人存有偏見，因而傾向於不利的判斷[7]。

　　另外，由於鑑定人誤解自己在訴訟程序上的角色，在訴訟開始便希望提供法院絕對的意見[8]。尤其是，當鑑定人其他的工作負擔很大，形成

---

[2] Pertes, Fehler Quellen in Strafprozeß, Eine Untersuchung der Wiederaufnahmeverfahren in der Bundesrepublik Deutschland, 1972, S. 137.

[3] Pfafflin, Vorurteilsstruktur und Ideologie psychiatrischer Gutachten, über Sexualstäter, 1978, S. 54.

[4] Rasch, Richtige und falsche Psychiatrische Gutachten, Machrkrim 1982, S. 260～261.

[5] Seyffert, Über Verschiedenheiten bei der psychiatrischen Begutachtung Krimineller, Nervenarzt 22, 1951, S. 194.

[6] Heinz, Fehlerquellen bei der Begutachtung und Fragen der Haftung des Sachverständigen, in: Frank/ Harrer (Hrsg.): Der Sachverständige im Strafrecht Kriminalitätsverhütung, 1990, S. 30.

[7] Heinz, Fehlerquellen forensisch-psychiatrischer Gutachten, Eine Untersuchung anhand von wiederaufnahmenverfahren, 1982, S. 100ff, 110ff.

[8] Kaufmann, Das Problem der Abhängigkeit des Strafrichters vom medizinischen Sachverständigen, JZ 1985, S. 1065; G. Heinz, a.a.O., 1990, S. 34.

時間的壓力，鑑定可能只引用已經過時的調查發現為根據，或根本未調查[9]，這些都是形成鑑定結果可能是錯誤的重要因素。

二、鑑定人角色之爭議

由於我國刑事訴訟法對於鑑定採任意鑑定制，不採強制鑑定制，所以對於某一事項有無送付鑑定的必要，仍由審理事實的法院裁量。不過，鑑定是一種基本權的干預，是強制處分的另種型態[10]，屬證據調查的方法之一，於證據能力與證據證明力仍受到證據法則的拘束；亦即，鑑定人的選任必須具適格性，鑑定證據需具必要性、關聯性與信用性，鑑定結果之評價也必須符合經驗法則與論理法則。

隨著社會複雜化、技術化、專業化的結果，使得在訴訟必得依賴專門知識，也因而加深了對鑑定的重視[11]。然而，鑑定人到底應具有何種功能，卻不斷有爭議。有人認為，鑑定人影響了法官的法律外的判斷。此說法雖嫌主觀，但由於越來越多的鑑定，才使得裁判變得合理及有根據。當然也難怪有人擔心鑑定人會影響法官的裁判。鑑定證據在法律上應如何評價，因此就值得深入討論。

首先，由於鑑定人是意見判斷的提供者，不似證人乃具體事實的提供者，故鑑定人具有中立可代替性、得拒卻性與資格上的限制，所以，他是具有特別知識經驗的人，亦即，若無是項特別的知識經驗，即不具有「鑑定人的適格性」，不應任命其為鑑定人[12]。

其次，為了保持鑑定人的中立性及可信性，刑事訴訟法規定當事人對鑑定人的拒卻制度（刑訴§200）與詰問鑑定人制度（刑訴§166以下）兩種處分。因此，鑑定人應只是法官的輔助者。法院必須對鑑定人的報告，做獨立的評估。在裁判上，不能不對鑑定報告，不加檢驗即予援用，並且

---

[9] Gohde/Wolff, Die Transparenz der Untersuchungssituation in Psychiatrischen Gerichtsgutachten, R&P 1991, S. 170.

[10] Beuke, Strafprozeßrecht, 6. Aufl., 2002, § 12I, Rn. 233, S. 117ff.

[11] Tröndle, Der Sachverständigenbeweis, JZ 1969, S. 374ff.

[12] 參閱拙著，刑事訴訟法理論與運用，2016年9月13版，頁386以下。

必須在裁判理由說明鑑定證據的評價結果，上訴審才可能做法律上的再檢驗。法官如果不採鑑定人的意見，也必須以可檢驗的方式，及基於鑑定報告的分析來加以論理才正確[13]。

我國實務認為，法官可以運用自己的專業知識時，都可拒絕援引鑑定意見。例如，最高法院72年度台上字第5529號及75年度台上字第549號判例指出，「法官如能就有價證券之眞偽或文書之眞正做出判斷，雖未付鑑定與證據法則沒有違背」。有關於此，德國實務見解大致相同，聯邦最高法院的重要判決指出，法官若依其生活經驗及知識即能發現眞相，就不必在訴訟程序中引用鑑定人。鑑定人應該只是法官的輔助人，用來補充法官所欠缺的專業知識；是否需要這個幫助，由法官自行決定。法官對於訴訟中鑑定意見上的矛盾，可以不加採用獨立審判。

的確，對於鑑定人角色與法官裁判間的關係，有理論與實務難以配合的情況。因為，重視現行法的人會認為法官應扮演裁判的主導者，反之，重視實務操作的人會以為，鑑定人才是裁判的主導者。不過，謹守實證法的實際上困難是，法官欠缺專門知識，無法對特定事實做判斷；看重實務操作的困難是，某些事項的鑑定如死因鑑定、傷害鑑定、精神鑑定、麻醉藥品分析鑑定、指紋足跡鑑定、血液鑑定、尿液鑑定等，如法院欠缺上開事項之專業知識，如何能有正確的判斷，這也是本次刑事訴訟法對鑑定制度大幅增修的主因。

參、鑑定制度有關之修正

由於鑑定在刑事訴訟程序中，扮演特殊的功能，尤其新的科學知識及生活領域的專業化，更增鑑定在訴訟程序中的重要性，本次增修刑事訴訟法對於「鑑定制度」的改革，就是最好的例證。以下說明與鑑定有關的修正內容：

---

[13]Roxin, Strafverfahrensrecht, 25. Aufl., §27, Rn. 3, S. 225f.; BGHSt12, 311; BGHStrV 1982, 210; BGH NStZ 1983, S. 377.

一、對實際鑑定人課予報告義務

刑事訴訟法規定除選任自然人充當鑑定人外，另設有「機關鑑定制度」，即法院或檢察官得囑託醫院、學校或其他相當之機關爲鑑定，或審查他人之鑑定，其鑑定程序並準用第203條至第206條之規定。

另外，由於實務運作上，亦有囑託法人或非法人之團體爲鑑定之情形，例如，囑託職業公會爲鑑定。有鑑於目前受囑託從事鑑定之機關或團體，常有採行合議制之情形，故爲探求眞實及究明鑑定經過，法院或檢察官得命實際實施鑑定或審查之人到場報告或說明。前項實際實施鑑定或審查之人以言詞報告或說明其鑑定經過或結果時，其身分與鑑定人相當，應有具結之義務，且當事人、代理人、辯護人或輔佐人亦得詢問或詰問之（參照刑訴§208規定）。

對於鑑定人的「詢問」是指，詢問鑑定報告的眞確與鑑定過程。對於鑑定人的「詰問」，是指對鑑定人口頭報告的詰問程序。由於鑑定人是對於待證事項提供意見的「專家證人」，例如，被告有無精神疾病，病情的嚴重程度如何，鑑定人均需清楚說明。其詰問程序與證人之詰問程序相同。不過，由於鑑定的特殊性與專業性，進行交互詰問時，應將詰問焦點集中於鑑定人之中立性，鑑定方法的正確性與妥當性、導引出鑑定結論之合理性等專業知識，不宜使用讓鑑定人陷於混亂挑撥或傷害專業自尊的詰問方式[14]。

鑑定的場所，通常應於法院內爲之，但必要時，審判長、受命法官或檢察官，得使鑑定人於法院外爲鑑定。鑑定人於法院外鑑定時，得將關於鑑定之物交付鑑定人（參照刑訴§203 I、II）。此外，鑑定人因鑑定之必要，得經審判長、受命法官或檢察官之許可，檢閱卷宗及證物，並得請求蒐集或調取之，亦得請求訊問被告、自訴人或證人，並許其在場及直接發問（刑訴§205）。

---

[14] 參閱古振輝，論鑑定，司法週刊，1029期，2001年5月2版。

二、當事人在場權之保障

鑑定時應保障「當事人之在場權」。因為，當法院或檢察官命行鑑定時，鑑定結果可能於事實之認定產生重大影響，故應賦予當事人、代理人或辯護人到場之機會，藉著鑑定程序之透明化及當事人適切的表達意見，可減少不必要之疑慮或澄清相關爭點。且為保障當事人在場之機會，鑑定之日時及處所，應預行通知，以方便當事人、代理人或辯護人到場。

不過，進行鑑定時，常因經常需要較長之時間，並涉及特殊之鑑定技術及方法，宜由法官、檢察官斟酌個案之具體情狀，於必要時，通知當事人、代理人或辯護人到場，但其事先陳明不願到場者，不在此限（刑訴§206之1Ⅱ）。

三、鑑定留置

鑑定留置是指因鑑定被告心神或身體之必要，得預定七日以下之期間，將被告送入醫院或其他適當之處所的鑑定程序（刑訴§203Ⅲ）。鑑定的內容雖包括對心神與身體的鑑定，不過，本條鑑定的對象應限於狹義的心神鑑定[15]，身體檢查的鑑定應屬第204條的鑑定內容。

由於鑑定留置為重大干預人身自由的強制處分，故鑑定留置的執行亦需特別慎重。以下說明鑑定留置之要件、期限及其執行。

（一）鑑定留置之要件

1. 留置是為鑑定做準備

準備鑑定是指，為了確認被告是否符合刑法第19條之心神喪失或精神耗弱所做之留置準備，不是指將鑑定用來作為確認被告陳述可信度之標準，亦非檢驗被告因為使用酒精或藥物而有暫時性意識障礙，換言之，主要在判斷被告刑責能力的有無或訴訟能力的是否具備[16]。不過，對於目前

---

[15] 依照修正第203條第3項立法理由指出，係參考精神衛生法第21條第3項之規定，將鑑定留置期間以七日為限，亦可知係以心神鑑定為主。

[16] Roxin, Strafverfahrensrecht, §33, Rn. 3, S. 272.

精神狀況仍正常的被告也可以留置，以便瞭解犯罪當時之精神狀況，因為鑑定結果屬無罪責能力，即可依刑法第87條加以監護[17]。

2. 有重大犯罪嫌疑

有重大犯罪嫌疑是指被告有足夠的犯罪嫌疑。重大嫌疑的判斷主要是依據文件資料，這時雖能從事證據調查以查證有無犯罪嫌疑，但由於並非實施主要之審判程序，如果已有明顯之外部犯罪嫌疑，即不必對被告內心事實加以詢問[18]。

此外，鑑定留置的犯罪嫌疑程度應與羈押的嫌疑程度同一，因為，鑑定留置影響人身自由，與羈押同為對被告之一種強制處分，故第203條之4規定，對被告鑑定留置者，其鑑定留置之日數，視為羈押之日數，被告於執行自由刑時，得折抵日數，這個規定也可以說明留置與羈押的犯罪嫌疑程度，應做相同程度的解釋。

3. 有必要性

由於鑑定留置是對於被告的個人自由之基本權之重大干預，故如果有其他方式可以鑑定被告的心神狀態，即不能為鑑定留置[19]。因此，只能在無可避免的情況下，方得為之。以下情況屬於不具鑑定留置的必要性[20]：

(1)門診診斷即可鑑定精神狀況；

(2)即使超過鑑定留置所需期間，也無法確認精神狀況；

(3)被告自願就診，且其醫生適合作為鑑定人；

(4)嫌犯曾受精神鑑定，而此一先前之鑑定結果足供作為判斷。

刑訴法第203條第3項規定「因鑑定被告心神或身體之必要，得預定七日以下之期間，將被告送入醫院或其他適當之處所」，即明白宣示鑑定留置只有在符合必要性時，方得為之。

---

[17] 相同意見，參閱Lutz Meyer/Goßner, StPO, 46.Aufl., 2003, §81, Rn. 5.

[18] Lutz Meyer/Goßner, a.a.O., §81, Rn. 6.

[19] Lutz Meyer/Goßner, a.a.O., §81, Rn. 7.

[20] Malek/Wohlers, Zwansmassnahmen und Grundrechtseingriffe im Ermittlungsverfahren, 2. Aufl., 2001, Rn. 332f., S. 139f.

4. 符合比例原則

鑑定留置必須遵守比例原則，換言之，如果留置的嚴厲性超過可能預期的刑罰或保安處分時，即不得為之。有關於此，德國實務認為，對於自訴案件與輕微案件的被告都不能加以留置，另外，如果只是可以科處罰鍰的行政訴訟程序，也不能鑑定留置，這可以參照德國秩序違反法第46條第3項第三句的明文規定[21]。同樣地，法官於決定是否鑑定留置時，亦應考慮符合比例原則的要素，因為，如果只是輕微案件的被告，將之留置後的期間若有可能長於判決後被科處刑罰或保安處分的期間，即應謹慎為之。

5. 具備鑑定留置票

鑑定留置應用鑑定留置票，記載第203條之1第2項各款所列事項。由於鑑定留置與羈押處分同屬對於人身自由的限制，因此，鑑定留置票應由法官簽名，檢察官認有鑑定留置必要時，應向法院聲請簽發之。換言之，法院為鑑定留置的決定機關。因鑑定留置的前提需與羈押有相同的犯罪嫌疑，且鑑定留置期間之日數，視為羈押之日數（刑訴§204之4），故「鑑定留置」與「羈押處分」同為對被告之一種強制處分，由於羈押處分的決定於1997年修法時只能由法官決定，因而對被告的鑑定留置，也只能由法官決定。

不過，案件偵查中被告如因拘提或逮捕到場，其期間自逮捕或拘提時起算未逾二十四小時者，依第91條至第93條之規定，檢察官仍有留置被告予以偵訊之權利，故於二十四小時內，檢察官認有鑑定被告心神或身體之必要時，無庸聲請簽發鑑定留置票（參照刑訴§203之1）。

鑑定留置票應記載：人別、案由、應鑑定事項、應留置之處所及預定之期間、如不服鑑定留置之救濟方法（刑訴§203之1Ⅱ）。且鑑定留置票應分別送交檢察官、鑑定人、辯護人、被告及其指定之親友（刑訴§203之2Ⅲ）。關於鑑定留置之救濟，得依抗告及準抗告之程序為之。因為，法院「因鑑定將被告送入醫院或其他處所之裁定」，係「判決前關於訴訟

---

[21]Malek/Wohlers, a.a.O., Rn. 334, S. 140.

程序之裁定」，本不得抗告，惟刑訴法第404條但書第2款之特別規定，得向「直接上級法院」抗告，但不得「再抗告」（刑訴§415Ⅰ）。至於審判長或受命法官「因鑑定將被告送入醫院或其他處所之處分」，受處分人得依刑訴法第416條第1項第1款之規定，提起「準抗告」，聲請「所屬法院」撤銷或變更之。

（二）鑑定留置之期間

鑑定留置期間，乃為達鑑定目的而必要之時間，為了避免留置期間漫無限制，立法者特別參考精神衛生法第21條第3項之規定，將留置之期間規定為以七日為限，以確保人權（參照刑訴§203Ⅲ）。

不過，因鑑定事項之內容、檢查之方法、種類及難易程度等而有所不同，審判長、受命法官及檢察官初始所預定之時間，與實際所需之時間未必全然一致，為求彈性處理，因此留置之預定期間，法院得於審判中依職權或偵查中依檢察官之聲請裁定縮短或延長之。但延長之期間不得逾二月。

（三）鑑定留置之執行

執行鑑定留置，由司法警察將被告送入留置處所，又留置之日數視為羈押之日數，被告於執行時得折抵日數，因此該處所管理人員查驗人別無誤後，應於鑑定留置票附記送入之年月日時並簽名（刑訴§203之2Ⅰ）。執行留置時，為防止被告逃逸或有其他安全上之顧慮，法院或檢察官得依職權或依留置處所管理人員之聲請，命司法警察看守被告（刑訴§203之2Ⅳ）。

不過，鑑定留置之執行，有時並非全然或全程派有司法警察看守，若發生安全上之顧慮，或有其他正當事由，自應許由法院斟酌情形，裁定變更鑑定留置處所。故留置之處所，因安全或其他正當事由之必要，法院得於審判中依職權或偵查中依檢察官之聲請裁定變更之。法院為鑑定留置預定期間之縮短或延長，與鑑定留置處所之變更，應通知檢察官、鑑定人、

辯護人、被告及其指定之親友（刑訴§203之3）

　　最後，要注意的是，司法警察執行留置時，應注意被告之身體及名譽，免受不必要之損害，若被告抗拒留置之執行，為落實鑑定之目的，司法警察得使用強制力，但以必要之程度為限（刑訴§203之2準用刑訴§89、§90）。

四、經許可之檢查身體等鑑定處分

　　鑑定人因鑑定之必要，須進入有人住居或看守之住宅或其他處所為鑑定時，得經審判長、受命法官或檢察官之許可，檢查身體、解剖屍體、毀壞物體或進入有人住居或看守之住宅或其他處所（刑訴§204Ⅰ）。該等行為的目的在於鑑定，故稱為「經許可之檢查身體、解剖屍體、毀壞物體或進入處所之鑑定處分」。

　　宜注意的是，該項檢查身體與前述鑑定留置之鑑定身體有區別，因前者之身體鑑定主要在輔助心神的鑑定，鑑定之地點在醫院或其他適當處所，鑑定期間較長，亦即，有七日到二個月時間的限制，所依據的令狀為「鑑定留置票」非本項所稱之「鑑定處分許可書」。關於本項之鑑定處分，應注意以下的重點：

（一）檢查身體等處分是為鑑定做準備

　　檢查身體等處分是為了準備鑑定，亦即，為了鑑定目的所做的準備。換言之，當事實的確認對整個訴訟程序的進行非常重要，為了發現犯罪真實，澄清事實真相，鑑定人因鑑定之必要，檢查身體、解剖屍體、毀壞物體或進入住居等處所為之鑑定準備。

　　這些身體檢查等處分，例如，「檢查身體」是為了測試血液中的酒精含量；「解剖屍體」是因為屍體內可能留有犯罪跡證，死者可能是遭到下毒或其他武器的傷害（如頭部可能有數種刀傷）；「毀壞物體」也是找尋犯罪跡證的可能手段，預備作為鑑定之用，例如毒品或武器可能夾藏在水果內、肉品內、貨櫃裡等，將之取出後即能加以鑑定。「進入處所」是鑑

定人因鑑定之必要，需進入有人住居或看守之住宅或其他處所為鑑定，為了使鑑定人進入此等處所有法律上之依據，特別增訂進入此等處所為鑑定時，應準用關於搜索扣押的相關規定（刑訴§204II）。

（二）符合必要原則

這是指檢查身體等鑑定的處分必須具備必要性。換言之，當事人之個人關係及檢查的種類及結果必須注意，破案的利益與關係人的人格間必須相互權衡。所以，每一項對身體的不可侵害性的破壞，都必須考慮符合犯罪行為或犯罪嫌疑的輕重比例，故即使在無危險性的腦部檢查，也只有在具備重大犯罪嫌疑時，方得為之[22]。

尤其，關於「身體檢查的鑑定處分」原則上只能由醫生為之。且檢查身體對於人身尊嚴的侵害非常重大，並應於許可書內附加認為適當之條件（刑訴§204之1）。這是符合必要性原則的基本遵守。特別注意的是，檢查婦女身體，應注意到婦女的羞恥感，只能由婦女或醫生實施（刑訴§204）。有關於此，德國實務認為，亦可經由被檢查婦女的請求，由其他婦女或其家屬為之[23]。

不過，要特別區分的是本條所稱之「身體檢查」不是身體的搜索。因為，一般有關身體的取證方法大致如下：1.要求任意提出後扣押；2.搜索扣押身體脫離之物；3.搜索身體、進行身體檢查；4.進行勘驗，由檢察官等檢查身體；5.鑑定實施鑑定處分檢查身體。故有些個案，到底屬實施鑑定的身體檢查或一般意義下的身體搜索，可能會有爭議。判斷的關鍵點在於，如針對身體的成分或個別之身體部位所做的檢查，如血液或胃液的鑑定屬鑑定處分，或以身體的內部為檢查客體，例如，檢查吞入之證物，亦屬鑑定處分。但如果是以身體的表面或在身體自然狀態下的凹窩及開啓之處當作調查的客體，例如，嘴巴、肛門應屬身體的搜索[24]。

---

[22]Roxin, Strafverfahrensrecht, 25.Aufl., § 33, Rn. 10, S. 274.

[23]Lutz Meyer/Goßner, a.a.O., § 81c, Rn.17.

[24]Roxin, Strafverfahrensrecht, 25.Aufl., § 33, Rn. 6, S. 273.

　　簡言之，在鑑定處分之身體檢查，包含有對身體某種程度的侵害，例如，為了測試血液中的酒精含量或以腰部穿刺的方法取血的動作。德國的判例甚至認為，用抽血試驗所取得的基因分析結果，如果是用來確認行為人的身分，亦屬身體檢查的範疇[25]。

（三）具備鑑定處分許可書

　　鑑定人因鑑定必要，得經審判長、受命法官或檢察官之許可，於許可書記載：1.案由；2.應檢查之身體、解剖之屍體、毀壞之物體或進入有人住居或看守之住宅或其他處所；3.應鑑定事項；4.鑑定人之姓名；5.執行之期間。且由於檢查身體對於人身尊嚴的侵害重大，得於第1項許可書內附加認為適當之條件（刑訴§204之1）。本項雖規定「得記載適當之條件」，但從尊重身體的尊嚴言，實應記載明確，較為妥適。

　　許可書於偵查中由檢察官簽名，審判中由審判長或受命法官簽名。但若有「有權發許可書」之審判長、受命法官或檢察官在場時，得不用許可書（刑訴§204之1 I）。

　　鑑定人進入有人住居或看守之住宅或其他處所，應準用第127條、第146至149條之規定，以保障軍事處所之秘密及人民之居住安寧。鑑定人為第204條第1項之處分時，應出示審判長、受命法官或檢察官所發之許可書，及可證明其身分之文件。許可書既記載執行期間，則鑑定應在有效期間內開始執行，一旦執行期間屆滿，無論是否已完成鑑定，均不得繼續執行，應即將許可書交還（刑訴§204之2）。

五、對第三人檢查身體之鑑定處分

　　對於第三人得違反其意願加以鑑定，主要是基於司法權之健全運作，須賴人民之配合，故對於鑑定人之鑑定處分無正當理由拒絕者，宜賦予強制力，俾使司法權得以適當行使，而實現正義。故第204條之3規定，第三

---

[25] Roxin, Strafverfahrensrecht, 25. Aufl., § 33, Rn. 7, S. 274.

人無正當理由，拒絕檢查身體之處分，得科以罰鍰，且審判長、受命法官或檢察官得率同鑑定人實施之，並準用關於勘驗之規定，以達成執行鑑定之目的，並利認定事實資料之取得。科罰鍰之裁定與救濟程序準用第178條第2、3項關於證人無正當理由不到場處罰與救濟之規定。

宜注意的是，由於被告以外之人並非當事人，運用時要比對於被告的強制鑑定更加謹慎，故對於第三人的強制鑑定處分，除非有相當理由可認為對於犯罪情形有必要，且該第三人為可期待為證人，並依照跡證原則，才能對第三人發動強制鑑定處分[26]。以下分別敘述這些要件：

（一）必要原則之遵守

必要原則之遵守，非指最後的手段性。換言之，身體檢查對第三人，必須衡量所有情況後，再決定是否對其實施處分。例如，既有的證據資料，雖不足以澄清事實或不足以排除犯罪事實，但因有相當理由並可認為對於犯罪情形有必要，亦得對第三人實施鑑定處分，例如，既有的證據將會再度消滅（如行為人推翻之前的自白時）[27]，只要鑑定人基於鑑定之必要，即得為之。

（二）可預期為證人之原則

第三人必須是可預期為證人之人，例如，能期待證人可為陳述，對於該證人又別無其他觀察的方法（如無意識的被害人）可實施鑑定處分。簡言之，該第三人必須可期待為證人，可期待其得成為被詢問之對象。故當第三人無正當理由拒絕第204條第1項之鑑定處分時，得科以與證人相同之罰鍰。且科罰鍰之裁定與救濟程序準用證人無正當理由不到場之處罰與救濟。

不過，該第三人如享有拒絕證言權時，則應享有拒絕接受鑑定處分之

---

[26]Roxin, Strafverfahrensrecht, 25.Aufl., § 33, Rn. 7, S. 274.
[27]Lutz Meyer/Goßner, a.a.O., § 81c, Rn.16.

權限[28]。因為，該等被檢查之人將來都有可能被傳喚為證人，故得依與拒絕證言之同一法理，加以拒絕。有關於此，德國刑事訴訟法第81條c第3項明文規定，有拒絕證言權之人有權拒絕接受檢查，且必須告知其有此項拒絕的權利。反觀我國刑事訴訟法，僅規定第三人拒絕時的處罰規定，卻沒有規定亦應享有拒絕接受檢查的規範，顯然是法律的漏洞。

（三）跡證原則之要求

依據第204條第1項之檢查身體之鑑定處分，應符合跡證原則。跡證原則（Spurengrundsatz）是指，對於潛在可能的證人，只有在其身上發現有可罰性行為的特定痕跡或結果時，方能對其檢查，例如，該第三人身上有明顯的傷痕[29]。換言之，此種鑑定處分只能對犯罪後留下之跡證與遺留在證人身上之犯罪後果實施。「犯罪後留下之跡證」，指身體上之變化得以推斷犯罪行為人及犯罪行為之實施。「遺留在證人身上之犯罪後果」，指一切因犯罪而產生之身體變化。

由於是為了發現真實所實施之鑑定處分，亦即，必須在證人身上能發現特定的犯罪跡證或犯罪之結果，方得為之。因此，本條對於第三人的身體檢查的適用範圍，只能限制在身體表面的鑑定處分，不同於第204條第1項對被告或嫌犯的身體檢查，可以容忍某種程度的侵害。此種身體上痕跡的鑑定處分，包括自然的身體狀態的開啟，例如，張開嘴巴檢查牙齒，但不允許身體的入侵（如抽取胃液或利用X光照射或探視內部的處分）[30]。

六、經許可採取體液等之鑑定處分

隨著時代的變化，犯罪範圍日益廣泛，有國際化、組織化及隱蔽化的發展趨向。刑事訴訟上對於供述證據的價值漸趨保守，在犯罪追訴程序中越來越重視證物的蒐集，這種情形與科學進步互有關聯，因此科學的鑑定

---

[28]Beuke, Strafprozeßrecht, 6. Aufl., 2002, § 12VIII, Rn. 244., S. 124.

[29]Roxin, Strafverfahrensrecht, 25. Aufl., § 33, Rn. 22, S. 277f.

[30]Lutz Meyer/Goßner, a.a.O., § 81c, Rn. 16; Beuke, Strafprozeßrecht, 6. Aufl., 2002, § 12VIII, Rn. 244, S. 124.

更形重要。不過,科學鑑定對個人權利的侵害型態,與過去不同,因此,必須有實施科學鑑定的法律依據。本次增定這些鑑定的情形,即基於上述理由。

依據第205條之1規定:「鑑定人因鑑定之必要,經審判長、受命法官或檢察官之許可,並載明於依第204條之1所發之許可書,得採取分泌物、排泄物、血液、毛髮或其他出自或附著身體之物,並得採取指紋、腳印、聲調、筆跡、照相或其他相類之行為。」宜注意者,鑑定人採取此等身體上相關之物,目的在於鑑定。在有「鑑定處分許可證」的前提下,得對嫌犯實施相關之鑑定處分。

根據立法理由,本條係仿照德國刑事訴訟法第81a條第1項。該條的適用是指,基於確認犯罪事實的必要,雖無嫌犯同意,在對其身體健康沒有損害的情況下,且由醫生依據醫療規則,得對嫌犯抽血或為其他侵入身體的調查[31]。依照德國實務與學說,實施德國刑訴法第81a條第1項的處分時宜注意:

(一)對嫌犯之強制鑑定處分

這裡所指之嫌犯,並不是指已經開始發動偵查程序的對象,而是指具有犯罪嫌疑的人,包括偵查中的嫌疑人、審判中之被告及受判決人[32]。

(二)沒有健康損害之危險

由於強制鑑定處分包括身體的干預與入侵,故必須無害於嫌犯的身體健康,如果是持續性或是對嫌犯的身體或精神狀態有傷害時,就不能實施。有人認為精神的傷害並不是有害於健康[33],但這個看法並不足取。因為,身體與精神損害之間的主要區別,無法說得清楚,沒有明顯的界限,只能藉助於醫學上的判斷標準,例如,勞動法與社會法長期以來即依照醫

---

[31] Beuke, Strafprozeßrecht, 6. Aufl., 2002, § 12V, Rn. 241, S. 121.

[32] KK-Senge, § 81a, Rn. 2; Lutz Meyer/Goßner, a.a.O., § 81a, Rn. 2.

[33] Lutz Meyer/Goßner, a.a.O., § 81a, Rn. 17.

學判斷標準，說明身體或健康的傷害程度。如果對當事人言，雖無身體上之損傷，但是有精神上之重大傷害，那麼抽血等干預與入侵之行為就有疑慮。因此，如果危害健康的情形，無法以幾近確定的可能性加以排除，那麼就應認為具有危險性。因此不能單純以干預的種類判斷，而應以嫌犯的健康狀況為基準[34]。

（三）符合強制鑑定處分之必要目的

這是指鑑定處分的目的主要在確認訴訟上之重要事實，這些事實包括：即使只能間接證明犯罪的參與嫌犯的罪責，或只可能影響犯罪法律效果的判斷，均得為之。由於所確認的事實對訴訟上有重要關係，故鑑定處分是被允許的。且確認之必要性也包括嫌犯的訴訟能力，但並不包括為了確認證言的可信性而做身體的鑑定處分[35]。

這些事實可能是嫌犯「身體的特徵」，如指紋、腳印、聲調、筆跡、身高、體重、髮型等；也可能是嫌犯「身體的成分」，如血液、胃液、分泌物、排泄物（如汗液、尿液、大便）、血液、毛髮等；或「其他出自身體之物」，指排泄物之外卻出自身體之物，如精液、經血、唾液、指甲等；或「附著身體之物」，指附著於嫌犯身體之一切之血液、排泄物等一切得為確認事實之物；還有嫌犯之「其他生理狀況」，如殘障、色盲、口臭、狐臭、香港腳、菸酒臭味、鬥雞眼、兔唇、口吃、鄉音、特殊口音、特殊癖好等等。只要這些事實能確認訴訟法上相關事實的澄清，應都符合鑑定處分之必要性。

本條的適用並不要求嫌犯主動積極的合作，只要求嫌犯必須容忍，換言之，得違反嫌犯的意願為之，例如，嫌犯雖可主張並無義務積極的針對酒精檢測吐氣，但相反的必須容忍抽血[36]。不過，當被告拒絕合作時能否直接強制為之？例如，採尿過程。如犯罪嫌疑人不願意提出其尿液時，能

---

[34]Malek/Wohlers, Zwansmassnahmen und Grundrechtseingriffe im Ermittungsverfahren, 2. Aufl., 2001, Rn. 244, 245.

[35]Malek/Wohlers, a.a.O., Rn. 243.

[36]Beuke, Strafprozeßrecht, 6. Aufl., 2002, § 12V, Rn. 241, S. 121.

否允許強制性採尿（強制採尿的方法是把導尿管插入尿道，異常痛楚），
就有爭議。

有關於此，日本實務及學理有不同見解[37]。否定說認為，這種取證方
法侵犯人的尊嚴，不應允許。但是，日本的判例採用肯定說之見解認為，
「根據犯罪嫌疑案件的嚴重性，該證據極為重要及有取證的必要，於不存
在其他適當的替代手段，在判定屬偵查犯罪確定不得已時，應作為最終手
段，在正當的法律程序基礎上，對犯罪嫌疑人身體安全及其人格給予充分
保護後實施」[38]。

然而，即使根據肯定說，也很難否定這種方法可能損害人的基本尊
嚴，因此應該嚴格限制其適用的範圍。尤其判斷採尿是否合法，不僅要看
採尿程序本身是否合法，而且要考慮採尿先行程序是否合法，應該從整體
判斷是否合法。因此，如果判定強制採尿與違法先行程序之間是同一目的
和直接利用關係，就可能屬違法的強制處分[39]。

七、檢察事務官等之強制採樣處分

為使偵查程序順利進行及有效取得認定事實之證據，本次修法增訂第
205條之2規定，檢察事務官等人如認為有必要或具有相當理由時，亦得對
於經拘提或逮捕到案之犯罪嫌疑人或被告，違反其意思，予以照相、測量
身高或類似之行為，並採取其指紋、掌紋、腳印、毛髮、唾液、尿液、聲
調或吐氣。

精確地說，本條規定的目的是應該只是讓檢察事務官等人，為了執
行辨識職務所為的強制處分[40]。故對於比較嚴重的身體侵入的行為，如抽

---

[37] 參閱田口守一，刑事訴訟法（第三版），弘文堂，2000年3版，頁88以下。

[38] 參閱田口守一，前揭書，頁88；最決昭和55年10月23日，刑集第34卷第5號，頁300。

[39] 參閱田口守一，前揭書，頁91；最判昭和61年4月25日，刑集第40卷第3號，頁215。

[40] 對照相同立法例的德國刑訴法第81b條規定：「為刑事訴訟進行之目的或為辨認之目的所必
要時，得違反被告之意思而予以照相或取得其指紋、測量身體或為類似之行為。」與日本刑
訴法第218條第2項規定：「檢察官、檢察事務官或司法警察職員，對身體正受拘束之被疑人
採取指紋或足型，測定身高或體重，或拍照相片，以不使被疑人裸體為限，無須依據前項之
命令文件。」得知，本條之立法目的在於執行辨識職務所為的強制處分。參閱Malek/Wohlers,
a.a.O., Rn. 364.

取血液或胃液等，不得爲之。當然，這些強制措施的運用必須符合比例原則，亦即，如果有其他的輕微方法，也能達到辨識或取得證據之目的時，就不應該使用這些措施。

往昔，司法警察官、司法警察對於拘提或逮捕到案之犯罪嫌疑人或被告，經常會進行照相、量身高、採指紋、掌紋等類似行爲（體表檢查，非侵入性之身體檢查），甚至有採取血液（對酒醉駕車者）、尿液（對施用毒品者）、吐氣（對駕駛者強制實施酒精測試）、精液（對性犯罪者）或其他體液等類似行爲（體內檢查，侵入性之身體檢查）等，然而，此等強制處分之執行均無相關規範允許爲之。本次修正明白承認檢察事務官等人員之強制採樣處分，有法律的依據。以下說明檢察事務官等人員在執行本條職務時應注意的事項。

（一）對拘捕之嫌犯或被告爲之

首先，一定要對於經拘提或逮捕到案之犯罪嫌疑人或被告，始得檢查之。換言之，非經拘提或逮捕到案之犯罪嫌疑人或被告，不得隨意檢查之。例如，只是依刑訴法第71條通知到場詢問之犯罪嫌疑人，即不得強制實施採樣處分。

依據德國實務見解，被檢查之嫌犯或被告，在刑事訴訟程序結束後，如果被證明無罪，或確認其將來不會再犯時，有權利要求將其資料銷燬。因爲，藉此方法所獲得之書面文件資料的保存，缺乏法律依據，是一種「純粹預防的警察措施」，故在不服這些資料保存時，只能依循行政救濟程序解決之[41]。

（二）必要原則與相當理由之遵守

根據第205條之2規定：「因調查犯罪情形及蒐集證據之必要」得強制採取之處分包括體外檢查：如採取指紋、掌紋、腳印，予以照相、測量身

---

[41] Roxin, Strafverfahrensrecht, 25. Aufl., § 33, Rn. 16, S. 276.

高或類似之行為。至於體內檢查：如採取毛髮、唾液、尿液、聲調或吐氣等處分，則須「有必要性及有相當理由」為限時，始得採取之，換言之，於採取體內等侵入性之強制處分，所需遵守之必要程度較高。

　　然而，無論是體外或體內的強制採樣處分，如果有其他方法就可達到執行辨識、調查犯罪及蒐集證據的目的時，即不應使用此等措施。尤其，關於體內檢查之強制採樣，司法院刑事訴訟研修會研議之初，本有「情況急迫」之要件，嗣後卻因警政署反對而改為「有相當理由認為採取毛髮、唾液、尿液、聲調或吐氣得作為犯罪之證據時，並得採取之。」不過，「有相當理由」與「必要性」的認定，在實際認定上並無質的差異，況且第205條之2前段已有規定「有調查犯罪情形及蒐集證據之必要」，應無須重複規定的實益。而是應以「情況急迫」加以限制，較為妥適[42]。因為，這些比較嚴重的身體侵入行為的檢查，如無遲疑之危險，應由法官決定。這個應與鑑定人於無情況急迫下，因鑑定之必要，需要採取分泌物、排泄物、血液、毛髮或其他出自或附著身體之物時，應得到審判長、受命法官或檢察官之許可（參照刑訴§205之1），應為相同的解釋。

　　總之，有關侵入犯罪嫌疑人或被告之身體而作穿刺性或侵入性之檢查，雖有其必要性，但因嚴重侵害「人身不受侵害之基本尊嚴」，基於令狀原則，原則上，應經法院之許可始得為之[43]。只有在情況急迫時，如仍須向法官聲請取得許可，勢必影響採樣液體之證明力，例如，尿液中毒品之陽性反應隨著時間經過將日趨薄弱時，才能允許檢察事務官等人依照新增訂第205條之2逕行採樣。故「急迫性」係指非於拘提或逮捕犯罪嫌疑人或被告到案之同時，立即採取其毛髮、唾液、尿液、聲調或吐氣等行為，即無從有效取得犯罪之證據時，始得採取之。不過，採取血液的侵入性檢查行為，應該由醫務人員執行較妥，因此屬於醫療法上之醫療行為，若由檢查事務官等人為之，顯與醫療法規牴觸，故檢察事務官、司法警察官、

---

[42] 相同意見參閱林俊益，鑑定留置、鑑定處分與強制採樣，刑事訴訟法最新增修之檢討學術研討會論文集，頁105。

[43] 例如，日本刑事訴訟法第218條第1項後段規定：「檢查身體時，應依檢查身體之令狀為之」，明白規定以令狀為原則。

司法警察均不得爲採取血液之行爲。

肆、鑑定制度修正內容之評估

本次關於鑑定制度之新修正，有許多是值得肯定的，但也有不盡理想之處。以下先談值得肯定的修正，再談可以詳細斟酌的修正。

一、值得肯定的修正

比較令人稱道的修正，主要是：

（一）符合鑑定實務保障當事人權益

爲探求眞實及究明鑑定經過，對實際實施鑑定或審查之人賦予到場報告或說明的義務。這個相關修正充分尊重鑑定實務的現狀。另外，賦予當事人等於鑑定時有到場之機會，讓當事人有適切表達意見的機會，除可減少不必要的疑慮更能澄清相關爭點。

（二）明確區分不同鑑定處分之種類及要件

本次修正對於各種不同鑑定處分之種類及要件均加以明確區分。例如，鑑定留置與經許可之鑑定處分類型或對第三人之檢查身體等鑑定處分均由不同的專條加以規範。

（三）令狀原則的遵守

令狀原則的遵守，是本次修法的重點之一。例如，鑑定留置需要「鑑定留置票」，雖經許可之檢查身體等鑑定處分，仍須具備「鑑定處分許可書」。

二、不盡理想的修正

本次刑事訴訟法修正關於鑑定制度的部分，雖然有許多令人稱道的規

定，但是仔細檢視這些修正後，仍可發現還有許多不近人意的地方，這些情形是：

（一）鑑定留置的用語應當調整為「留置鑑定」

新增的第203條規定，為了鑑定嫌犯的精神狀況，得將其留置於適當處所加以鑑定。留置時必須有令狀。留置是一種手段，目的是鑑定。概念上，此一處分應稱為「留置鑑定」，而非鑑定留置。稱「鑑定留置」，應該是指，鑑定是一種手段，留置是目的。因此，第203條的用語應當改為「留置鑑定」，較為恰當。

（二）鑑定處分與其他強制處分概念上的混淆

新規定的檢查身體等鑑定處分與搜索、勘驗的概念有多處重疊，造成概念上的混淆，形成理解上的困擾。被告、嫌犯或第三人根據刑訴法的新規定，有可能因為涉案或因緣際會被搜索、被勘驗或被鑑定，這些強制處分的型態各有不同，但均得忍受之。

例如，新規定所指的檢查身體之鑑定處分，有些部分與一般身體搜索的範圍重疊。因為，一般身體的搜索於必要時得對被告或嫌犯為之，對第三人身體的搜索則以有相當理由可信為有被告或應扣押之物存在，亦得搜索（刑訴§122）。故新規定對被告、嫌犯或第三人的檢查身體等處分，可以說與搜索的客體幾乎相同。

另外，法院或檢察官為調查證據之勘驗，有些也與新法規定的鑑定處分相重疊。因為，勘驗，可以進行身體檢查、屍體解剖、挖掘墳墓、破壞物品及其他必要處分（刑訴§213）。尤其，勘驗的對象是人的身體時也叫檢查身體，本次增訂第215條第2項對第三人為身體檢查的勘驗，經合法傳喚無正當理由不到者，得準用證人不到的科處罰鍰或拘提，並得使用強制力。這個規定與第204條之3的檢查身體等鑑定處分的條件相同。

由於檢查身體包括「搜索時之身體檢查」、「鑑定時之身體檢查」與「勘驗時之身體檢查」。勘驗時之檢查身體應該解釋為屬於狹義檢查身體

的範圍。故關於採取指紋、掌紋、血液、尿液等強制採樣行為，亦應屬於狹義的檢查身體之內容，本質上仍是勘驗的一種，應依第213條第2款「檢查身體」之規定，由法官或檢察官於調查證據及犯罪情形有必要時，始得實施之。但是，第205條之2所增訂的「檢察事務官等人的強制採樣權」，竟成為第213條第2款之特別規定，較之勘驗身體的規定，條件上更為寬鬆，實欠妥當。

（三）法官保留原則的背離

由於鑑定是一種基本權的干預，是強制處分的另種型態[44]，屬證據調查的方法之一，因此，原則上法院應是鑑定處分的唯一決定機關。2001年刑事訴訟法修正已經規定，搜索被告或第三人，原則上都由法官決定，可是新法規定的鑑定制度，除了鑑定留置原則由法官決定外，其他的鑑定處分都可以由檢察官決定，這並沒有嚴格遵守法官保留的原則。因為，有些對人身干預檢查身體之鑑定處分比起搜索身體對於人身的侵犯性更高，應當由法官決定，而不是檢察官。

當然，如果顧及有些鑑定處分有其急迫性，必須由檢察官或其輔助人員為之，亦應規定只有在「情況急迫時，得由檢察官決定之」。尤其，根據第205條之2對於體內之強制取樣處分，既未規定應由法官決定，也未規定「情況急迫」的要件，只要檢察事務官等人認為有相當理由即能為之，明顯悖離法官保留原則及違背令狀原則的精神。

（四）鑑定處分之要件過於簡略

許多鑑定處分的前提僅規定，鑑定人認為有鑑定必要即得實施，這將流於主觀判斷。由於鑑定處分均屬對於人民的基本權利有相當程度侵犯的強制措施，因此宜在條文中更加詳細的規定，才能符合法律保留的原則。尤其，對於不是被告或嫌犯以外的對三人檢查身體等之鑑定處分的要件，

---

[44]Beuke, Strafprozeßrecht, 6. Aufl., 2002, § 12, Rn. 233f, S. 117ff.

過於簡單。這也是本文不厭其煩參照德國與日本文獻後，詳細說明各種鑑定處分所應該具備要件的主要原因。

（五）鑑定主體與強制處分主體的混淆

鑑定處分決定的主體是，審判長、受命法官或檢察官，實施的主體是鑑定人。而檢察事務官、司法警察（官）均屬對於調查犯罪嫌疑人、犯罪情形及蒐集證據有權限之人，此次刑事訴訟法為使偵查程序順利進行及有效取得認定事實之證據，規定檢察事務官等人如認為有必要或具有相當理由時，亦得對於經拘提或逮捕到案之犯罪嫌疑人或被告，違反其意思，予以照相、測量身高或類似之行為，並採取其指紋、掌紋、腳印、毛髮、唾液、尿液、聲調或吐氣（刑訴§205之2）。

宜注意的是，此等人員之相關權限屬於強制處分的一種，將之規定在鑑定專條之後，容易使人誤解為該等人員亦屬鑑定人，造成鑑定主體與強制處分主體的混淆。較妥當的作法是將之列在其他新型態的強制處分中，亦即，列於拘提逮捕相關條文之後，說明其為干預基本權之強制處分之一，仍需受到法律保留原則與比例原則之限制。

伍、結　語

刑事訴訟制度的關鍵在證據的發現與認定。證據的發現有賴廣泛而有效的強制處分；證據的認定與評價，一方面有賴法官的專業判斷，另一方面需要專家的協助，這專家就是鑑定人。鑑定制度關係刑事訴訟的成敗。本文先從鑑定的基礎問題談起，談鑑定證據可能面臨的困境，鑑定人角色的扮演困難。其次談本次修法關於鑑定制度的新規定。

為了使鑑定制度更加客觀，更少爭議，新法課予實際鑑定人有報告義務，在相關的鑑定過程中（如採尿過程）允許犯罪嫌疑人、辯護人或輔佐人等關係人在場。為了確實明瞭被告的身心狀況，新法允許在特定條件下「留置」被告，以利於鑑定。這些鑑定留置的要件是：必須是為了鑑定所

做的準備；要有重大犯罪嫌疑；有必要性且應當符合比例原則；並應有令狀（鑑定留置票）。由於留置被告的嚴屬性，相當於羈押，因此將來被告如果受自由刑的宣告，留置期間應折抵刑期。

鑑定需要相關的證據資料，證據資料的取得，除了一般的強制處分之外，也需要對被告、犯罪嫌疑人或第三人為身體的檢查、探看等，如驗血、驗尿、察看身體傷痕。這些處分都可能涉及身體的不可侵犯性，因此都必須有法律的依據。本次刑事訴訟法的修正，旨在吻合這項法治國的基本原則。例如，對於被告或犯罪嫌疑人身體的檢查必須符合比例原則，並具備鑑定處分許可書，而且檢查身體是為了鑑定而準備。對於第三人的身體檢查應當具備更嚴格的要件（如同對第三人的搜索），必須遵守適當原則、跡證原則、並可預期該第三人將來可以成為證人。採取體液等之強制處分，更應注意無損於健康，而且符合強制鑑定的必要性。

最後，對於此次鑑定制度的修正本文做了簡要的總評。本文認為，修法有值得讚許者，也有應當再加改善者。希望經由大家的共同努力，讓我們的刑事鑑定制度以及整體的刑事訴訟制度更加完美。

第十三章

檢查身體之鑑定處分

　　某販毒集團，為牟取販毒高利潤，不惜重資吸收無任何前科之人，擔任其集團交通者之角色，招待前往大陸旅遊，利用返台之機會，將高純度之海洛因以吞入胃內之方式夾帶入境後取出，交由集團首腦，復以其他配料混合加工重新壓模後，以高價出售牟利。經司法警察官張三等人跟監，終查知該集團成員確實身分及其犯罪脈絡，並得知該集團核心首腦甲與二名交通運輸者乙、丙及毫不知情之丙的女友丁，於近日將自大陸地區夾帶毒品入境。案經報請檢察官指揮偵辦，逮捕甲乙丙丁四人。問：檢察官為了澄清甲乙丙三人胃中有無毒品，得要求何人為何種處分？處分之要件為何？對於毫不知情之丙的女友丁，所得為之處分是否相同？

壹、前　言

　　刑事訴訟制度的關鍵在證據的發現與認定。證據發現有賴廣泛而有效的強制處分。檢查身體之鑑定處分是強制處分的一種。鑑定人雖是專家，但在實施檢查身體之鑑定處分過程中的程序正義，亦不能忽略，故刑事訴訟法特別明文「檢查身體鑑定處分」（刑訴§204～§205之1）的相關規定。以下針對本案的法律問題加以說明。

貳、對嫌犯檢查身體之鑑定處分

　　檢察官為了澄清甲乙丙三人胃中有無毒品，得決定發動檢察身體之鑑定處分，核發鑑定處分措施許可書，請求鑑定人為鑑定處分。鑑定人因鑑定之必要，得經檢察官之許可，為檢查身體之鑑定處分（刑訴§204之1）。且依據第205條之1規定及在具備「鑑定措施許可書」的前提下，得對嫌犯實施相關之鑑定措施。宜注意者，鑑定人採取此等身體上相關之物，目的在於鑑定。故必須有下列要件：

一、對嫌犯之強制鑑定措施

這裡所指之嫌犯，當然是指具有犯罪嫌疑的甲乙丙三人。

二、必須具備鑑定措施許可書

鑑定人經檢察官之許可，於許可書記載：(一)案由；(二)應檢查之身體；(三)應鑑定事項；(四)鑑定人之姓名；(五)執行之期間。另外，由於檢查身體對於人身尊嚴的侵害重大，得於第1項許可書內附加認為適當之條件。許可書由檢察官簽名，但若有「有權發許可書」之檢察官在場時，得不用許可書（刑訴§204之1）。

三、沒有健康損害之危險

由於本項之強制鑑定措施是身體的干預與入侵，故必須無害於嫌犯的身體健康，如果是持續性或是對嫌犯的身體或精神狀態有傷害時，就不能實施。因此如果危害健康的情形，無法以幾近確定的可能性加以排除，那麼就應認為具有危險性。因此不能單純以干預的種類判斷，而應以嫌犯的健康狀況為基準。故當鑑定人確知對甲乙丙三人實施入侵之鑑定處分，沒有健康損害之危險時，即得為之。

四、符合強制鑑定措施之必要目的

這是指鑑定措施的目的主要在確認訴訟上之重要事實，這些事實包括：即使只能間接證明犯罪的參與嫌犯的罪責，或只可能影響犯罪法律效果的判斷，均得為之。這些事實可能是嫌犯身體的特徵，如：指紋、腳印、聲調、筆跡、身高、體重、髮型等，或嫌犯身體的成分，如：血液、胃液、分泌物、排泄物、毛髮或其他出自身體之物（排泄物之外，如精液、經血、唾液、指甲）或附著身體之物（如附著於嫌犯身體之一切之血液、排泄物）。此外，嫌犯之其他生理狀況，如：殘障、色盲、口臭、狐臭、香港腳、菸酒臭味、鬥雞眼、兔脣、口吃、鄉音、特殊口音、特殊癖

好等。由於確認甲乙丙三人胃中是否藏有毒品的事實對確認訴訟法上相關事實的澄清，具有重要性，因此符合鑑定措施之必要性。

參、對第三人檢查身體之鑑定處分

對於毫不知情之丙的女友丁，屬於對第三人之鑑定處分。對第三人得違反其意願加以鑑定，主要是基於司法權之健全運作，須賴人民之配合，故對於鑑定人之鑑定處分無正當理由拒絕者，亦得賦予強制力，俾使司法權得以適當行使。根據第204條之3規定，檢察官得率同鑑定人實施之，並準用關於勘驗之規定，以達成執行鑑定之目的。但被告以外之人並非當事人，欲對其為檢查身體之鑑定措施，應有相當理由並有必要時，方得為之。因此對於本案丁的強制鑑定處分，運用時要比對於嫌犯的強制鑑定處分更加謹慎，換言之，除非有相當理由可認為對於犯罪情形有必要，且丁可期待為證人的前提下，並依照跡證原則，才能對丁發動強制鑑定措施。以下說明這些要件：

一、必要原則之遵守

必要性非僅指最後的手段性，因為當檢察官認為如果既有的證據資料，不足以澄清事實或不足以排除犯罪事實，亦得對第三人實施鑑定；例如，既有的證據將有可能被消滅時即得為之。本條規定有相當理由可認為對於犯罪情形有必要，應可解釋為必要原則的遵守。

二、可預期為證人之原則

第三人必須是可預期為證人之人；例如：能期待證人可為陳述，對於該證人又別無其他觀察的方法可實施鑑定措施。簡言之，該第三人必須可期待為證人，可期待其得成為被詢問之對象。丁雖毫不知情整個犯罪情節的脈絡，但是本案事實澄清中的重要證人，故當丁無正當理由拒絕第204條第1項之鑑定措施處分時，得科以與證人相同之罰鍰。

三、跡證原則之要求

　　第204條第1項之檢查身體之鑑定措施，應符合跡證原則。跡證原則是指，鑑定措施只能對犯罪後留下之跡證與遺留在證人身上之犯罪後果實施。「犯罪後留下之跡證」指，身體上之變化得以推斷犯罪行為人及犯罪行為之實施。「遺留在證人身上之犯罪後果」指，一切因犯罪而產生之身體變化。只能為了發現眞實而實施；亦即，在證人身上得否發現特定的犯罪跡證或犯罪之結果。因此，本條的適用範圍只能限制在身體表面的鑑定措施，包括自然的身體狀態的開啓，例如：張開嘴巴檢查牙齒，但不允許身體的入侵，例如：抽取胃液或利用X光照射或探視內部。故如本案丁之身體變化，能發現特定的犯罪跡證或犯罪之結果時，得允許對其在身體表面上的鑑定處分。

第十四章

精神鑑定的問題與挑戰

壹、前　言

　　鑑定，係使具有特別知識經驗的第三人或專業機關，就案情之特別事項，陳述其判斷意見，以作為證據資料的程序。我國刑事訴訟法雖未特別限定某一事項應經鑑定，但為發現實體的真實，對於須有特別知識經驗始可判斷的事項，法院即應交付鑑定，探究事實的真相。由於知識的分化與對於專業的重視，在講求科學辦案的時代，乃大勢所趨，刑事訴訟實務仰賴於鑑定者亦日益更多，其中以精神鑑定最為顯著。

　　精神狀態是責任能力的主要基礎之一，行為時精神狀態是否異常，異常的程度如何，實非只是擁有法律專業訓練的法官所能清楚判斷，因此，在判斷上有疑問時，法官必須借重精神醫學專業人士的知識與經驗。此種借重專業人士知識與經驗所為之精神鑑定，成為法院在判斷被告行為時精神狀況的重要輔助工具。精神鑑定也因此在刑事訴訟實務運作上，扮演非常重要的角色，這個可以從92年2月公布修正刑事訴訟法中關於鑑定制度[1]的大幅增修得到印證。

　　本文首先，針對近年來受到社會矚目的北一女中校門前「潑灑硫酸事件」的判決經過及理由，說明跨學科鑑定知識溝通的困難、原因及解決方案；接著論述「酗酒及嗑藥駕車行為」犯罪化後，對精神鑑定實務所帶來的影響及飲酒對駕駛能力的影響與不能安全駕駛之法律規定；最後說明精神鑑定人在新刑事訴訟制度中所面臨的挑戰。

---

[1] 關於鑑定制度的相關修正，可參閱拙著，鑑定制度之改革，月旦法學，97期，2003年6月，頁126以下。

貳、精神鑑定結果與裁判不一致

一、案例事實

　　被告患有妄想症，因幻想曾遭林姓男子迫害[2]，投訴無門，乃急思傷害他人以爲報復。甲於87年1月間，攜帶水桶二只以及預購之硫酸四瓶，到台北市二二八紀念公園女廁內，將硫酸倒入水桶中，提往北一女校門口等候。當日下午，北一女放學，學生走出校門時，被告接續以水杓舀起桶內之硫酸，潑向橫越貴陽街之北一女學生及其他行人，使二十多人受傷。被害人當中，有二人之臉部傷勢嚴重，疤痕永久不可能消失。甲所潑灑之硫酸並造成二被害人之衣物及書包損壞。案經被害人提出告訴，台北地方法院檢察署檢察官偵查起訴（起訴案號：台灣台北地方法院檢察署87年度偵字第1702號）。

二、判決經過及理由

（一）地方法院判決（台北地方法院87年度訴字第398號）

　　本案第一審判決被告無罪。判決的主要理由是，被告經台北市立療養院鑑定其精神狀態結果，以被告思考內容呈現明顯系統化之被害妄想，關係妄想及疑似之戀愛妄想，思考流程有輕微的脫序及主題連結鬆散現象，且對於訊息認知處理有明顯障礙，其言談內容相當局限，思考不合邏輯。故推斷被告除認知扭曲（妄想）之影響外，亦疑似有知覺扭取（幻聽）之可能，故認爲被告罹患妄想症而導致現實判斷能力之障礙，雖然被告對於自己的一般生活功能，如照顧自己的生活交談等均正常，只對人際關係方面有障礙。然而意識非判斷心神喪失之唯一標準，行爲人雖可就犯罪情節

---

[2] 迫害妄想是指，患者毫無根據的懷疑有人要陷害他，無論如何解說總是深信不疑。通常均因與人關係不和睦，發生衝突而產生迫害妄想。患者可以懷疑任何人，從家人、朋友到有組織的團體或機構，迫害理由可以從私人仇恨到政治因素，變化無窮。參閱曾文星、徐靜，現代精神醫學，1998年，頁278。

為詳細之描述，唯無法判斷導致結果之原因行為之對或錯，被告顯然對於外界事物之知覺、理會、判斷已受明顯而嚴重之損害。故本件綜合其思考判斷流程及上述情形，鑑定其於犯罪行為時之精神狀態已達心神喪失之程度，而諭知被告無罪，令入相當處所施以監護三年。

（二）高等法院判決（高等法院87年上字第3605號）

案經檢察官提起上訴，高等法院指摘原判決不當，將原判決撤銷改判有期徒刑七年。從無罪改判為有罪的主要理由是[3]：

1. 被告有使人受重傷之故意。將硫酸潑灑人之臉部或身體，會使人之臉部或身體因受化學燒傷而至毀容，而有重大不治或難治之傷害，此為眾所皆知之事實，亦為被告所知。因為，被告於檢察官詢問時答稱「我當然知道潑硫酸會使人毀容等語」，可知被告的確有使人受重傷之故意。

2. 鑑定意見並非判決之唯一依據。由於我國刑事訴訟法採職權調查主義，鑑定報告只為法院形成心證之資料，對於法院之審判並無拘束力；待證事項雖經鑑定，法院仍應本於職權調查，以發現事實真相，不得僅以鑑定報告作為判決之唯一證據。本案被告在犯罪後立即被查獲帶往警局偵訊時，對其犯罪前之計畫，犯罪時之行動過程均敘述詳細，在觀察其犯罪前之計畫及犯罪行動均屬細密，顯見被告犯罪當時思緒細密，有記憶能力且清楚自己之行為。台北市立療養院及台大醫院對被告所為之精神鑑定，雖認定被告有妄想症，然觀其犯罪之動機目的，及犯罪之全部過程，及其於實施犯罪行為當時之精神狀態，對於外界事物並非完全喪失知覺理會及判斷作用，而無自由決定意思之能力；被告此項能力並非完全喪失，僅較普通人之平均程度減退，被告於行為時僅屬精神耗弱而非心神喪失，依法仍應負刑事責任。

---

[3] 關於本案高等法院的判決，本人曾撰文加以評述，載於月旦法學雜誌，59期，2000年4月，頁171以下。

（三）更一審判決（88年度上更一字第349號）

案經被告不服提起上訴，最高法院於88年6月10日撤銷高等法院判決，發回更審，高等法院認同第一審判決，判決被告無罪，令入相當處所監護處分三年，其理由為：

1. 被告經送台北市立療養院鑑定其精神狀況結果，認被告罹患幻想症而導致現實判斷能力之障礙其對於外界之知覺、理會與判斷作用已受明顯而嚴重之損害，其犯行行為當時之精神狀態已達心神喪失程度。
2. 在函請台大醫學院鑑定被告於犯罪行為時之精神狀態，經鑑定結果，被告之身體與神經學檢查，無異常發現，皆處於正常範圍，但綜合其臨床表現及疾病史，應為一功能性神經病患者，為妄想型精神分裂病……。既經醫療機構兩度鑑定，均認被告於行為時確屬心神喪失，應採對被告有利之認定。
3. 心神喪失人，非以心神喪失狀態毫無間斷為必要，如行為時確在心神喪失之中，即使在事前或事後偶回常態，仍為心神喪失之人，最高法院24年上字第2844號判例，早有說明。

（四）更二審判決（91年度上更二字第778號）

更一審判決無罪後，高檢署檢察官不服，提出上訴，最高法院仍然以「被告於行為時，並非全然缺乏知覺理會及判斷作用……」為理由，再將案件第二次發回更審。92年7月31日更二審判決又從「無罪改判成有罪」，認定被告僅精神耗弱，處有期徒刑六年，並於刑的執行完畢或赦免後，令入相當的處所監護三年，其理由為：

1. 鑑定意見只為形成法院心證之資料，對於法院之審判並無拘束力。又刑法上的精神喪失或精神耗弱，應依行為時精神障礙之強弱而定。台北市立療養院上開精神鑑定報告書，其認被告對外界之知覺、理會、判斷作用，僅「受明顯之損害」（非謂全然喪失）。

2. 被告犯罪時猶知使用水杓舀起水中硫酸向人潑灑，以避免直接碰觸而傷及自己之手等情觀之，足徵其犯罪前之計畫及犯罪時之行動頗為細密，犯罪當時思慮清晰，有記憶能力，且能認知自己之行為。因此，顯見被告於行為時對外界事物並非全然缺乏知覺及判斷作用，而無自由決定之意思能力。足徵被告行為當時精神障礙之程度僅達精神耗弱之狀態。

為了清楚掌握本案判決之經過及理由，以下用一簡單圖表說明其過程。

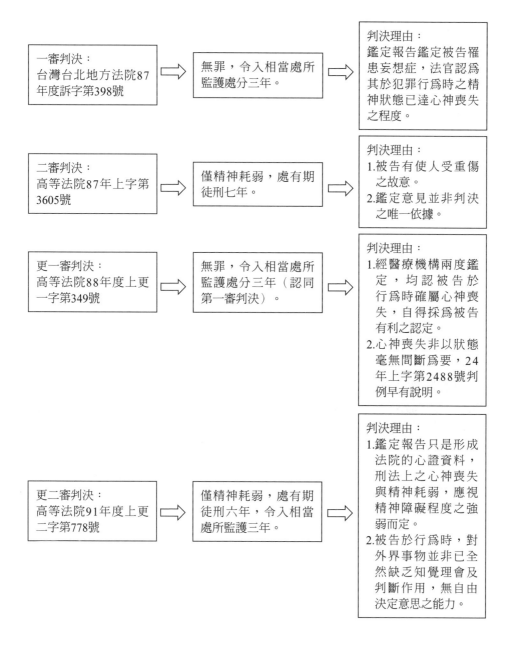

一審判決：
台灣台北地方法院87
年度訴字第398號

→ 無罪，令入相當處所
監護處分三年。

→ 判決理由：
鑑定報告鑑定被告罹
患妄想症，法官認為
其於犯罪行為時之精
神狀態已達心神喪失
之程度。

二審判決：
高等法院87年上字第
3605號

→ 僅精神耗弱，處有期
徒刑七年。

→ 判決理由：
1.被告有使人受重傷
  之故意。
2.鑑定意見並非判決
  之唯一依據。

更一審判決：
高等法院88年度上更
一字第349號

→ 無罪，令入相當處所
監護處分三年（認同
第一審判決）。

→ 判決理由：
1.經醫療機構兩度鑑
  定，均認被告於
  行為時確屬心神喪
  失，自得採為被告
  有利之認定。
2.心神喪失非以狀態
  毫無間斷為要，24
  年上字第2488號判
  例早有說明。

更二審判決：
高等法院91年度上更
二字第778號

→ 僅精神耗弱，處有期
徒刑六年，令入相當
處所監護三年。

→ 判決理由：
1.鑑定報告只是形成
  法院的心證資料，
  刑法上之心神喪失
  與精神耗弱，應視
  精神障礙程度之強
  弱而定。
2.被告於行為時，對
  外界事物並非已全
  然缺乏知覺理會及
  判斷作用，無自由
  決定意思之能力。

三、形成不一致的原因

　　從上述判決經過及理由可以窺出，形成本案法官與鑑定人意見不一致的主要原因如下：

（一）法官自由評價證據

　　由於法庭的審判由法官主導，關於法律的適用，由法官權衡；關於事實的認定，雖有鑑定人的意見供法官參考，但鑑定證據的證明力，仍由法官本於自由心證，對一切有問題的事實證據自由評價。由於法官對於鑑定意見，可以不加採用獨立審判，因此鑑定結果與裁判就會出現不一致之情形[4]，這也是最令人擔心的問題。

　　另外，我國實務向來也認為，當法官可以運用自己的專業知識時，可拒絕援引鑑定意見。例如，最高法院72年度台上字第5529號及75年度台上字第549號判例指出：「法官如能就有價證券之真偽或文書之真正做出判斷，雖未付鑑定與證據法則沒有違背。」有關於此，德國實務見解大致相同，聯邦最高法院的重要判決指出，法官若依其生活經驗及知識即能發現真相，就不必在訴訟程序中引用鑑定人之意見。鑑定人應該只是法官的輔助人，用來補充法官所欠缺的專業知識；是否需要這個幫助，由法官自行決定[5]。

　　鑑定人是對於待證事項提供意見的「專家證人」，在訴訟程序中必須接受詰問。鑑定人畢竟只在審判的某一階段出庭報告意見，而並非全程參與審判，隨時提供諮詢。但是鑑定人時常誤解自己在訴訟程序上的角色，在訴訟開始便希望提供法院絕對的意見[6]。

---

[4] 因為，法官的知識經驗畢竟有其侷限，難以在法律知識以外，做出無瑕的自由心證。

[5] BGHSt 3, 27f. (1952); BGHSt 8,113 (1955).

[6] Kaufmann, Das Problem der Abhängigkeit des Strafrichters vom medizinischen Sachverständigen, JZ 1985, S.1065; Heinz, Fehlerquellen bei der Begutachtung und Fragen der Haftung des Sachverständigen, in: Frank/Harrer (Hrsg.): Der Sachverständiger im Strafrecht Kriminalitätsverhutung, 1990, S. 34.

　　鑑定人常忽略自己係運用其專業知識，幫助法官對證據加以判斷[7]，故如鑑定結論是判斷被告有無責任能力，就不只是精神醫學的專業意見，而是已經跨入法律評價的領域。有關於此，也是鑑定人經常忽略的一點。

（二）鑑定時點遠離行為時

　　形成本案件檢察官不服一再提出上訴之重要原因為，檢察官認為偵訊時間較精神科醫師更為接近被告，「行為時」之精神狀態，檢察官較之數月後鑑定之醫師更能掌握實情。另外，法院於裁判時綜合犯罪前後若干細節，發現被告犯罪經過精心策劃，浮現預謀及故意之意圖，或經查獲後對答正常，思緒清晰，故不認為被告之精神狀態有障礙。被告是在被逮捕後八個月，才由醫生鑑定其案發時為心神喪失，其時點已令人質疑。蓋一般精神病患，僅係間歇性發作，試想一般正常人都難以完全回憶自己八個月前做何事情，鑑定人如何能於被逮補後八個月，正確鑑定被告於案發時之精神狀態，故鑑定結果難讓人信服。

（三）專業知識的不確定性

　　造成本案法官不採納鑑定人意見的另一原因為，專業知識的不確定性。由於精神醫學的知識仍在變動，故精神鑑定的結果可能不確定，甚至不實。造成這種不確定的原因有二。其一，醫學家認為，健康與疾病的過程是流動性的[8]；其二，缺乏客觀的方法，證明一個人並非罹患精神病，精神醫學的診斷及預測，仍有其困難[9]。另外，預測被告的將來危險性，也有不確定的情況，即使是精神醫學鑑定人也難以清楚預測被告的將來危險。尤其，當鑑定人其他的工作負擔很大，形成時間的壓力時，鑑定可能

---

[7] Roxin, Strafverfahrensrecht, 25. Aufl., 1998, §27, Rdnr. 1.

[8] Bresser, Krise des Sachverständigenbeweises, in: Frank/ Harrer (Hrsg.), Der Sachverständige im Strafrecht Kriminalitätsverhütung, 1990, S. 42.

[9] Pertes, Fehler Quellen in Strafprozeß, Eine Untersuchung der Wiederaufnahmeverfahren in der Bundesrepublik Deutschland, 1972, S. 137.

只引用已經過時的調查發現為根據，或根本未調查[10]。這個原因，即使是在有歷史久遠司法精神醫學的德國，亦有相同之質疑。

另外，在德國也發生過，鑑定過程有時候非常粗糙，可能發生錯誤或不正確的現象。因為鑑定人主觀偏見或是病人不合作，使鑑定結果更形困難。Heinz指出，造成鑑定可能發生錯誤的原因，可分為二方面。其一，病人本身的問題，例如，病人缺乏合作的意願、病人弄不清楚自己的年齡、服藥及生活習慣，或病人本身有太多偏離常軌的病症等。其二，鑑定人的問題，例如，鑑定人沒有很好的調查技術、錯誤的認知或受到以前的診斷所拘束，情感上及意識型態上的偏見、遺漏或不完全的診斷；或在鑑定報告中使用否定的意義，或混合專業及日常生活用語，造成對被鑑定人的貶抑判斷[11]，都不足以令人信服鑑定結果的正確性。

四、解決不一致的方案

依照本文的看法，根本解決上述問題的方法有三。第一，立法上的修正；第二，司法制度的設計採用專家參審制；第三，科技整合教育養成過程的注重。

（一）法律上的修正

1. 修正刑法第19條規定

精神疾病犯罪人責任能力的判斷，雖是刑法實務上的難題。但造成鑑定結果與判決不一致的原因，主要是由於刑法第19條的規定太過籠統。第19條只規定，心神喪失人之行為，不罰；精神耗弱人之行為，得減輕其刑。「心神喪失」與「精神耗弱」的概念，向來在精神醫學與刑法實務上無法得到一致的看法。由於法官大多是精神醫學的門外漢，對精神鑑定報告所稱精神疾病，做規範評價的結果，自然是與精神醫學者的看法產生歧

---

[10]Gohde/Wolff, Die Transparenz der Untersuchungssituation in Psychiatrischen Gerichtsgutachten, R&P 1991, S. 170.

[11]Heinz, a.a.O., 1990, S. 32～33.

異。例如，精神醫學者認爲應該屬於心神喪失的精神分裂病犯罪人，都被法官判決有罪。因此，比較可以避免產生歧異的做法，是把現行刑法做較爲具體的修正。但是精神障礙的標準到底應該如何釐定，才能將複雜多樣的精神疾病種類，納入刑法規定之中，這是刑事立法上的一大困難。德國法在這一方面的規定，亦曾做過兩次的修正。

德國刑法精神障礙的責任能力規定，有關生理上的原因，在1871年至1933年之間，只概括規定「意識喪失」與「精神活動的病理障礙」爲無責任能力（當時刑法§51）。另外，無責任能力的心理原因爲「意思不自由」。之後，在1934年至1974年之間，該刑法規定被修正爲：行爲時「意識障礙」或發生「精神活動的病理障礙」或「精神耗弱」爲無責任能力，而心理的原因被代之以「不能辨別其行爲之不受容許，或不能依此識別而爲行爲」（當時刑法§51Ⅰ、Ⅱ）。我國現行刑法第19條的規定，相近於德國舊刑法的規定[12]。德國現行刑法第20條及第21條，是1975年再次修正的新規定，有關無責任能力的生理上原因爲：「病理之精神障礙」、「深度的意識障礙」、「心智薄弱」、「其他嚴重之精神異常」四種，而無責任能力的心理上原因爲「不能辨別其行爲的違法或不能依此辨別而爲行爲」。這個規定，使被告犯罪時的精神狀態之鑑定結果與法律所規定的項目相符合，可以防止精神醫學與刑事法學間，評價歧異的現象。雖然有人批評規定不夠詳盡[13]，但大致仍被肯定。

依照德國現行刑法第20條及第21條的規定，先確定責任能力之生理原因，再標明行爲人行爲時由此原因所生影響責任能力之心理狀態。一方面顧及行爲人的生理原因，另方面並兼顧行爲的辨識與控制（心理原因），此種混合的立法方式，容易與精神醫學診斷的用語配合，因此，德國刑法實務上在援引前述規定時，尚不致發生困難。此一立法例，因而值得我們採酌。

---

[12] 「心神喪失」與德國1933年之前的「意識喪失」相近；「精神耗弱」與德國1974年之前的「精神耗弱」相同。
[13] 更具體詳盡的做法，是把精神醫學上對於精神疾病的分類，規定在刑法條文上，然而這個方法是不可行的。

　　有鑑於此，92年10月9日行政院會所通過的「刑法部分條文修正草案」第19條，參考德國現行刑法第20條及第21條的規定，將其修正為：「行為時因精神障礙或其他心智缺陷，致不能辨識其行為違法或欠缺依其辨識而行為之能力者，不罰。」該條第2項：「行為時因前項之原因，致其辨識行為違法或依其辨識而行為之能力，顯著減低，得減輕其刑。」這個修正主要是參酌德國立法的規定。將來如果通過立法，應可消弭立法規定不正確所帶來後果。

2. 修正刑法第87條規定

　　另外，草案同時也對於精神病犯的監護處分做了相應的修正。為了配合第19條責任能力障礙之修正，調整條文用語；並增設精神障礙者之情況足認其有再犯或危害公安之虞時，應宣告監護處分，並增列有必要時，得於刑之執行前施以監護，俾符保安處分之目的。且為監護處分更具成效，延長監護處分之執行期間為五年[14]，但法院認無繼續執行必要者，得免其處分之執行，以利彈性運用。修正條文第87條：「因第19條第1項之原因而不罰者，其情狀足認有再犯或危害公共安全之虞時，令入相當處所，施以監護。

　　有第19條第2項及第20條之原因，其情狀足認有再犯或有危害公共安全之虞時，於刑之執行完畢或赦免後，令入相當處所，施以監護。但必要時，得於刑之執行前為之。

　　前二項之期間均為五年，執行中認無繼續執行之必要者，法院得免其處分之執行。」

　　依照草案的意見，並非所有精神障礙的犯罪人都應宣告監護處分，而是只有精神障礙犯罪人有很高的再犯可能性，方應宣告監護處分。保安

---

[14] 不過，監護期間由三年改為五年是否妥當，仍有討論餘地。依照許多國家的經驗，精神病犯接受治療三年，如果依舊不見成效，後續的治療可能成為多餘。主張三年為妥的理由，是因為在特定情況下，尤其是病犯有特殊重大的危險性時，可以由法院再宣告延長一年，延長一年期滿，如重大危險性依然存在，再由法院延長一年，換句話說，是給予法院得以對於重大危險病犯有延長的彈性，而非如一開始即以五年為期，然後由法院視無繼續執行之情況，免其處分的規定，只考慮到輕微或容易治療的病犯，忽略那些真正對社會有更大危險性的重病犯，因此，三年為期之規定，既不阻礙實務上治療計畫的靈活實施，亦可兼顧輕、重病犯。

處分之目標，在消滅犯人之危險性，藉以確保公共安全。對於因第19條第1項之原因而不罰之人或有第2項、第20條原因之人，並非應一律施以監護，必於其情狀有再犯或有危害公共安全之虞時，爲防衛社會安全，應由法院宣付監護處分，始符保安處分之目的。故修法參考德國現行刑法第63條之規定，於第1項、第2項增設此一要件，並採義務宣告，而修正第1項、第2項「得」令入相當處所之規定。

此外，由於監護內容不以監督保護爲已足，尚須注意治療，故行爲人如有第19條第2項及第20條之原因時，於刑之執行前，如有先予治療之必要時，宜明文規定得聲請法院裁定執行，爰於第2項增設但書規定，使法院於必要時，宣告監護處分先於刑之執行。

草案的監護處分規定，是採取相對不定期制之精神，並認爲監護不以監督保護爲已足，尚須注意治療（參見保執法§47）並應預防對公安之危害。現行規定監護期間爲三年以下，似嫌過短，允宜延長，故將其最長執行期間提高爲五年。五年的監護處分期間，於實際執行過程中，如其精神已回復正常或因其他事由，認無繼續執行之必要時，法院得裁定提前免其處分之執行。相對不定期刑除了賦予法官裁量之彈性，亦具有：在釋放時，避免有疑慮應如何適用法律的爭執，與對於「預測問題」化約成「確認是否有其他特別危險的犯罪行爲」二項優點。本條修正已符合先進國家之立法例規定，將來在實務運作上，應可將現行法不夠明確的缺點加以修正。

（二）專家參審的可行性

要改進上述法院與鑑定人評價相互牴觸，或甚至有外行領導內行的缺失，專家參審制度是個非常可行的辦法[15]。在將來參審制度的法律設計上，參審員應扮演對審判權控制的功能，主要的目的是讓專業法官的裁判

---

[15] 司法院於1999年的全國司法改革會議後，對於已經達成共識的專家參與審判制度，決定「專家諮詢」與「專家參審」兩階段實施專家參審制。有關參審制度的詳細問題，可參閱拙著，參審制度之研究，載於刑事法系列研討會(一)：如何建立一套適合我國國情的刑事訴訟制度研討會，頁23～52。

可以受到牽制，並且讓審判程序更加透明化，藉由參審員的參與審判，讓職業法官在審判時更加小心，對於證據的調查及其他裁判上的主要事實謹慎其事。尤其重要的是，某些刑事案件的參審員應該是專家參審[16]，因為許多專業領域的事件通常都非常複雜，法官對於其他領域的專業知識，無法充分瞭解，例如，本案涉及精神醫學及心理學的知識，其案情讓法官備覺困難。若僅以一個已經不具現代精神醫學知識的判例重複加以論證，非但不能讓當事人信服，也讓人覺得裁判過於草率。

刑事訴訟法雖有規定，法官可以選任具有特別知識經驗的鑑定人提供鑑定意見，但是，如果法官具有接近鑑定人的專業知識與經驗，就可以避免完全倚賴鑑定人的意見[17]，並且可以對案情作有意義且恰當的發問[18]。完全倚賴鑑定人的意見，無法判斷鑑定意見的正確性，無異只是針對鑑定人的意見加以裁判。所以，援用具有專業知識的參審員，不但符合審判民主化的要求，也是改進現行鑑定人制度缺點的最佳選擇。

（三）科技整合課程的開設

改變法官與鑑定人評價歧異的根本解決方法，是在大學法律系與醫學系合開「司法精神醫學」課程，或在司法官訓練所開課，以建立法律人與精神醫學界之間的知識交流，並建立將來工作上相互信賴的基礎。因為，法律人與精神醫學界之間的接觸，在刑事追訴審判工作上，頗為常見。例如，精神疾病犯罪人行為時的精神狀態如何，往往需要精神鑑定人的鑑定報告。此一鑑定報告通常需要以精神醫學的術語，描述病犯的精神狀態。然而何種精神狀態可以被評價為刑法上的無責任能力或限制責任能力，或有完全責任能力，必須法官做最後的判斷。法官做此判斷，應具備一定程

---

[16] 這個看法與我國刑事參審試行條例第3條的立法理念是相同的。

[17] 法官之所以會形成倚賴鑑定人的原因，詳細內容可參閱拙著，鑑定證據之研究，台大法學論叢，23卷2期，1994年，頁311以下。

[18] 因為依照Casper/Zeisel的研究指出，職業法官認為參審員的發問，算有意義的大約是15%到20%左右，主要的原因是參審員根本不知從何發問。參閱Casper/Zeisel, Der Laienrichter im Strafprozeß, 1979, S. 37.

度的精神醫學基礎知識。否則，如果不是完全信賴鑑定人的意見，即是情緒性的排斥鑑定人的意見。

完全信賴鑑定人意見的結果，可能形成鑑定人主導裁判的局面；情緒性的排斥鑑定人的意見，則可能惡化法官與精神鑑定人之間的關係。法官是否採取鑑定人的意見，應有說理上的論據，才能獲得鑑定人與當事人的信服。此種說理，當然不只是法律規範的解釋而已。相反的，精神鑑定人往往希望自己的鑑定報告被法官重視，如意見未獲採納，鑑定人可能誤以為法官不尊重專業知識。實際上，在諸如責任能力判斷的法律案件，鑑定報告雖然可能是裁判的必要條件，但還不是充分的條件。易言之，鑑定報告並不是法官裁判上的唯一而且絕對的基礎。此點也許鑑定人不能清楚認識。為了減少前述法官與鑑定人之間的緊張關係，必須從養成教育的階段起，使雙方有科技知識的交流機會。

「司法精神醫學」課程的安排，使專攻精神醫學的醫學系學生與法律人，都可以借此瞭解自己專業之外的重要基礎知識。茲以本人攻讀博士學位期間於德國慕尼黑大學所選修的司法精神醫學課程為例，在該課程當中，由犯罪學兼刑法學的教授主持，並有精神醫師與心理醫師參加。每次都有不同的個案出席課堂上，此個案通常是精神疾病犯罪人（監獄官員在旁戒護）。個案依次由心理醫師與精神醫師詢問，如病犯為外國人，則同時有翻譯人員口譯。詢問完異，病犯離開課堂，主持教授與專家分別就法律、心理、精神問題提出報告，最後，由在場的醫學系與法律系學生發問討論。此一課程為選修課，法律系學生多於醫學系學生。

我國的法律教育，雖有濃厚的「考試領導教學」的色彩，但從許多法學院陸續籌設「科技整合法律學系或研究所」的趨勢，應可逐漸改善此種現象。或許現階段的法學養成教育不易開設此一課程。但果真有困難，至少應在司法官訓練所設此研究課程，讓法官與檢察官有機會掌握科技整合知識交流的機會。

參、飲酒對身體及精神狀態之影響

　　88年4月政府為嚇阻日益嚴重的酒醉駕車肇事，增修刑法將酒後不能安全駕駛納入公共危險罪規範後，使得觸犯公共危險罪之人數大幅增加，連帶地，也使酒精與藥物使用下之精神狀態，成為精神鑑定之重要議題。根據法務部統計，91年各級法院檢察署執行公共危險罪案件判決確定有罪人數為35,815人，其中以因用藥或酒醉駕駛者最多，有33,322人（占93.04%）[19]。上述數字，反映出我國對於藥物或酒精濫用之程度，該類鑑定便形成訴訟實務的重要問題。

一、飲酒後的身體與精神狀況

　　酒精或藥物使用後，會造成身體及精神上傷害，並容易使人為犯罪之行為，大體而言，酒精對人體的不良影響有外顯行為的改變與形成與犯罪有關聯的心理現象。

（一）外顯行為的改變

　　飲酒所可能造成的外顯行為之破壞，依其強度可分成三個階段來描述：微醉（Angetrunken）、醉（Betrunken）、泥醉（Volltrunken）。但這三個階段是流動的。微醉者的行為與一般人所不同的是，他們比較愛說話，比較樂於跟人接近，易衝動，易受鼓動（不過也有人變得更沈默或更缺乏勇氣）。微醉者與平常時候的表現頗有不同，變得更加開朗，但是對人糾纏不休[20]。醉者的行為表現比微醉者更加奇特，大多數在身體的徵兆上，已可以清楚察覺。他們的言語變得更不清楚，平衡感已經破壞，走路跌跌撞撞，而且沒有方向感。在此種情況下，醉者已沒有完全清醒的意識，常常出現明顯的行為失控，極度的困倦[21]。泥醉者（或爛醉者）的談

---

[19] 參閱法務部，犯罪狀況及其分析，2002年，頁39。

[20] Krüger/Kazenwadel/Vollrath, Das Unfallrisiko unter Alkohol mit besonder Berüsichtigung risiköerhöhender Faktoren, in: Krüger(Hrsg.), Das Unfallrisiko unter Alkohol, 1995, S. 11.

[21] Langelüddecke/Bresser: Gerichtliche Psychiatrie, 4. Aufl., 1976, S. 150.

話，幾乎沒有意義，而且無法令人瞭解，已經無法辨認他的情境，注意力只能集中數秒鐘，走路跌跌撞撞，動作失去目標。在心理上會出現高度的亢奮，或者是幾乎完全的冷漠[22]。

（二）形成與犯罪有關聯的心理現象

由於受酒精影響，在心理方面產生變化，而與犯罪有所關聯者，是因為酒精會造成廣義上人格的改變，尤其是「意識品質」（Bewuβtseinqualität）的改變。例如，批判能力受限制或喪失，冒險的意念升高，心理上的慾動增強，理性衡酌事情的能力減低。對於現實狀況的理解受限制，任意地放縱自己的行為，在人群當中容易顯現攻擊傾向[23]。

二、酒精對駕駛行為與駕駛能力的影響

酒精對人體的心理與生理產生不良影響後，令人更加擔憂的是，酒精濃度的多寡將影響駕駛人的行為與能力，進而增加肇事率。一般用於表示人體內酒精含量的濃度單位，有兩種：一是血液中的酒精含量（Blood Alcohol Concentration，簡稱BAC）這是指100cc血液中所含酒精的公克數，以「mg/dL」加以表示。更加簡單的定義為「血液中酒精所占質量比值的百分比或千分比」，如100cc血液中含0.05克的酒精時，其BAC質為0.05%。二是呼氣酒精的濃度（Breath Alcohol Concentration，簡稱BrAC），這是指每公升吐氣中所含酒精的毫克數，以「mg/L」加以表示[24]。

臨床上血液中酒精濃度的檢驗較為準確，但實施起來比較困難。呼氣酒精濃度的測試較為簡易，使用方便，故被廣泛使用於取締酗酒駕車的案件。根據台北醫學院蔡尙穎醫師的觀察指出，由於台灣近年來增加酒類之製造與進口、販賣方式改良使酒類品取得容易，台灣地區的飲酒盛行率已

[22]Langelüddecke/Bresser, a.a.O., S.151.

[23]Schwind, kriminologie, 1999, S.437.

[24]參閱程玉傑，酒後駕駛執法程序與品保制度規劃，台灣高等法院檢察署彙編，刑法第185條之3酒後駕車「不能安全駕駛」認定標準之相關論文資料，1999年11月，頁22～23。

在三十年間增加80倍以上[25]。

　　飲酒後會產生臉潮紅、頭痛、心跳加速等自主神經系統亢奮現象，主要乃與乙醛在血液中蓄積的程度有關。雖然每人飲酒後的自覺生理反應不一，然而同種族之間的酒精清除率（elimination rate）則相近，故飲用同量酒精之後對每個人的身體影響應類似。酒精代謝的速率與酒精攝取量有關。簡言之，每一單位的酒量經攝取後體內血液酒精濃度約為0.015%即15mg/dL，而酒精代謝速率約每15mg/dL需一小時，如一個成年男子的酒精代謝的速率，依每一公斤體重飲用0.6克純酒精（約每人5至6單位之飲酒量）後發現：在一小時左右BAC達到最高約為0.075%，三小時之後BAC才會低於0.05%。而BAC僅0.015%即可能會影響駕駛能力，當BAC超過0.05%則不論國內外的調查報告，均顯示大大提高交通傷亡的機率，當BAC超過0.1%時則確定會影響駕駛能力，其發生交通事故的比例約為無飲酒狀態的6至25倍[26]。

　　酒精使用後對身體的影響除上述自主神經系統亢奮與認知功能的暫時性缺損外，與駕駛能力有關者為：「對移動景物的追蹤能力」、「經強光照射後恢復視力」、「監視四周的注意力」。而上述三種能力在夜間駕車時尤其重要[27]。「駕駛能力」是指，駕駛者的感知力與駕駛技術，也就是駕駛者所能做的事情。「駕駛行為」是指，駕駛者於開車時的實際上行為。以速度為例，舉凡判斷速度的能力、對危險的反應能力皆屬於駕駛能力的範疇。至於要選擇何種速度行進，為什麼要選擇這種速度前進，則是駕駛行為的範圍。根據德國學者Becker[28]、Maatz/Mille[29]、Krüger/Schöch[30]

[25]參閱蔡尚穎，酒精對人體生理與行為之影響，台灣高等法院檢察署彙編，刑法第185條之3酒後駕車「不能安全駕駛」認定標準之相關論文資料，1999年11月，頁15。
[26]參閱蔡尚穎，前揭文，頁16。
[27]Krüger/Kazenwadel/Vollrath, Das Unfallrisiko unter Alkohol mit besonder Berüsichtigung risikoerhöhender Faktoren, in: Krüger(Hrsg.), Das Unfallrisiko unter Alkohol, 1995, S. 11.
[28]Becker, Alkohol im Strassen verkehr, 1999, Rn. 120, S. 48.
[29]Maatz/Mille, Drogen und Sicherheit des Strassenverkehrs, DriZ 1993, S. 17.
[30]Krüger/Schöch, Absenkung der Promillegrenze, DAR 1993, S. 336f.

的研究及警察大學蔡中志[31]及程玉傑[32]的觀察，酒精對駕駛能力與駕駛行為及肇事率的影響至有關係。

　　然而飲酒至何種程度，始符合刑法第185條之3所定不能安全駕駛，其標準實難界定。法務部遂於88年5月邀集各界會商，訂出「呼氣酒精濃度達每公升0.55毫克」（相當於血液中酒精濃度1.1‰），即合本罪之要件移送偵辦，此為「絕對不能安全駕駛」的標準。但若在0.25毫克至0.55毫克之間，執行警察有其他客觀事實認定不能安全駕駛（如蛇行）時，亦應依刑法第185條之3規定，移送法辦處以刑罰，因為這屬於「相對不能安全駕駛」的範圍。這個看法與德國實務界的作法相同[33]，當然如果執行取締酒後駕車的單位，於取締當時增做諸如單腳直立、直線步行、接物或畫同心圓等測驗，並作成書面報告附卷，必定可以增強法院對於認定是否屬於「相對不能安全駕駛」範圍之裁判依據。

　　目前我國對付酒醉駕車的交通法規還有「道路交通管理處罰條例第35條」[34]及「道路交通安全規則第114條」[35]兩個條文。依據這兩條的規定，駕

---

[31]參閱蔡中志，酒精濃度與肇事率的關係，台灣高等法院檢察署彙編，刑法第185條之3酒後駕車「不能安全駕駛」認定標準之相關論文資料，1999年11月，頁49。

[32]參閱程玉傑，前揭文，頁25。

[33]Bialas, Promille-Grenzen, Vorsatz und Fahrlässigkeit, 1995, S. 25f., Fn. 13.

[34]道路交通管理處罰條例第35條規定：「汽車駕駛人，駕駛汽車經測試檢定有左列情形之一者，處新台幣1萬5千元以上6萬元以下罰鍰，並當場移置保管其車輛及吊扣其駕駛執照一年；因而肇事致人受傷者，並吊扣其駕駛執照二年，致人重傷或死亡者，吊銷其駕駛執照，並不得再考領：一、酒精濃度超過標準。二、吸食毒品、迷幻藥、麻醉藥品及其相類似之管制藥品。汽車駕駛人，經依前項規定吊扣駕駛執照，並於吊扣期間再有前項情形者，處新台幣6萬元罰鍰，並當場移置保管其車輛及吊扣其駕駛執照；如肇事致人重傷或死亡者，吊銷其駕駛執照，並不得再考領。汽車駕駛人拒絕接受第1項測試之檢定，處新台幣6萬元罰鍰，並當場移置保管其車輛及吊扣其駕駛執照；如肇事致人重傷或死亡者，吊銷其駕駛執照，並不得再考領。汽車駕駛人肇事拒絕接受或肇事無法實施第1項測試之檢定者，應由交通勤務警察或依法令執行交通稽查任務人員，將其強制移由受委託醫療機構或檢驗機構對其實施血液或其他檢體之採樣及測試檢定。汽車所有人，明知汽車駕駛人有第1項各款情形，而不予禁止駕駛者，並吊扣其汽車牌照三個月。第1項至第3項汽車駕駛人之罰鍰，不得依本條例第65條第1項第3款易處吊扣駕駛執照，其逾十五日後仍不繳納者，依法移送強制執行。」

[35]道路交通安全規則第114條規定：「汽車駕駛人有左列情形之一者，不得駕車：一、連續駕車超過八小時者。二、飲用酒類或其他類似物後其吐氣所含酒精成分超過每公升0.25毫克或血液中酒精濃度超過0.05%以上者。三、吸食毒品、迷幻藥、麻醉藥品或其相類似管制藥品者。四、患病影響安全駕駛者。五、營業小客車駕駛人未向警察機關請領執業登記證，或雖已領有而未依規定放置車內指定之插座者。」

駛人飲酒後吐氣所含酒精成分超過每公升0.25毫克以上者（相當於血液中酒精含量0.5‰以上），即屬酒醉駕駛的交通違規行為。為了更清楚掌握相關的法律適用關係，茲以圖表說明我國酒醉駕車的相關規定及見解：

駕駛能力	認定標準	適用法條
絕對不能安全駕駛：刑罰	吐氣每公升酒精含量0.55毫克以上（相當於血液中酒精含量1.1‰以上）	抽象危險犯（刑法第185條之3）
相對不能安全駕駛：刑罰	吐氣每公升酒精含量0.25毫克至0.55毫克之間（相當於血液中酒精含量在0.5‰到1.1‰之間，並加上其他客觀事實（如蛇行）	抽象（具體）危險犯（刑法第185條之3）
正常判斷能力受損無法安全開車：行政罰	吐氣每公升酒精含量0.25毫克以上（相當於血液中酒精含量達0.5‰以上）	抽象危險構成要件（道路交通管理處罰條例第35條及道路交通安全規則第114條）

　　由於判斷酒醉駕車，必須有一個經驗上的依據。一兩杯啤酒下肚，當然還不致影響大多數人的行車安全。但飲酒到一定的程度，會扭曲了大多數人的生理與心理狀況，才會對交通參與者帶來致命的威脅。這個程度，依許多先進國家如德國、日本、挪威、瑞典等國的刑法實務經驗，是血液中的酒精含量達1.1‰。這大約也是我們警方移送的標準（吐氣所含酒精成分每公升0.55毫克）。達到這個程度，就是「絕對的無駕駛能力」（絕對不能安全駕駛），雖然有少數人的酒精容忍度很高，也沒有反證推翻的機會。這是刑法學說上所稱的「抽象危險犯」。

　　運用抽象危險構成要件的主要理由是，可以避免實害犯舉證上的困難，減輕追訴機關的負擔，是非常有實用性的構成要件。另外，抽象危險構成要件也符合刑法所要求的一般預防功能，由於任何人都可能是交通犯罪的潛在犯罪人，所以，抽象危險構成要件被認為是對抗交通犯罪的重要手段[36]。

---

[36] 當然血液中或呼氣中的酒精含量達一定的數值，就認為是「不能安全駕駛」，固然有羅織的意味，但這是若干法律規範不能免的事。例如，無正當理由攜帶刀械，在立法上被認定有危

肆、精神鑑定人在新刑事訴訟制度之挑戰

過去精神鑑定常有因鑑定人係鑑定單位臨時委任或並非專職鑑定之精神科醫療實施鑑定之情形，因而產生許多爭議。新刑事訴訟法針對此項缺失，已有許多修正，以下分述之：

一、可留置鑑定嫌犯的精神狀況

新刑事訴訟法於92年2月修正施行，增修「鑑定留置」的規定。鑑定留置是指因鑑定被告心神或身體之必要，得預定七日以下之期間，將被告送入醫院或其他適當之處所的鑑定程序（刑訴§203Ⅲ）。鑑定的內容雖包括對心神與身體的鑑定，不過，本條鑑定的對象應限於狹義的心神鑑定[37]，身體檢查的鑑定應屬第204條的鑑定內容。

由於鑑定留置為重大干預人身自由的強制處分，性質上類似於羈押，故應受法律保留原則之拘束。本來舊法雖然已經有所規定（舊刑訴§203Ⅲ），且存在有「救濟程序」（刑訴§404②、§416Ⅰ①），亦即因鑑定將被告送入醫院之裁定或處分，可以分別提起抗告或準抗告，但舊刑事訴訟法關於干預限制要件卻十分簡略，此次修法終於有較為明確之規範[38]。

二、實際鑑定人必須接受詰問或詢問

刑事訴訟法規定除選任自然人充當鑑定人外，另設有「機關鑑定制度」。且由於實務運作上，亦有囑託法人或非法人之團體為鑑定之情形，例如，囑託職業公會為鑑定。鑑於目前受囑託從事鑑定之機關或團體，常

險性，對不特定人的生命身體有危險。立法上認定，這刀械終將流入仇鬥的場所，攜帶刀械的人不論有無前科、從事什麼行業、學歷多高，都不能否定犯罪的成立。相同見解參閱 Schöch, Kriminologische und sanktionsrechtliche Aspekte der Alkoholdelinquenz im Verkehr, NStZ 1991, S. 15.

[37] 依照修正第303條第3項立法理由指出，係參考精神衛生法第21條第3項之規定，將鑑定留置期間以七日為限，亦可知係以心神鑑定為主。

[38] 詳細之內容可參閱拙著，鑑定制度之改革，月旦法學，97期，2003年6月，頁126以下。

有採行合議制之情形，故為探求真實及究明鑑定經過，法院或檢察官得命實際實施鑑定或審查之人於案件審理時到場報告或說明。前項實際實施鑑定或審查之人以言詞報告或說明其鑑定經過或結果時，其身分與鑑定人相當，應有具結之義務，且當事人、代理人、辯護人或輔佐人亦得詢問或詰問之（參照刑訴§208規定）。

對於鑑定人的「詢問」是指，詢問鑑定報告的真確與鑑定過程。對於鑑定人的「詰問」，是指對鑑定人口頭報告的詰問程序。由於鑑定人是對於待證事項提供意見的「專家證人」，例如，被告有無精神疾病，病情的嚴重程度如何，鑑定人均需清楚說明。其詰問程序與證人之詰問程序相同。不過，由於鑑定的特殊性與專業性，進行交互詰問時，應將詰問焦點集中於鑑定人之中立性，鑑定方法的正確性與妥當性、導引出鑑定結論之合理性等專業知識，不宜使用讓鑑定人陷於混亂挑撥或傷害專業自尊的詰問方式。

三、鑑定時當事人有在場權

宜注意的是，精神鑑定時應保障「當事人之在場權」。由於法院或檢察官命行鑑定時，鑑定結果可能於事實之認定產生重大影響，故應賦予當事人、代理人或辯護人到場之機會，藉著鑑定程序之透明化及當事人適切的表達意見，可減少不必要之疑慮或澄清相關爭點。且為保障當事人在場之機會，鑑定之日時及處所，應預行通知，以方便當事人、代理人或辯護人到場。

不過，進行鑑定時，常因經常需要較長之時間，並涉及特殊之鑑定技術及方法，宜由法官、檢察官斟酌個案之具體情狀，於必要時，通知當事人、代理人或辯護人到場，但如當事人事先陳明不願到場者，不在此限（刑訴§206之1Ⅱ）。藉著當事人在場的無形監督，將使鑑定人的鑑定更加小心翼翼，獲得信任並減少錯誤。

伍、結　語

關於精神鑑定的相關問題，所涉及的討論範圍看似雖小，但內容卻頗有爭議性，所以本文詳細的把背景問題及法律規範一併加以說明。

關於「潑灑硫酸事件」，法院的數項判決各有所執，沒有一致的意見。這是法律評價上難以避免的事情。鑑定人對於案件提供專業知識上的意見，以協助法官對案情做出最恰當的法律判斷；鑑定人的意見並不就是最終的判決意見，這一點是清楚不過的事情。即使刑法修正草案關於精神狀態的規定修正通過，法官與鑑定人意見的不一致，也同樣會出現。如何讓法官與鑑定人就特殊個案的證據評價盡可能一致，實在是刑法實務的一項重要任務。我的看法是：「如果法官的評價與鑑定人的意見不一致，判決理由必須非常具有說服力，才能排除當事人的疑慮。當然，如果鑑定人彼此意見不一致，除非鑑定有誤，否則應該盡可能接受對被告比較有利的鑑定。因為只有這麼處理，國家刑罰權的發動才可能受到節制。」

關於「酒精或藥物使用」對精神鑑定實務的影響，主要是依道路交通管理處罰條例第35條規定，因汽車駕駛人拒絕呼氣測試檢驗時，由執法人員將其強制移由醫療機構實施抽血或採樣時，才有鑑定程序的發動，不過，該類鑑定的醫師並不以精神鑑定醫師為限，鑑定結果所測出的質，主要是提供法官決定汽車駕駛人是否符合刑法第185條之3「不能安全駕駛」罪的主要依據。故鑑定結果血液中的酒精含量達1.1‰（這大約也是我們警方移送的標準：吐氣所含酒精成分每公升0.55毫克）的程度時，就是「絕對的無駕駛能力」（絕對不能安全駕駛），雖然有少數人的酒精容忍度很高，也沒有反證推翻的機會。這是刑法學說上所稱的「抽象危險犯」[39]。

為了讓鑑定人可以對被告的精神狀況更清楚的瞭解，刑事訴訟法大幅

---

[39] 運用抽象危險構成要件的主要理由是，可以避免實害犯舉證上的困難，減輕追訴機關的負擔，是非常有實用性的構成要件。所以，抽象危險構成要件被認為是對抗交通犯罪的重要手段。相同意見，參閱Schöch, Kriminologische und sanktionsrechtliche Aspekte der Alkoholdelinquenz im Verkehr, NStZ 1991, S. 15.

增修的新型態強制處分「鑑定留置」，規定可將被告留置於適當處所加以鑑定。也由於機關鑑定或合議鑑定的缺失，新法賦予實際的精神鑑定人有出庭接受詰問或詢問的義務，為了讓鑑定程序透明化，當事人有表達意見的機會，新法讓當事人在鑑定時可以在場，這些新規定有助於鑑定工作的進行，使得鑑定報告更精確，並且拉近法官與鑑定人意見上的距離，鑑定人在新刑事訴訟制度中將扮演更積極挑戰的地位。

第十五章

關係人變被告

甲是縣政府承辦土地徵收之公務員。某日，地檢署接獲民眾告發，指稱縣府地政局公務員集體收賄，檢察官於是分案展開偵查。檢察官懷疑甲涉嫌，但欠缺具體事證，於是先以「關係人」傳喚甲，打算於取供後再將其起訴。問此種訴訟技巧是否合法？

壹、前　言

刑事程序中，對於被告與證人的權利保護或負擔有甚為明顯的差異，例如：在偵查或審判的階段，被告享有辯護權、緘默權以及自由陳述之權利；而證人則在法律規範明定的範圍內享有一定的拒絕證言權利（不自證己罪權）。相對者，被告除了須負在場或忍受強制處分的義務外，就證人而言，因其具有無可替代性，除到場外，尚須負具結並真實陳述之義務。

因此，實務上，為了辦案的便利，偵查人員往往先行將預先鎖定的偵查對象列為該案件的證人，藉機取得不利該對象的供述後，再將其直接改列為被告。此種不當且可能違法的取證技巧，如何依刑事訴訟法予以規制，是本案研究之重點。

貳、關係人是證人

偵查實務上，檢調機關常基於蒐集證據與釐清案情之需要，傳喚或邀請與特定案件有關的人士到場接受訊問，這些與案情有關的人士，一般即稱為「關係人」。

由於刑事訴訟法條文中，對於關係人的屬性或地位究竟為何，付諸闕如，故93年台上字第2884號判決曾指出：「……除被告本人在其本人之案件中具有被告之身分外，其餘相關之人，實為人證之身分，如以其陳述為證據方法，……除有得拒絕證言之情形外，負有真實陳述之義務，且不生訴訟上防禦及辯護權等問題。」依該判決要旨得知，受檢調傳喚並接受訊問的關係人，因其並非該案件的被告或犯罪嫌疑人，在刑事程序中的地

位，應屬於「證人」。

參、證人與被告之錯置

被告與證人在刑事訴訟法上，本屬不同的證據方法，除證據調查的程序與方法互異，兩者各自應享的權利與所負的義務也大不相同。惟實際上，在偵查之案件複雜且陷入膠著時，有時證人很可能就是潛在的犯罪嫌疑人或被告。

因此，一般實務的運作，檢察機關可能會因過失或惡意將原本應是該案之犯罪嫌疑人或被告，卻以證人之身分傳喚，並於訊問之後再將其改列為被告而提起公訴，此即所謂「證人與被告錯置」的問題。因此偵查中，由於檢調機關的錯置而以「證人身分」所為之陳述，究竟有無證據能力，應從檢調機關的錯置是否出於惡意來區分。

一、惡意的錯置

在偵查階段中，檢察官認定該傳喚之人已形成被告之地位，若惡意將其錯置於關係人（證人）的地位，並依其調查方式來對該案實質上的被告進行訊問，其所取得的供述證據究竟有無證據能力？由於刑事被告乃程序主體者之一，被告之陳述亦屬證據方法之一種，故為保障其陳述之自由，現行法承認被告有保持緘默之權。

因此，若檢察官惡意針對實質上的被告（犯罪嫌疑人）以證人之身分予以傳喚，並命其具結陳述後，以證人的調查方式進行訊問，於採其證言為本案不利之證據後，再列為被告，提起公訴。此無異於蓄意規避踐行刑事訴訟法第95條所定之告知義務，等同剝奪刑事訴訟法賦予被告之緘默權及辯護權等防禦權的行使。

檢察官此種惡意的錯置行為，除違反上述刑事訴訟法第95條之規定外，也違反刑事訴訟法第98條，訊問被告應出於懇切之態度，不得用不正之方法之規定。惡意的錯置也等同運用詐欺的手段，陷被告於刑事程序地

位上誤認自己是證人的錯誤，係屬不正訊問之方法。因此違法取得之供述資料（相當於被告自白），自應依照刑事訴訟法第156條第1項的反面解釋，認為被告之自白係出於詐欺之方法所取得，無證據能力。

二、非惡意的錯置

然而，如檢察官非惡意的錯置，並非蓄意規避刑事訴訟法第95條之規定，係於訊問時始發現關係人或證人涉有犯嫌，只是無法為適時告知，然因職責所在，逕列為被告，提起公訴，其因此所取得之供述證據（相當於被告之自白），實務上認為，依刑事訴訟法第158條之4之規定，進行個案權衡；亦即，應視違背法定程序之情節、侵害被告權益之種類及輕重、對於被告訴訟上防禦不利益之程度、犯罪所生之危害或實害等，兼顧人權保障及公共利益之均衡維護，綜合審酌謹慎的判斷，是否有證據能力。

不過，「權衡理論」之效力應僅及於非供述證據。蓋供述證據中，以被告自白為例，有無證據能力之判斷在於「有無」危害任意性之違法行為；相對地，非供述證據中，有無證據能力之判斷在於違法之「輕重」。換言之，就被告之「自白或不利陳述」，何時得為證據，已有自白法則層層規範。故自白之非任意性，即使檢警調無任何不當行為，自白仍須排除。本案，縱檢察官非惡意不告知，但仍妨害被告行使緘默權及律師在場陪同的權利，足以影響被告出於自由意志之陳述，似不宜依「權衡理論」判斷有無證據能力。

肆、結　語

本案檢察官懷疑甲涉嫌，因欠缺具體事證，而運用訴訟技巧先以「關係人」將甲傳喚，若目的是惡意將甲被告的身分錯置為證人，以詐取甲不利於己的自白，此即屬於不正訊問，因已扭曲甲自白的自由及真意，已嚴重違反人權，依刑事訴訟法第156條第1項規定，不具有證據能力。

反之，如該案檢察官起初並不認為甲涉嫌重大，只是以「關係人」的

名義請其協助調查，由於其性質係屬證人，嗣後雖將其轉換爲被告，因其錯置並非出於「惡意」，則其合法性與否，實務上認爲，應依刑事訴訟法第158條之4規定，交由法院依權衡原則認定之。不過，嚴格說來「權衡理論」應不適用於供述證據，似較妥當。只是現行法並未設此一限制，實務見解亦非於法無據，故欲釐清此一爭議，應以修法解決，較爲妥適。

第十六章

傳聞與共同被告的調查

真人真事改編的小說《我願意為妳朗讀》[1]，女主人翁韓娜因為納粹時期生還者的證詞，及生還者女兒的回憶錄寫道：「軍隊和警衛將幾百名女囚犯關在村中的一座教堂，後來教堂起火，韓娜（當時擔任納粹時期的黨衛軍）與其他被告本來是可以打開門鎖的，但是她們沒有這麼做，於是被鎖在教堂的婦女被活活燒死而被起訴。」

進入審判程序後，法官問韓娜：「當時是誰決定不打開門，以至於那些婦女被燒死的？」韓娜答不出來，但其他數名共同被告卻異口同聲地咬定韓娜；其後，審判長提出一份當時事發經過的報告書問韓娜：「這份報告書是妳寫的嗎？」韓娜一臉茫然（因為她是文盲又羞於啟齒），審判長於是要求韓娜寫幾個字核對筆跡，但韓娜深怕自己是文盲的事情曝光，竟寧願默認也不反駁，而審判長也不再追查，判韓娜有罪。若以我國刑事訴訟法的觀點看，試問：

一、為了讓生還者能作證，法官與檢察官前往以色列的訪談筆錄，得否作為對韓娜不利的證據？假設回憶錄的作者始終並未到庭，回憶錄得否作為認定韓娜有罪的證據？

二、審判長訊問韓娜的同時，其他數名共同被告一致咬定韓娜才是元兇的審理過程，有無瑕疵？

壹、案例爭點

本案的爭點主要有：一、法庭外，法官或檢察官的問訊筆錄是否可作為對被告的不利證據？回憶錄可否作為認定被告有罪的證據？二、共同被告指陳被告為犯罪人，程序上法官應作何處理？

---

[1] 本書作者Bernhard Schlink（徐林克）是德國法官，也是柏林大學公法學教授，著有數本犯罪小說，曾屢獲義大利、德國及法國的文學獎。1995年所推出的《我願意為你朗讀》（Der Vorleser）是「法律與文學」的經典作品，並且被拍成電影「為愛朗讀」。本書中譯本由張寧恩譯（皇冠出版，2000年2月），非常值得閱讀。

貳、問題討論

一、傳聞證據的例外

「傳聞證據」指證人法庭外的供述內容，利用書面或他人轉述的方式，引進法庭內作為證明犯罪事實的證據。必須排除傳聞證據的主要理由，係因被告在法庭上無法對傳聞證據所指證內容，依反對詰問的方式加以調查。因此，傳聞證據原則上不具證據能力；但於具有必要性與可信性的例外情況時，才有證據能力。茲就本案情形分述如下：

（一）法官與檢察官面前的訊問筆錄是傳聞例外

刑事訴訟法第159條之1規定，被告以外之人，審判外於法官面前的陳述；偵查中於檢察官面前無顯不可信的陳述，是傳聞例外，具有證據能力。因為在法官或檢察官面前的法庭外陳述，其任意陳述的信用性較能確保，且法官、檢察官均能遵循法律規定，故無不可信的疑慮。

不過，在法官或檢察官前所為的法庭外陳述，並不必然就有高可信度，且這樣的規定已經剝奪被告對質詰問權，縱然可信且經具結，亦都應賦予被告詰問的機會，尤其審判外的陳述，更應重視被告權利的維護，故第159條之1的理解上，應有「證人傳喚不能、所在不明」等不成文要件，以免傳聞證據立法的美意遭受破壞。

（二）回憶錄非屬特信性文書不是傳聞例外

依據刑事訴訟法第159條之4規定，特信文得為證據。因其具有高度的「客觀性、例行性以及公示性」的類型化特徵，作成的方式則是藉由觀察、發現而當場即時記載或抄錄。因此，該文書虛偽可能性極低，得作為傳聞法則的例外。但本案之回憶錄未如公文書、業務文書、官方公報及學術論文可供隨時查核，並校對其正確性；此外，回憶錄的作者難免有因其主觀感受，而使撰述內容不具客觀性，又或因時間久遠產生記憶瑕疵，使其不具真實性，故不符合特信文書的要件，而且若本書作者本身亦無因客

觀障礙無法以證人身分蒞庭，則該回憶錄並無高度的證據價值，因而法院沒有使用的必要性。

二、共同被告的調查程序

　　關於共同被告調查程序規定於第287條之1。簡言之，共同被告的調查證據或辯論程序，可分為合併審判與分離審判二種類型。

　　「合併審判」著眼於訴訟經濟；但是共同被告的陳述，無論是審判內外，對自身都是自白，對其他共同被告則是傳聞，但審判中不宜依本法第159條之1認定有證據能力，故仍應先分離審判，再令共同被告與本案被告交互詰問。「分離審判」又分為裁量分離與必要分離，前者依法官職權或當事人、辯護人聲請，裁定分離；後者則是當共同被告利害相反，且有保護被告權利的必要時分離，以免被告權利因合併審判而受影響。

　　此外，本法第287條之2規定，就本案被告的案件調查共同被告時，共同被告應準用人證的規定，所以在調查共同被告時，必須具備「該共同被告必須具結」、「應受當事人對質詰問」的要件。又本法第184條規定，證人有數人時，應分別訊問之。

參、本案解析

　　本案以生還者的法庭外陳述，及一本回憶錄判決韓娜有罪，恐怕有待商榷。因回憶錄過於主觀，且無例行性與公示性，並非本法第159條之4的特信性文書，非屬傳聞例外，無證據能力。至於法庭外的生還者陳述，若是在法官、檢察官前為之，按本法第159條之1是傳聞例外，但是本於被告權益的保障，仍應要求陳述者出庭接受對質詰問。

　　審理過程之中，共同被告均指稱韓娜為真兇，此時共同被告陳述均不利被告，依本法第287條之1第2項、第287條之2，法官應裁示分離程序，且共同被告應準用人證規定，命其具結，再進行交互詰問。尤其，韓娜放棄筆跡核對，法官不能以此作為韓娜有罪的心證，筆跡核對在本案之中，

對於被告利益有重大關係，依本法第163條第2項，法院應本於澄清義務，依職權調查清楚。

第十七章

刑事程序中之拒絕證言權

壹、前　言

　　真實的發現是刑事訴訟最重要的目的之一，所以刑事訴訟建立人證制度，希望透過證人的證言達到真實發現的目的；但是基於人權與人類文明保障之需要，刑事訴訟法另外規定「拒絕證言之特權」。不過，創設拒絕證言權之目的，與一般證據排除法則不同，因拒絕證言權與促進法庭活動或個案審判之真實發見無關，其目的在維護某種基於身分關係或社會職業制度而存在的價值。因為現代社會人際關係複雜，刑事訴訟法亦必須顧及維持社會祥和的關係，故拒絕證言權就具有極重要之社會文明進化指標意義。

　　簡言之，基於尊重隱私、維護人性尊嚴及利益的衡量，各國刑事訴訟法均特別允許證人無庸作證，諸如有身分利害關係、業務關係、公務關係以及不自證己罪的情形。不過，隨著時代的演變，拒絕證言權的範圍應予調整，所產生的法律問題亦應加以解決。例如，我國在身分關係上的拒絕證言權是否過寬；業務關係的範圍是否過窄；公務關係如何認定；證人為陳述時，可否僅陳述一部分，又法院未告知證人得拒絕證言時，所生的法律效果為何，都是尚待澄清的課題。

　　有鑑於此，本文從相關立法例的美國、德國、日本有關規定，探討我國刑事訴訟法中有關拒絕證言權的規範不足處及能夠改進之道。

貳、證人之義務與權利

　　證人是在他人訴訟中，陳述自己所見所聞具體事實之第三人。舉凡居住在我國領域內，應該服從我國法權之人，無論國籍及身分如何，均有在他人訴訟案件中作證之義務，因此，刑事訴訟法為求明確於2003年特別增訂第176條之1規定：「除法律另有規定者外，不問何人，於他人之案件，有為證人之義務。」[1]

---

[1]　林俊益，論拒絕證言全之告知，台灣本土法學，61期，2004年8月，頁164。

證人的義務分別有到場、具結與證言（陳述）的義務[2]。由刑事訴訟法第178條之規定可知，證人經合法傳喚，無正當理由不到庭者，得科以罰鍰，甚至拘提。另刑事訴訟法第193條亦規定，證人無正當理由拒絕證言，得處以罰鍰。賦予證人義務的目的，是讓證人協助發現真實的功能得以發揮，因為若無科以證人到場與證言的義務，將使得證人制度宛如虛設。

證人的權利除得請求日費[3]、旅費（刑訴§194）外，最重要的便是拒絕證言的權利。拒絕證言權乃指證人基於下列四種原因得拒絕證言：一、公務關係；二、身分關係；三、證人不自證己罪；以及四、業務關係（分別規範在刑訴§179以後）。

弔詭的是，既然為了發現真實、實現正義，刑事訴訟法科以證人的重要義務就是證言，那麼為何又賦予證人有拒絕證言的權利呢？這個攸關到拒絕證言權的法理基礎，容後詳述。

參、拒絕證言權之法理

一、保護證人之隱私與尊嚴

證人有作證的義務，但其作證之尊嚴應予維護，蓋證言之真實與明確，攸關審判結果，乃審判公平之一種保證。然而，拒絕證言權之行使，係法律豁免證人作證義務，本質上與國家刑罰權處於對抗地位，妨害真實發現影響公平正義，甚至浪費法資源，故英美法稱拒絕證言權為一種「特權」（privilege），而非一般性的權利[4]。

因為在有些特定人間的親密關係，是不容國家機關任意加以破壞的，而且在有些特定的人際關係或職業關係中，存有特殊的信賴關係，若司法

---

[2] 林山田，刑事程序法，五南圖書出版，2004年9月，頁450。

[3] 所謂日費包括膳宿費，參見林山田，前揭書，頁451。

[4] 美國法上對於拒絕證言權與法律上應守秘密的情形，稱之為特權（privilege），我國學者王兆鵬將此情形稱為「證據障礙」，參見王兆鵬，對質詰問權與強制取證權，刑事被告的憲法權利，元照出版，2004年5月，頁185。

機關強迫這些人作證，形同迫害這些人為背叛職業的忠誠行為，例如醫師或律師若沒有關於職業秘密的拒絕證言權，其病人與當事人可能無法得到最好的服務，因此承認拒絕證言的理論基礎，就是在於尊重隱私，維繫證人作證的尊嚴。

二、發現真實之退讓與權衡

　　證人有證言的義務，對於訊問不得默不作答或拒絕陳述，否則將受一定之法律上制裁。惟，法律基於人情上、事實上、歷史背景及政策性之考慮，復規定證人得因特殊之原因，經法定程式而拒絕證言。畢竟，真實的發現並非刑事訴訟的唯一目標，為追求社會最高利益，有時寧可犧牲真實的發現，故在特定的社會目的下，應容許在有特殊情況之下，允許證人拒絕證言[5]。在特定條件下，得免除證言義務的規定，無疑是證言義務的例外。而創設拒絕證言權之目的，與一般證據排除法則不同，旨在維護法庭以外某種社會法益，因此當社會法益遠大於個案真實發見之法益時，證據法寧可放棄個案審判之真實發見，甚至使國家刑罰權對之讓步[6]。

　　由於拒絕證言權除有避免證人陷入作證義務和自證己罪的矛盾外，更是對社會上所承認的各種利害關係的保護網，故是一種利益權衡下的產物。例如，若強迫本案辯護人對本案出庭作證，則將喪失訴訟法上保護被告防禦能力的機能。又如，若強迫配偶之一方作證不利他方配偶的證言，無異對其家庭生活將產生惡劣的影響。所以，拒絕證言權存在的功能，可說是為了實現不自證己罪的法理與保護社會上其他重要利益情況下，所不得不犧牲真實的追求[7]。

　　不過，為體現證人拒絕證言權所保障特權，也使得被告之強制取證權受到很大限制。被告之「強制取證權」（right of compulsory process），是美國法之概念。因為美國法上同時承認證人的拒絕證言權與被告的強制

---

[5] 王兆鵬，論新聞記者之拒絕證言權，月旦法學，134期，2006年7月，頁201～202。

[6] 陳祐治，佛羅里達證據法逐條釋義，翰蘆，2006年3月，頁106。

[7] Vgl., Roxin, Strafverfahrensrecht, 25.Aufl., 1998, §26 Rn. 13, S.210; Volk, Grundkurs StPO, 4.Aufl., 2005, §21 Rn. 8ff., S. 211.

取證權，故當拒絕證言權與強制取證權相衝突時，聯邦最高法院曾在在「Pennsylvania v. Ritchie」及「Roviaro v. US」中認為，應以被告強制取證權的保護為優先。然而大多數的學者則認為應依據具體案例，採取利益衡量標準，決定被告得否強制取證，亦即，應考慮包括：(一)當事人間武器對等能否維持；(二)拒絕證言的情形屬於政府特權或社會特權，若是政府特權多對檢察官有利，較應考慮傾向保護被告的強制取證權，反之若是社會特權如夫妻間或醫病間之特權，則傾向保護拒絕證言權；(三)拒絕證言的特權是否公平地被行使；(四)拒絕證言權是否具有憲法的位階，如具有憲法位階的拒絕證言，如不自證己罪，在衡量後，須為保障被告的強制取證權而遭放棄，則該證人雖須被強迫作證，卻可得到豁免權[8]。

我國憲法與刑事訴訟法上雖未承認被告的強制取證權，惟依我國刑事訴訟法第163條之規定，被告得請求調查證據，並得於調查證據時詢問證人、鑑定人。且刑事訴訟法第184條第2項規定，被告得聲請與證人對質。故倘被告請求調查某證人或請求與某證人對質，而該證人主張拒絕證言，則此時應以何者為優先，即有疑義。

本文以為，由於拒絕證言權因牽涉證人得否拒絕履行證言的義務，且影響被告防禦權，法官應衡量該證言於本案所扮演之角色是否關鍵，與該證言所涉之祕密是否具有高度保護價值。又如德國刑事訴訟法第53條第2項的規定加以說明：「如係有助於犯罪之釐清或屬於下列相關犯罪行為之調查事項，並有致犯罪事實之探知或被告居留地之調查以突破或益增重大困難者，撤銷其拒絕證言權。」認為德國已在有拒絕證言權存在情形下，採「權衡理論」，以法律明文制定限縮拒絕證言權之適用範圍，以利於交互詰問的運作。

---

[8] 王兆鵬，對偵詰問權與強制取證權，刑事被告的憲法權利，1993年3月，頁186、188～193。

肆、比較法上的拒絕證言權

　　在尚未深入檢討我國拒絕證言權前，先觀察其他國家之相關立法例，以作為我國規定之對照與檢討。

一、美國法

　　美國法上為避免證人陷入作證與否之兩難，聯邦憲法修正案第5條規定，不得強制任何人在任何刑事案件中成為對自己不利之證人。故證人若恐因陳述致自己受刑事訴追或處罰，得引用此不自證己罪的規定，請求保持緘默拒絕證言。但法院也可衡量證言之必要性，而發給證人豁免命令（immunity order），命證人於接受豁免命令後，應據實陳述證言，不得有任何隱瞞，因該豁免命令，可使證人所為之證言，或因該證言而直接或間接取得之證據，將來皆不得據以為追訴處罰該證人之依據[9]。

　　目前美國實務判斷是否應賦予拒絕證言權時，主要是基於證據法大師Wigmore所創的原則，他認為任何人都有作證的義務，但基於保護社會重要關係在符合下述的四個條件時，只好犧牲司法正義：(一)溝通所交換之訊息，須自發生時起，自始即屬於機密且當事人不欲被揭露者；(二)機密之要件，對於當事人間關係之維護，須屬於重要者；(三)該當事人間之關係，須屬於社會認為應該努力維護者；(四)揭露機密訊息而損害該種當事人間之關係，須有更大之法益存在。

　　基於上述原則，美國聯邦最高法院在1972年所提證據法草案中，曾針對特殊身分職業提出具有保護信賴關係身分與職業之九種拒絕證言權種類，包括：(一)辯護人和其當事人間之秘匿特權；(二)配偶間拒絕不利證言特權；(三)夫妻間的秘密溝通的特權；(四)醫師和病患間的秘匿特權；(五)心理醫師與患者間的秘匿特權；(六)牧師和懺悔者間的秘匿特權；(七)情報提供者的身分秘匿特權；(八)新聞報導取材來源的秘匿特權；(九)因公務祕密所必須之拒絕證言特權。該草案後因學說爭執及爭議過大，且不

---

[9] 參閱王兆鵬，美國刑事訴訟法，元照出版，2004年9月，頁317。

具有聯邦之特別利益，無另行制訂拒絕證言權之必要，於聯邦證據法Rule
501授權由法院依照「理性與經驗」決定是否保護拒絕證言權[10]。

二、德國法

德國刑事訴訟法規定，證人有到場、陳述證言及宣示三項義務。不
過，證人的陳述證言義務在刑事訴訟法上有規定例外之情形，特定之人有
權完全不作證言，或只對個別的問題拒絕答覆（德刑訴§52～§56）。

簡言之，德國關於證言陳述之例外大致可區分爲以下四種類型：(一)
完全不受限制者；(二)有限制的拒絕陳述權；(三)允准陳述證言之必要
性；(四)拒絕提供資訊的權利。其中前二項類型不得施以扣押禁止，並且
均有權利拒絕身體之檢查（德刑訴§81cIII）。

（一）完全不受限制之拒絕陳述權

德國刑事訴訟法第52條規定，與被告訂有婚約者、其配偶（即使已
離婚者）及特定親等內之親屬。此項規定的目的在於保護家庭和平的利
益[11]，因爲這類證人即使被強迫陳述，其證言的價值也不高[12]。對於這些
人，法院必須在每次訊問前，用證人所能瞭解的方式對其告知有拒絕陳述
證言之權利，否則可依德國刑事訴訟法第337條爲上訴第三審的理由[13]。
即使因法院不清楚被告之親屬關係而未加以告知權利時，亦爲上訴第三審
之理由。證人是否使用其拒絕證言權，法院不得妄加揣測，否則該判決可
能因違反「合法告知拒絕陳述證言之義務」而被撤銷[14]。

德國實務判例上認爲「訂有婚約者」之概念非民法上的概念，而是完
全依「道德觀點」，視之爲將來要結婚的決定，因此即使是未成年人間很

---

[10]陳祐治，刑事訴訟法上關於職業秘密拒絕證言權之探討，法學叢刊，201期，2006年1月，頁
　44；吳巡龍，論記者拒絕證言與對新聞媒體搜索扣押，檢察新論，1期，2007年1月，頁120。
[11]Volk, a.a.O., §21 Rn. 12, S. 212.
[12]Roxin, a.a.O., §26 Rn. 14, S. 210.
[13]BGHSt 11, 213, 216, LR-Goessel, Einl. Abschn. K, Rn. 28.
[14]BGH NStZ 89, 440.

慎重地所訂定的婚約，仍承認其效力。但此種豁免不能類推適用到無婚姻關係的共同生活關係者（Lebensgemeinschaten）身上，因其缺乏該條法律所要保護的維繫婚姻關係的意願，類似此種親密關係的私人關係或友誼，則不受到保護[15]。不過，德國刑事訴訟法第52條第1項第2a款增訂：「犯罪嫌疑人的生活上伴侶（Lebenspartner）享有拒絕證言權，即便是生活上伴侶關係不存在，仍適用之[16]。」

（二）有限制之拒絕陳述權

依據德國刑事訴訟法第53條第3款、第3a款、第3b款的規定，關於「特定職業之人就其特定範圍被信任或知悉者」，例如神職人員、律師、專利代理人、公證人、會計師及已宣示過的稽核人員、稅務顧問及稅務代理人、醫生（但不含獸醫）、牙醫、藥劑師及助產士；說明、避孕、家庭計畫及諮詢法第3條中所規定之顧問人員，以及國家承認的麻醉物品顧問等人，均屬有限制之拒絕陳述權的種類。

同樣的情形亦適用於上述所列舉之人的助理人員及為從事上述職業而作準備之學徒。不過，有關職業上之助理人員的拒絕證言權之使用，並不是由自己決定，而需由主要的職業業務負責人決定（德刑訴§53aⅠ②）。

德國刑事訴訟法第53條第3款、第3a款、第3b款所列舉之人，在其無保持緘默的義務後，即不得再拒絕證言（德刑訴§52Ⅱ）。但判例認為，雖法院也認知到該項職業秘密之違反，但仍無妨害該證言的證據能力[17]。不過，這樣的主張與法院對每一位訴訟參與者均有照顧之義務以及國家追訴行為的司法倫理之功能未盡相符[18]，故本文認為在此類案件中應成立訊問禁止及證據能力禁止，較為恰當。

依德國聯邦憲法法院之判例見解，在基本法第1條第1項、第2條第1

---

[15]Roxin, a.a.O., §26 Rn. 15, S. 210.

[16]Lutz/Gossner, Strafprozessordnung, 47.Aufl., 2004, §52 Rn. 5a.

[17]BGH NStZ 9, 59.

[18]Vgl. Roxin, a.a.O., §26 Rn. 22, S.213; auch Lenckner, NJW 65; 321; Fezer, JuS 78, 472.

項所保護的隱私權範圍與刑事司法的要求相衝突時，保護隱私權享有較優
先之權利，也因此在刑事訴訟法第53條第1項第3款的少數類型中有拒絕證
言權之適用。不過，這種直接利用基本法來對刑事訴訟法加以補充的情形
應只限於個案，並且必須符合特別嚴格要求的要件方可[19]，也因此，聯邦
憲法法院拒絕將社會工作者視為刑事訴訟法第53條第1項第3款之延伸類
型[20]。

（三）允准陳述證言之例外

　　法官及公務人員就其職務上應保密之事項，原則上，有限制性的陳述
禁止，亦即，有拒絕證言的義務，但就職務上應保密事項，在獲得職務上
的上級長官允准後，得為陳述[21]（德刑訴§54參照），這是基於公務關係
的拒絕證言權利，我國刑事訴訟法第179條亦有相似之規定。

　　而這種上級長官之允准只有在該陳述可能帶給國家有不利之影響，或
其對公務將有所危害或造成重大困難時，才得被拒絕或受到限制（參照德
公務人員基本法§39III，聯邦公務人員法§62）。因為依公務人員基本法
第39條規定，陳述允許不是裁量決定，而是一項行政行為，故被告或所有
與該權利有相關者對不服該項允許被拒絕時，得向行政法院提起課予義務
之訴。不過，刑事法官及檢察官不得用正式的法律救濟途徑來強迫核予陳
述之允許。當該公務人員未獲陳述之允許而擅加陳述時，其可能觸犯德國
刑法第353b條侵害保守職務秘密罪，但其所陳述之證言仍具證據能力[22]。

（四）拒絕提供資訊的權利

　　當證人之答覆將使自己或近親因其犯罪行為或違反秩序之行為而受
到追訴時，則其得拒絕陳述消息（Auskunftsverweigerungsrecht，德刑訴
§55）。當證人為免自身遭受懲戒處罰時，其應得類推適用刑事訴訟法第

[19]BVerfGE 44, 353.
[20]BVerfGE 33, 367.
[21]Lutz/Gossner, Strafprozessordnung, §54 Rn. 3ff.
[22]Vgl. Roxin, a.a.O., §26 Rn. 29, S. 215.

55條之規定，而得拒絕陳述消息，這與我國刑事訴訟法第181條所規定之「證人不自證己罪」的法理相同[23]。

對此種拒絕證言權，必須告知證人（刑訴§55Ⅱ）。不過，對於違反告知義務而取得的證言，德國聯邦最高法院（BGHSt 11, 213）認為此仍具有證言之證據能力，因為刑事訴訟法第55條之規定主要是為了保護證人使其免受不利之訴追，無涉被告之權利範圍[24]，因此被告不得以原審違反拒絕證言權之告知義務為由，提起法律審上訴[25]。

三、日本法

日本法上的拒絕證言權可分為三大類：(一)避免自證己罪而擁有的拒絕證言權；(二)因身分關係所產生的拒絕證言權；(三)基於職務上或業務上所得知的祕密關係產生的拒絕證言權[26]。

第一類特權係基於規定於日本憲法第38條第1項，亦即，證人有恐自己受刑事訴追或有罪判決之虞者，依日本刑事訴訟法第146條之規定得拒絕證言。

第二類特權係基於立法政策的考慮，為維繫親族間的感情，亦即，證人恐自己的配偶或三等親內或其他一定關係近親者，遭刑事訴追或有罪判決者，得依日本刑事訴訟法第147條之規定，拒絕證言。

第三類係基於職務或業務上保守祕密之原則，亦即，證人係因為身為醫師、牙科醫師、助產士、看護人員、律師、公證人、或任宗教神職人員，而受業務上委任，得知關於他人祕密事項者，得依日本刑事訴訟法第149條之規定拒絕證言[27]；惟此種拒絕證言的權利，在本人已同意、或拒

---

[23] 因為如果沒有此一特權，證人將被迫在「自我控訴」、「偽證」、「藐視法庭」之間作選擇，這就是所謂的「殘忍的三難選擇」。相同意見，見，王兆鵬，前揭書，頁693。

[24] 這裡所指的是權利範圍的核心理論（Rechtskreistheorie）才需被保障。Vgl. Beulke, Strafprozessrecht, 7.Aufl., 2004, §10 Rn. 195, S. 108.

[25] 楊雲驊，未告知證人拒絕證言權之法律效果──評最高法院95年台上字第909號、95年台上第2426號、96年台上字第1043號判決，台灣本土法學，99期，2007年10月，頁160。

[26] 土本武司著，董璠輿等譯，日本刑事訴訟法要義，1997年5月，頁66～67。

[27] 在日本法上，上述規定究係例示或列舉，能否類推適用，至今仍有爭議，但判例和通說都

絕證言可以認為僅為被告的權利濫用時、或其他有法院規則中所規定的事由時，不在此限[28]。

四、我國法

　　我國刑事訴訟法規定證人有特定的權利，如證人可以請求日費或旅費[29]。不過，證人最重要的權利應屬「拒絕證言權[30]」。特定人可以享有拒絕證言權主要是因為公務關係（第179條）、身分關係（第180條）、證人不自證己罪（第181條）與業務關係（第182條）的情形[31]。

（一）身分關係

　　證人與被告或自訴人有特殊關係的人，若強求作證，恐將有損證人與被告或自訴人的親密關係。法律不強人所難，因此免除作證義務。依照刑法規定：配偶、五親等內的血親或三親等內的姻親，如果協助依法逮捕拘禁的人脫逃，可以減輕處罰（刑法§162Ⅴ）；配偶、五親等內的血親或三親等內的姻親，如果藏匿人犯或使之隱避，減輕或免除其刑（刑法§167、§164）；配偶、五親等內的血親或三親等內的姻親，如果偽造、變造、湮滅或隱匿刑事案件的證據，減輕或免除其刑（刑法§167、§165）。拒絕證言權的規定與前述刑法的寬免規定，都係基於法律不強人所難的基本道理，避免被告親屬處在陳述真實義務與親屬間情誼的衝突[32]。

　　這種近親的拒絕證言權的規定，與德國刑事訴訟法第52條相似。近親有拒絕證言權，如果自願放棄這項權利，仍可以作證，法院仍得將其供述採為裁判基礎，不過依據刑事訴訟法第186條第2項，法院應主動告知得拒

認為，不能類推適用。參照石井一正著，陳浩然譯，日本實用刑事證據法，2000年5月，頁249。

[28] 參照石井一正著，陳浩然譯，前揭書，頁248～249。

[29] 但依照我國刑事訴訟法第194條規定，被拘提或無正當理由，拒絕具結或證言者，不在此限。

[30] 拙著，刑事訴訟法理論與運用，五南圖書出版，2016年9月，頁373以下。

[31] 林山田，前揭書，頁454以下。

[32] Beulke, Strafprozessrecht, 7.Aufl., 2004, § 10 Rn. 191, S. 106.

絕證言。

（二）業務或公務關係

依據刑事訴訟法第182條之規定，因特殊的業務關係而享有拒絕證言權的人，係指證人為醫師、藥師、助產士、宗教師、律師、辯護人、公證人、會計師、或其業務上佐理人或曾任此等職務之人，就其因業務所知悉有關他人祕密之事項受訊問者，除經本人允許者外，得拒絕證言。

本條立法意旨在於：上述的職業者既因受委託而知悉他人祕密，自負有保守祕密之義務，否則委託人恐顧忌洩密而未誠實告知，將使業務難以進行，故為使社會業務機制正常運作，自應賦予證人有拒絕證言之權。不過，此種特殊信賴關係在台灣並未受到重視，我們經常可以在新聞媒體看到，某個社會事件發生後，醫生治療後隨即接受記者的訪問，針對傷勢、病情發表言論，對此信賴關係的保障，蕩然無存。

此外，因公務關係所生之拒絕證言權，刑事訴訟法第179條規定，公務員或曾為公務員之人為證人，而就其職務上應守秘密之事項訊問者，應得該管監督機關或公務員之允許，若無妨害國家之利益的情事，該管監督機關或公務員應不得拒絕。

（三）不自證己罪

依據刑事訴訟法第181條，因害怕作證陳述而使自己受刑事追訴的人，有拒絕證言權，法院應告知證人有此項權利（刑訴§186Ⅱ），此種情況的拒絕作證，不必敘述原因。因為敘明拒絕的原因等於交代自己的犯罪事實，檢察官或審判長「得命具結以代釋明」（刑訴§183Ⅰ但書）[33]。

證人在有受刑事訴追或處罰之虞的事項，亦即「不利益」的事項，始得拒絕陳述。所謂不利益的事項，係指：將來有受起訴或有罪判決之虞的

---

[33] 關於不自證己罪之詳細內容，可參照王士帆，不自證己罪原則，政大碩士論文，2004年7月。

事項以及加重刑罰的事項，以涉及刑事責任為限，不及於單純被追究民事責任或僅止於影響名譽之事實，故純為猜測或是理論上的可能性，並不足以構成有被追訴之危險[34]。

　　刑事訴訟法上，並沒有就檢察官或法院若未踐行第186條第2項的「告知義務」的法律效果設有明文的規定，而學說上有認為，該告知規定僅有具訓示的效果，若有違反告知義務，其所得之證言仍為有效[35]。不過，最高法院94年台上字第51號判決則認為此告知義務的規定，被非僅具有訓示的效果，而係嚴格之規定。故若未告知等於藉具結程式強迫證人必須真實陳述，違反「不自證己罪原則」，應依第156條第1項規定，其所為之陳述不得成為對該證人之不利證據[36]。

伍、我國拒絕證言權的改進

　　發現真實雖為刑事訴訟的重要目的之一，但並非刑事訴訟之唯一考量。法律應基於人情上、事實上、歷史背景及政策性之考慮，容許於追求「發現真實」之同時，規定證人得因特殊之原因，在利益衡量下作退讓，此為拒絕證言權之意義所在。比較我國與國外之立法例，可以發現我國法制面確有所規範不足之處，分別說明如下。

一、身分關係

　　我國當前因為身分關係而生的拒絕證言權，依據刑事訴訟法第180條的規定，包含現為或曾為被告或自訴人之配偶、直系血親、三親等內之旁系血親、二親等內之姻親或家長、家屬者；與被告或自訴人訂有婚約者；現為或曾為被告或自訴人之法定代理人或現由或曾由被告或自訴人為其法定代理人者。

---

[34]Vgl. Roxin, a.a.O., §26 Rn. 32., S. 216.
[35]蔡墩銘，刑事訴訟法論，2001年2月，頁243。
[36]相同意見，如王兆鵬，刑事訴訟講義，元照出版，2006年9月，頁686。

　　與其他國家因身分而生的拒絕證言權相比較，美國法實務上關於親屬間的拒絕證言權，所承認者僅限於對配偶不利證言的拒絕特權與夫妻間溝通的秘匿特權兩者；德國法亦限制在近親範圍[37]；即便是同屬亞洲國的是日本，關於親族的拒絕證言權，依日本刑事訴訟法第147條之規定，也限於自己的配偶，三親等內之血親或二親等內之姻親，或曾與自己有此等親屬關係之人，以及自己的監護人、監督人、保佐人或自己為其監護、監督、保佐之人。

　　因為我國重視親屬與倫常關係，故在制定拒絕證言權時，無法如同美國僅限於夫妻之間始可保有。但是，參酌同樣講求親族關係的日本，其所承認之拒絕證言權，亦較我國狹窄。故本文建議刪除現行法中：「現為或曾為被告或自訴人之三親等血親或二親等內之姻親、家長、家屬者、與被告或自訴人訂有婚約者、現為或曾為被告或自訴人之法定代理人或現由或曾由被告或自訴人為其法定代理人者之拒絕證言權。」或縮小因身分關係能享有拒絕證言權的範圍，以符合拒絕證言權係「特權」而非屬普遍權利的特質。

二、業務關係

　　相對於身分關係，社會網絡的發展使得因業務得知他人祕密之情況較過去成長許多。業務種類增加、所得知祕密的內容也更多。至於因業務關係得主張拒絕證言權的方面，若我國刑事訴訟法第182條之規定採列舉說，則業務秘密所賦予之拒絕證言權，便僅限於刑事訴訟法所規定的醫師、藥師、助產士、宗教師、律師、辯護人、公證人、會計師等，與外國法相較，範圍似嫌太窄。

　　不過，拒絕證言權是否存在，應視職業服務時主客彼此機密溝通之內容有無隱私而定，適用範圍，非漫無限制，現行法雖有拒絕證言權的賦予，卻缺乏保護範圍之具體或概括界定，故審判上經常發生兩極運作，有

---

[37] Roxin, a.a.O., §26 Rn. 14ff., S. 210ff.

時「一律准許拒絕證言」，否則「照問不誤」[38]。

　　特別值得一提的是，「新聞從業人員之拒絕證言權」，由於現行法並未將之納入規定，殊值探討。依據大法官釋字364號解釋：「為滿足社會大眾知的權利，對於消息來源有予保密的必要；然而，新聞自由雖為憲法言論自由所保障的範圍，仍非不可依法律保留的方式，由法律予以限制。」因此考量國家訴追犯罪與發現真實之利益，立法者衡量新聞自由之保障與犯罪訴追利益間，亦可透過立法加以規範。畢竟我國新聞自由的發展，實際上已經相當成熟，應當處於正視新聞記者關於新聞資訊來源有無拒絕證言權的適當時機，於討論新聞記者拒絕證言權有無之際，若能付諸法案討論，確立新聞正當運作之範疇，以法律規範新聞記者拒絕證言權與新聞自由的關係，較為妥當[39]。

　　本文認為，新聞從業人員是否有拒絕證言權，可以分從兩方面來看。若媒體的消息來源得自特定人，此提供消息者信賴媒體不會揭露來源，則新聞從業人員享有拒絕證言權；假如媒體如果透露消息來源，將間接使提供消息者曝光，也享有拒絕證言權[40]。反之，媒體所持有的資訊是自己查訪所得，就沒有拒絕證言權，在此情況下，媒體持有的檔案資料就可以被搜索扣押[41]。但是，如果自己所研析找出的事實與獲得的資訊有不可分的關係，一旦公布該項事實將可能使得提供消息者曝光時，則此時應允以拒絕證言權[42]，故宜修改刑事訴訟法第182條，將記者拒絕證言權及其限制明文規定[43]。

　　詳言之，所有在準備、製作及散播週期性的刊物或廣播（包含電視）職業性的或副業性質的參與者（例如出版業者、編著者、大眾傳播業的負責人、編輯及技術方面或經銷方面的人員），均對於作者、寄件人

---

[38] 陳祐治，前揭文，頁48以下。

[39] 陳祐治，前揭文，頁52。

[40] 這主要是德國聯邦最高法院的判決意見（BGH36, 298）。Vgl. Pfeiffer, StPO, 3. Aufl., 2001, §97, Rdnr.10.

[41] 拙著，驗證刑事訴訟改革脈動，2004年9月2版，頁59。

[42] Roxin, a.a.O., §26 Rn. 26., S. 215ff.

[43] 對此相同意見，參照吳巡龍，前揭文，頁126。

及消息提供者，或對於「就其職務所提供之資訊」，而這些資訊只要是有關編輯方面的論述、檔及資訊提供時，有廣泛的拒絕證言權（德刑訴§53 I⑤）[44]。

由於保障新聞媒體的自由，也是保障國民知的權利。對於新聞從業人員是否享有拒絕證言權，應限於證言作為證據使用的利益，顯然大於媒體的自由與國民知的權利。例如，如果媒體所掌握的資訊與命案有關，而非輕微的刑事案件，破獲命案的訴訟利益應該大於一般的媒體自由的利益，就不得再主張「拒絕證言權」。而享有拒絕證言權的人所持有之物，不應該扣押（德刑訴§97、§53 I參照）[45]。換言之，新聞記者的拒絕證言權應非絕對之權利。亦即，如有更重大的社會利益時，拒絕證言權應退讓。如新聞記者掌握足以影響判決結果之重要資訊，卻仍容其拒絕證言，誤判之可能性即大為增加，故為了避免誤判的重大社會利益與新聞媒體拒絕證言權的利益發生衝突，如新聞媒體所掌握者，確實為審判中不可或缺、足以改變判決結果之訊息，且無法以其他方式得到此一訊息時，應得強迫媒體陳述，以避免誤判[46]。

三、公務關係

刑事訴訟法第179條：「以公務員或曾為公務員之人為證人，而就其職務上應守秘密之事項訊問者，應得該管監督機關或公務員之允許。前項允許，除有妨害國家之利益者外，不得拒絕。」此處首須探究者，就是所謂「職務上」所指為何，其範圍應如何認定。

例如，曾經受國人矚目的國務機要費案，其中一項爭執就是總統的職務究竟有無包含外交工作。依照憲法第38條規定：「總統依本憲法之規定，行使締結條約及宣戰、媾和之權。」由於締結條約或媾和乃至宣戰皆屬外交行為，固屬國際法範圍之一環，國際事務多由國家元首代表國家行

---

[44] 這類具有拒絕證言權者並不包括所有書報印刷業、廣告業、無線電傳播業及所有只是短期的職務，例如，偶而有著作發表的作者。Vgl. Roxin, a.a.O., §26 Rn. 24., S. 213ff.

[45] 拙著，刑事訴訟法理論與運用，五南圖書出版，2016年9月，頁377。

[46] 相同意見，如王兆鵬，論新聞記者之拒絕證言權，月旦法學，134期，2006年3月，頁211。

之。我國憲法既規定總統爲「國家元首」，對外代表中華民國，故憲法亦規定，由總統行之。但是總統行使此一職權，依據憲法第58條及第63條之規定，條約、宣戰案、媾和案事前須先經行政院會議通過，事後條約，尚須經立法院同意（釋字329）。故總統之此種職權非無限制[47]。又外交工作之「執行權」在於行政院、外交部，而行政院與總統同爲憲法機關，組織上互不隸屬。是以總統親自「執行」外交之工作，恐與現行憲法架構下權限分配秩序原則不符，實難謂其係「職務上」的事項。

　　宜注意的是，所謂「妨害國家之利益」的認定，國內論者有謂，若該管監督機關或公務員不允許證言者，除請求其上級機關許可外，別無他法[48]。不過，這個見解有個盲點，那就是總統及五院院長並無上級機關，故本文認爲，應由法院來裁量。這裡可參照德國法之規定，由於陳述允許不是裁量決定，而是一項行政行爲，故被告或所有與該權利有相關者對不服該項允許被拒絕時，得向行政法院提起課予義務之訴。蓋若由公務員所屬機關來認定，恐有利害衝突、互相迴護之弊。就以國務機要費爲例，涉案的總統府官員，如第三局出納陳鎭慧、玉山官邸（即興安寓所）總務林哲民、前後任總統辦公室主任馬永成與林德訓等人，是否得援引此一規定拒絕證言，應由行政法院來做最後決定，不是總統府或總統。

　　另外，我國刑事訴訟法第179條未規定，公務員爲證人時該管監督機關或公務員不當拒絕時，應該如何救濟。由於「陳述之允許」是一項行政行爲，此時或可參考德國法在這方面的規範，由被告或所有與該權利有相關者對不服該項允許被拒絕時，得向高等行政法院提起課予義務之訴。

四、不自證己罪

　　證人的不自證己罪與被告的不自證己罪並不相同[49]，因爲被告與證人乃係基於不同的地位而賦予不同可得行使之義務及權利，有關證人之不自

---

[47] 李惠宗，憲法要義，2006年9月，元照出版，頁468。

[48] 朱石炎，刑事訴訟法（上），三民書局，2006年11月4版，頁209。

[49] 本文所論乃是證人的不自證己罪（刑訴§181），關於被告不自證己罪的詳細內容，參照王兆鵬，不自證己罪保護之客體，載於一事不再理，元照出版，2008年4月，頁225以下。

證己罪規定於刑事訴訟法第181條，如因害怕做證陳述而使自己受刑事追訴的人，有拒絕證言權，此係為證人有作證義務的例外規定，依第186條第1項規定證人有具結的義務，在第183條第1項則規定如有第181條之情形可以具結替代釋明，因此，如果證人有行使拒絕證言權，可以具結代替釋明，以免因為證人釋明後反而陷自己於罪。2003年刑事訴訟法修正時，於第186條第2項規定：「證人有第181條之情形者，應告以得拒絕證言。」然而於司法警察詢問證人時的第196條之1並未準用，因證人於司法警察調查詢問時，就應該有被告知拒絕證言權之權利，故本文認為宜增訂司法警察於詢問之時，亦需告知證人有得拒絕證言權之權利。

由於證人的不自證己罪係證人的權利，故非當事人所可主張的[50]，但並非證人一主張行使拒絕證言權時，法院或檢察官就會准許[51]，依刑事訴訟法第183條第2項規定：「拒絕證言權之許可或駁回，偵查中由檢察官命令為之，審判中由審判長或受命法官裁定之。」由此可知，對於證人可否行使拒絕證言權，仍需法官或檢察官之裁量准許，始可為之。不過，有學者特別提及，刑事訴訟程式落實證據法則後，此一規定中有關於檢察官前之具結程式，顯然與證據法則之運作有違，屬於一種無意義之程式。蓋因，偵查中經具結後之鑑定結果，於審判中會以書證之方式予以偷渡或將其列為傳聞法則之例外情形加以處理，此勢必會剝奪被告防禦之機會與權利。因此，為避免法制上之運作錯亂，以及確立法官與檢察官屬性不同之觀念，有關檢察官前之具結程式應予廢除，方能落實法庭中當事人實質對等之訴訟理念[52]。

此外，依刑事訴訟法第186條第2項的規定，法院須告知證人得拒絕證言，但是因為並無規定未告知的效果而生爭議，本文認為法院雖未告知，但是並不影響證言之證據能力，仍由法院判斷證據證明力[53]。證人在未經

---

[50] 朱石炎，前揭書，頁212；林山田，前揭書，頁455。
[51] 王兆鵬，前揭書，頁680以下。
[52] 黃朝義，刑事訴訟法，一品，2006年9月，頁384。
[53] 拙著，與談「刑事訴訟法上關於職業秘密拒絕證言權之探討」，法學叢刊，201期，2006年1月，頁250。

告知可得拒絕證言權所爲證言，仍有證據能力，該證言是因爲法院或檢察官未告知可得拒絕證言所爲之陳述，因此法院在判斷該證言之證明力時，該證言不得做爲將來對證人追訴的證據。當然以修法規定，可使證人明確得知如果法院或檢察官未告知拒絕證言權，會產生何種法律效果，必更能保護證人的拒絕證言權利。

宜特別注意的是，關於共犯或共同被告之拒絕證言權問題。刑事訴訟法於2003年修正前，共同被告之身分爲被告，只得行使緘默權，無所謂的證人拒絕證言權，但是修法增訂第287條之2後，於合併審判中，該共同被告亦具有證人之適格，換言之，與被告有「共犯」關係之人，亦爲證人，其權利及義務應與一般證人並無不同。因此，共同被告除具被告身分外，也可能具證人身分。既然共同被告具有被告身分，本有概括拒絕回答一切問題之緘默權。

2003年修正後的刑事訴訟法使共同被告具證人之適格，如爲證人身分，即不得概括拒絕回答訊問，必須就個別問題行使拒絕證言權。如在合併審判中，共同被告所行使者，究竟爲緘默權或拒絕證言權？對此，有學者認爲應分別討論，亦即，在合併審判分離前，共同被告仍爲被告身分，所行使者爲緘默權；在分離審判後，其身分即轉換爲證人，其所行使者爲拒絕證言權[54]。另有論者認爲，一旦程式分離之後，共同被告之一轉換成證人，應接受他共同被告之詰問。依據刑事訴訟法第181條之1規定，被告以外之人於反詰問時，就主詰問所陳述有關被告本人之事項，不得拒絕證言，此目的在於避免分離之後，共同被告之一因規避「僞證罪」之處罰，而拒絕他造之詰問，亦即爲避免此一僵局發生，始有不得拒絕證言之規定。在實務之運作上亦可能發生，共同被告之一在主詰問時陳述不利於他共同被告之事實，惟在反詰問時，爲避免自己之陳述受到挑戰，而不發一語。此時除依據刑事訴訟法第193條得科處罰鍰外，該主詰問之陳述，因

---

[54] 拙著，前揭書，頁107；相同意見，如王兆鵬，新刑訴·新思維，元照出版，2004年10月，頁114。

未經他造之防禦，自不得做為證據[55]。

　　如同不自證己罪拒絕證言權之行使限制的道理，共同被告相互間於作證時亦不得只陳述一部事實，蓋刑事訴訟法修正後，雖規定不因為其具「證人適格」而喪失其原有屬於被告之權利。但是，當共同被告以證人之身分陳述，如只陳述一部事實，卻拒絕答其他，因為其仍具被告之身分，應認為不得以罰鍰的威脅方式，逼其陳述。然而若是其只陳述一部事實，容易造成事實的扭曲，實不符合公平正義，應將其已陳述之部分排除[56]。

陸、結　語

　　基於人權與人類文明保障的必要，所創設之拒絕證言權，使得與被告具有一定關係之證人，可以在特殊情況下拒絕作證，諸如有身分利害關係、業務關係、公務關係以及不自證己罪，此為證人作證義務之例外。為使刑事訴訟法能夠確實建立尊嚴維護以及利益衡量的目的，拒絕證言權成為相當重要的證據法下的產物。

　　從外國立法例觀察拒絕證言權的相關規範得知，美國法上的拒絕證言權係為保護社會重要關係而產生，因此建立特殊情況之秘密特權，可以拒絕證言；德國則以完全不受限制、有限制的拒絕陳述權、允准陳述之必要性以及拒絕提供資訊權利作為行使拒絕證言權之界線；日本法下之拒絕證言權近似我國法拒絕證言權之規範方式，以具有特殊身分關係、業務及公務關係和證人本身不自證己罪為規範對象。

　　由於我國拒絕證言權仍有規範不足，以及規範對象過於擴張等問題，如在身分關係下，過於擴大因身分關係可得享有拒絕證言權之證人，在不符合拒絕證言權係特權性質情形下，應縮小現行條文的規範對象；另在業務關係下，現行法對於新聞從業人員並沒有規定如何行使拒絕證言權，故本文認為對於新聞從業人員是否具有拒絕證言權之判斷標準，在於消息來

---

[55] 黃朝義，前揭書，頁487。
[56] 王兆鵬，前揭書，頁690。

源是從特定人所得到或是新聞從業人員自己查訪所得而區分，以解決現行對於新聞從業人員是否享有拒絕證言權之困境。

此外，因公務關係所產生之拒絕證言權，須對職務上的範圍及妨害國家之利益，有所認識，此須由法院判斷，進而決定因公務關係所產生的問題可否行使拒絕證言權；另在證人不自證己罪原則下，由於司法警察於詢問證人時，並沒有規定需告知證人亦可為拒絕證言權，此一立法上之疏漏，亦應增訂司法警察於詢問證人時，準用刑事訴訟法第186條第2項之規定；而共犯或共同正犯所行使的拒絕證言權，乃是立於需具結的證人地位所為之證言，因此仍受拒絕證言權之保障。

拒絕證言權是現代法治社會進步所創設，證人雖有作證之義務，但是基於人類情感以及人與人特殊關係的存在，行使拒絕證言權是證人的重要權利。由於刑事訴訟法的現行規定已經逐漸無法應付當前所產生的法律現象，因此本文對照外國立法例的相關規範，提出我國將來修法方向之參考。

第十八章

交互詰問之新規定

壹、前　言

　　爲了落實「改良式當事人進行主義」的審理原則，2003年1月修正通過的刑事訴訟法針對交互詰問的內容，有大幅度的變革。換言之，往後整個法庭活動的重心將會集中在「交互詰問」。

　　概括地說，交互詰問的內容包括：準備程序、詰問與異議、論告與結辯三個過程。首先，爲了讓交互詰問有效進行，符合集中審理原則之要求，必須先確定審判期日調查證據之範圍、順序與方法，妥適安排審判庭期，並確認或指示當事人與審判期日應有的作爲。凡此種種均有賴於妥善準備程序。準備程序的進行，攸關交互詰問進行的順利與否，因此，要清楚交互詰問的運作，必須對於準備程序的相關概念加以掌握。

　　有了周詳的準備程序，交互詰問的法庭活動才能更加流暢，故應對詰問的內容與順序、詰問與異議之關係及最後結辯的進行充分瞭解。以下先說明準備程序的內容。

貳、準備程序

一、準備程序之意義與目的

　　準備程序，係指法院或受命法官爲準備審判起見，於第一次審判期日前，傳喚被告、告訴人，並通知檢察官、辯護人，就起訴書所載之犯罪事實、證據並所犯法條，訊問被告，並就當事人或辯護人提出之證據及聲請調查之證據，決定審判期日調查證據之順序、範圍與方法及整理並告知爭點的程序。準備程序因此是交互詰問前之程序[1]。

　　準備程序之目的，係爲審判期日順利進行交互詰問而作準備，俾利達成審理集中，讓訴訟程序密集而不間斷地順暢進行，避免進行無謂之程序，浪費時間。故準備程序之內容，通常是決定審判期日調查證據之順

---

[1] 參閱Delmar Karlen, Procedure before trial in a nutshell, West Publishing Co., 1972, p. 217.

序、範圍與方法及整理並告知爭點之程序。由於準備程序係基於直接審理原則及言詞審理原則，所以基本上，在準備程序並不從事審判期日始得進行之調查證據程序。亦即，準備程序僅能準備不能審判[2]。不過，刑事審判以審判期日為重心，而審判期日又以調查證據為中心，故內容充實的準備程序，應是審判期日法庭活動得以效率進行的前置工作。

二、準備程序之流程

準備程序係為交互詰問之法庭活動作準備，故準備程序成功與否攸關刑事審判得否發揮其功能的關鍵。2003年2月刑事訴訟法修正第273條規定準備程序中之應有作為，使準備程序的進行有法律依據。

為了落實準備程序的功能，第273條的修正立法理由指出：「刑事審判之集中審理制，要求訴訟程序密集而不間斷地進行，則於開始審判之前，即應為相當之準備，始能使審判程序密集、順暢。故參考日本刑事訴訟法訴訟規則第194條之3規定，將準備程序中應處理之事項，增列其中，以資適用。」

根據第273條規定，法院得於第一次審判期日前，傳喚被告或其代理人，並通知檢察官、辯護人、輔佐人到庭，行準備程序。準備程序中，首先踐行「人別訊問」與「權利告知」後，再由「檢察官陳述起訴要旨」，接著為本條事項之處理，以下說明各款之適用情形：

（一）確定起訴範圍

第1款規定，起訴效力所及之範圍與有無變更檢察官所引應適用法條之情形。依第264條第1項第1款規定，檢察官之起訴書固應記載被告之犯罪事實及所犯法條，惟如記載不明確或有疑義，事關法院審判之範圍及被告防禦權之行使，自應於準備程序中，經由訊問或闡明之方式，先使之明確，故首先於第1款定之。惟此一規定，其目的僅在釐清法院審判之範

---

[2] 參閱林俊益，新法庭活動三部曲，台灣本土法學，35期，2002年6月，頁173。

圍，並便於被告防禦權之行使，故無礙於法院依本法第267條規定對於案件起訴效力所為之判斷。

（二）訊問認罪與否：簡式審判或簡易審判之選擇

第2款規定，訊問被告、代理人及辯護人對檢察官起訴事實是否為認罪之答辯，及決定可否適用簡式審判程序或簡易程序。

可否適用「簡式審判」乃2003年刑事訴訟法修正時，於第273條之1所增訂。根據該條規定，除被告所犯為死刑、無期徒刑、最輕本刑為三年以上有期徒刑之罪或高等法院管轄第一審案件者外，於準備程序進行中，檢察官陳述起訴要旨後，若被告先就被訴事實為有罪之陳述，因案情已臻明確，審判長可以於告知被告簡式審判之旨後，聽取當事人、代理人、辯護人及輔佐人之意見後，裁定進行簡式審判之程序。本條係針對輕微案件賦予被告有先就被訴事實為有罪之陳述的機會，由於案情已臻明確，證據調查無行使交互詰問程序之必要，故關於證據調查之次序、方法之預定、證據調查請求之限制、證據調查之方法，證人、鑑定人詰問之方式等，均不須強制適用，有關傳聞證據之證據能力限制規定亦無庸適用（刑訴§273之2）。這是本法對輕微案件的處理，另外一項簡單審判案件的處理方式。

可否適用簡易程序是指，案件如符合第449條第2項規定時，即可嘗試瞭解有無適用簡易程序之可能，以便盡早開啟適用之契機，避免耗費不必要之審判程序。換言之，訊問被告及其辯護人對檢察官起訴之犯罪事實及移請併案審理之犯罪事實是否為認罪之答辯。被告如認罪，且被告願放棄就審期間時，法院於徵詢檢察官、辯護人及告訴人之意見後，得於該次期日改以審理程序終結該案件。若被告未放棄就審期間或僅有受命法官到庭，則法院應另擇期進行審理程序。

如被告否認檢察官起訴之犯罪事實及移請併案審理之犯罪事實，法院應與被告及辯護人陳述其答辯意旨。接著由「檢方出證」，檢察官應提出證據方法與待證事實，法院並應就檢方之證據，詢問被告或其辯護人有無

意見。如為物證應提示，如為書證或人之供述證據應朗讀或告以要旨。之後由「被告出證」，被告或辯護人同樣地應提出證據方法與待證事實，最後，由法院進行整理案件之重要爭點。

（三）整理案件爭點

第3款規定：案件及證據之重要爭點。當事人雙方於準備程序中，經由起訴提出證據方法與待證事實後，必能使案件及證據重點浮現，此時再加以整理，當有助於案情之釐清。整理案件爭點時，法院應曉諭雙方為調查證據之聲請，預估詢問及詰問所需之時間。

（四）篩選無證據能力之證據

第4款規定：有關證據能力或證明力之意見，當事人對於卷內已經存在之證據或證物，其證據能力或證明力如無爭執，即可先予排除，而專就有爭執之證據進行調查，以節省勞費。

被告及辯護人陳述其答辯意旨後，檢察官應提出證明被告犯罪之證據，並陳述各項證據所證明之待證事實。證據如為物證，法院應向被告及辯護人提示，並詢問其有無意見。如被告或辯護人對該項物證有爭執，檢察官應於審理期日證明該物證與本案確有關聯或有證據能力。

證據如為書證，法院應向被告及辯護人朗讀，或告以要旨，並詢問有無意見。如被告或辯護人對於書證表示非真正時，檢察官應於審理期日證明該書證為真正。

證據如為人證，法院應將證人之筆錄、鑑定人之鑑定報告，向被告及辯護人朗讀或告以要旨。並詢問有無意見。如被告或辯護人對於該筆錄或鑑定報告表示爭執，檢察官應聲請法院於審理期日傳喚該證人、鑑定人到庭為詰問。檢察官未聲請法院於審理期日傳喚該證人、鑑定人到庭為詰問，法院得依職權傳喚之。

證據如為被告之自白，法院應將被告之自白筆錄，向被告及辯護人朗讀或告以要旨，並詢問其有無意見。如被告或辯護人對於該筆錄表示爭

執，法院應就被告自白之任意性及眞實性進行調查。

（五）決定排棒順序

　　第5、6款規定，曉喻爲調查證據之聲請及證據調查之範圍、次序及方法。第5、6款規定於曉諭當事人或辯護人爲調查證據之聲請時，於整理證據後，就證據之調查範圍、次序及方法爲之規定。亦即，決定訊問、詢問被告之順序及物證、書證及人證之調查順序、範圍、方法[3]。

（六）命提出證物

　　第7款規定，命提出證物或可爲證據之文書。當有提出證物或可爲證據之文書必要時，即應命其提出，俾供調查、審判之用，以免臨時無法提出，影響審判之進行，故爲第7款之規定。

（七）其他概括事項

　　第8款規定，其他與審判有關之事項。法院於準備程序中應爲之事項，常隨案件而異，例如，有無第302條至第304條所定應爲免訴、不受理或管轄錯誤判決之情形，均須一併注意之。故除前述七款之外，另於第8款就其他與審判有關之事項爲概括之規定，以求周延。

　　由於準備程序之處理，攸關案件程序之進行，爲杜爭議應製作筆錄（增訂第4項）。另外，準備程序既爲案件重要事項之處理，故應賦予當事人或辯護人適當之準備期間，故其傳喚或通知應於期日前相當時間送達，以利程序之進行（參照第3項準用刑訴§272）。不過，這些人經合法傳喚或通知，如無正當理由不到庭，應許法院視情況，得對到庭之人行準備程序，以免延宕（增訂第5項）。

---

[3] 清楚而詳細的內容，可參閱林俊益，前揭文，頁175。

三、準備程序中常見之問題

　　由於準備程序的進行對實務工作者是完全陌生的制度，因此，根據張熙懷的觀察[4]，在實際運作上常見到以下問題：例如，律師剛受委任，根本尚未閱卷，無法勝任；律師不知新制仍舊提出傳統答辯狀；不知何謂答辯要旨；未能提出證據清單；無法分辨何謂「待證事項」、「證據方法」、「證據能力」、「證據證明力」、「證據力」、「證據價值」；提出證據的方法不恰當[5]；對證據能力以「沒有意見」回答等。

　　另外，沒有選任辯護人或選任多數辯護人；公訴人出庭有無人數限制？告訴代理人如何自處？如何分配舉證責任？無法釐清「認罪協商」或「量刑協商」都是實務常見的問題，這些都是值得注意及尚待克服的問題。

參、交互詰問

　　在掌握準備程序對於交互詰問的影響後，接著必須瞭解交互詰問的核心內容。

一、交互詰問之意義

　　交互詰問在保障被告的權利，使直接面對面，詰問不利於己之證人。故交互詰問是法院在開庭調查證據時，由被告（或辯護律師）、檢察官分別對證人直接問話，使證人講出對自己一方有利的證據；或是發現對方所舉的證人為不實的陳述遂而不被採信的過程。由於進行交互詰問，必須遵守一定的順序，一方問完才輪到另一方發問，故稱為交互詰問。

　　由於交互詰問，是發現真實的最佳利器，其最能發現真實是基於兩

---

[4] 參閱張熙懷，公訴入門──「準備程序」，法務部司法官訓練所2002年法庭活動研習班講義，2002年11月，頁541。

[5] 張熙懷指出當事人經常是有如「雜貨散裝輪船」方式的證據提出，或「貨櫃專業輪船」方式的證據提出。參閱張熙懷，前揭講義，頁542。

點原理：第一、各造當事人對於己方「有利」之所在以及他造「不利」之所在，最為關切或知之最稔，故委由兩造當事人「提出證據」，最能全盤托出而無遺漏；第二、透過反詰問「質問證人」揭露出潛藏在證據內部之錯誤訊息，最能檢驗證言之憑信性，故交互詰問制度是人類為發現真實，所發展出來之最偉大的利器（the greatest legal engine ever invented for the discovery of truth）[6]。

二、交互詰問之內容

（一）詰問之主體

　　詰問的主體是當事人（檢察官、自訴人及被告）、代理人與辯護人；另外，由於輔佐人大部分無法律專業知識，較無法應付詰問技巧，故不得詰問證人。告訴人、被害人不得詰問證人，亦不得詢問證人。但法院可透過訴訟指揮權之行使，而予以發問證人之機會。

（二）詰問之對象

　　詰問之對象是證人及鑑定人。由於被告在我國不適格當證人，依本法第287條、第163條第2項之規定，僅係法院訊問之對象，及當事人、辯護人、代理人、輔佐人詢問之對象。另外，告訴人並非法定獨立之證據方法，被害人無論是否為告訴人，應依證人訊問之，即須踐行法定證人之證據調查程序，經過具結，其陳述才有證據能力，法院始得採為判決之基礎。

（三）詰問之種類與範圍

　　如果證人是被告一方聲請傳喚的，就由被告或辯護人先問話，叫做主詰問；問完，檢察官若認有必要，也可以提出質疑，進行問話，叫做反詰

問。反詰問問完，被告仍可就反詰問中所發生的疑點或事項再為問話，叫做覆主詰問。證人如果由檢察官聲請傳喚的，那麼詰問順序就由檢察官先開始。以下說明詰問的種類與範圍[7]：

1. 主詰問

證人、鑑定人，由審判長為人別訊問後，應「命」當事人、代理人、辯護人或輔佐人直接詰問之。被告如無辯護人時，得聲請審判長詰問之（參照刑訴§166 I），證人如係當事人聲請傳喚者，先由該聲請傳喚之當事人、代理人、辯護人或輔佐人為主詰問。由於交互詰問之主要目的在於辯明證據之真偽，以發現實體之真實，而當事人一造聲請傳喚之證人、鑑定人，此造於該證據最為關心及瞭解，自應先由該當事人、代理人、辯護人或輔佐人為主詰問。因此，本條第1項規定，使由當事人、代理人、辯護人或輔佐人等聲請傳喚之證人、辯護人或輔佐人，在審判長依本法第185條、第197條為人別訊問後，即命當事人、代理人、辯護人或輔佐人直接運作交互詰問之法庭活動。

主詰問之目的在於經由證詞、證物之提出引進證據，建立所控各項罪名之要素，並確保證詞對法官之清晰度。尤其，需讓證人表現的可受信任，說服法官相信證詞之重要性，將證詞之重要部分突顯出來，把證人之弱點減至最低，長處加到最大。並套出所有支持案件理論的所有證詞，建構場景、建立事實[8]。以下先說明主詰問之技巧與目標，再論及詰問的內容與例外：

(1)主詰問之目標與技巧

由於主詰問的對象為友方證人，其範圍是待證事項、待證事項之相關事項及證人、鑑定人陳述之證明力。故主詰問通常要達到下列目標[9]，才是成功的主詰問：

---

[7] 詳細內容亦可參閱拙著，刑事訴訟法理論與運用，五南圖書出版，2016年9月，13版，頁379以下。

[8] 參閱張熙懷，前揭講義，頁548。

[9] 參閱彭中南、崔展業，美式詰問制度，法務部司法官訓練所2002年法庭活動研習班講義，2001年11月，頁5。

A.以證言及證物提出證明。

B.建立起訴罪名的構成要件。

C.確立法官對證言聽的清楚。

D.使證人顯得可信。

E.使法官相信證言已夠精確。

F.強調證言的重要部分。

G.縮小證人的弱點，擴張其論點的優勢。

H.問出支持本案追訴理論（追訴主軸）的證言。

當然，要達到成功的主詰問下列技巧的運用，絕對不能忽略[10]，例如：

A.不得使用誘導性問題。

B.引出證人之相關背景。

C.依時序進行所有之證詞。

D.聆聽證人之回答並順應調整你的問題。

E.準備喚起你的證人之記憶。

F.準備好彈劾證人的證詞。

G.套出你為該證人所準備清單上所有的事實。

(2)主詰問的內容

主詰問在於釐清爭點，而使主詰問者聲請傳喚之受詰問人儘速且明確的就待證事實為陳述，另外，受詰問者通常為主詰問者之友性證人，容易迎合詰問者之意思而為陳述。因此，某些詰問行為雖於反詰問得以提出，但於主詰問（覆主詰問相同）屬不得為詰問之情形，需特別加以禁止。例如：

A.與本案無關之詰問：與本案無關之詰問不僅浪費訴訟時間，有可能讓無關聯性之證據提出於法院，因而在主詰問或覆主詰問之程序中，非有

---

[10] 參閱張熙懷，前揭講義，頁549。

必要，不得爲此種詰問。但於反詰問時，爲擊破證人、鑑定人虛僞或不明確陳述之證明力或證明其對反詰問之敵性，原則上可爲與本案無關之詰問。

B.責難性詰問：責難性詰問會影響證人或鑑定人供述之自由意志，且有迎合詰問者意思而爲回答之危險，因而於主詰問或覆主詰問時，除有發現眞實之必要，原則上禁止爲此責難性詰問。惟相對地，在反詰問時，因證人、鑑定人通常爲反詰問者之敵性證人，對有僞證嫌疑之證人、鑑定人，或者不認眞作證之證人、鑑定人，有時若不施加以適當之指責、非難性之詰問，無法收到反詰問之功效，因此，在反詰問時得爲責難性之詰問。

C.重複詰問：重複詰問浪費訴訟時間，因而於主詰問或覆主詰問，非有必要，不得爲此種詰問。惟於反詰問時，有時重複詰問可用以擊破敵性證人之虛僞或不明確陳述，達成反詰問削弱證人供述證明力之效果。

D.誘導詰問：誘導詰問，乃指示證人如何回答或將回應文句嵌入問話中者，問話文句形式上可認爲明白指示者，或爲暗示者，故舉凡足以使證人循主詰問人之建議而作答之問話，均屬之。在主詰問程序中，以禁止誘導訊問爲原則，避免行詰問人與證人就主題事實相互唱和[11]。

由於主詰問應就待證事項及其相關事項爲之（刑訴§166之1）。亦即，主詰問之範圍應依「關聯性法則」定之，而行主詰問時，不得爲誘導詰問。所謂誘導是指，詰問者對供述者暗示其所希望之供述內容，而於問話中含有答話之詰問方式，例如，詰問者詰問證人：「你是否於某年某月某日下午，於某處看見被告拿刀殺人？」就實務經驗言，若行主詰問者爲誘導詰問，證人極有可能迎合主詰問者之意思，而做非眞實之供述，因此原則上於主詰問時不得爲誘導詰問。不過，爲發現眞實之必要或無導出虛僞供述之危險時，則例外於下列情形，允許行主詰問時爲誘導詰問（刑訴§166之1 III）：

---

[11]誘導性問題是暗示答案的問題，美國證據法規定在第611條(c)項。

A.未爲實體事項之詰問前，有關證人、鑑定人之身分、學歷、經歷與
　其交遊所關之必要準備事項。

B.當事人顯無爭執之事項。

C.關於證人、鑑定人記憶不清之事項爲喚起其記憶所必要者。

D.證人、鑑定人對詰問者顯示敵意或反感者。

E.證人、鑑定人故爲規避之事項。

F.證人、鑑定人爲與先前不符之陳述時，其先前之陳述。

G.其他具有誘導詰問必要之特別情事者。

2. 反詰問

證人被主詰問後，次由他造之當事人、代理人、辯護人或輔佐人爲反
詰問。反詰問之目的在於彈劾證人、鑑定人供述之憑信性，及引出在主詰
問時未揭露或被隱瞞之另一部分事實，而達發現眞實之目的[12]。簡言之，
反詰問之對象爲敵性證人，所以其最終目的在於打擊、削弱對方證人的可
信度，進而得出有利己方的事實。

(1)反詰問之技巧

爲了達到有效的反詰問，以下技巧可配合利用[13]：

A.使用誘導性問題。

B.以先前之陳述彈劾證人。

C.逼迫證人回應你的問題。

D.避免讓證人解釋其回答。

E.不要讓證人注意到你想表達的重點。

(2)反詰問之內容

反詰問之範圍應就主詰問所顯現之事項及其相關事項或爲辨明證人、
鑑定人之陳述證明力所必要之事項爲之（刑訴§166之2），所以其範圍包
含：主詰問所顯現之事項、及其相關事項與證人、鑑定人陳述之證明力三

---

[12] 參閱Marvin F. Hill, JR. Anthony V. Sinicropi, Evidence in arbitration, 2ed, 1990, p. 84.

[13] 參閱張熙懷，前揭講義，頁552。

種。此外，行反詰問時，為發現真實，就支持自己主張之新事項，經審判長許可後，亦得為詰問（刑訴§166之3Ⅰ）。不過此種詰問，性質上為主詰問，而非反詰問，因此對造之當事人、辯護人對該新事項自然取得反對詰問權。

反詰問之範圍，實際上有兩方面，其一，在事實方面，因係針對主詰問後之詰問，應以主詰問之訊問範圍為限，未經主詰問之事項不得對之行反詰問；其二，係反詰問程序新生之憑信性質疑，故無既定範圍可言，凡足以彈劾證人本身之憑信性或證言憑信性者，均得行反詰問。此一規定與美國聯邦證據法第611條相同，亦即，聯邦證據法不採「門戶開放」（wide-open）[14]之規則。因依門戶開放原則，反詰問者得詢問證人任何與訴訟相關的事項。但依「主詰問範圍為限（restrictive）規則」[15]，只能詢問主詰問範圍事項以內之問題。這樣才容易發現真實。

行反詰問時，因證人、鑑定人通常非屬行反詰問一造之友性證人，較不易發生證人、鑑定人附和詰問者而為非真實供述之情形，且經由反對詰問程序而發現證人、鑑定人於主詰問時之供述是否真實，經由誘導詰問，更能發揮推敲真實之效果。故於反詰問時允許為誘導詰問[16]（刑訴§166之2Ⅱ），然為防止證人、鑑定人亦有迎合或屈服於詰問者意思之可能或招致羞辱之危險，誘導詰問應於必要時始得為之。

3. 覆主詰問

覆主詰問由聲請傳喚之當事人、代理人、辯護人或輔佐人為之。亦即，首先為主詰問之一造覆問。覆主詰問之範圍應就反詰問所顯現之事項及其相關事項為之。此外，行覆主詰問應依主詰問之方式為之（參照刑訴§166之4Ⅰ、Ⅱ）。亦即，原則上不得為誘導詰問，且為發現真實，經審判長許可後，就支持自己主張之新事項，亦得為詰問。

宜注意的是，覆主詰問在使聲請傳喚證人之一造，就他造反詰問提出

---

[14]Arthur Best 著，蔡秋明、蔡兆誠、郭乃嘉譯，證據法入門，元照出版，2002年，頁195。
[15]Paul F. Rothstein Evidence 2nd. Ed, 1981, p. 42.
[16]參閱Thomas A. Mauet, Trial Techniques, 6ed., Aspen Law & Business Publishing, p. 250.

之疑問，有機會澄清與解釋，並非予覆主詰問人用以修補自主詰問所生之缺陷或補充解決主詰問之疑點。

4. 覆反詰問

覆反詰問由他造當事人、代理人、辯護人或輔佐人為之。覆反詰問應就辨明覆主詰問所顯現證據證明力必要之事項為之，行覆反詰問，應依循反詰問之方式為之（刑訴§166之5）[17]。

綜上所述，主詰問、反詰問、覆主詰問、覆反詰問各階段，依次序進行，各階段詰問，依次序限縮範圍，使交互詰問程序，非但有條不紊，且逐次限縮範圍。

（四）審判長為補充或續行訊問

證人、鑑定人經當事人、代理人、辯護人或輔佐人詰問完畢後，審判長得為補充或續行訊問（參照刑訴§166Ⅳ、§166之6Ⅱ）。在當事人進行原則之色彩下，法院依職權調查證據居於補充性、輔佐性之地位，及因發現真實之必要而為之。因此，證人、鑑定人，經當事人、代理人、辯護人或輔佐人詰問完畢後，審判長得為補充性地訊問證人、鑑定人。若係法院依職權傳喚之證人或鑑定人，經當事人、代理人、辯護人或輔佐人詰問完畢後，審判長得為續行訊問。

審判長得為補充或續行訊問，主要為落實當事人進行主義之精神，並彰顯法院依職權調查證據之輔助性質。因為，於法院依職權傳喚證人、鑑定人時，該證人、鑑定人具有何種經驗、知識，欲證明者為何項待證事實，自以審判長最為明瞭，應由審判長先為訊問，此時之訊問相當於主詰問之性質，而當事人、代理人及辯護人於審判長訊問後，接續詰問之，其性質則相當於反詰問。至於當事人、代理人及辯護人間之詰問次序，則由審判長本其訴訟指揮，依職權定之。故為期發見真實，證人、鑑定人經當

---

[17] 根據第166條之5立法理由指出：為避免詰問事項不當擴張，浪費法庭時間，爰參考美國聯邦證據法第611條(a)項之立法精神，於本條第一規定覆反詰問應就覆主詰問所顯現證據證明力必要之事項行之。且行覆反詰問，仍應依循反詰問之方式。

事人、代理人、辯護人或輔佐人詰問後，審判長仍得續行訊問。

不過審判長的補充訊問應該儘量少用。訴訟勝敗應由雙方當事人負主要責任，不應由法院給予協助或加以打擊，因爲根據美國的經驗，法官訊問證人的時機與範圍，雖然相當尊重事實審法院的決定，但上訴法院有時候會因法官問得太多而撤銷原判決，發回原審級法院，重新審判。

三、交互詰問程序中之異議

異議乃交互詰問制度中很重要的一個機制。雖然，詰問制度之設計在於使當事人、代理人、辯護人或輔佐人於審判程序中積極介入，不過，詰問過程中當事人兩造之攻擊防禦，經常會有偏離證據法則常軌之演出，故爲使訴訟程序合法妥適，當事人、代理人、辯護人或輔佐人對於他造證人、鑑定人所爲之詰問及證人、鑑定人之回答均得「聲明異議」，以防止不當或違法之詰問，進而誤導事實眞相。

（一）聲明異議之事由

得提出異議之事由，根據第167條規定，當事人、代理人或辯護人詰問證人、鑑定人時，審判長除認其有不當者外，不得限制或禁止之。故僅限於「不當之直接發問」。但是，實務運作上對於證人之不當回答，或鑑定人超出專業領域外之意見，亦將之列爲異議事由之列。因爲，證人經常答非所問雞同鴨講，故爲使詰問有效運作，確有限制「不當回答」之必要[18]。有鑑於此，第167條之1規定，當事人、代理人或辯護人就證人、鑑定人之詰問及回答，得以違背法令或不當爲由，聲明異議。明白規定包括不當之詰問與回答。總言之，立法上得被異議的事由大致分爲三類[19]：

1. 無法達成有效確定事實

由於對證人之詰問及證據之提出，須能有效確定事實，始能達到交互

---

[18] 參閱王梅英，法官之訴訟指揮與異議裁決，法務部司法官訓練所2002年法庭活動研習班講義，2002年11月，頁19。

[19] 關於美國實務上常見的異議類型，詳細內容可參閱Thomas A. Mauet, Trial Techniques, Aspen Law and Business, 2002, p. 471～472.

詰問之目的，故下述情況易被異議：與本案及因詰問所顯現之事項無關、抽象不明確之詰問、不當之誘導、錯誤引用證人先前之陳述、對假設性事項或無證據支持之事實、要求證人陳述個人意見或推測評論者、於詰問中陳述個人意見進行辯論或推論者、對證人未親身經歷之事項或鑑定人未行鑑定之事項、有混淆或扭曲事實之虞、法令禁止詰問之事項（參照刑訴§166之7II①、③、④、⑤、⑦、⑨、⑩）等情況均屬之。

2. 避免無意義地浪費時間

對於同一造就同一事項為重複詰問或其他足以影響審判公平或延滯訴訟程序之詰問（參照刑訴§166之7II⑥、§167）均屬無意義地浪費訴訟時間，容易被提出異議。

3. 確保證人不受干擾或不適之難堪

確保證人不受干擾或不適之難堪，在以恫嚇、侮辱、利誘、詐欺或其他不正之方法之詰問，及恐怕證人於自己或與其有第180條第1項關係之人之名譽、信用或財產有重大損害者（參照刑訴§166之7II②、⑧），亦均得提出異議。

（二）聲明異議之程序

關於聲明異議之程序可分為聲明異議及法院之裁定兩個部分，以下分述之[20]。

1. 聲明異議

根據新修正第167條之2規定，聲明異議係針對各個行為，立即附簡要理由為之（刑訴§167之2I）。證人、鑑定人於當事人、代理人或辯護人聲明異議後，審判長處分前，應停止陳述（刑訴§167之2IV）。此時法院應給相對人陳述對於該異議之意見（刑訴§167之2III）。於一造聲明異議後，兩造均應遵守審判長之訴訟指揮，以免影響訴訟程序之進行。且審判長對於前項異議，應立即處分。聲明異議的流程可分為下列步驟[21]：

---

[20] 參閱拙著，前揭書，頁382以下。
[21] 參閱王梅英，前揭文，頁11。

(1)掌握時機立即提出

檢察官或辯護人欲提出異議以促請審判長制止不當詰問者，應立即提出，亦即，必須緊接在得異議之問題後馬上提出，否則，如果證人早已對該問題陳述，或者證人陳述完畢後又已經進行到其他問題時才提出異議，在時機上已經失其效益。因此，檢察官與辯護人首先必須熟悉詰問規則，才能有效地駕馭異議制度。換言之，異議時，必須注意及時性，如果某個問題是不正當的，在還沒回答之前，就必須提出異議。不過。仍然應該在問題問完時才異議，當然，如果問題本身早有偏見，即使問題未問完，也可以馬上提出異議[22]。

(2)簡要理由之陳述

聲明異議時若只是提出異議是不夠的，故提出異議同時，應簡單明確地陳述異議事由，使審判長能夠知悉異議原因而決定如何處分。宜注意的是理由之陳述必須簡單明瞭，不必長篇大論。於異議提出後法院裁定前，即應停止陳述等待法院裁定。

2. 法院裁定

聲明異議，乃針對各個詰問行為，簡潔的敘述理由，並應立即提出。法院對於提出之異議，應立即作出裁定。法院對於異議為裁定之際，對於對造之意見有必要詳為聽取。對於不同異議內容所為之裁定，亦將有不同之裁定內容，例如：命詰問權人修正詰問方式、禁止詰問權人對同一事項繼續發問、剝奪詰問權人對該次之詰問權、改由審判長直接訊問或令證人、鑑定人回答問題。通常，對於審判長的異議裁定，都希望達到：「快速不遲疑」、「準確無失誤」、「妥當能接受」、「果斷命續行」的程度。對於聲明異議之裁定得分成兩種情形：

(1)裁定駁回

法院認異議無理由，或有遲誤時機、意圖延滯訴訟或其他不合法之情形者，應以裁定駁回之。但若遲誤時機之聲明異議事項，與案情有重要關

---

[22]Thomas A. Mauet, Trial Techniques, Aspen Law and Business, 2002, p. 467.

係，顯足以影響判決之內容或審判之公平時，則不受提出時機之限制（刑訴§167之3、§167之4）。至於法院之裁定以當場宣示或製作文書送達，均無不可，但應由書記官記明筆錄以便審查。

(2)分別為中止、撤回、撤銷、變更或其他必要之處分

法院認異議有理由者，應視其情形，立即分別為中止、撤回、撤銷、變更或其他必要之處分（刑訴§167之5）。例如，對於主詰問者為誘導詰問時，命其撤回，或修正問題後再為詰問。且為避免訴訟遲延且有害於程序之安定，對於法院就聲明異議所為之處分，不得再聲明異議或抗告（刑訴§167之6）。

肆、論告與結辯

論告與結辯程序是交互詰問的最後階段，檢察官與辯護人都利用這個機會為自己的案件作最後辯論。順序上先由檢察官論告，其次由辯護人結辯。辯護人結辯後，負有證明負擔的檢察官可以再做辯正。亦即，原告先辯論，再換被告，被告辯論完以後，原告可以做一段簡短的反結辯。因為原告負有舉證責任，所以原告可以在最先與最後辯論[23]。有效的論告與結辯必須結合事實與法律，就可信證據適用法條時，所應為的裁判，提出辯論[24]。

論告與結辯之準備[25]，攸關勝訴與否，故好的論告與結辯必須在審判前即開始架構結辯內容，並於證人詰問過程中，小心建立擬於往後論告與結辯中提出的論點，尤其，應事先就必須提出的重要論點製作大綱，準備圖表以加強視覺效果，俾能於論告與結辯中清楚所欲提示的證物，並事先

---

[23]參閱Plaintiff argues first, then defendant. After the defendant is done, plaintiff gets to make a short rebuttal argument. Because plaintiff has the burden of proof, plaintiff gets to argue first and last.

[24]參閱Effective closing arguments integrate the facts and law and argue that credible evidence, when applied to the law, requires a favorable verdict. 參閱Thomas A. mauet著，蔡秋明、方佳俊譯，訴訟技巧，2002年，頁36。

[25]參閱彭中南、崔展業，前揭講義，頁10。

練習結辯的進行，才是獲勝的不二法門。

　　總之，檢方論告的目的，在於以最有利的方式就證據表示意見，並依證據所顯示的事實，合於邏輯的推論，以證明被告有罪，使法官得到有罪判決的堅定印象。律師結辯的目的，則是指出控方的謬誤，以降低其辯論的力量。成功的結辯在於有堅實的結辯架構，並能影響法官形成有罪或無罪心證的重要因素，故檢辯雙方無不全力以赴，期望獲致最後的勝訴。

伍、結　語

　　我國的刑事訴訟制度雖然仍適度的保留職權原則（如法官可以主動傳喚證人與鑑定人，並補充訊問或續行訊問），但當事人進行主義成為我國刑事訴訟制度的主軸，似乎已無可爭論。2003年刑事訴訟法將交互詰問制度加以詳細新規定，目的也是為了貫徹當事人進行主義，使證據的證明力藉由訴訟當事人與關係人主動的質問而得到澄清，同時發現實體的真實。

　　交互詰問的順利進行，需要準備程序的配合。在準備程序上，越是盡力澄清交互詰問所必須的證據，排除交互詰問時不必要提出的證據，越能節省詰問的時間，有效率的發現真實。準備程序因此是交互詰問成敗與否的關鍵之一。

　　交互詰問分成四個步驟：主詰問、反詰問、覆主詰問、覆反詰問。證人或鑑定人總是由傳喚者先詰問（主詰問），再由他方當事人反問（反詰問）；傳喚者對於反詰問的內容，再為詰問（覆主詰問），他方再次反問（覆反詰問），且詰問的範圍越來越小。

　　詰問時可能有不當的發問，例如使證人、鑑定人難堪的發問，拖延訴訟並浪費時間的發問，這類發問必須允許訴訟參與者提出「異議」。異議必須即時提出，並簡要說明異議的理由。

　　交互詰問的尾聲是論告與結辯。被告有一次結辯的機會，檢察官則有兩次論告的機會，即先做第一次論告後，等律師結辯之後，再做第二次論告，這是因為檢方負責舉證，需要較多的機會陳述意見。

　　交互詰問成功與否，事關案件的最後澄清，也關係裁判結果能否被信服，所以是訴訟上的關鍵。交互詰問是一個嶄新的訴訟活動，成功與否，需要法官以及當事人、關係人的共同協力。

第十九章

交互詰問制度之實踐
——以士林、苗栗兩地爲研究中心

壹、緣　起

1999年7月全國司法改革會議決定，將刑事訴訟制度改弦為「改良式當事人進行主義」之訴訟模式，亦即，要落實及強化交互詰問。惟欲落實及強化交互詰問，必須以檢察官落實實行公訴為前提，方能改變刑事審判之進行方式。

由於苗栗地檢署與士林地檢署是率先開始試行「檢察官專責全程到庭實行公訴」制度的兩地，該兩地實行之成果，攸關整個交互詰問制度是否繼續實施及刑事訴訟制度之走向。因此藉著針對第一線從事司法運作之人員，亦即，法官、檢察官與辯護人作深度的問卷調查或電話訪談，實際瞭解執行情況與具體成效，當可做為其他法院執行交互詰問時的參考。

本文先從論述交互詰問制度的相關內容，並以士林與苗栗地區審、檢、辯為實證研究之對象，說明交互詰問制度運用於實務操作之實況。

貳、交互詰問之相關內容

概括地說，交互詰問的內容包括：準備程式、詰問與異議、論告與結辯三個過程。首先，為了讓交互詰問有效進行，符合集中審理原則之要求，必須先確定審判期日調查證據之範圍、順序與方法，妥適安排審判庭期，並確認或指示當事人與審判期日應有的作為。凡此種種均有賴於妥善準備程式。準備程序的進行，攸關交互詰問進行的順利與否，因此，要清楚交互詰問的運作，必須對於準備程序的相關概念加以掌握。

有了周詳的準備程序，交互詰問的法庭活動才能更加流暢，故應對詰問的內容與順序、詰問與異議之關係及最後結辯的進行充分瞭解。以下概略說明實施交互詰問程序的相關內容（關於交互詰問制度的最新規定及內容，可參閱拙著「交互詰問之新規定」，載於東海法學研究第18期，2003年6月出刊）。

一、準備程序

　　準備程序，係指法院或受命法官為準備審判起見，於第一次審判期日前，傳喚被告、告訴人，並通知檢察官、辯護人，就起訴書所載之犯罪事實、證據並所犯法條，訊問被告，並就當事人或辯護人提出之證據及聲請調查之證據，決定審判期日調查證據之順序、範圍與方法，及整理並告知爭點的程序。準備程序因此是交互詰問前之程序。

　　由於準備程序係為交互詰問之法庭活動作準備，故準備程序成功與否攸關刑事審判得否發揮其功能的關鍵。2003年2月刑事訴訟法修正第273條規定準備程序中之應有作為，使準備程序的進行有法律依據。

　　為了落實準備程序的功能，第273條規定：法院得於第一次審判期日前，傳喚被告或其代理人，並通知檢察官、辯護人、輔佐人到庭，行準備程序，為下列各事項之處理，這些事項的處理是指：(一)確定起訴範圍；(二)簡式審判或簡易審判之選擇；(三)整理案件爭點；(四)篩選無證據能力之證據；(五)決定排棒順序；(六)命提出證物；(七)其他概括事項等的過程。

　　另外，準備程序之處理，應製作筆錄（第4項）。且準備程序應賦予當事人或辯護人適當之準備期間，故其傳喚或通知應於期日前相當時間送達，以利程序之進行（參照刑訴§273準用§272之規定）。不過，這些人經合法傳喚或通知，如無正當理由不到庭，應許法院視情況，得對到庭之人行準備程序，以免延宕（刑訴§273⑤）。

二、交互詰問

　　由於交互詰問，是發現真實的最佳利器，其最能發現真實是基於兩點原理：第一、各造當事人對於己方「有利」之所在以及他造「不利」之所在，最為關切或知之最稔，故委由兩造當事人「提出證據」，最能全盤托出而無遺漏；第二、透過反詰問「質問證人」揭露出潛藏在證據內部之錯誤訊息，最能檢驗證言之憑信性。

（一）詰問之主體與對象

詰問的主體是當事人（檢察官、自訴人及被告）、代理人與辯護人；另外，由於輔佐人大部分無法律專業知識，較無法應付詰問技巧，故不得詰問證人。至於詰問之對象是證人及鑑定人。

（二）詰問之種類與範圍

如果證人是被告一方聲請傳喚的，就由被告或辯護人先問話，叫做主詰問；問完，檢察官若認有必要，也可以提出質疑，進行問話，叫做反詰問。反詰問問完，被告仍可就反詰問中所發生的疑點或事項再為問話，叫做覆主詰問。證人如果由檢察官聲請傳喚的，那麼詰問順序就由檢察官先開始。證人若是法官主動傳喚的，原則上由法官訊問，問完後，被告、辯護人或檢察官認為有必要，可要求法官准他問話。簡言之，主詰問、反詰問、覆主詰問、覆反詰問各階段，依次序進行，各階段詰問，依次序限縮範圍，使交互詰問程序，非但有條不紊，且逐次限縮範圍。

最後，審判長得為補充或續行訊問，這個是落實當事人進行主義，及彰顯法院依職權調查證據，乃是輔助性質的精神。

（三）詰問過程中之異議

交互詰問過程中，有一個非常重要的機制，那就是「異議」。雖然，詰問制度之設計在於使當事人、代理人、辯護人或輔佐人於審判程序中積極介入，不過，詰問過程中當事人兩造之攻擊防禦，經常會有偏離證據法則常軌之演出，故為使訴訟程序合法妥適，當事人、代理人、辯護人或輔佐人對於他造證人、鑑定人所為之詰問及證人、鑑定人之回答均得「聲明異議」，以防止不當或違法之詰問，進而誤導事實真相。

得提出異議之事由，根據第167條規定，當事人、代理人或辯護人詰問證人、鑑定人時，審判長除認其有不當者外，不得限制或禁止之。關於聲明異議之程序可分為聲明異議及法院之裁定兩個部分。聲明異議，乃針

對各個詰問行為，簡潔的敘述理由，並應立即提出。法院對於提出之異議應立即作出裁定。立即分別為中止、撤回、撤銷、變更或其他必要之處分（刑訴§167之5）。例如，對於主詰問者為誘導詰問時，命其撤回，或修正問題後再為詰問。且為避免訴訟遲延且有害於程序之安定，對於法院就聲明異議所為之處分，不得再聲明異議或抗告（刑訴§167之6）。

三、結　辯

　　結辯程序是交互詰問的最後階段，檢察官與辯護人都利用這個機會為自己的案件作最後辯論。順序上先由檢察官為之，其次由辯護人行之。辯護人結辯後，負有證明負擔的檢察官可以再做辯正。亦即，原告先辯論，再換被告，被告辯論完以後，原告可以做一段簡短的反結辯。因為原告負有舉證責任，所以原告可以在最先與最後辯論。

　　成功的結辯在於有堅實的結辯架構，並能影響法官形成有罪或無罪心證的重要因素，故檢辯雙方無不全力以赴，獲致最後的勝訴。

參、交互詰問之實踐──以士林、苗栗兩地為研究中心

一、研究目的

　　本研究之主要目的是希望藉著實證研究，瞭解該制度所試行的真相與貫徹的程度，然後再論證其與理論間的契合度；例如，在實施交互詰問過程中，是否有提高起訴品質；蒞庭之（公訴組）檢察官對於公訴案件是否已充分瞭解，並確實做好蒞庭準備。

　　另外，藉著實證研究，瞭解交互詰問制度在實務上是否可行；例如，選任辯護人，對交互詰問程序之進行有無幫助；實施交互詰問程序，是否能滿足對發現真實之需求；案件審理時間，是否因實施交互詰問而受到延滯；實施交互詰問制度，是否能落實被告詰問權之保障；參與交互詰問之人員（檢察官、辯護人）是否有能力去應付。

　　近幾年來，交互詰問制度乃刑事訴訟法中之顯學，學界的文章相當多，然在實驗詰問之過程中，若忽略實務上的聲音必相當可惜。且由實際上從事司法實務工作之人員，就交互詰問制度其所提出之批評、建議及意見，對於交互詰問制度之興革，極具價值，故本研究可相當程度忠實反應實務運作實況，可以作為其他法院實務運作及將來立法之參考。

二、研究方法

（一）研究主題

　　本次調查研究主題依據前述研究目的及問題性質的描述，設定實證調查，採問卷調查分析法，針對士林及苗栗地方法院的法官、檢察署的檢察官與辯護人所擬定的問卷設計，不同的對象有不同之題目。例如：關於法官的部分有：1.庭期訂定、起訴品質；2.詰問之實施；3.交互詰問制度之綜合評估。就檢察官的部分有：1.偵查程序；2.審判程序；3.交互詰問制度綜合評估。就律師的部分則針對交互詰問之綜合性問題加以調查。除此之外，亦有針對受訪者的年資加以調查，作為研究上附帶的參考。

（二）研究對象

　　本次問卷係針對士林地區及苗栗地區，從事司法實務人員（法官、檢察官與律師）為調查對象。基本上以有參與過交互詰問制度之司法人員為主。

（三）研究調查時間

　　本次書面問卷調查時間為2002年5月1日至2002年5月27日，亦即，於實施將屆滿兩年前夕所做的調查。

（四）有效樣本數

士林地檢署自2000年6月1日起，開始實施「檢察官專責全程到庭實行公訴」，有初步成效，本次書面問卷乃針對士林地方法院和士林地檢署以及苗栗地方法院和苗栗地檢署為研究主體。

士林地檢署參與問卷調查的法官有十五位，檢察官有十八位，其回收率如下：發出問卷檢察官十七位，回收15件，回收率為88.24%；士林地院發出25份，回收18份，回收率為72%；士林地區辯護人發出50份，回收14份，回收率為28%。

苗栗地方法院、苗栗地檢署和苗栗地區的律師為研究主體，參與本次問卷調查的法官有十位，檢察官有五位，辯護人有十四位。其回收率如下：苗栗地院法官發出13份，回收10份，回收率為76.92%；苗栗地檢署檢察官發出問卷8份，回收5份，回收率為62.5%；苗栗地區辯護人，發出25份，回收14份，回收率為56%。（詳如下表）

交互詰問制度之理論與實踐書面問卷調查回收統計				
		發放數	回收數	回收率	總計（回收率）
法官	士林	17	15	88.24%	83.33%
	苗栗	13	10	76.92%	
檢察官	士林	25	18	72%	67.25%
	苗栗	8	5	62.5%	
辯護人	士林	50	14	28%	37.33%
	苗栗	25	14	56%	

（五）問卷設計

問卷設計分為幾個部分：

1. 第一個部分：屬於基本資料

調查受訪者擔任法官至今大約有幾年、配置於刑事庭或民事庭、一年平均輪值法官幾次、受理聲請交互詰問之案件數。

2. 第二個部分：針對庭期訂定、起訴品質、偵查程序

詢問法官與檢察官關於：(1)是否踐行「集中審理原則」；(2)是否有提高起訴書品質；(3)公訴組與偵查組之二分法，偵查組對於案件之偵查情形，能否滿足公訴組蒞庭行交互詰問之需求。

3. 第三部分：針對審判程序、詰問之實施

內容如下：(1)所處理之案件，實施交互詰問程序之案件數；(2)未實施交互詰問之案件及其原因；(3)實施交互詰問程序時，其詰問順序是否均能依照：主詰問、反詰問、覆主詰問之順序進行；(4)依受訪者的觀察，當事人所進行之詰問，是否能維持在詰問事項之範圍內、誘導詰問及其他不正方法詰問之發生情形；(5)對於不當詰問，當事人之反應；(6)當事人對於不當詰問未提出異議時的態度；(7)不當詰問之異議當事人的反應；(8)對證人進行詰問時所採取之方式。

4. 第四部分：針對交互詰問制度綜合評估

內容包括：(1)選任辯護人，對交互詰問程序之進行是否有幫助；(2)交互詰問程序，能否滿足對「發現真實」之需求；(3)案件審理時間，是否因實施交互詰問受到延滯；(4)交互詰問制度，能否落實被告詰問權之保障；(5)參與交互詰問制度之人員能力是否足夠；(6)配套措施是否落實；(7)是否與目前刑事訴訟法規定相符；(8)目前交互詰問制度試辦情形及繼續實施之可行性。

三、研究發現

（一）法官部分

經由對士林及苗栗地區兩地的實地調查後，可以發現以下情形：

1. 庭期訂定、起訴品質

(1)研究數據

A.當問及自實施公訴蒞庭交互詰問新制起，檢察官起訴後至第一次法庭開庭，其間隔時間為多久時，有一位法官認為其間隔為十五日內；有

十六位法官認為在十五天至三十日內；有六位法官認為在三十天至六十日內；有二位法官認為其間隔為六十日以上；有一位法官並未作答。

B.當問及作答法官所處理的案件，法院當庭改訂下次庭期之時間間隔為多久時：有十位法官認為在十五日內；有十位的法官認為在三十日內；有六位法官認為在六十日內；沒有法官認為在六十日以上：所有法官均有作答。

C.當問及自實施公訴蒞庭交互詰問新制起，檢察官所起訴之案件與實施前比較，其起訴（卷、證內容）品質如何時，有二十四位法官均認為品質有提高，僅有三位法官認為沒差別。

D.當問及依作答法官的觀察，蒞庭之（公訴組）檢察官對該公訴案件是否已有所瞭解，並確實做好蒞庭準備時，有二十三位法官認為所有案件皆確實準備；有一位法官認為僅部分案件有準備；有一位法官認為幾乎都沒準備。

(2)研究結果

A.未落實集中審理：從上述的研究數據得知，實施交互詰問制度之案件大部分未踐行刑事訴訟法上集中審理原則。依第293條規定：「審判非一次期日所能終結者，除有特別情形外，應於次日連續開庭，如下次開庭因事故間隔至十五日以上者，應更新審判程序」，也就是審判程序應盡可能一口氣進行完畢，直到辯論終結為止，發現真實的目的較有實踐的可能。然在苗栗地院中有80%的法官認為自實施公訴蒞庭交互詰問新制起，檢察官起訴後至第一次法庭開庭，其間隔時間為十五日至三十日內；有70%的法官對於所處理案件，如需要改訂下次庭期之時間間隔在十五日內，因此，大部分並未符合次日連續開庭之要求，集中審理並未落實。

B.起訴品質提高：然從研究數據可知，當問及自實施公訴蒞庭交互詰問新制起，檢察官所起訴之案件與實施前比較，其起訴（卷、證內容）品質幾乎所有法官均認為品質有提高，僅有三位法官認為沒差別，所占的比例相當的高，因此交互詰問制度之實施有助於提高檢察官起訴書之品質。

C.法官滿意檢察官之蒞庭準備工作：若依作答法官的回答內容做觀

察，蒞庭之（公訴組）檢察官對該公訴案件是否已有所瞭解，並確實做好蒞庭準備時：有二十三位法官認為所有案件皆確實準備；有一位法官認為僅部分案件有準備；有一位法官認為幾乎都沒準備，幾乎所有法官均認為檢察官對於案件皆有準備，可見法官們相當肯定檢察官對於蒞庭上的準備工作。

2. 詰問之實施

(1)研究數據

A.當問及作答法官所處理之案件，實施交互詰問程序之案件數為多少時，有十七位法官認為所有案件均有實施；有六位法官認為大部分案件有實施；有四位法官認為僅有少部分案件實施；有一位法官有其他答案。

B.（承前題）當問及若有未實施交互詰問之案件，其原因為何時，有十二位法官認為原因是被告未選任辯護人；有三位法官認為原因是證人未到庭；有二位法官有其他答案。

C.當問及實施交互詰問程序時，其詰問順序是否均能依照：主詰問、反詰問、覆主詰問之順序進行時，有十四位法官認為順序均能依序進行；有十三位法官認為大多能依序進行，有一位法官認為很少能依序進行。

D.當問及依受訪者的觀察，當事人所進行之詰問，是否能維持在詰問事項之範圍內時，有二十四位法官均認為大部分案件均能維持，此外，二位法官有其他答案及未答。

E.當問及依作答法官的觀察，不當詰問（包括誘導詰問及其他不正方法詰問）之發生情形時，有十四位法官認為常常發生；有十二位的法官認為很少發生；有二位法官有其他答案。

F.當問及對於不當詰問，當事人之反應時，有六位法官認為當事人能適時提出異議；有二十一位法官認為當事人很少能提出異議；有一位法官有其他答案。

G.當問及當事人對於不當詰問未提出異議時，作答法官的態度為何時，有八位法官會主動提醒當事人可提出異議；有十二位法官不會表示意見；有五位法官有其他答案；有三位法官未答。

H.當問及對於不當詰問之異議，依作答法官的觀察，當事人對於其處置是否服氣時，有十八位法官認為沒有表示不服氣的當事人；有一位法官認為當事人常常表示不服氣；有九位法官認為當事人多未表示；有一位法官未答。

I.當問及對證人進行詰問時，作答法官所採取之方式為何時，有二位法官會直接交由當事人詰問，自己不再做補充詢問；有二十二位法官會先由當事人詰問，自己再作補充詢問；有一位法官會先訊問後，再交由當事人詰問；有三位法官會依其他方式。

(2)研究結果

A.未選任辯護人致無法實施交互詰問：關於法官所處理之案件，是否均實施交互詰問之程序時，有十七位法官認為所有案件均有實施；有六位法官認為大部分案件有實施；有四位法官認為僅有少部分案件實施，此外，再問及若有未實施交互詰問之案件，其原因為何時，有十二位法官認為原因是被告未選任辯護人；有三位法官認為原因是證人未到庭；有二位法官有其他答案。因此，多數法官認為選任辯護人，對交互詰問程序之進行有幫助，均肯定辯護人對於進行交互詰問程序有一定之功能。

B.詰問順序與適時異議：就詰問之順序而言，有十四位法官認為能依照：主詰問、反詰問、覆主詰問之順序進行；有十三位法官認為大多能依序進行，有一位法官認為很少能依序進行；當問及依受訪者的觀察，當事人所進行之詰問，是否能維持在詰問事項之範圍內時，有二十四位法官均認為大部分案件均能維持，此外，各有二位法官有其他答案及未答；當問及依作答法官的觀察，不當詰問（包括誘導詰問及其他不正方法詰問）之發生情形時，有十四位法官認為常常發生；有十二位的法官認為很少發生；有二位法官有其他答案；當問及對於不當詰問，當事人之反應時，有六位法官認為當事人能適時提出異議；有二十一位法官認為當事人很少能提出異議；有一位法官有其他答案；當問及當事人對於不當詰問未提出異議時，作答法官的態度為何時，有八位法官會主動提醒當事人可提出異議；有十二位法官不會表示意見；有五位法官有其他答案；有三位法官未

答，故可知詰問之順序與事項之範圍多能維持，只有在異議之提出有不足的地方。

　　C.法官尊重當事人的詰問權：對於證人進行詰問時，作答法官所採取之方式，有二位法官會直接交由當事人詰問，自己不再做補充詢問；有二十二位法官會先由當事人詰問，自己再作補充詢問；有一位法官會先訊問後，再交由當事人詰問；有三位法官會依其他方式，由此可知，法官多數仍是會尊重當事人之詰問權。

3. 交互詰問制度之綜合評估

(1)研究數據

　　A.當問及作答法官認為有選任辯護人者，對交互詰問程序之進行有無幫助，有十九位法官認為有幫助；有九位法官認為不一定有幫助，視辯護人能力而定。

　　B.當問及作答法官認為目前所實施之交互詰問程序，是否能滿足對「發現真實」之需求時，有六位法官認為能夠充分滿足；有十七位法官認為稍能滿足；有二位法官認為無法滿足；有一位法官有其他答案；有二位未答。

　　C.當問及作答法官認為案件審理時間，是否因實施交互詰問而受到延滯時，有十七位法官認為嚴重延滯；有十二位法官認為雖有延滯但影響不大。

　　D.當問及作答法官認為目前所實施之交互詰問制度，是否能落實被告詰問權之保障時，有十一位法官認為可以有效保障；有十二位法官認為保障有限；有五位法官有其他答案或未答。

　　E.當問及作答法官認為目前所實施之交互詰問制度，參與之檢察官或辯護人的能力表現，有二位法官認為能力均充足；有十八位法官認為辯護人方面能力較不足；有六位法官認為檢、辯雙方均不足；有二位法官有其他答案。

　　F.當問及依目前實施情形，作答法官認為還有哪些方面有待加強或改變時，有二十三位法官認為書記官筆錄記錄速度或記錄方式有待加強或改

變；十位法官認為是法院席位設計方面；有十九位法官認為是義務辯護制度（訴訟救助）方面；有二十位的法官認為係檢方人力之補充；有二十位的法官認為係院方人力之補充；有二十五位法官認為係律師在職訓練方面；有二十一位法官認為是法律配套措施之補充或修正方面；有一位法官有其他答案。

G.當問及作答法官認為目前試辦交互詰問之操作情形，與現行刑事訴訟法之詰問規定（刑訴§166），差別為何時，有五位法官認為與現行規定完全相符；有一位法官認為與現行規定不符；有二十位的法官認為部分相符，部分不符；有二位法官有其他答案或未答。

H.當問及依目前交互詰問制度試辦情形，作答法官認為應否繼續實施時，有十八位法官認為應繼續實施；有七位法官認為不但應繼續實施，而且應該全面實施；有一位的法官認為不宜再繼續實施；有二位法官有其他答案。

(2)研究結果

A.選任辯護人有利交互詰問之實施：有十九位法官認為有選任辯護人者，對交互詰問程序之進行有幫助；有九位法官認為不一定有幫助，視辯護人能力而定，故辯護人之功能是可以肯定的。

B.對「發現真實」持保守態度：當作答法官被問及目前所實施之交互詰問程序，是否能滿足對「發現真實」之需求時，有六位法官認為能夠充分滿足；有十七位法官認為稍能滿足；有二位法官認為無法滿足；有一位法官有其他答案；有二位未答。由此可知，大部分的法官認為交互詰問程序，僅稍能滿足發現真實的需求。

C.影響審理案件的速度：當作答法官被問及案件審理時間，是否因實施交互詰問而受到延滯時，有十七位法官認為嚴重延滯；有十一位法官認為雖有延滯但影響不大。由此項數據可知，交互詰問制度之實施會使得案件審理時間因而延長，如何解決此一問題將是必須面臨的問題。

D.目前制度稍能落實被告詰問權保障：當作答法官被問及目前所實施之交互詰問制度，是否能落實被告詰問權之保障時，有十一位法官認為可

以有效保障；有十二位法官認為保障有限；有五位法官有其他答案或未答，由此可知，有半數的法官認為，交互詰問制度對於被告詰問權保障有限。

　　E.辯護人能力有待加強：當作答法官被問及所實施之交互詰問制度，參與之檢察官或辯護人的能力表現，有二位法官認為能力均充足；有十八位的法官認為辯護人方面能力較不足；有六位法官認為檢、辯雙方均不足；有二位法官有其他答案，所以辯護人之能力仍是必須再加強的。

　　F.配套制度仍待加強：當問及依目前實施情形，作答法官認為還有哪些方面有待加強或改變時，有二十三位法官認為書記官筆錄記錄速度或記錄方式有待加強或改變；十位法官認為是法院席位設計方面；有十九位法官認為在義務辯護制度（訴訟救助）方面；有二十位的法官認為係檢方人力之補充；有二十位的法官認為係院方人力之補充；有二十五位法官認為在律師在職訓練方面；有二十一位法官認為在法律配套措施之補充或修正方面；有一位法官有其他答案，其配套制度意見眾多，似乎仍要進一步加以討論。

　　G.大致符合目前訴訟法規定：有二十位的法官認為目前試辦交互詰問之操作情形，與現行刑事訴訟法之詰問規定（刑訴§166），部分相符，部分不符；有五位法官認為與現行規定完全相符；有一位法官認為與現行規定不符；有二位法官有其他答案或未答，所以可知，試辦交互詰問是符合刑事訴訟之規定與精神。

　　H.法官的高度肯度：有十八位法官認為目前交互詰問制度試辦情形應繼續實施；有七位法官認為不但應繼續實施，而且應該全面實施；有一位的法官認為不宜再繼續實施；有二位法官有其他答案，依此可知，交互詰問仍有繼續實施之必要。

（二）檢察官的部分

1. 偵查程序

(1)研究數據

A.當問及目前所實施之公訴蒞庭行交互詰問制度，作答檢察官認為是否因此而增加「偵查階段」人力的負擔時，有十二位檢察官認為大幅增加負擔；有七位檢察官認為雖增加負擔，但尚能接受，有一位檢察官認為未增加負擔。

B.當問及因應公訴蒞庭行交互詰問制度，作答檢察官認為在職務分配上採取何種方式為妥，有十二位檢察官認為檢察官之職務分配應分為公訴組與偵查組；有一位檢察官認為應統合分組；有六位檢察官認為無須分組，依分案自行偵查、蒞庭即可；有一位未答。

C.當問及依目前公訴組與偵查組之二分法，作答檢察官認為偵查組對於案件之偵查情形，能否滿足公訴組蒞庭行交互詰問之需求，有十九位的檢察官認為大部分案件能滿足，有一位檢察官認為僅少部分能滿足，大部分有待補充。

D.當問及依目前公訴組與偵查組之二分法，作答檢察官認為是否會造成檢察官之間的衝突；有十二位檢察官認為不會造成衝突；有七位檢察官認為會造成衝突；有一位檢察官有其他答案。

E.當問及實施公訴蒞庭行交互詰問制度以來，作答檢察官認為是否提高案件起訴品質時；有六位檢察官認有大幅提高；有十四位檢察官認為稍有提高。

F.當問及依法務部統計，實施公訴蒞庭行交互詰問制度以來起訴率降低，作答檢察官認為原因為何時：有十六位檢察官認為是檢察官審慎起訴所致；有一位檢察官認為與公訴蒞庭行交互詰問制度無關；有三位的檢察官有其他答案或沒有作答。

G.當問及依法務部統計，實施公訴蒞庭行交互詰問制度以來，聲請簡易判決之案件增加，作答檢察官認為此一現象是否會損及被告之審級利益

時；有十七位檢察官認為不會損及被告利益；有三位檢察官則認為會損及被告利益。

(2)研究結果

A.大幅增加偵查階段人力負擔：對於目前所實施之公訴蒞庭行交互詰問制度，有十二位檢察官認為大幅增加「偵查階段」人力的負擔；有七位檢察官認為雖增加負擔，但尚能接受，有一位檢察官認為未增加負擔，可見實施交互詰問制度對檢察官人力有增加相當之負擔。

B.應分「公訴組」與「偵查組」：為因應公訴蒞庭行交互詰問制度，在職務分配上採取何種方式為妥的調查，有十二位檢察官認為檢察官之職務分配應分為公訴組與偵查組；有一位檢察官認為應統合分組；有六位檢察官認為無須分組，依分案自行偵查、蒞庭即可；有一位未答；再問及依目前公訴組與偵查組之二分法，偵查組對於案件之偵查情形，能否滿足公訴組蒞庭行交互詰問之需求，有十九位的檢察官認為大部分案件能滿足，有一位檢察官認為僅少部分能滿足，大部分有待補充；再問及依目前公訴組與偵查組之二分法，是否會造成檢察官之間的衝突；有十二位檢察官認為不會造成衝突；有七位檢察官認為會造成衝突；有一位檢察官有其他答案。因此，將職務分為公訴組與偵查組，檢察官們大都採取肯定態度。

C.案件起訴品質提高：當作答檢察官被問及實施公訴蒞庭行交互詰問制度以來，是否提高案件起訴品質時；有六位檢察官認為有大幅提高；有十四位檢察官認為稍有提高，可見案件起訴品質雖無明顯提高，但仍有助於品質之提高。

D.審慎起訴：當作答檢察官被問及依法務部統計，實施公訴蒞庭行交互詰問制度以來起訴率降低，原因為何時；有十六位檢察官認為是檢察官審慎起訴所致；有一位法官認為與公訴蒞庭行交互詰問制度無關；有三位的檢察官有其他答案或沒有作答，所以公訴蒞庭行交互詰問與檢察官審慎起訴有必然性。

E.與簡易程序之互動，並不會因之損及被告利益：由於實施公訴蒞庭行交互詰問制度以來，聲請簡易判決之案件增加，作答檢察官中，有十七

位檢察官認爲此一現象不會損及被告利益；有三位檢察官則認爲會損及被告利益，因此，簡易程序並不會損及被告利益。

2. 審判程序

(1)研究數據

A.當問及作答檢察官所處理的案件是否均踐行交互詰問程序時，有八位檢察官認爲所有案件均踐行；有九位檢察官認爲大部分案件有踐行；有三位檢察官認爲僅有少部分案件踐行。

B.當問及作答檢察官是否認爲法院確實依主詰問、反詰問、覆主詰問之順序指揮交互詰問時，十五位檢察官認爲大部分案件能依序進行；有五位檢察官認爲僅少部分案件能依序進行。

C.當問及依作答檢察官之觀察，在交互詰問進行中，法院是否曾不當介入，檢察官認爲常常發生；有十三位檢察官認爲很少發生；有一位檢察官表示未曾發生。

D.當問及依作答檢察官的觀察，在交互詰問進行中有出現不當詰問之情形，十二位檢察官均認爲極爲普遍；有七位檢察官認爲很少發生；有一位檢察官有其他答案。

E.當問及對於不當詰問當事人之反應時，十一位檢察官表示均能即時發現並提出異議；有七位檢察官認爲當事人於情節重大時才提出異議；有二位檢察官有其他答案或未答。

F.當問及作答檢察官對於法院對不當詰問異議之處置，六位檢察官認爲均能爲適當處置；有十位檢察官認爲雖有處置，但速度太慢，有三位檢察官認爲常常不爲處置，有一位檢察官有其他答案。

G.當問及依作答檢察官之觀察，若被告未選任辯護人，是否會妨礙自己進行詰問時，有五位檢察官認爲是，會妨礙詰問之進行；有十二位檢察官認爲否，不會有妨礙；有三位檢察官認爲不一定。

(2)研究結果

A.踐行交互詰問案件之比例極高：當作答檢察官被問及所處理的案件是否均踐行交互詰問程序時，有八位檢察官認爲所有案件均踐行；有九位

檢察官認為大部分案件有踐行；有三位檢察官認為僅有少部分案件踐行，可見其踐行之比例很高。

B.詰問之順序：就詰問之順序而言，有六位檢察官認為皆能依序進行，有九位檢察官認為大部分案件法院確實依主詰問、反詰問、覆主詰問之順序指揮交互詰問依序進行；有五位檢察官認為僅少部分案件能依序進行，所以檢察官對詰問之順序仍然有依序進行。

C.法官較少不當介入交互詰問：依作答檢察官之觀察，在交互詰問進行中，法院是否曾不當介入，有六位檢察官認為常常發生；有十三位檢察官認為很少發生；有一位檢察官表示未曾發生，因此可知法官很少不當介入交互詰問之程序。

D.不當詰問與異議：依作答檢察官的觀察，在交互詰問進行中有出現不當詰問之情形，有十二位檢察官均認為極為普遍；有七位檢察官認為很少發生；有一位檢察官有其他答案；再問及對於不當詰問當事人之反應時，有十一位檢察官表示均能即時發現並提出異議；有七位檢察官認為當事人於情節重大時才提出異議；有二位檢察官有其他答案或未答；再問及作答檢察官對於法院對不當詰問異議之處置，有六位檢察官認為均能為適當處置；有十位檢察官認為雖有處置，但速度太慢，有三位檢察官認為常常不為處置，有一位檢察官有其他答案，可見目前仍是有不當詰問之情形存在，且當事人之異議與法官之處置，均有待改進。

E.未選任辯護人不影響詰問進行：當問及依作答檢察官之觀察，若被告未選任辯護人，是否會妨礙自己進行詰問時有五位檢察官認為是，會妨礙詰問之進行；有十二位檢察官認為否，不會有妨礙；有三位檢察官認為不一定；有一位檢察官有其他答案，可知辯護人對詰問之進行影響不大。

3. 交互詰問制度綜合評估

(1)研究數據

A.當問及作答檢察官認為目前所實施之交互詰問程序，是否能滿足對於「發現真實」之需求時，有五位檢察官認為能充分滿足；有十三位檢察官認為稍能滿足；有一位檢察官認為無法滿足；有一位檢察官有其他答

案。

B.當問及作答檢察官認為實施交互詰問時，案件審理時間是否受到遲延時，有十四位檢察官認為嚴重延滯；有五位檢察官認為雖有延滯，但影響不大；有一位檢察官有其他答案。

C.當問及依作答檢察官之觀察，目前辯護人是否有足夠能力因應交互詰問制度時，有十二位檢察官認為能力已充足；有五位檢察官認為能力有待加強；有二位檢察官認為能力嚴重欠缺；有一位檢察官未答。

D.當問及依作答檢察官之瞭解，目前檢察官是否有足夠能力負擔公訴蒞庭行交互詰問制度時，有十六位檢察官認為能力足以應付；有六位檢察官認為能力有待加強；有八位檢察官認為能力嚴重欠缺。

E.當問及作答檢察官認為依目前實施情形，有哪些方面有待加強或改變時，有十八位檢察官認為書記官筆錄記錄速度或記錄方式須加強；有六位檢察官是認為法院席位設計；有十三位檢察官認為係義務辯護制度（訴訟救助）應改善或加強；有十九位檢察官認為是檢方人力之補充；有五位檢察官認為是院方人力之補充；有十六位檢察官認為係律師在職訓練；有十九位檢察官認為應加強改善的是法律上配套措施之補充或修正。

F.當問及作答檢察官認為依目前試辦交互詰問之操作情形，與現行刑事訴訟法之詰問規定（刑訴§166）差別為何時，有一位檢察官認為與現行規定完全相符；有二位檢察官認為與現行規定不符；有十六位檢察官認為部分相符，部分不符；有一位檢察官認為有其他答案。

G.當問及依目前交互詰問制度試辦情形，作答檢察官認為應否繼續實施；有十六位檢察官認為應繼續實施；有二位檢察官認為不但繼續實施，而且應該全面實施；有一位檢察官認為不宜全面實施；有一位檢察官有其他答案。

(2)研究結果

A.對發現真實檢察官持保守看法：當作答檢察官被問及目前所實施之交互詰問程序，是否能滿足對於「發現真實」之需求時，有五位檢察官認為能充分滿足；有十三位檢察官認為稍能滿足；有一位檢察官認為無法滿

足；有一位檢察官有其他答案，所以，檢察官對交互詰問有助發現眞實仍採保留態度。

B.影響集中審理進度：當作答檢察官被問及實施交互詰問時，案件審理時間是否受到遲延時：有十四位檢察官認爲嚴重延滯；有五位檢察官認爲雖有延滯，但影響不大；有一位檢察官有其他答案，因此，實施交互詰問對審理進度是有影響的。

C.辯護人能力足夠：依作答檢察官之觀察，對於目前辯護人是否有足夠能力因應交互詰問制度時，有十二位檢察官認爲能力已充足；有五位檢察官認爲能力有待加強；有二位檢察官認爲能力嚴重欠缺；有一位檢察官未答，故辯護人能力是足夠的。

D.咸認足以擔任交互詰問程序：依作答檢察官之瞭解，認爲目前檢察官是否有足夠能力負擔公訴涖庭行交互詰問制度時，有十六位檢察官認爲能力足以應付；有六位檢察官認爲能力有待加強；有八位檢察官認爲能力嚴重欠缺；有十六位檢察官有其他答案或未答，所以，大部分檢察官對於面對交互詰問程序，表現出相當的自信。

E.配套制度仍待加強：當問及作答檢察官認爲依目前實施情形，有哪些方面有待加強或改變時：有十八位檢察官認爲書記官筆錄記錄速度或記錄方式須加強；有六位檢察官是認爲法院席位設計；有十三位檢察官認爲係義務辯護制度（訴訟救助）應改善或加強；有十九位檢察官認爲是檢方人力之補充；有五位檢察官認爲是院方人力之補充；有十六位檢察官認爲係律師在職訓練；有十九位檢察官認爲應加強改善的是法律上配套措施之補充或修正，因此配套制度似乎要作一通盤檢討。

F.大致符合目前刑事訴訟法的規定：有十六位檢察官認爲依目前試辦交互詰問之操作情形，與現行刑事訴訟法之詰問規定（刑訴§166），部分相符，部分不符；有一位檢察官認爲與現行規定完全相符；有二位檢察官認爲與現行規定不符；有一位檢察官認爲有其他答案，可見交互詰問之實施應是符合刑事訴訟法之規定。

G.高度肯定試行結果：當問及依目前交互詰問制度試辦情形，作答檢

察官認為應否繼續實施，有十六位檢察官認為應繼續實施；有二位檢察官認為不但繼續實施，而且應該全面實施；有一位檢察官認為不宜全面實施；有一位檢察官有其他答案，所以交互詰問制度的試行結果，檢察官們給予高度肯定。

（三）律師部分

1. 研究數據

(1)當問及依作答律師之瞭解，檢察官蒞庭制度實施後，是否有助於「發現真實」時，有二十二位律師回答有幫助；有四位律師認為不瞭解；有二位律師有其他答案。

(2)當問及據作答律師的瞭解，實施交互詰問制度後，被告對於判決結果是否較能信服時，有十九位律師認為較能信服；有七位律師認為沒有差別。

(3)當問及作答律師認為蒞庭實行公訴之檢察官，是否能切實瞭解案件事證而順利踐行交互詰問制度時，有十一位律師認為均能切實瞭解並踐行；有十四位律師認為僅有部分案件能確實瞭解並踐行；有一位律師認為不能切實瞭解並踐行。

(4)當問及作答律師認為法官對於詰問之指揮，是否依照交互詰問之規則進行，有八位律師認為均能依法指揮進行詰問；有十七位律師認為僅有部分案件依法指揮進行詰問；有一位律師表示不能依法指揮進行詰問。

(5)當問及作答律師能否對於不當詰問適時提出異議時，有四位律師均能適時提出；有十八位律師偶爾提出；有二位律師未曾提出；有二位律師有其他答案。

(6)當問及作答律師認為法官對於異議之處置是否妥當時，有八位律師認為均能有所處置；有十八位律師認為法官是選擇性處置。

(7)當問及作答律師認為實施交互詰問制度以來，法官之立場是否更能客觀、中立時，有十三位律師認為是，法官立場更能客觀、中立；

有十二位律師認為否；有一位律師有其他答案。

(8)當問及作答律師所擔任辯護之案件，是否因行交互詰問而耗費更多時間時，有二十五位律師認為時間增長；有一位律師認為沒有差別。

(9)當問及作答律師認為目前法院庭訊筆錄之製作速度，是否能配合交互詰問之進行時，有四位律師認為速度可以配合；有二十一位律師認為速度太慢；有一位律師有其他答案。

(10)當問及作答律師是否願意擔任無酬勞之義務辯護人時，有十一位律師願意；有十四位律師不願意；有一位律師有其他答案。

(11)當問及作答律師認為依目前試辦結果，可否於所有法院全面實施交互詰問制度時，有十六位律師認為可以；有十位律師認為不可以。

2. 研究結果

(1)能夠滿足「發現真實」的需求

當作答律師被問及，檢察官蒞庭制度實施後，是否有助於「發現真實」時，有二十二位的律師認為有幫助；有四位律師認為不瞭解；有二位律師有其他答案，可見律師多認為交互詰問能滿足發現真實之需求。

(2)判決結果有助司法威信

當作答律師被問及，實施交互詰問制度後，被告對於判決結果是否較能信服時，有九位律師認為較能信服；有七位律師認為沒有差別，由此可知，交互詰問可以增加被告對判決之信服度。

(3)檢察官未能完全掌握案件事證

對於蒞庭實行公訴之檢察官，是否能切實瞭解案件事證而順利踐行交互詰問制度時，有十一位律師認為均能切實瞭解並踐行；有十四位律師認為僅有部分案件能確實瞭解並踐行；有一位律師認為不能切實瞭解並踐行，故律師認為檢察官未能充分瞭解案件事證並踐行之。

(4)法官大部分未依法指揮進行詰問

關於法官對於交互詰問之指揮，是否依照交互詰問之規則進行，有八

位律師認為均能依法指揮進行詰問；有十七位律師認為僅有部分案件依法
指揮進行詰問；有一位律師表示不能依法指揮進行詰問，可見法官對交互
詰問之指揮仍須加強。

(5)律師仍無法異議

當作答律師被問及能否對於不當詰問適時提出異議時，有四位律師均
能適時提出；有十八位律師偶爾提出；有二位律師未曾提出；有二位律師
有其他答案，可知律師對異議之提出仍無法適時。

(6)不滿法官對異議的處理

當作答律師被問及對法官對於異議之處置是否妥當時，有八位律師認
為均能有所處置；有十八位律師認為法官是選擇性處置，由此可知，律師
多數均不滿法官對異議之處理。

(7)法官的立場更客觀

當作答律師被問及實施交互詰問制度以來，法官之立場是否更能客
觀、中立時，有十三位律師認為是，法官立場更能客觀、中立；有十二位
律師認為否；有一位律師有其他答案，因此法官之立場仍必須更加客觀須
待改進。

(8)咸認交互詰問耗費時間

有二十五位律師認為對於所擔任辯護之案件，因行交互詰問而耗費更
多時間；有一位律師認為沒有差別，所以交互詰問對於時間的耗費是必然
的，但惟有如此才能落實當事人進行主義。

(9)不滿法院庭訊筆錄製作速度

對於目前法院庭訊筆錄之製作速度，有四位律師認為速度可以配合交
互詰問之進行；有二十一位律師認為速度太慢；有一位律師有其他答案，
由此可知，法庭筆錄之製作仍須加速其速度，以利程序之進行。

(10)不願擔任義務辯護人

當作答律師被問及對於擔任無酬勞之義務辯護人的意願時，有十一位
律師願意；有十四位律師不願意；有一位律師有其他答案，故多數律師仍
是不願擔任無酬勞之護人。

(11)均能肯定交互詰問制度

當問及作答律師認為依目前試辦結果，可否於所有法院全面實施交互詰問制度時，有十六位律師認為可以；有十位律師認為不可以，由此可知，大致上律師是肯定交互詰問制度，而多數認為應全面實施。

四、比較士林與苗栗地區之差異

士林與苗栗地區在地域上有些許之差異，兩者表現之差距或可以顯示出在不同的城鄉之發展上，對於同一套制度之實施所表現出來不同之處為何，現分析如下：

（一）法官的部分

1. 實施交互詰問案件數

士林地院有72.22%的法官表示所有案件均實施交互詰問；苗栗地院則僅有40%的法官表示所有的案件均能實施交互詰問。

2. 未能實施的情形

士林地院有33.33%的法官表示被告未選任辯護人；苗栗地院則有60%的法官表示被告未選任辯護人。

3. 當事人對於不當詰問未提出異議時的態度

士林地院僅有38.89%的法官不表示意見；苗栗地院則有50%的法官不表示意見。

4. 案件審理時間是否因實施交互詰問而受到延滯

士林地院有百分之66.67%的法官認為案件審理時間嚴重延滯；苗栗地院則僅有50%的法官認為案件審理時間嚴重延滯。

5. 交互詰問能否落實被告詰問權之保障

士林地院僅有27.78%的法官認為可有效保障；苗栗地院則有60%的法官認為可有效保障。

6. 辯護人的能力

士林地院有55.56%的法官認為辯護人能力不足；苗栗地院則有80%的

法官肯定辯護人的能力。

（二）檢察官的部分

1. 偵查階段人力的負擔看法互異

士林地院方面，有73.33%的檢察官認為大幅增加人力的負擔；苗栗地院則有60%的檢察官認為尚能接受。

2. 是否會損及被告之審級利益見解不同

士林地院全數的檢察官均認為不會損及被告之審級利益；然苗栗地院卻有60%的檢察官認為會損及被告之利益。

3. 法院是否確實依詰問順序指揮交互詰問差距頗大

士林地院僅有33.33%的檢察官認為大部分案件依序進行；苗栗地院則有80%的檢察官認為大部分案件依序進行。

4. 交互詰問進行中不當詰問的出現

士林地院僅有46.67%的檢察官認為不當詰問的情形極為普遍；苗栗地院則全數檢察官認為不當詰問的情形極為普遍。

5. 案件審理時間是否因而受到延滯

士林地院僅有33.33%的檢察官認為有嚴重延滯；苗栗地院方面則有60%的檢察官認為有嚴重延滯。

6. 辯護人是否有能力因應交互詰問制度

士林地院有73.33%的檢察官認為辯護人有能力應付；苗栗地院則全數檢察官均無人認為辯護人有能力應付。

（三）律師的部分

1. 交互詰問結果的信服度

從問卷的數據我們可以發現，士林地區律師的信服度82.33%高於苗栗地區的律師64.28%。

2. 法庭上的詰問活動

就法官對於交互詰問的指揮，是否依詰問規則行之，士林地區的律師

顯然肯定法官的指揮，且對於不當詰問的處置滿意度而言，士林地區的滿意度也大於苗栗地區。

3. 交互詰問的支持度

當問及是否有意願做義務辯護律師，士林地區律師的意願顯然高於苗栗地區之律師，且對於交互詰問的支持度而言，士林地區之律師亦高於苗栗地區之律師。

肆、結　語

雖然，我國的刑事訴訟制度仍適度保留職權原則（如法官可以主動傳喚證人與鑑定人，並補充訊問或續行訊問），但當事人進行主義成為我國刑事訴訟制度的主軸，似乎已無可爭論。2003年刑事訴訟法將交互詰問制度加以詳細規定，就是最好的證明。本文特別從實證的觀點印證該制的可行性。

從問卷調查結果發現，大部分的法官及檢察官均認同交互詰問制度之實施，對於真實發現與保障人權均有卓著貢獻。例如：起訴品質提高、起訴率降低且大部分的案件均在交互詰問制度中進行，其交互詰問之實施過程儘量符合法律規定，對於當事人詰問權及異議權的保障，法官亦能充分引導進行。

不過，從問卷調查也發現仍有些許不足之處，例如集中審理並未全部落實、法庭筆錄製作及速度的問題、證人不到庭的問題、義務辯護制度的問題、法庭人力及硬體設施不足、法律配套措施補充或修正等，均有待改進。

當然，制度的改變與形成，不像製造一部機器那麼容易，必須經過漫漫長路的演化。交互詰問的落實，被喻為刑事司法改革的前哨，我們欣見實際參與交互詰問之第一線司法人員的信心，也體會改變過程中所遭遇的艱辛，然而，改革向來沒有一帆風順，假以時日，交互詰問必然能獲致更大的成果。

第二十章

刑事案件之「協商程序」

壹、前　言

刑事訴訟的主要目的在於「人權保障」及「有效追訴犯罪」，只是這兩個目的經常無法找到平衡點。例如，被告本來應有直接審理、公開審理、集中審理與言詞辯論的機會，才能真正洗刷冤情或發現事實眞相。不過，如果每個案件的追訴都經過如此繁複的程序，司法機關將會陷於癱瘓的境地，所以，刑事訴訟法對於輕罪的被告或勇於認錯的被告，設有微罪不舉（參照§253）、簡易程序（§449以下，主要是§451之1）、緩起訴制度（§253之1）[1]、簡式程序[2]（§273之1參照）、及最新的「協商程序」。

2004年立法院就在總統大選過後，政壇仍然紛紛擾擾的第三天（3月23日）以罕見的高效率三讀通過刑事訴訟法修正草案，增訂了第七篇之一「協商程序」（§455之2～§455之11），確認了我國審判中的量刑協商程序[3]。

增訂認罪協商制度的立法理由指出，因社會多元發展後，刑事審判之負擔日益嚴重，爲解決案件負荷問題，各國均設計簡易訴訟程序，或採認罪協商機制。即使如傳統大陸法系的德國、義大利亦擷取美國認罪協商主義之精神，發展出不同認罪協商之制度。

由於我國刑事訴訟制度已朝「改良式當事人進行主義」方向修正，爲建構良好審判環境，本於「明案速判，疑案愼斷」之原則，對於進入審判

---

[1] 因為，起訴後檢察官得與被告協商而請求依協商判決的案件範圍，與偵查終結檢察官得為緩起訴的案件範圍相同，只要是最輕本刑三年以上有期徒刑以外之案件，如符合第253條之1的要件即得為緩起訴。二者在適用案件的範圍及追求訴訟經濟的目的相同，並均具有減輕檢審案件處理負擔之功能。不過，緩起訴係植基於特別預防的觀點，對無再犯之虞者，暫不予以追訴，使其儘速脫離刑事程序，而協商程序係就已起訴之案件，基於減輕審判負擔的考量，依當事人合意範圍為有罪的科刑判決，兩者之基本理念仍有不同。關於緩起訴制度之特別預防作用，詳細內容可參閱拙著，驗證刑訴改革脈動，五南圖書出版，2003年8月，頁85以下。

[2] 簡式審判之案件，指被告必須在「準備程序」中為有罪之陳述進行簡式審判程序；被告與檢察官未必就科刑等事項協商，僅簡化證據調查證據，但仍須經言詞辯論程序；對所科之刑，並無限制；對於簡式審判判決不服者，當事人原則上得上訴。

[3] 1999年司法改革召開，針對「減輕處理案件負擔」達成三項協議：「增設簡易程序中採用略式判決」、「擴大刑事簡易程序」及「酌採認罪協商制度」，便已確定採取認罪協商制度。

程序之被告不爭執非重罪案件，允宜適用協商制度，使其快速終結，俾使法官有足夠時間及精力致力於重大繁複案件之審理。且為使協商制度發揮更大功效，於通常訴訟程序及簡易程序均一律適用。

　　隨著法院逐漸減慢審判速度，更多的案件湧入體系，協商程序是為了適應影響法院處理案件能力的結構和社會變化所作的調整。當然，協商制度的發展，需要檢察官、被告（辯護律師與被告）和法官的支持與協力。

　　本文先略述美國認罪協商的概況，再論述德國的協商實務，最後評析我國刑事訴訟法新修正之「協商程序」的內容及相關問題。

貳、美國的協商程序

一、協商程序之情形

　　美國法院系統得以順利運作，是基於大約有90%的被告會認罪這個前提；不論從歷史或統計來看，這都是一個基本事實。認罪比例即使小幅度變動，對司法制度所產生的影響都可能十分鉅大[4]。對美國的刑事司法，如果沒有認罪協商制度，是無法想像的事[5]。

　　認罪協商，既適用於重罪案件，也適用於輕罪案件。輕罪、重罪的正式認罪程序，分別在首次到庭及起訴提審程序開始。由於首次到庭程序也稱為控告提審程序，承審法官在此等程序中，會正式詢問被告認罪的意願，不過，在提起控告之後、判決之前，對當事人而言，認罪協商的機會，一直都存在，換言之，即使在審判後期的陪審團已經開始評議之後[6]。

---

[4] 參閱吳巡龍，美國量刑公式化，月旦法學，85期，2002年，頁171。

[5] 不過，儘管認罪協商被法院和大多數司法人員接受，但也有人質疑協商的實踐反映出可能與司法制度前提相衝突的一些問題。因此，出現有廢除或改革協商的建議。只是這些努力出現了混亂的結果，但卻提供了相信改革能產生積極和真實結果的理由。參閱Steury, Ellen Hochstedler & Frank, Nancy, Criminal Court Process, West Publishing Company, 1996, p. 309.

[6] Steury, Ellen Hochstedler & Frank, Nancy, id, at 415.

　　輕微和嚴重的罪行都可以透過協商解決，亦即，從違反交通規章的罪到謀殺的死刑案件都能協商。案件屬輕罪者，在治安法官確認被告身分並作必要告知後，會向被告解釋控告的罪名、告訴被告可以認罪協商的選擇及範圍，並受理被告的認罪，詢問被告是否就檢方的控告認罪。通常其認罪的比例約在80%到95%之間。重罪案件的正式認罪程序於起訴提審程序為之。被告認罪的程序，大致與輕罪的程序相同，於法官告訴被告起訴罪名之後，由被告為答辯有罪、無罪。整體而言，被告答辯有罪的重罪案件，約在75%至90%之間。

二、協商程序之態樣

　　協商類型大致可以分成三種：

　　(一)當事人（檢察官與被告）以「刑期」交換，亦稱為控訴之協商（Charge Bargaining），例如，檢察官要求被告向法院為有罪之聲明，另一方面則承諾被告會向法院推薦給一有利的刑期，或不向法院請求判處最高刑，或承諾不向法院具體求刑，由法院任意判決。反之，被告則向法院為有罪之聲明，另一方面則要求檢察官向法院推薦對被告較輕之刑期。

　　(二)以「輕罪交換重罪」，又稱之「罪名之協商」（Count Bargaining）。由於起訴之罪的構成要件，有時包含另一刑期較輕的構成要件，雙方協商後，被告同意就較輕之罪認罪，檢察官同意不追究原起訴較重刑之罪。例如，檢察官以強盜罪起訴被告，與被告協商後，被告向法院認較輕之搶奪罪，檢察官則同意不再追究強盜罪。

　　(三)以「罪數」交換，又稱之為「量刑之協商」（Sentence Bargaining），檢察官以數罪起訴被告，協商後被告同意就一罪或數罪認罪，而請求法院駁回起訴狀其餘之數罪。例如，檢察官以擄人勒贖、強盜、詐欺三罪，起訴被告，協商後被告就強盜認罪，而檢察官請求法院就其餘兩罪加以駁回，這種情形其實就是「刑罰的交易」[7]。

---

[7] Steury, Ellen Hochstedler & Frank, Nancy, id. at 299.

　　當然，除了上述典型情況外，就是這三種情形的混合型態，只是各州的情形，仍然有些差異。

三、協商之效力

（一）對法院之效力

　　若被告接受協商條件後，亦依協商內容向法院認罪，但只要被告在法院為刑之宣告前，若能證明任何「公平正當之理由」，法院得准被告撤回認罪聲明，因為法官的責任是檢查協商的自願性與檢驗協商是在合理範圍內的事實基礎上談成[8]。

　　當事人之有罪協商必須等待法院接受後，才有法律上的效力。當事人間的協商決議對法院並無拘束力，雖然法官在訴訟中通常會合作接受雙方協商結果，但是法官也可以在任何時候任何案件中拒絕檢察官的協議。至於法院應以何種標準判斷准否協商，聯邦刑事訴訟法並未規定，但上訴法院認為，法官有義務保護公共利益，考量協商的結果對被告是否公平，協商內容是否侵犯法院獨有量刑權等。故實務上曾有法院因協商之刑度不夠嚴格，會未能嚇阻被告及一般大眾而拒絕接受協商[9]。

（二）對檢察官與被告之效力

　　法院接受當事人協商之後，該協商即對檢察官發生效力，檢察官需受其拘束，否則構成被告不服，撤回認罪之原因。例如，檢察官協商時承諾不向法院具體求刑，被告為認罪之聲明後，檢察官又向法院求處最高刑期。在此種檢察官不遵守協商情形下，美國聯邦最高法院認為，法院應給予被告救濟，其方式為被告得請求強制執行雙方決議，或賦予被告撤回認罪之聲明[10]。

---

[8] Steury, Ellen Hochstedler & Frank, Nancy, id. at 299.

[9] Steury, Ellen Hochstedler & Frank, Nancy, id. at .299.

[10] Santobello v. New York, 404 U. S. 257, 92 S. Ct. 495 (1971).

另外，被告縱與檢察官達成協商，同意認罪，惟至法院審判前，被告可逕為無罪抗辯，不受協商之拘束。換言之，協商後被告不遵守協商時，檢察官亦無須履行協商之約定，若已履行得請求法院回復原狀。例如，協商時被告承諾願與檢察官配合供出案情之內幕，檢察官則承諾求處較輕之刑，但嗣後被告未依約供出全情，檢察官亦無義務向法院求處較輕之刑。若檢察官已履行協商條件，被告未履行時，檢察官得解除協商決議，回復未為協商前之狀況。例如，法院以一級謀殺罪起訴被告，經協商後被告同意替同案被告作證，檢察官改以二級謀殺罪起訴被告，法院亦以二級謀殺罪判決。不過，嗣後被告拒絕對同案之被告不利之證詞，檢察官得向法院撤銷原二級謀殺罪，重新以一級謀殺罪起訴審判被告。

參、德國的協商程序

一、協商與職權原則相衝突

職權原則的訴訟構造在於，以刑事訴訟制度幫助發現真實，賦予被告保障並規制國家權力，故與認罪協商相衝突。例如：檢察官於起訴要件齊備時，原則上不得猶豫，應即起訴。然而認罪協商程序基於檢察官與當事人間之合意，提出於法院，被告依協議認罪，法院依協議加以裁判。故檢察官未調查證據，依法起訴，法官亦未認定犯罪事實，進行刑事訴訟上形成心證之程序，只因被告認罪，即依當事人請求，加以裁判，顯然與刑事訴訟發現真實之目的有所扞格[11]。

另外，在認罪協商程序中，法官僅由被告認罪，既未曾於公開法庭直接審理，更未傳訊證人，亦與直接言詞公開審理主義背離。尤其，在認罪協商程序下，被告自己承認有罪，國家以減輕控訴或刑罰，誘使被告放棄緘默權，且於法官判決有罪前，法官就接受其犯罪，無異破壞了無罪推定

---

[11] 有關刑事訴訟諸原則與發現真實目的之關聯，可參閱拙著，刑事訴訟法理論與運用，五南圖書出版，2016年9月，13版，頁27以下。

原則，使被告喪失憲法上所保障之權利。

二、德國之協商程序

　　由於協商程序與刑事訴訟法的固有原則相衝突，故長久以來，德國刑事審判制度沒有協商的餘地。法院有義務認定事實，並以認定的結果作為裁判基礎，這是職權主義進行模式的基本原則。在職權主義下協商程序，根本沒有存在的餘地[12]。

　　不過，從1980年代初期開始，法院與被告的協商已經越來越頻繁，許多實務上的判決不完全是事實發現及嚴格法律適用結果，而是法院基於當事人之協議所做成[13]。

（一）形成協商的原因

　　認罪協商發展主要原因是複雜案件的增加，使司法機關工作負荷過重。自1982年至1994年，刑事案件之程序，平均由153天增加至196天，約增加了30%，因此使法院想快點結束案件審理[14]。

　　另外，有一個重要的原因是，與刑事「辯護方式」改變有關。德國的刑事辯護活動一直到1970年代，都相當被動、消極與法院合作。但新一代的律師發現刑事訴訟法中，有些規定可以讓他們阻擾或延遲審判程序，於是有些律師運用這種可能，使法院備感壓力，因而傾向採取較快捷的訴訟程序，以換取無壓力的審判空間。

　　其實，多數辯護律師跟檢察官都喜歡認罪協商，因為這個制度使他們工作更容易，更具有吸引力也更有回報，藉由快速案件處理程序，量刑協商可以使他們在同一時間可以處理更多案件。協商對程序之進行更具有可預測性，更重要的事，讓協調雙方（特別是被告的辯護律師）有機會利用協談技巧處理案件，不需把時間耗在似乎永無休止的審判期日上，被動看

---

[12] 請參閱拙著，刑事訴訟制度與刑事證據，元照出版，2002年，頁160以下。
[13] Roxin, Strafverfahrensrecht, 25. Aufl., §15, Rdnr. 1ff.
[14] Roxin, a.a.O., §15, Rdnr. 6.

著法官一一的調查證據。

　　當然，第153a條起訴便宜原則運用的規定[15]，亦即審判前附條件不起訴處分的公然協商給付金額之作法，已經讓實務漸漸習慣如同處理民事案件一般，以協議的方式處理刑事案件，而這也是形成認罪協商之原因[16]。

（二）協商實務的運作情形

　　德國實務上之協商大致可歸納成三種情形。第一種，係依據德國於1975年增訂之第153a條規定「暫不提起公訴」。依該規定，經法院與被告同意，檢察官對輕罪案件，暫不提起公訴，並命被告為一定金額之給付[17]。若被告同意為此向政府機構或慈善團體給付一定金額，檢察官願意終止偵查程序，同時在被告履行後即宣告終結。德國第二種協商，又稱之為處刑命令協商，依處刑命令程序，檢察官就輕罪案件，得不經審判請求法院逕發處刑命令，處刑命令只能處被告以罰鍰處分，於交通案件最多只能吊扣被告駕駛執照。處刑命令罰鍰多寡由檢察官向法院建議，通常法院不會調查案件之真實性，即以檢察官之聲請准許處刑命令。當被告對處刑命令無異議時，處刑命令即告確定。

　　第三種協商又稱之為「自白協商」，前述兩種協商皆發生在檢察官與被告之間。此種協商由法官於協商過程中，扮演積極主動之角色。這種協商通常發生在比較大、比較複雜的案件，例如，販買毒品案件，被告的自白可以省去許多審判的時間。此種協商，可能發生在起訴前或起訴後。起訴前由檢察官與被告或辯護律師協商，通常由被告答應自白，檢察官向法院起訴比較輕或涉及多項罪名中較輕之罪名。起訴後則由法官與辯護律師協商，當法官發現未結案件太多，或此繫屬案件審理上會花費很多時間進行審判，則法官會主動與辯護律師聯繫，詢問被告是否可能自白犯罪事實，則辯護律師會反問法官，若被告自白可能得到怎樣的刑罰，但法官僅

---

[15] 關於德國起訴便宜原則的詳細論述，可參閱拙著，起訴便宜原則比較研究，台大法學論叢，25卷3期，頁123～171。

[16] Roxin, a.a.O., § 15, Rdnr. 7.

[17] 請參閱拙著，前揭文，頁132～145。

會告知一個最高的刑罰爲何，若被告對此最高刑罰亦可接受，被告就會在審判開始時坦承犯罪事實，法官亦通常在前述最高刑度內量刑。因爲有了被告的自白，使審判的結果在幾個小時之內結束，而節省了數天至於數個月之時間。

　　另外，涉及經濟犯罪與環境犯罪的案件，被告聘請有經驗的律師，從偵查開始就保持緘默，不與偵查機關合作。檢察官的起訴可能涉及多項不同的罪名，這些控訴的根據都是情況證據（間接證據）與書面證據。在審判開始前後，辯護律師會與法院人員接觸，告訴院方他們準備提出多次調查證據的聲請。此時法院會探詢被告自白或自認犯罪事實的可能性，到了某個階段，有時檢察官也會加入商談[18]，如果檢察官不反對，被告也同意，被告即於公判程序中，依照協議範圍，承認其犯罪。部分起訴罪名在檢察官同意下終止訴訟程序，法院依照原先提議科與刑罰。因而冗長的訴訟程序案件迅速結束，所有相關當事人也都拋棄上訴權。這種協商實務在偵查、審判上、上訴階段都可能發生。法官可積極參加協商，且協商有可能只發生在法官與律師之間，而無檢察官之參加。這種認罪協商，幾乎都是以較輕的量刑來換取被告在程序上的合作[19]。

（三）協商的效力

　　德國的協商程序是由被告與法院進行，在協商過程中，檢察官的角色並不十分重要，但對於協商成果擁有非正式的否決權。基本上，協商並無法律上的拘束力，然而，在試圖建立協商規則的實務見解，曾屢次強調，並不接受沒有檢察官參與的協商。故檢察官在法院達成重大協議而未知會檢察官，檢察官可以對法官個人成見聲明異議，亦可以上訴的方式，推翻已經達成的量刑[20]。

---

[18] 因爲終止某些起訴的罪名的訴訟程序必須得到檢察官同意，不然檢察官也可以以上訴方式，推翻或干擾若干法院與辯方協議。

[19] Beulke, Strafprozeßrecht, 6. Aufl., 2002, § 19, Rdnr. 394.

[20] Beulke, a.a.O., § 19, Rdnr. 396.

（四）協商程序的疑慮

　　認罪協商受到歡迎是一種事實，但並沒有解決與職權原則訴訟構造制度相扞格的問題。事實上，協商是在法律規定不明下所爲的發展與運作，其合法性仍有疑問[21]。就此一問題，德國學者的意見亦相當的分歧，有些學者不僅抨擊這個實務上的新現象，也對其理論基礎有所批評。不過，並不反對刑事案件以各方之同意作爲處理基礎，強調協商程序，必須對被告公平產生適當處分之結果[22]。

　　針對協商之合法性，聯邦憲法法院認爲，只要不侵害調查原則、罪責原則、平等原則、自白任意性原則，該協議即不違反基本法第1條、第2條、第3條及法治國原則[23]。

　　另外，1997年的聯邦上訴法院審判庭曾經對認罪協商表示過意見，該庭在討論過贊成與反對協商意見後表示：「現行法未禁止法院與當事人進行非正式的討論，此種討論可能涉及審判的進行方法，也可能涉及審判的結果。」該院同時也設法創立一套使協商裁判合法化的基礎原則，此原則是：1.所有審判者包括參審員與被告都必須在某個時點參與協商；2.協談的結果必須在審判中公開宣布；3.如果被告認罪，法院不得承諾將科以特定刑罰，但得指出刑的上限；4.不得以任何一方拋棄上訴權作爲協商的內容之一；5.法院不得事先放棄調查證據之權，只有在被告的自白完整而可信的情況下，法院的判決才能以自白作爲基礎[24]。上述聯邦上訴法院的法律見解，似乎已經讓這種妾身未明的法律實務運作，獲得了一個堅實的基礎。在德國協商制度，已是一種無法扭轉的趨勢。

---

[21] 因爲協商會造成司法不公平的現象，特別是，當辯護律師越能幹越想與法院糾纏，法院退步的可能性較大。所以比較意志不堅定的被告，可能與法院協商的機會都沒有，辯護律師較強的被告，通常得到較好的待遇。

[22] 請參閱拙著，前揭書，頁167以下。

[23] BGHSt 36, 210.

[24] Kleinknecht/Meyer-Gossner, StPO, Einl. 119e; Beulke, a.a.O., §19, Rdnr. 396.

肆、立法例的比較

在詳細說明了德美兩國的協商程序後，進一步與我國協商程序[25]相較可以發現，在適用範圍、程序要件及協商效力均有明顯的差異，以下分述之：

一、適用範圍的差異

美國的刑事訴訟程序，由於具體實踐當事人自由處分的精神，對於協商案件之範圍、協商事項及科刑範圍，並無限制。德國的協商實務則限制在輕罪。

我國對協商案件的範圍及協商事項，亦設有嚴格的限制。協商適用範圍的差異，主要是因為德國是以職權進行原則為主的訴訟構造，我國雖然已經採行「改良式的當事人進行主義」，但相對於美國刑事案件的交互詰問程序及陪審制度，仍為以職業法官裁判為主，故希望藉由協商迅速處理案件的壓力，美國自然比德國與我國，來得殷切。

二、程序要件的限制

在美國當事人的協商，無須取得法院的同意，我國則有此要件，因為，我國的協商程序要透過檢察官與被告在審判外協商，還要法院審查協商程序的合法性及任意性，且在接受辯護人援助機會之機會上，我國有案件範圍之限制。

至於，德國自白協商程序從案件提起公訴之後才開始，且協商的內容限於刑度的調整，不包含罪名的變動，且協商程序的「受益者」是法院，而不是檢察官。由此可見，對於協商程序要件的限制，並不相同。

三、協商效力的不同

美國法之協商認罪，就科刑範圍而言，法院基本上並不受當事人協商

---

[25] 關於我國協商程序之詳細論述與評析，於下段說明。

合意範圍之拘束。值得注意的是，德國的協商程序是由被告與法院進行，在協商過程中，檢察官的角色並不十分重要，但對於協商成果擁有非正式的否決權。

我國原則上法院應於當事人協商合意之科刑範圍為判決，不過，也同時賦予法院廣泛的裁量權，得拒絕為協商判決。若無該向各款之除外事由，法院則應受當事人協商合意所拘束，如逾越當事人合意範圍而為判決，構成得上訴事由，上級審法院應將此違法判決撤銷，將案件發回第一審法院依判決前之程序更為判決。

伍、我國新修正協商程序之評析

一、協商程序的意義

「協商程序」係指檢察官提起公訴之非重罪案件，當事人經法院同意開啟協商程序，於審判外進行求刑相關事項的協商，在當事人達成合意且被告認罪的前提下，由檢察官聲請法院改依協商內容而為協商程序判決。其主要特徵是：審判中始有其適用，且須經檢察官聲請經法院同意後始得開啟協商程序，並限於非重罪案件，且原則上法院應依協商內容加以判決。

「協商程序」與「簡易程序之求刑準協商程序」，有其相似之處。1997年修正刑事訴訟法時，初步引進美國認罪協商程序制度之精神；亦即，檢察官擬聲請簡易判決處刑之輕微案件，被告自白者，得向檢察官表示願受科刑的範圍或願意接受緩刑之宣告，經檢察官同意後記明筆錄，檢察官應受合意拘束，以被告表示為基礎，向法院求刑或為緩刑宣告之請求。

原則上，簡易程序之求刑準協商程序（偵查中之協商程序），檢察官應受合意之拘束，以被告表示為基礎，向法院求刑或為緩刑宣告之請求，法院並應受檢察官求刑之拘束。不過，被告與檢察官未必就科刑等事項協

商，且法院在判決前未必訊問被告，故所科之刑以得宣告緩刑、得易科罰金之有期徒刑及拘役或罰金為限，且對於簡易判決當事人原則上得上訴。與「協商程序」不同的是，協商程序之案件，被告與檢察官必然先就科刑等事項協商，法院在判決前必須訊問被告，且所科之刑以宣告緩刑、二年以下有期徒刑、拘役或罰金為限（科刑範圍較簡易程序廣），對於協商程序判決當事人原則上不得上訴。

二、協商程序的開啓

關於「協商程序的開啓」，修正第455條之2第1項規定，除所犯為死刑、無期徒刑、最輕本刑三年以上有期徒刑之罪或高等法院管轄第一審案件者外，案件經檢察官提起公訴或聲請簡易判決處刑，於第一審言詞辯論終結前或簡易判決處刑前，檢察官得於徵詢被害人之意見後，逕行或依被告或其代理人、辯護人之請求，經法院同意，就相關事項於審判外進行協商，經當事人雙方合意且被告認罪者，由檢察官聲請法院改依協商程序而為判決。

以下就與開啓協商有關事項之「允許協商之案件」、「聲請協商之時期」、「檢察官聲請及被告認罪」、「法院同意協商程序」依序說明如下：

（一）允許協商之案件

何種案件可以協商，主要是參酌「我國國情、簡易判決處刑、簡式審判程序之適用範圍等各種情況」，如同允許進行簡式審判程序之求刑協商的案件一般，僅限於「所犯為死刑、無期徒刑、最輕本刑三年以上有期徒刑之罪或高等法院管轄第一審案件」以外之案件；亦即，限於「非重罪或高等法院管轄第一審外」之犯罪案件，故本次增訂協商程序，並非全面引進有如美國徹底當事人主義下的認罪協商，而是在改良式當事人進行主義

下的有限度之量刑協商[26]，仍然嚴格限制範圍，不允許當事人可以任意處分刑罰權的內容。

（二）聲請協商之時期

本次協商程序，為確保法院審判公正客觀性及兼顧被害人權益之維護，修正刑事訴訟法僅採行「審判中之協商程序」；亦即，唯有案件經檢察官提起公訴或聲請簡易判決處刑後，於第一審言詞辯論終結前或簡易判決處刑前，始得進行協商程序（§455之2Ⅰ）。故檢察官依通常程序起訴的案件，不論是否改為簡式審判程序，於第一審言詞辯論終結前，均得進行協商程序。且檢察官聲請簡易判決處刑之案件，於法院簡易判決處刑前，亦得進行協商程序。

本來司法院91年版採取肯定「偵查中」能協商的態度，但是檢察官改革委員會極力反對，偵查中若能協商恐有脅迫被告自白的憂慮下加以刪除，故即使被告與檢察官故縱被告與檢察官於偵查中達成認罪及量刑之協商，檢察官仍須為起訴書及聲請簡易判決書之製作。

（三）檢察官聲請及被告認罪

由於檢察官聲請是開啟協商程序之樞紐，故檢察官有權向法院聲請進行協商程序，被告或自訴人並無聲請法院同意之權。檢察官聲請法院同意的方式，可以書面或言詞為之。例如，以言詞聲請者，應於準備程序或審判期日以言詞為之，由法院書記官將聲請協商判決之意旨及協商程序之內容記明筆錄，以為憑據；如以書面聲請者，聲請書應記載聲請協商判決之意旨及協商程序之內容。協商之案件，被告表示所願受科之刑逾有期徒刑六月，且未受緩刑宣告者，應檢附公設辯護人、指定或選任律師協助進行協商之證據，例如：檢察官製作之協商紀錄等；又協商合意之內容含有被

---

[26] 關於「罪名能否協商」的問題，由於司法院所提出之草案強調新制協商程序是「量刑協商」非「認罪協商」，且協商的進行被告也不必先認罪，另外，第455條之4第1項第5款規定，若法院認定的事實顯與協商合意的事實不符合，法院不得為協商判決，基於真實發現原則的固守，似乎仍限制在量刑協商較妥。

告應向被害人道歉或支付相當數額之賠償金者，並應提出被害人同意之證明。

　　至於法官得否參與協商程序之進行，雖然第455條之2之立法理由指出：各國因立法不同而法官參與協商程序程度不一，但若從該條文中之「審判外進行協商」等語視之，法院不應介入檢察官與被告間之協商程序，這除了確保法院裁判之公正性及客觀性外，蓋若允許法官介入檢察官與被告間之協商，將導致法官球員兼裁判的角色，且難保被告因懼怕若未接受協商將會遭受法院為更不利於己判決之疑慮，故為促使被告能在自由意志下與檢察官為協商之合意，法院應不得參與協商之進行。

　　另外，由於第451條之1第1項及第2項均以被告自白為前提，始有其適用，是以修正刑事訴訟法協商程序，亦規定「被告認罪」始得協商。所謂「被告認罪」，係指被告對檢察官起訴之罪名與法條予以承認並無爭執者。

（四）法院同意協商程序

　　檢察官提起公訴後，訴訟程序如何進行屬於法院職權，檢察官如擬進行協商程序，勢必影響訴訟程序之進行，是以檢察官於審判中如擬進行協商程序，自應取得法院同意，也就是必須在檢察官提起公訴後，或聲請簡易判決處刑後，案件已經進入法院後經由法院同意後進行協商，故修正第455條之2第1項規定：「檢察官得於徵詢被害人之意見後，逕行或依被告或其代理人、辯護人之請求，經法院同意進行協商。」

　　宜注意的是，「經法院同意」是指檢察官進行協商應通知法官，讓法官能暫時停止審判，暫留三十日讓檢察官與被告商談，不宜解釋為檢察官之聲請協商必須是經過法院之同意為「合法前提要件」較具彈性，故若是未事前經過法院同意而為之偵查中所為之協商合意，法院得否據此認為協商不合法而拒絕為協商判決？其實，若將「經法院同意」解釋並非是檢察官與被告進行協商程序之必要條件時，檢察官與被告若有事前未經過法院同意即逕為協商程序並為協商合意的情形時，應認為則除非有刑事訴訟法

第455條之4之法院不得爲協商判決之情形外，法院仍須爲協商之判決，故「經法院同意」應係指通知或告知之訓示規定[27]，故原則上法院不得任意拒絕當事人之聲請協商，如此，將程序的解釋富於彈性，也較能達到協商程序之靈活運用[28]。

三、協商程序的進行

協商程序的進行，需注意下列事項：

（一）得協商之內容及期間

法院同意檢察官之聲請於審判外進行協商程序後，檢察官即得就下列事項，進行協商：

1. 被告願受科刑之範圍或願意接受緩刑之宣告：由於協商判決係不經言詞辯論之判決，被告的權利比接受通常審判程序多所限制，故對其宣告的刑度，必須有一定限制始符合程序實質正當之要求。是以第455條之4第2項後段規定：「法院爲協商判決所科之刑，以宣告緩刑、二年以下有期徒刑、拘役或罰金爲限。」即指被告與檢察官之求刑協商，僅能於上開範圍內協商，如逾其範圍，法院自不受拘束。所謂「願受科刑之範圍」，除主刑外，應包括從刑在內。

2. 被告向被害人道歉。道歉能讓當事人間的傷害有某種程度修復作用，宜多加利用，道歉應不拘泥於形式。

3. 被告支付相當數額的賠償金。

---

[27] 這樣應可避免檢察官捨協商程序而選簡易程序的缺點。因為依照蔡清遊的觀察，由於協商程序的條件嚴格，對檢察官言，並無誘因，且在簡易程序保留之情形下，輕微案件被告在偵查中已承認犯罪，檢察官爲免將來出庭寧可聲請簡易判決處刑，而不願起訴後再聲請協商程序判決。參閱氏著，簡述刑事訴訟新增訂協商程序之實務運作，台灣刑事法學會主辦，量刑協商程序之理論與實務座談會書面資料，2004年5月30日，頁3。

[28] 相同意見如王兆鵬，論刑事訴訟新增訂之協商程序（上），司法週刊，1181期。林麗瑩，有關協商程序的幾點看法，台灣刑事法學會主辦，量刑協商程序之理論與實務座談會書面資料，2004年5月30日，頁2。

4. 被告向公庫或指定公益團體、地方自治團體支付一定之金額。

關於「得協商之期間」是指，檢察官經法院同意進行協商程序後，應於「三十日內」就以上事項與被告達成協議（§455之2III）。另外，如檢察官就「被告向被害人道歉」及「被告支付相當數額的賠償金」兩事項與被告協商時，應徵得被告同意，始得為之（§455之2II）。

（二）法院之告知義務

由於協商是由檢察官與被告在「審判外」進行，基本上是在「自由形成」的談判架構下達成，不像法院實施法院審判程序時須進行言詞辯論，被告亦無各項法定程序可資主張。且協商的結果將拘束法院，就算對判決不服，基本上也限制將來上訴之機會。因此，相較於熟悉法律的檢察官，通常處於弱勢，如沒有辯護人幫助被告，提供其在同意協商前所具有各種決定所帶來的效果及「預測可能性」，就顯得重要。

依照第455條之3第1項規定，為確保協商程序之正當性，「法院負有告知義務」，亦即，法院應於接受協商程序之聲請後十日內，訊問被告並告以所認罪名、法定刑及所喪失之權利。例如，受法院依通常程序公開審判之權利」、與證人對質詰問之權利、保持緘默之權利、法院如依協商合意而為判決時，除有特殊情形外（§455之4I①、②、④、⑥、⑦所定情形之一）不得上訴，法院必須於確認被告係自願放棄前述權利後，始得作成協商判決。

（三）辯護權的保障

依實務上統計之刑事訴訟案件，被告享有辯護權的案件仍為少數。被告在協商程序中，居於弱勢的被告如無辯護人扶助，面對強勢檢察官逼迫協商，實有加強被告辯護權之必要，故修正第455條之5第1項規定：「協商之案件，被告表示所願受科之刑逾有期徒刑六月，且未受緩刑宣告，其未選任辯護人者，法院應指定公設辯護人或律師為辯護人，協助進行協商。」以期能確實保障被告之權益。被告亦可以口頭或書面請求法院指定

指定公設辯護人或律師協助其協商。

　　至於，辯護人於協商程序中，得就事實上及法律上之事項陳述意見。但爲尊重被告程序主體上的地位，且避免辯護人不斷鼓吹被告協商，影響被告協商之自由意志，辯護人不得與被告明示之協商意見相反（§455之5II）。

　　不過，本條的落實須有配套措施相支援，例如，「協商室」要設立在哪裡較妥？另外，若違反指定辯護的規定所達成協商合意的法律效果爲何？能否認爲當然違背法令？都需留待將來修法補充。

（四）禁止使用不利陳述

　　由於在協商程序中，被告可能爲取得檢察官之合意，會透露出有關不利於己之自白，只是被告與檢察官在協商程序中對於犯罪行爲爲自白，嗣後經檢察官向法院聲請協商判決時所拒絕，如果允許檢察官以被告在協商程序中所爲之不利供述作爲指控被告涉嫌犯罪之證據，或是作爲指控其他共犯之不利證據，被告恐將退怯與檢察官進行協商程序，故此次增訂第455條之7規定：「法院未爲協商判決者，被告或其代理人、辯護人在協商過程中之陳述，不得於本案或其他案件採爲對被告或其他共犯不利之證據。」讓被告較能寬心的與檢察官協商。

　　至於，被告若經法院爲協商判決後，其在協商程序中所指稱之供述，可否作爲指證其他共犯之證據？是否爲傳聞法則之例外情形？對於此一看法，本來司法院與民間司改會兩者間之立論不同，司法院認爲應得作爲證據而具證據能力，後者則以爲，應不得採做認定其他共犯之證據；經過協商後，採司法院見解承認該協商程序被告之指證，係屬第159條之1傳聞法則例外之情形，而具有證據能力，但在立法理由中則載明：「……法院應審酌此等陳述係在協商過程所取得，更應確保其他被告及共犯之對質詰問權得以有效行使」，因此，法院在實務運作時，應注意雖該被告於協商程序中所指證之證詞具有證據能力，但爲落實其他共犯對質詰問權之保障，宜以傳喚被告到庭作證爲當。

（五）協商之調查

法院受理檢察官之聲請為協商判決後，為確保協商程序之正當性，應於接受前條之聲請後十日內，訊問被告並告所認罪名、法定刑度及所喪失之權利（§455之3 I）。法院訊問被告時，仍應注意踐履第95條所定之告知義務。於確認被告係自願放棄前述權利後，法院始得作成協商判決。

由於，協商程序之適用係以被告自白犯罪事實及其所犯非重罪案件為前提，為求司法資源之妥適及有效運用，協商程序案件之證據調查程序應予簡化，故無須適用傳聞法則，法院亦無庸行合議審判，因此修正第455條之11第2項規定：「第159條第1項、第284條之1之規定，於協商程序不適用之。」

四、協商合意之撤銷與協商判決聲請之撤回

（一）協商合意之撤銷

協商程序之進行，被告放棄其依通常程序審判上之多項權利，為避免事後被告後悔，無法救濟，並保障被告憲法上所賦予的訴訟基本權，故修正第455條之3第2項前段規定：「被告得於前項程序終結前，隨時撤銷協商之合意。」要求法院回復通常或簡式審判程序或仍以原簡易判決處刑。至於合意撤銷之方式，可以言詞或書面為之。

（二）協商判決聲請之撤回

檢察官如在協商過程中與被告有所協議，但是後來卻發現「被告違反協議之內容時，檢察官亦得於前項程序終結前，撤回協商程序之聲請。」由於「協議之內容」並不以第455條之2第1項所列各款事由為限，條文規定「撤回協商程序之聲請」（§455之3 II後段），係指撤回檢察官聲請法院改依協商程序而為判決之「聲請」，因為該協商程序早已進行，當事人業已達成協商合意，自無從撤回協商「程序」。

五、法院之裁判

（一）裁定駁回聲請

協商程序中，法院有最終審核權，因此法院對協商之聲請，認有第455條之4第1項各款所定情形之一者，應以裁定駁回之，轉而適用通常、簡式、簡易審判程序。此項裁定屬於訴訟上之裁定，故不得加以抗告（§455之6）。至於「第455條之4第1項各款所定情形之一」，主要是指：

1. 有撤銷合意或撤回協商聲請之情形者：若被告依第455條之3第2項規定撤銷協商合意時，或檢察官撤回協商判決之聲請，協商之基礎既已不存在，法院自不得為協商判決。

2. 被告之意思非出於自由意思者：被告為認罪協商，乃放棄依通常審判程序權益之保護，且協商判決確定後不得上訴，故法官在判決前，應審查並確認檢察官與被告初步協商之合意係出於自由意願，否則不得為協商判決，以保障被告權益。

3. 協商之合意顯有不當或顯失公平者：依第451條之1第4項第4款規定：「檢察官之請求顯有不當或顯失公平者。」法院無須為檢察官求刑之範圍內或緩刑宣告之判決。基於相同法理若於「協商程序之合意顯有不當或顯失公平者」，法院亦不得為協商判決。

4. 被告所犯之罪非第455條之2第1項所定得以聲請協商判決者：協商程序僅限「非重罪之案件」始得進行協商程序，如不屬於「非重罪之案件」即不得進行協商程序，故若非第455條之2第1項所定得以聲請協商判決者，法院自不得為協商判決。

5. 法院認定的事實顯與協商合意的事實不符合者：所謂「法院認定的事實」，係指法院所定的「犯罪事實」，至於雙方合意的「事實」，係指賦予法律評價之法律概念事實而言，非指實際上之具體犯罪事實亦為協商對象。

6. 被告有其他較重之裁判上一罪之犯罪事實者：依第451條之1第4項第2款之規定：「法院認定之犯罪事實顯然與檢察官據以求處罪刑之事實不符，或於審判中發現其他裁判上一罪之犯罪事實，足認檢察官之求刑顯不適當者。」法院無須在檢察官求刑或緩刑宣告請求之範圍內為判決。同理於協商程序，如「被告有其他較重的之裁判上一罪之犯罪事實者」，法院亦不得為協商判決。

7. 法院認應諭知免刑或免訴、不受理者。有無欠缺訴訟條件或應否為免刑判決之情形，屬法院應依職權調查之事項，非當事人得自由協商之項目，故如欠缺訴訟條件或應為免刑判決，基於被告之妨訴利益，法院不應為協商判決。

（二）為協商之判決

　　法院經過調查，如未發現有上述必須裁定駁回聲請之理由，就必須為協商之判決。

　　首先，法院受理檢察官協商判決之聲請後，經調查結果發現，若無第455條之4第1項所定不得為協商判決之消極事由時，法院應「不經言詞辯論」，於協商合意範圍內為判決（§455之4II前段）。

　　接著，協商判決之內容，以宣告緩刑、二年以下有期徒刑、拘役或罰金為限（§455之4II後段）。當事人如有第455條之2第1項第2款至第4款之合意（亦即，被告向被害人道歉、被告支付相當數額之賠償金、被告向公庫或指定之公益團體、地方自治團體支付一定之金額），法院應記載於筆錄或判決書內（§455之4III）。法院依協商範圍為判決時，第455條之2第1項第3款（被告支付相當數額之賠償金）、第4款（被告向公庫或指定之公益團體、地方自治團體支付一定之金額），並得為民事強制執行名義（§455之4IV）。

　　最後，為協商判決內容後，應製作與送達協商判決書，協商判決書之製作及送達，準用第454條、第455條之規定（§455之8），亦即，法院為協商判決後，書記官應立即製作協商判決書正本或宣示判決筆錄正本或

節本,送達於當事人、辯護人、代理人、告訴人、告發人。為減輕法官製作裁判書之負擔,法院接受協商所為之協商判決,得僅由書記官將主文、犯罪事實要旨及處罰條文記載於宣示判決筆錄,以代判決書。但於宣示判決之日起十日內,當事人聲請法院交付判決書者,法院仍應為判決書之製作。前項筆錄正本或節本之送達,準用第455條之規定,並與判決書之送達有同一之效力(§455之9)。不過,「犯罪事實要旨」之記載,應記載足資認定既判力範圍之犯罪事實要旨,以杜爭議。

六、對協商判決之上訴

(一)限制上訴為原則

由於協商程序事前須經當事人同意,故為了避免曠時費力於無益之程序,原則上不得上訴(§455之10 I 前段)。

不過,為兼顧裁判正確,妥適及當事人的訴訟權益,第455條之10第1項但書規定:「但有第455條之4第1項第1款、第2款、第4款、第6款、第7款所定情形之一,或協商判決違反同條第2項之規定者,不在此限。」例如:1.有撤銷合意或撤回協商聲請者;2.被告協商之意思非出於自由意志者;3.被告所犯之罪非得以聲請協商判決者;4.被告有其他較重之裁判上一罪之犯罪事實者;5.法院認應諭知免刑、免訴或不受理者,均屬得上述之例外情形。

(二)上訴審的調查與決定

除了限制上訴,對於第一審協商判決例外允許提起上訴救記者,立法者也採取限制審查的態度,故第二審法院之調查僅限於上訴理由所指摘之事項為限(§455之10 II)。且第二審法院認為上訴有理由者,應將原審判決撤銷,並不自行調查,而將案件發回第一審法院依判決前之程序更為審判(§455之10 III前段)。

陸、結　語

我國的協商程序已經正式上路。此項新規定參酌了國外的立法例，並且經過許多討論，理論上的架構應該成熟。不過，與美國協商制度不同的是，我國法的協商，其案件範圍比較有限，高院管轄第一審的案件、所犯爲死刑、無期徒刑、最輕本刑三年以上有期徒刑的案件，皆不可協商。此外，協商只能由檢察官聲請，被告或被害人皆無權聲請。偵查中不可協商，至於簡易程序與通常程序相同，都可以協商。

值得憂慮的是，除了本次增訂的協商判決程序外，第一審審理的型態除了通常審判程序外，存有三種簡易的特別程序。這三種簡單的特別程序是：簡式程序、協商程序與簡易程序。由於刑事案件依通常審判程序審理，被告享有在公開法庭接受辯護人的援助，證人對質及交互詰問進行言詞辯論等訴訟權利。不過，這三種簡單迅速的特別程序，則完全簡化了審判期日證據調查的程序。

例如，「協商程序」與「簡式程序」的適用案件範圍相同；適用之時期，雖均在起訴後，但簡式程序，需先經第一次審判期日前之準備程序中，因被告就起訴事實爲認罪之答辯才能適用，惟此項認罪，並不以經當事人協商爲必要，亦無庸經檢察官聲請，法院僅徵詢其意見即可。然而協商程序與簡式審判程序，均應訊問被告，並爲權利之告知。另外，「協商程序」與「簡易程序」相較，得適用簡易程序之案件範圍，只要其所科之刑爲宣告緩刑、得易科罰金之有期徒刑及拘役或罰金者，才能適用簡易判決處刑，故得爲簡易程序處刑之範圍，較協商判決之科刑範圍小。且除遇有必要情形，法院應訊問被告外，即不經言詞辯論，採書面審查，此部分，較協商判決前法院應訊問被告之規範，更形簡化。

基於上述，協商程序由於審理程序不經言詞辯論；以宣示判決筆錄代替判決書之製作；且原則上對協商判決，不得上訴等減輕處理案件負荷的誘因，但是，我們也發現，協商程序與現有之簡式程序及簡易程序，不僅形成競合的現象，且因協商程序要透過檢察官與被告在審判外協商，又要

　　法院審查協商程序的合法性及任意性，故反而可能增加法院的負擔延遲訴訟的進行，故是否真的能如立法者所期達到訴訟經濟之目的，是令人擔憂的。

　　當然，新法上路難免陌生，實務運作勢必有些隔閡。任何社會制度都要經由試驗之後，才能發現缺失，並加以改善。協商程序的實用情形，亦復如此。如果發現是新法確有不當，可以在將來調整修正；如果是操作上的問題，則必須加強人員的訓練。徒法不足以自行，良法美意需要技藝純熟的法律人加以操作才行。這一點，可以透過大學的法學教育、司法官的養成訓練、實務工作者（包括法官、檢察官、律師）的在職訓練，配合新法施行的講習而逐步達成。

第二十一章

兩岸刑事訴訟法之比較研究

壹、前　言

　　大陸刑事訴訟法於1979年7月制定頒布，並從1980年1月1日起實施。經過1996年3月17日第八屆全國人民代表大會第四次會議、2012年3月14日第十一屆全國人民大表大會第五次會議的兩次修正，現行刑事訴訟法於2013年1月1日起正式施行。

　　1996年大陸刑事訴訟法的修改時間總計約五年。1979年的刑事訴訟法原條文有164條，修正後的統計結果發現，對原條文的修改共有141處，刪除了2條，增補了63條，現行條文共225條。整體來說，修正後的大陸刑事訴訟法，已經在量與質上有了很大的進展。這些進展的情形是，增加法院獨立審判的規定、強化人民檢察院法律監督的功能、律師提前介入訴訟程式、強化被害人地位、改善強制措施、廢除免予起訴制度、明確疑案處理、改革審判方式、增設簡易程式、死刑執行方法的改革等[1]。

　　然而，當我們仔細檢視後也可以發現，第一次修正後的刑事訴訟法，如與刑事司法的國際標準相較，仍然存有差距和不合理的地方。這些大致上是：未充分保障審判獨立、未完全落實法官中立、被告緘默權的保障不周、偵查權過分強大、辯護人的許可權仍受箝制、被告無充分的防禦權、原告與被告地位不對等、強制措施仍然過分嚴苛等[2]。

　　2012年3月14日，第十屆全國人大第五次會議審議通過了《全國人民代表大會關於修改〈中華人民共和國刑事訴訟法〉的決定》，增、刪、改共計149條，其中增加66條，修改82條，刪除1條，修正後共有290條。將「尊重和保障人權」寫入了刑事訴訟法，對證據排除制度、辯護制度、強制措施制度、偵查程式、審判程式、執行程式等進行了完善，並設立了未成年人刑事案件程式，當事人和解的公訴案件程式，犯罪嫌疑人、被告人

---

[1]　參閱拙著，刑事訴訟制度與刑事證據，元照，2000年，頁267；陳光中主編，刑事訴訟法學，北京大學，2016年，頁52～57；樊崇義主編，刑事訴訟法學，中國政法大學，2013年，頁21～23；趙秉志、甄貞，中國大陸新刑事訴訟法典述評，華岡法粹，24期，1996年10月，頁49～54。

[2]　徐靜村主編，刑事訴訟法學（上），法律，2004年，頁80。

逃匿、死亡案件違法所得的沒收程式，依法不負刑事責任的精神病人的簽字醫療程式等特別程式。本次修改是中國大陸持續推進司法改革的重要成果，也是其人權理念不斷進步的突出體現，具有里程碑式的意義[3]。

　　本文首先綜覽大陸刑事訴訟法之規定內容，接著擇取大陸刑事訴訟法中的特殊規定與台灣刑事訴訟法互相比較；最後，綜合評估大陸刑事訴訟法的內容。

貳、綜覽大陸刑事訴訟法

　　大陸刑事訴訟法共有五編，第一編是「總則」，共有9章，主要規定：任務和基本原則、管轄、回避、辯護與代理、證據、強制措施、附帶民事訴訟、其他規定。第二編是「立案、偵查和提起公訴」規定：立案、偵查、提起公訴。第三編是「審判」規定：審判組織、第一審程式、第二審程式、死刑復核程式、審判監督程式。第四編是「執行」。第五編是「特別程式」規定：未成年人刑事案件訴訟程式，當事人和解的公訴案件訴訟程式，犯罪嫌疑人、被告人逃匿、死亡案件違法所得沒收訴訟程式，依法不負刑事責任的精神病人的強制醫療程式。以下綜纜大陸刑事訴訟法之相關規定。

一、總　則

　　總則編共有9章，第一章規定任務和基本原則，本章是大陸刑事訴訟法最為特殊的規定。另外，管轄、回避、辯護與代理、證據與強制措施都是值得深入瞭解的章節。

---

[3] 陳瑞華，刑事訴訟法修改對檢察工作的影響，國家檢察官學院學報，4期，2012年，頁148～160；黃太雲，刑事訴訟法修改釋義，人民檢察，8期，2012年，頁10～73；卞建林，中國特色刑事訴訟制度的重大發展，法學雜誌，5期，2012年，頁1～8。

（一）任務和基本原則

1. 任務與目的

　　大陸刑事訴訟法的目的或宗旨，是指國家制定和實施刑事訴訟法的出發點和追求的目的。依據第1條規定，為了保證刑法的正確實施，懲罰犯罪，保護人民，保障國家安全和社會公共安全，維護社會主義社會秩序，根據憲法，制定本法。這個規定的目的，根據大陸學者的看法，既是刑事訴訟的立法意圖，也是刑事訴訟實踐的指南[4]。

　　從其規定的目的，大陸刑事訴訟法進一步規定其「特有任務」。依刑事訴訟法第2條明文，中華人民共和國刑事訴訟法的任務，中華人民共和國刑事訴訟法的任務，是保證準確、及時地查明犯罪事實，正確應用法律，懲罰犯罪分子，保障無罪的人不受刑事追究，教育公民自覺遵守法律，積極同犯罪行為作鬥爭，以維護社會主義法制，尊重和保障人權，保護公民的人身權利、財產權利、民主權利和其他權利，保障社會主義建設事業的順利進行。其中「尊重和保障人權」是2012年修改增加的內容，這是回應了世界刑事訴訟發展趨勢，以及與2004年大陸憲法第33條修改增加「國家尊重和保護人權」的呼應。

　　根據這一規定，大陸刑訴法包括具體任務和總任務兩部分，具體任務有三：一是懲罰犯罪分子，保障無罪的人不受刑事追究；二是教育公民自覺遵守法律，積極為犯罪行為作奮鬥[5]；三是尊重和保障人權。總任務是指，維護社會主義法制，保護公民的人身權利、財產權利、民主權利和其他權利，保障社會主義建設事業的順利進行[6]。

---

[4] 王國樞主編，刑事訴訟法學，北京大學，2013年，頁17；卞建林，刑事訴訟法學，中國政法大學，2013年，頁8。

[5] 王國樞主編，前揭書，頁19～20；卞建林，前揭書，頁10；胡銘，刑事訴訟法學，法律，2016年，頁9。

[6] 汪建成，刑事訴訟法學概論，北京大學，2003年，頁34；陳光中主編，前揭書，頁20～22；樊崇義主編，前揭書，頁41～43、47～49。

2. 基本原則

基本原則指引法律做合理的解釋，並引導司法實務正確的運作，及標示立法的走向，簡言之，大陸刑事訴訟法所規定的基本原則，大致如下：

(1)以事實為根據，以法律為準繩原則

大陸刑事訴訟法第6條規定，人民法院、人民檢察院和公安機關進行刑事訴訟，必須依靠群眾，必須以事實為根據，以法律為準繩。對於一切公民，在適用法律上一律平等，在法律面前，不允許有任何特權。所謂以事實為根據，以法律為準繩，是要求公安司法機關辦理刑事案件，必須以案件本身的客觀事實為基礎，以國家法律為標準和尺度，正確定罪量刑，處理案件，大陸刑事訴訟法中，以法律為準繩具有對以事實為根據設置前提和做出規定的作用，亦即，追求客觀真實不能逾越法律程式所設置界限的作用[7]。

(2)分工負責、互相配合、互相制約原則

大陸刑事訴訟法第7條規定，人民法院、人民檢察院和公安機關進行刑事訴訟，應當分工負責，互相配合、互相制約，以保證準確有效地執行法律[8]。

分工負責，是指人民法院、人民檢察院和公安機關根據法律有明確的職權分工，在刑事訴訟中應在法定範圍內行使職權，不允許互相取代或者超越職權範圍進行訴訟活動[9]。互相配合，是指公、檢、法機關進行刑事訴訟，在分工負責的基礎上，相互支持，通力合作，使案件的處理能夠上下銜接得當，共同查明案件事實，揭露、證實與懲罰犯罪的任務。

互相制約，是指公、檢、法機關在訴訟中按照職權的分工，相互控制

---

[7] 徐靜村主編，前揭書（上），頁146；陳光中主編，前揭書，頁102～103；樊崇義主編，前揭書，頁78；卞建林，前揭書，頁80；周洪波，「以事實為根據」——刑事訴訟的定罪基本原則，四川大學學報（哲學社會科學版），5期，2008年，頁108～119。

[8] 汪建成，前揭書，頁50；徐靜村主編，前揭書（上），頁150；王國樞主編，前揭書，頁36；卞建林，前揭書，頁76。

[9] 徐靜村主編，前揭書（上），頁152；汪建成，前揭書，頁59；陳光中主編，前揭書，頁104～105；樊崇義主編，前揭書，頁83～84；趙秉志、甄貞，前揭文，頁81～82；胡銘，前揭書，頁84。

和約束，防止權力濫用，防止和及時糾正可能發生的錯證和偏差。

(3)法律監督原則

大陸刑事訴訟法第8條規定，人民檢察院依法對刑事訴訟實行法律監督。這是根據憲法關於「中華人民共和國人民檢察院是國家的法律監督」的規定，在1996年3月全國人大修改刑訴法決定新增加的內容，這一規定，使檢察監督成爲大陸刑事訴訟的一項基本原則。由於檢察機關的法律監督不同於公、檢、法之間的相互制約，因爲相互制約是相互性的，三機關都具有相互制約權；而檢察監督是單向性的，是檢察機關的法定專門職權，其監督對象是公安機關、人民法院和執行機關的執法活動，而且檢察監督的措施和程式是特有的，與具有訴訟程式意義的相互制約措施有所不同[10]。

(4)無罪推定原則

無罪推定原則是第一次修訂後的刑事訴訟法新增加的一條原則，也是非常重要的原則，刑事訴訟法第12條規定：未經人民法院依法判決，對任何人都不得確定有罪。這條規定，解決了刑事訴訟法對判決確定以前，被告人是否有罪的法律地位不明確的問題，但是，由於大陸並沒有緘默權的規定，所以有學者認爲，大陸還沒有標準的無罪推定原則[11]。但通說觀點認爲，本條吸收了無罪推定原則的合理內核，與無罪推定緊密相關[12]。

（二）管　轄

大陸刑事制度中的管轄，是指公安機關、人民檢察院和人民法院立案受理刑事案件及人民法院系統內審判第一審刑事案件的分工制度。大陸刑事訴訟法規定了兩種管轄制度，一是職能管轄，二是審判管轄。

---

[10] 王國樞主編，前揭書，頁45；汪建成，前揭書，頁78～80；陳光中主編，前揭書，頁67～69；樊崇義主編，前揭書，頁83；趙秉志、甄貞，前揭文，頁55；卞建林，前揭書，頁55。

[11] 陳光中、徐靜村主編，前揭書，頁85～86；卞建林主編，前揭書，頁60～62。

[12] 易延友，論無罪推定的涵義與刑事訴訟法的完善，政法論壇，1期，2012年，頁10～23；陳光中、張佳華、肖沛權，論無罪推定原則及其在中國的適用，法學雜誌，10期，2013年，頁1～8；孫長永、閻召華，無罪推定的法律效果比較研究——一種歷時分析，現代法學，4期，2010年，頁136～147。

1. 職能管轄

公安機關，人民檢察院和人民法院之間在立案受理刑事案件上的分工，稱為職能管轄或立案管轄，以下分述之。

(1)人民法院

人民法院直接受理的自訴案件，包括：告訴才處理的案件，被害人有證據證明的輕微刑事案件，以及被害人有證據證明對被告人侵犯自己人身、財產權利的行為應該依法追究刑事責任，而公安機關或者人民檢察院不予追究被告刑事責任的案件[13]（大陸刑訴§204）。

告訴才處理的案件，是指依法應由被害人本身或其法定代理人提出控告，人民法院才能受理並進行審判的案件，如果這類案件的被害人因受到強制、威脅無法告訴的，人民檢察院或被害人的近親屬也可以提出告訴。根據大陸刑法規定，這類案件包括刑法第246條的侮辱、誹謗案（嚴重危害社會秩序和國家利益的除外），第257條第1款的暴力干涉婚姻自由案，第260條第1款的虐待案，第270條的侵占案[14]（大陸刑訴§170Ⅰ）。

被害人有證據證明的輕微刑事案件包括：A.故意妨害案（大陸刑法§234Ⅰ）；B.非法侵入住宅案（大陸刑法§245）；C.侵犯通信自由案（大陸刑法§252）；D.重婚案（大陸刑法§258）；E.遺棄案（大陸刑法§261）；F.生產、銷售偽劣商品案（刑法分則第三章第一節，但是嚴重危害社會秩序和國家利益的除外）；G.侵犯知識產權案（刑法分則第三章第七節，但是嚴重危害社會秩序和國家利益的除外）；H.屬於刑法分則第四章、第五章規定的對被告人可能判處三年以下有期徒刑。對上列八類案件，被害人直接向人民法院起訴，人民法院應當依法受理，對於其中證據不足、可由公安機關受理，或者認為對被告可能判處三年以上有期徒刑，應當告知被害人向公安機關報案或者移送公安機關。移送公安機關立案偵

[13] 王國樞主編，前揭書，頁58；汪建成，前揭書，頁116～112；徐靜村主編，前揭書（下），頁2～3。陳光中主編，前揭書，頁116～118；樊崇義主編，前揭書，頁109～114；趙秉志、甄貞，前揭文，頁58～60。
[14] 陳光中主編，前揭書，頁119；樊崇義主編，前揭書，頁112；卞建林，前揭書，頁116；胡銘，前揭書，頁99。

查（2013年1月1日最高人民法院《關於適用〈中華人民共和國刑事訴訟法〉的解釋》第1條第2款第2項，以下簡稱《刑訴法解釋》）。

公安機關或人民檢察院應當追究被告人刑事責任而又沒追究，是指案件本身應由公安機關或人民檢察院受理，而公安機關或人民檢察院已經做出不予追究的書面決定，但是被害人有證據證明被告人侵犯自己人身、財產權利的行為並構成犯罪。這類案件的被害人便可直接向人民法院告訴，人民法院也可以直接受理[15]（參照《刑訴法解釋》第1條第3款）。

(2)人民檢察院

人民檢察院直接受理的案件，系指依法由人民檢察院立案偵查的刑事案件，包括：刑法第八章規定的貪污賄賂罪，刑法第九章規定的瀆職罪，刑法第248條規定的監管人員毆打、體罰、虐待被監管人員罪，國家機關工作人員利用職權實施的非法拘禁、刑訊逼供、報復陷害、非法搜查的侵犯公民人身權利的犯罪以及侵犯公民主權的犯罪。對於國家機關人員利用職權實施的其他重大犯罪案件，需要由人民檢察院直接受理的時候，經過省級以上的人民檢察院決定，可由人民檢察院立案偵查[16]（大陸刑訴§18）。但是，隨著2016年大陸國家監察體制改革試點的展開，人民檢察院直接受理案件的管轄正在發生變化。2016年12月25日第十二屆全國人民代表大會常務委員會第二十五次會議通過的「關於在北京市、山西省、浙江省開展國家監察體制改革試點工作的決定」，暫停了刑事訴訟法第3條、第18條、第148條以及第二編第二章第十一節關於檢察機關直接受理案件進行偵查的規定，統一由監察委員會行使。

(3)公安機關

除上述應由人民法院人民檢察院直接受理之案件外，普通刑事案件均由公安機關負責立案偵查（大陸刑訴§18）。但是仍有下列三類案件除外：A.刑法第102條至第113條規定的危害國家安全的犯罪由國家安全機

---

[15] 陳光中主編，前揭書，頁120；樊崇義主編，前揭書，頁114；卞建林，前揭書，頁121；胡銘，前揭書，頁137。

[16] 陳光中主編，前揭書，頁122～123；樊崇義主編，前揭書，頁109～110；趙秉志、甄貞，前揭文，頁60～61。

關負責立案偵查；B.軍隊內部發生的刑事案件由軍隊保防部門負責立案偵查；C.罪犯在監獄內犯罪的案件由監獄負責立案偵查[17]。

2. 審判管轄

人民法院系統內在審判第一審案件上的職權分工稱為審判管轄。審判管轄又包括級別管轄、地區管轄和專門管轄[18]。級別管轄，是指各級人民法院之間在審判第一審刑事案件上的職責分工的「級別管轄」。依大陸刑事訴訟法第19條、第20條規定：第一審普通刑事案件由基層人民法院管轄；但是，危害國家安全、恐怖活動案件；可能被判處無期徒刑、死刑的案件由中級人民法院管轄；全省（自治區、直轄市）性的重大刑事案件由高級人民法院管轄[19]（大陸刑訴§21）。最高人民法院管轄的第一審刑事案件是全國性的重大刑事案件（大陸刑訴§22）。

同級人民法院之間在審判第一級刑事案件上的職權分工，稱為「地域管轄」。地域管轄實行以犯罪地人民法院管轄為主的原則（大陸刑訴§24）。犯罪涉及數個地區，數個同級法院都有權管轄時，由最初受理的人民法院管轄。必要時也可以移送主要犯罪地人民法院管轄，如果由被告人居住地人民法院管轄更為適宜的，也可以由被告人居住地的人民法院管轄（參照大陸刑訴§24、§25規定）。對管轄不明或有爭議的案件，上級人民法院可以指定下級人民法院審判，也可以指定下級人民法院將案件移送其他的人民法院審判（大陸刑訴§26）。

專門法院與普通法院之間，以及專門法院之間在審判第一審刑事案件上職權分工，稱為「專門管轄」（參照大陸刑訴§27規定）。大陸有權審理刑事案件的專門法院，主要指軍事法院和鐵路運輸法院這兩個法院，分別管轄本系統範圍內涉及到部門領域的刑事犯罪案件。

---

[17] 陳光中主編，前揭書，頁123；樊崇義主編，前揭書，頁109；卞建林，前揭書，頁114；胡銘前揭書；97。

[18] 王國樞主編，前揭書，頁61；陳光中主編，前揭書，頁122；樊崇義主編，前揭書，頁107；卞建林，前揭書，頁136；胡銘，前揭書，頁141。

[19] 王國樞主編，前揭書，頁66；汪建成，前揭書，頁122～127；陳光中主編，前揭書，頁123～126；樊崇義主編，前揭書，頁114～116；卞建林，前揭書，頁119。

軍事法院管轄的現役軍人和軍內在編職工的刑事犯罪案件，主要是指危害國家主權與安全破壞國防力量與戰爭設施等違犯軍人職務、危害國家軍事利益的犯罪案件。對於犯罪主體或犯罪地有軍隊、地方互涉情況時，一般實施分別管轄制度，現役軍人和非軍人共同犯罪時，現役軍人由軍事法院管轄，非軍人由地方人民法院管轄。涉及國家軍事機密的，全案由軍事法院管轄，非軍人、隨軍家屬在部隊營區犯罪，軍人在辦理退役手續後犯罪（在部隊營區犯罪的除外）、武裝員警部隊中的邊防、消防、警戒武警人員犯罪，均由人民法院管轄。

鐵路運輸法院管轄鐵路運輸系統公安機關負責偵破的刑事案件。關於國際列車上發生的刑事案件的管轄，依大陸與相關國家簽訂有關的管轄協定執行。沒有協定的，由犯罪發生後，列車最初停靠的中國車站所在地或目的地鐵路運輸法院管轄[20]。

（三）回　避

回避是規定同案件有某種利害關係或其他特殊關係的偵查、檢察和審判等人員不得參與處理本案的一項訴訟制度。實施回避制度，才能更有效地保障偵查人員、檢察人員和審判人員秉公執法，客觀公正的進行訴訟、處理案件，才能更有效地防止偵查、檢察和審判人員因為個人感情、恩怨、利害或成見的影響而先入為主或徇私舞弊，出入人罪。

回避必須有法律根據，沒有法律根據，就不存在必須回避的問題。根據大陸刑事訴訟法第28條規定，審判人員、檢察人員、偵查人員有下列情形之一的，應當自行回避，當事人及其法定代理人也有權要求他們回避：1.是本案的當事人或者是當事人的近親屬的；2.本人或者他的近親屬和本案有利害關係的；3.擔任過本案的證人、鑑定人、辯護人、訴訟代理人的；4.與本案當事人有其他關係，可能影響公正處理案件的；另外，大陸刑事訴訟法第29條規定，審判人員、檢察人員、偵查人員不得接受當事人及其委託的人的請客送禮，不得違反規定會見當事人及其委託的人。審

判人員、檢察人員、偵查人員違反前款規定的，應當依法追究法律責任。
當事人及其法定代理人有權要求他們回避。關於接受當事人及其委託人的
請客送禮或違反規定會見當事人及其委託人，應當回避的規定，亦適用於
書記員、翻譯人員和鑑定人[21]。此外，通過2012年刑事訴訟法的第二次修
改，辯護人、訴訟代理人可以依照本章的規定要求回避、申請復議（大陸
刑訴§31）。

（四）辯護與代理

1. 辯　護

　　大陸通過憲法、刑事訴訟法和律師法等法律，確立並不斷完善刑事辯
護制度。在刑事訴訟中，犯罪嫌疑人、被告人除自己行使辯護權以外，還
可以委託一至二人作為辯護人。可以被委託為辯護人的人包括：律師、人
民團體或者犯罪嫌疑人或被告人所在單位推薦的人；犯罪嫌疑人、被告人
的監護人或親友。但是，正在被執行刑罰或者依法被剝奪、限制人身自由
的人，不得擔任辯護人[22]（大陸刑訴§32II）。

　　犯罪嫌疑人自被偵查機關第一次訊問或者採取強制措施之日起，有權
委託辯護人；在偵查期間，只能委託律師作為辯護人。被告有權隨時委託
辯護人。偵查機關在第一次訊問犯罪嫌疑人或者對犯罪嫌疑人採取強制措
施的時候，應當告知犯罪嫌疑人有權委託辯護人。人民檢察院自收到移送
審查起訴的案件材料之日起三日以內，應當告知犯罪嫌疑人有權委託辯護
人。人民法院自受理案件之日起三日以內，應當告知被告人有權委託辯護
人。犯罪嫌疑人、報告人在押期間要求委託辯護人的，人民法院、人民檢
察院和公安機關應當及時轉達其要求。犯罪嫌疑人、被告人在押的，也可
以由其監護人近親屬代為委託辯護人。[23]

　　又，2012年大陸刑事訴訟法修改第34條，公訴人出庭公訴的案件，被

---

[21] 王國樞主編，前揭書，頁71～77；汪建成，前揭書，頁131～140。
[22] 陳光中主編，前揭書，頁143～147；樊崇義主編，前揭書，頁90～95；趙秉志、甄貞，前揭
　　文，頁64～66。
[23] 陳光中主編，前揭書，頁148。

告人因經濟困難或者其他原因沒有委託辯護人時，人民法院可以指定承擔法律援助義務的律師爲其提供辯護。被告人是盲、聾、啞或者未成年人而沒有委託辯護人的，人民法院應當指定承擔法律援助義務的律師爲其提供辯護。被告人可能被判處死刑而沒有委托辯護人，人民法院應當指定承擔法律援助義務的律師爲其提供辯護[24]。修法的重點是：一是將法律援助的訴訟階段提前；二是進一步擴大了法律援助的對象範圍；三是增設了法律援助機構指派律師的義務，以與2003年國務院「法律援助條例」相接軌。

　　辯護人是一種獨立的訴訟參與人，不同的辯護人，在不同的訴訟階段享有的權利不同。辯護人的責任是根據事實和法律，提出犯罪嫌疑人、被告人無罪、罪輕或者減輕、免除其刑事責任的材料和意見，維護犯罪嫌疑人、被告人的訴訟權利和其他合法權益。2012年刑事訴訟法修改第35條，將辯護人的責任從舉證責任轉變爲「提出材料和意見的責任」，也將維護的權益擴大爲「訴訟權利和其他合法權益」。

　　辯護人的權利在不同訴訟階段有所不同。辯護律師在偵查期間可以爲犯罪嫌疑人提供法律幫助；代理申訴、控告；申請變更強制措施；向偵查機關瞭解犯罪嫌疑人涉嫌的罪名和案件有關情況，提出意見（大陸刑訴§36）。

　　修法進一步新增了有關辯護人的通信、會見權的規定。辯護律師可以同在押的犯罪嫌疑人、被告人會見和通信。其他辯護人經人民法院、人民檢察院許可，也可以同在押的犯罪嫌疑人、被告人通信。辯護律師持律師執業證書、律師事務所證明和委託書或者法律援助公函要求會見在押的犯罪嫌疑人、被告人的，看守所應當及時安排會見，至遲不得超過四十八小時。危害國家安全犯罪、恐怖活動犯罪、特別重大賄賂犯罪案件，在偵查期間辯護律師會見在押的犯罪嫌疑人，應當經偵查機關許可。上述案件，偵查機關應當事先通知看守所。辯護律師會見在押的犯罪嫌疑人、被告人，可以瞭解案件有關情況，提供法律咨詢等；自案件移送審查起訴之

---

[24] 王國樞主編，前揭書，頁84～85；徐靜村主編，前揭書（下），頁92～93；陳光中主編，前揭書，頁148～150；樊崇義主編，前揭書，頁95～96；趙秉志、甄貞，前揭文，頁66。

日起，可以向犯罪嫌疑人、被告人核實有關證據。辯護律師會見犯罪嫌疑人、被告人時，不被監聽。而且，辯護律師同被監視居住的犯罪嫌疑人、被告人會見、通信，適用該條規定（大陸刑訴§37）。

對於辯護人閱卷權，修法也有明確。辯護律師自人民檢察院對案件審查起訴之日起，可以查閱、摘抄、複製本案的案卷材料訴訟文書。這一修改將之前只針對「指控的犯罪事實的材料」，擴大為包括全部證據在內的案卷材料（大陸刑訴§38）[25]。

修法增加了辯護人申請協助調查取證的權利。辯護人認為在偵查、審查起訴期間公安機關、人民檢察院蒐集的證明犯罪嫌疑人、被告人無罪或者最輕的證據材料未提交的，有權申請人民檢察院、人民法院調取（大陸刑訴§39）。辯護人蒐集的有關犯罪嫌疑人不在現場、未達到刑事責任年齡、依法屬於不負刑事責任的精神病人的證據，應當及時告知公安機關、人民檢察院（大陸刑訴§40）。

辯護人在享有上述訴訟權利的同時，應遵守如下義務：辯護律師和其他任何人，不得幫助犯罪嫌疑人、被告人隱匿、毀滅、偽造證據或者串供；不得威脅、引誘證人作偽證及進行其他干擾司法機關訴訟活動的行為（大陸刑訴§38）；辯護律師接受委託或指定後，除有法定的拒絕辯護情形外，不應拒絕辯護；辯護人應當根據事實和法律進行辯護，不能歪曲事實；應當準時出庭，遵守法庭紀律；對在辦案中瞭解到的國家秘密、當事人的商業秘密和個人隱私應當保守秘密[26]。

修法還新增了辯護人履職的救濟程式。辯護人認為公安機關、人民檢察院、人民法院及其工作人員阻礙其依法行使訴訟權利的，有權向同級或者上一級人民檢察院申訴或者控告。人民檢察院對申訴或者控告應當及時進行審查，情況屬實的，通知有關機關糾正（大陸刑訴§47）。

---

[25] 陳光中主編，前揭書，頁150～151；樊崇義主編，前揭書，頁102～103；卞建林，前揭書，頁135～137。

[26] 汪建成，前揭書，頁142～155；王國樞，前揭書，頁88～91。

2. 代　理

刑事訴訟代理制度，是法律關於刑事訴訟的代理權、代理種類方式、代理人的權利和義務等一系列規定的總稱。公訴案件的被害人及其法定代理人或者近親屬、附帶民事訴訟的當事人及其法定代理人，自案件移送審查起訴之日起，有權委託訴訟代理人。自訴案件的自訴人及其法定代理人，附帶民事訴訟的當事人及其法定代理人，有權隨時委託訴訟代理人。人民檢察院自收到移送審查起訴的案件材料之日起三日內，應當告知被害人及其法定代理人或者其近親屬、附帶民事訴訟的當事人及其法定代理人有權委託訴訟代理人。人民法院自受理自訴案件之日起三日以內，應當告知自訴人及其法定代理人、附帶民事訴訟的當事人及其法定代理人有權委託代理人[27]（大陸刑訴§44）。

擔任自訴人及其法定代理人的代理人時，應在被代理人授權範圍內，行使控訴職能，協助自訴人控告、揭露、證實被告的犯罪行為，蒐集和提供證明被告人犯罪的事實材料，維護自訴人的合法權益；擔任公訴案件被害人及其法定代理人或近親屬的代理人時，應在被代理人授權範圍內，與公訴人一起控訴犯罪，提供證明犯罪嫌疑人、被告人犯罪的證據材料，幫助委託人行使訴訟權利，維護委託人的合法權益；擔任附帶民事訴訟原告人及其法定代理人的代理人時，應在委託人授權範圍內，就原告因被告人的犯罪行為而遭受的物質損失提出賠償請求，提供證據材料，維護委託人的合法民事權益；擔任附帶民事訴訟被告人及其法定代理人的代理人時，應在委託人授權範圍內，幫助委託人行使訴訟權利，以維護其合法的民事權益[28]。

---

[27] 陳光中主編，前揭書，頁152～154；樊崇義主編，前揭書，頁103～104；趙秉志、甄貞，前揭文，頁66～67。

[28] 陳光中主編，前揭書，頁155～157；樊崇義主編，前揭書，頁105；卞建林，前揭書，頁141～143；胡銘，前揭書，頁129～132。

（五）證　據

1. 一般規定

證明案件眞實情況的一切事實，都是證據。證據按照其具體表現形式分爲七種（參照大陸刑訴§42）：(1)物證、書證；(2)證人證言；(3)被害人陳述；(4)犯罪嫌疑人、被告人供述和辯解；(5)鑑定意見；(6)勘驗、檢查、辨認、偵查實驗等筆錄；(7)視聽資料、電子資料。無論哪一種證據，都必須經過查證屬實，才能作爲定案的根據[29]。

2. 證據的蒐集

公安機關、人民檢察院和人民法院有權向有關單位和個人蒐集、調取證據。有關單位和個人應當如實提供證據。對於涉及國家秘密、商業秘密、個人隱私的證據，應當保密（大陸刑訴§52）。

偵查人員、檢察人員、審判人員必須依照法定程式，蒐集能夠證實犯罪嫌疑人、被告人有罪或者無罪、犯罪情節輕重的各種證據。嚴禁刑訊逼供和以威脅、引誘、欺騙以及其他非法方法蒐集證據，不得強迫任何人正是自己有罪。必須保證一切與案件有關或者瞭解案情的公民，有客觀充分第提供證據的條件，除特殊情況外，可以吸收他們協助調查（大陸刑訴§50）。蒐集、調取的書證應當是原件。只有在取得原件確有困難時，才可以是副本或者複製件。蒐集、調取的物證應當是原物。只有在原物不便搬運、不易保存或者依法應當返還被害人時，才可以拍攝足以反映原物外形或者內容的照片、錄影。

書證的副本、複製件，物證的照片、錄影，只有經與原件、原物核實無誤或者經鑑定證明眞實的，才具有與原件、原物同等的證明力。

製作書證的副本、複製件，拍攝物證的照片、錄影以及對有關證據錄音時，製作人不得少於二人。提供證據的副本、複製件及照片、音像製品應當附有關於製作過程的文字說明及原件、原物存放何處的說明，並由制

---

[29] 汪建成，前揭書，頁166～178；陳光中主編，前揭書，頁157～159；樊崇義主編，前揭書，頁149。

作人簽名或者蓋章。

　　人民法院向有關單位蒐集、調取的書面證據材料，必須由提供人簽名，並加蓋單位印章；向個人蒐集、調取的書面證據材料，必須由提供人簽名。人民法院對有關單位、個人提供的證據材料，應當出具收據，寫明證據材料的名稱、收到的時間、件數、頁數以及是否為原件等，由書記員或者審判人員簽名。蒐集、調取證據材料後，應當及時通知辯護律師查閱、摘抄、複製，並告知人民檢察院（2013年最高人民法院關於適用《中華人民共和國刑事訴訟法》的解釋第52條）。凡是知道案件情況的人，都有作證的義務（大陸刑訴§60）。生理上、精神上有缺陷或者年幼，不能辨別是非、不能正確表達的人，不能作證人（大陸刑訴§60）。公安機關、人民檢察院和人民法院應當保障證人及其近親屬的安全（大陸刑訴§61）[30]。

3. 證據規則

　　證據規則有廣義和狹義之分。一般來說，規定證據蒐集、證據運用和證據判斷的法律準則即為廣義的證據規則；確認某一證據材料是否具備證據能力以及如何運用證據判斷事實的法律要求，則是狹義上的證據規則。根據大陸刑事訴訟法的規定和司法實踐中的做法，大陸刑事訴訟中的證據規則屬於狹義上的證據規則，它包括：

(1)相關性規則

　　相關性規則是指納入訴訟過程的證據材料，必須與案件事實有實質性聯繫，並對案件事實有證明作用的法律要求。例如第118條規定：「犯罪嫌疑人對偵查人員的提問，應當如實答。但對本案無關的問題，有拒絕回答的權利。」第189條又規定：「公訴人、當事人和辯護人、訴訟代理人經審判長許可，可以對證人、鑑定人發問。審判長認為發問的內容與案件無關的時候，應當制止。」這些法律規定，確立了大陸刑事訴訟及證據運

---

[30] 陳光中主編，前揭書，頁190～191；樊崇義主編，前揭書，頁152～153；卞建林，前揭書，頁193；胡銘，前揭書，頁200。

用的相關性規則[31]。

　　證據的相關性主要應從四個方面理解：其一，相關性是證據的一種客觀屬性，不是辦案人員的主觀想像；其二，證據的相關性應具有實質性意義。即與案件的基本事實相關；其三，相關的形式是多樣的，這裡應當注意相關性需達到一定程度，如果關聯過於間接，相關性十分微弱，此證據可能被視爲不具相關性。其四，相關性的根本意義在於有助於證明案件事實。因此分析證據的相關性，其重點在於證據的證明力。

　　(2)非法證據排除規則

　　2010年「兩院三部」發布的「關於辦理死刑案件審查判斷證據若干問題的規定」和「關於辦理刑事案件排除非法證據若干問題的規定」對非法證據排除的範圍、程式作了初步規定。2012年修改刑事訴訟法，吸收了兩個規定的內容，立法上確立了非法證據排除規則[32]。

　　非法證據是指採取刑訊逼供、暴力、威脅等非法方法蒐集的證據；非法證據的主要特徵是蒐集方法的違法性。非法證據主要包括兩個部分。一是採用刑訊逼供等非法方法蒐集的犯罪嫌疑人、被告人供述和採用暴力、脅迫等非法手段蒐集的證人證言、被害人陳述，應當予以排除。二是蒐集書證、物證不符合法定程式，可能嚴重影響司法公正的，應當予以補正或者作出合理解釋；不能補正或者作出合理解釋的，對該證據應當予以排除（大陸刑訴§54）。非法證據排除是貫穿整個訴訟階段的。在偵查、審查起訴、審判時發現有應當排除的證據的，應當依法予以排除，不得作爲起訴意見、起訴決定和判決的依據。

　　同時，規定了檢察院對非法證據排除的監督職責。人民檢察院在接到報案、控告、舉報或者發現偵查人員以非法方法蒐集證據的，應當進行調查核實。對於確有以非法方法蒐集證據情形的，應當提出糾正意見；構成犯罪的，依法追究刑事責任（大陸刑訴§55）。修法規定了非法證據法庭調查程式的啓動問題和調查程式。法庭審理過程中，審判人員認爲可能存

---

[31]陳光中主編，前揭書，頁148～151；樊崇義主編，前揭書，頁150～151。
[32]陳光中、徐靜村主編，前揭書，頁181～182。

在以非法方法蒐集證據情形的，應當對證據蒐集的合法性進行法庭調查。當事人及其辯護人、訴訟代理人有權申請人民法院對以非法方法蒐集的證據依法予以排除。申請排除以非法方法蒐集的證據的，應當提出相關線索或材料（大陸刑訴56）。在對證據蒐集的合法性進行法庭調查的過程中，人民檢察院應當對證據蒐集的合法性加以證明。現有證據材料不能證明證據蒐集的合法性的，人民檢察院可以提請人民法院通知有關偵查人員或者其他人員出庭說明情況；人民法院可以通知有關偵查人員或者其他人員出庭說明情況。有關偵查人員或其他人員也可以要求出庭說明情況。經人民法院通知，有關人員應當出庭（大陸刑訴§57）。

在非法證據排除的證明標準上，大陸刑訴法規定，對於經過法庭審理，確認或者不能排除存在以非法方法蒐集證據情形的，對有關證據應當予以排除（大陸刑訴§58）。

(3)口供補強規則

口供補強規則是指禁止以被告口供作為定案唯一依據，而必須有其他證據予以補強的證據規則。大陸刑訴法第53條規定：「只有被告人的供述，沒有其他證據的，不能認定被告人有罪和處以刑罰。」這一規定要求對被告人的有罪供述需以其他證據做補強證明，從而確認了對口供的補強規則。

口供補強規則作為自由判斷證據原則的例外，其理由主要有二：一是有利於防止偏重口供的傾向。由於真實的口供具有極強的證明力，如果許口供作為定案唯一根據，勢必使偵查、審判人員過分依賴口供，甚至不惜以不法手段獲取，以致侵犯犯罪嫌疑人和被告人人權。二是可以保證口供的真實性，避免以虛假供述導致誤判。口供因種種原因確實存在很大的虛假可能性，即使是被告人的有罪供述也可能不實。為了防止基於虛假口供所做的錯誤判決，有必要確立口供補強規則。此外，確立口供補強規則也是基於歷史的教訓。無論是大陸，還是外國的訴訟史，都曾有偏重口供的傳統，從而造成較多的冤案。鑑於歷史教訓，確立並認真遵循口供補強規

則是必要的[33]。

　　口供補強規則在運用中存在著一個很有爭議的問題，即在共同犯罪案件中，共犯的口供能否互為補強證據的問題；也就是說，憑共犯間一致的口供不需其他補強證據能否定案。大陸學者普遍認為[34]，共同被告人的供述仍然是「被告人供述」，同樣具有真實性和虛偽性並存的特點，應受刑訴法第53條的制約，適用口供補強規則。但考慮到共同被告的口供畢竟能起到一定的相互支撐作用，因此，在這種情況下，對補強證據不應做較高要求，只要補強證據能基本證明共犯口供的真實性即可[35]。

　　(4)質證規則

　　質證規則是指一切證據都必須經過當庭出示、辯論、質證等法庭調查程式查證屬實，否則不能作為定案的根據[36]。大陸刑訴法第47條明確規定：「證人證言必須在法庭上經過公訴人、被害人和被告人、辯護人雙方訊問、質證，聽取各方證人的證言並且經過查實以後，才能作為定案的根據。」

　　為了保證這一規則的實現，最高人民檢察院在《人民檢察院刑事訴訟規則》第346條中補充規定：「人民法院根據律師申請蒐集、調取的證據或者合意庭休庭後自行調查取得的證據，必須經過庭審辯論、質證才能決定是否作為判決的依據。未經庭審辯論、質證直接採納為判決依據的，人民檢察院應當提出糾正意見；做出判決的，應當依法提出抗訴。」[37]

（六）強制措施

　　大陸刑事訴訟中的強制措施，是指公安機關、人民檢察院和人民法院為了保證訴訟活動的順利進行，依法對於現行犯、犯罪嫌疑人、被告人

---

[33] 陳光中主編，前揭書，頁200～201。

[34] 王國樞主編，前揭書，頁100～109；汪建成，前揭書，頁169～170。

[35] 陳光中主編，前揭書，頁177；樊崇義主編，前揭書，頁161。

[36] 參見卞建林、張璐「排除合理懷疑」之理解与适用，國家檢察官學院學報，2015年，1期，頁93～101。

[37] 汪建成，前揭書，頁162～199；徐靜村主編，前揭書（下），頁124；陳光中主編，前揭書，頁201；樊崇義主編，前揭書，頁153。

的人身自由暫時加以強行限制的各種方法和手段。包括拘傳（大陸刑訴
§64）、取保候審（大陸刑訴§65）、監視居住（大陸刑訴§72）、拘留
（大陸刑訴§80）、逮捕（大陸刑訴§85、§86）。主要是用來防止犯罪
嫌疑人、被告人逃避偵查與審判或者繼續犯罪，因此它是進行訴訟活動的
一種保障條件，不是一種刑罰，也不是治安處罰或其他處分。以下簡述各
種強制措施之規定與適用[38]。

1. 拘　傳

拘傳是公安機關、人民檢察院或人民法院，強制沒有被羈押的犯罪嫌
疑人或被告人到指定地點接受訊問的方法。拘傳須向被拘傳人出示傳票。
如果被拘傳人抗拒或企圖逃跑，執行人員有權依法採取適當強制手段將其
帶至指定地點接受訊問。但拘傳持續的時間最長不得超過十二小時，換言
之，不得以連續拘傳的方式變相拘禁犯罪嫌疑人或被告人。經過訊問如果
認為犯罪嫌疑人或被告人有拘留或逮捕必要，應當在辦理相應法律手續
後，方可對被拘傳人加以羈押（大陸刑訴§64）[39]，實務上必須注意《刑
訴法解釋》第114條、第115條；2013年1月1日《最高人民檢察院刑事訴訟
規則（試行）》第80條、第81條；2013年1月1日公安部《公安機關辦理刑
事案件程式規定》第76條。

2. 取保候審與監視居住

取保候審是指公安機關、人民檢察院或人民法院，為了防止犯罪嫌疑
人或被告逃避偵查、起訴和審判，責令其提供保證人或交納保證金，保證
其不逃避，不妨礙偵查、起訴與審判，並隨傳隨到的一種強制方法[40]（大
陸刑訴§65）。監視居住是公安機關、人民檢察院或人民法院，責令犯罪

---

[38] 汪建成，前揭書，頁200～201；徐靜村主編（下），前揭書，頁39～44；陳光中主編，前揭
　　書，頁202；樊崇義主編，前揭書，頁129；趙秉志、甄貞，前揭文，頁80；王兆鵬，中共刑
　　事訴訟法——社會主義市場經濟所造成之影響，搜索扣押與刑事被告的憲法權利，2000年，
　　頁380～401。

[39] 王國樞主編，前揭書，頁134～141；陳光中主編，前揭書，頁224～239；樊崇義主編，前揭
　　書，頁131。

[40] 王國樞主編，前揭書，頁139～141；陳光中主編，前揭書，頁231；樊崇義主編，前揭書，頁
　　131；趙秉志、甄貞，前揭文，頁67～68。

嫌疑人或被告人不得離開其住處或指定居所，並對其行動加以監視和控制的一種強制方法[41]。

　　大陸刑訴第65條規定，對有下列情形之一的犯罪嫌疑人、被告人可以採取取保候審：(1)可能判處管制、拘役或者獨立適用附加刑的；(2)可能判處有期徒刑以上刑罰，採取取保候審不致發生危險性的；(3)患有嚴重疾病、生活不能自理，懷孕或者正在哺乳自己嬰兒的婦女，採取取保候審不致發生社會危險性的；(4)羈押期屆滿，案件尚未辦結，需要採取取保候審的。大陸刑訴第72條規定，人民法院、人民檢察院和公安機關對符合逮捕條件，有下列情形之一的犯罪嫌疑人、被告人，可以監視居住：(1)患有嚴重疾病、生活不能自理的；(2)懷孕或者正在哺乳自己嬰兒的婦女；(3)系生活不能自理的人的唯一扶養人；(4)因為案件的特殊情況或者辦理案件的需要，採取監視居住措施更為適宜的；(5)羈押期限屆滿，案件尚未辦結，需要採取監視居住措施的；(6)對符合取保候審條件，但犯罪嫌疑人、被告人不能提出保證人，也不交納保證金的，可以監視居住。

　　決定取保候審時，應當責令犯罪嫌疑人、被告人提出保證人或者交納保證金，並製作取保候審決定書。保證人要出具保證書，且必須符合下列四個條件：(1)與本案無牽連；(2)有能力履行保證義務；(3)享有政治權利，人身自由未受到限制；(4)有固定的住處與收入。保證人可以是一般公民或單位負責人。保證書要經過對保手續，並向被保證人宣布。保證人和被取保候傳的犯罪嫌疑人、被告人必須遵守刑事訴訟法第69條的規定[42]。

　　被保證人有違反第69條規定的行為而保證人未及時報告的，對保證人處以罰款，構成犯罪的，依法追究刑事責任，對犯罪嫌疑人、被告人採取保證金保證的，由決定機關根據案件具體情況決定保證金金額。取保候審保證金由公安機關等執行機關統一收取和保管。對取保候審保證人是否履行保證義務，由公安機關等執行機關議定，對保證人的罰款決定，也由公

---

[41] 王國樞主編，前揭書，頁142～143；陳光中主編，前揭書，頁231；樊崇義主編，前揭書，頁135。

[42] 陳光中主編，前揭書，頁234；樊崇義主編，前揭書，頁133～134。

安機關等執行機關做出。如取保候審、監視居住是由人民檢察院、人民法院決定的，執行機關在批准犯罪嫌疑人、被告離開所居住的市、縣或住處前，應當徵得決定機關同意。被取保候審的犯罪嫌疑人、被告人違反第69條規定，已繳納保證金的，沒收保證金，並區別情形，責令其具結悔過，重新繳納保證金，或者提出保證人或者監視居住、予以逮捕。被保證人在取保候審期間若未違反規定，取保候審結束後退還保證金[43]。

　　監視居住的適用條件與取保候審基本相同（大陸刑訴§57），但監視居住的強制性較取保候審的強制性強，卻較拘留和逮捕弱。例如，被監視居住的人未經批准不得離開居所或住處，而被採取取保候審的犯罪嫌疑人、被告人未經執行機關批准只是不得離開所居住的縣市。另外，被監視居住的人會見其他人必須經過執行機關批准，但會見所聘請的律師就不需要經過任何機關批准。對犯罪嫌疑人、被告人實行監視居住時，應制作監視居住決定書，並向犯罪嫌疑人、被告人宣布。如果情況發生變化，應及時撤銷或變更，並辦理相應的法律手續，例如，被監視居住人如違反刑事訴訟法第75條的規定，情節嚴重時應予以逮捕[44]。

　　取保候審的期限最長不得超過十二個月，監視居住最長不得超過六個月。在取保候審、監視居住期間內，不得中斷對案件的偵查、起訴和審理。對於發現不應追究刑事責任或者取保候審、監視居住期限屆滿的，應當即時解除取保候審、監視居住。解除取保候審、監視居住，應當即時通知被取保候審、監視居住的人和有關單位[45]（大陸刑訴§77）。

　　需要注意的是，修法新增了「指定居所監視居住」的內容。一般來說，監視居住應當在犯罪嫌疑人、被告人的住所執行。對於：(1)無固定住所的；(2)涉嫌危害國家安全犯罪、恐怖活動犯罪、特別重大賄賂犯罪，在

---

[43] 王國樞主編，前揭書，頁144；汪建成，前揭書，頁205～211；陳光中主編，前揭書，頁235；樊崇義主編，前揭書，頁134。
[44] 王國樞主編，前揭書，頁142～144；汪建成，前揭書，頁211～213；陳光中主編，前揭書，頁235；樊崇義主編，前揭書，頁135～136。
[45] 王國樞主編，前揭書，頁143；陳光中主編，前揭書，頁235～237；樊崇義主編，前揭書，頁136。

住處執行可能有礙偵查的，經上一級人民法院或者公安機關批准，可以指定居所監視居住。但是，不得在羈押場所、專門的辦案場所執行。指定居所監視居住應當在執行後二十四小時內通知家屬（大陸刑訴§73）。

3. 拘　留

拘留是指公安機關對於現行犯或重大嫌疑人，在遇有法定的緊急情況時依法採取的臨時剝奪其人身自由的強制方法。人民檢察院在直接進行偵查的案件中，對於符合拘留條件並須要拘留的現行犯或重大嫌疑人，可以做出拘留的決定，由公安機關執行[46]。

公安機關拘留的物件以有下列情況之一的現行犯或者重大嫌疑人為限：(1)正在預備犯罪、實行犯罪或者在犯罪後及時被發覺的；(2)被害人或在場親眼看見的人指證他犯罪的；(3)在身邊或者住處發現有犯罪證據的；(4)犯罪後企圖自殺、逃跑或者在逃的；(5)有毀壞、偽造證據或者串供可能的；(6)不講真實姓名、地址或是身分不明的；(7)有流竄作案、多次作案、結夥作案重大嫌疑的（大陸刑訴§61）。公安機關拘留犯罪嫌疑人，必須經過縣級以上之公安機關負責人批准，並簽發拘留證[47]。

人民檢察院對下列情形之一的犯罪嫌疑人，可以決定拘留：(1)犯罪後企圖自殺、逃跑或者在逃的；(2)有毀壞、偽造證據或者串供可能的。人民檢察院拘留犯罪嫌疑人，應當由辦案人員提出意見，部門負責人審核，檢察長決定。檢察機關做出拘留決定後，應當送達公安機關執行，必要的時候，檢察機關可以協助公安機關執行[48]。對於各級人民代表大會代表，如因現行犯而予以拘留，必須立即向同級人民代表大會主席團或常委會報告。

公安機關執行拘留時，要向被拘留人出示拘留證，被拘留人應在拘留證上簽名或蓋章。被拘留人抗拒拘留，執行拘留的偵查人員可以使用強制手段。拘留後，拘留後，應當立即將被拘留人送看守所羈押。至遲不得超

---

[46] 王國樞主編，前揭書，頁151；汪建成，前揭書，頁211～217；陳光中主編，前揭書，頁215；樊崇義主編，前揭書，頁136；趙秉志、甄貞，前揭文，頁68～69。

[47] 樊崇義主編，前揭書，頁146。

[48] 王國樞主編，前揭書，頁152。

過二十四小時。除無法通知或者涉嫌危害國家安全犯罪、恐怖活動犯罪通知可能有礙偵查的情形以外，除有妨礙偵查或無法通知的情況外，應當把拘留的原因和羈押的處所，在拘留後二十四小時以之內，通知被拘留人的家屬。有礙偵查的情形消失以後，應當立即通知被拘留人的家屬（大陸刑訴§83）。

公安機關、檢察機關對於被拘留的人，應當在拘留後的二十四小時之內進行訊問。在發現不應當拘留的時候，必須立即釋放，發給釋放證明。對於需要逮捕而證據不足的，可以取保候審或者監視居住。對於已提請檢察機關審查批准逮捕，而檢察機關做出不批准逮捕決定時，公安機關接到通知後應當立即釋放被拘留人，並發給釋放證明（大陸刑訴§65）。如果對被拘留人不釋放而繼續羈押，被拘留人或其家屬有權要求釋放[49]。

4. 逮 捕

逮捕是經人民檢察院批准或者人民檢察院、人民法院決定，由公安機關執行的依法剝奪犯罪嫌疑人、被告人人身自由並予以羈押的方法。逮捕必須同時具備三個條件：(1)有證據證明有犯罪事實發生，且犯罪嫌疑人、被告人是該犯罪行為的實施者；(2)實施該犯罪行為的犯罪嫌疑人、被告人可能判處徒刑以上刑罰：(3)對該犯罪嫌疑人、被告人採取取保候審、監視居住等方法，尚不足以防止發生社會危險性而有逮捕必要者。如果需要逮捕的犯罪嫌疑人、被告人是縣級以上人大代表，還須得到本級人民代表大會代表主席團或常委會的許可，方能決定或批准逮捕[50]。

公安機關對於被拘留的人，認為需要逮捕的，應當在拘留後三日內，提請人民檢察院批准。在特殊情況下，提請審查批准的時間可以延長一至四日。對於流竄作案、多次作案、結夥作案的重大嫌疑人，提請審查批准的時間可以再延長至三十日。公安機關要求逮捕犯罪嫌疑人時，應出示提請批准逮捕書，連同案卷資料證據，一併移送同級人民檢察院批准。人民

[49] 王國樞主編，前揭書，頁155～156；陳光中主編，前揭書，頁216；樊崇義主編，前揭書，頁139。
[50] 王國樞主編，前揭書，頁146～147；汪建成，前揭書，頁217～224；陳光中主編，前揭書，頁242～243；樊崇義主編，前揭書，頁148～151；趙秉志、甄貞，前揭文，頁69。

檢察院應當自接到公安機關提請批准逮捕書後的七日內，做出批准逮捕或者不批准逮捕的決定，對報請批准逮捕的案件不另行偵查（大陸刑訴§89）。公安機關對人民檢察院不准逮捕的決定，認為有錯誤時，可以要求復議，但必須將被拘留的人立即釋放，如果復議意見不被接受，可以向上一級人民檢察院提請復核。上級人民檢察院應當立即復核，做出是否變更的決定，並通知下級人民檢察院和公安機關執行[51]（大陸刑訴§90）。

人民檢察院對被拘留的人，認為需要逮捕的，應當在十日內做出決定。在特殊情況下，決定逮捕的時間可以延長一至四日。對於不需要逮捕的，應當立即釋放，對於需要繼續偵查，並符合取保候審、監視居住條件的，依法取保候審或監視居住。

偵查人員執行逮捕時，必須二人以上前往，並向被逮捕人出示逮捕證。逮捕後，除有妨礙偵查或無法通知的情況外，應當把逮捕原因及被羈押的處所，在二十四小時內通知被逮捕人的家屬或者他的所在單位[52]（大陸刑訴§91）。人民法院和人民檢察院對於各自決定逮捕的人，公安機關對於經人民檢察院批准逮捕的人，都必須在逮捕後的二十四小時內進行訊問。在發現不應逮捕的時候，必須立即釋放，發給釋放證明（大陸刑訴§92）。2012年修法新增了羈押必要性審查的規定。犯罪嫌疑人、被告人被逮捕後，人民檢察院仍然應當對羈押的必要性進行審查。對不需要繼續羈押的，應當建議予以釋放或者變更強制措施（大陸刑訴§93）。公安機關釋放被逮捕的人或者變更逮捕措施的，應當通知原批准的人民檢察院[53]（大陸刑訴§94）。犯罪嫌疑人、被告人及其法定代理人、近親屬或者辯護人有權申請變更強制措施，收到申請後有權機關應當在三日內作出決定，不同意變更的，應當告知並說明理由（大陸刑訴§95）。

---

[51] 王國樞主編，前揭書，頁146～147；樊崇義主編，前揭書，頁146。

[52] 陳光中主編，前揭書，頁224。

[53] 王國樞主編，前揭書，頁147～148；陳光中主編，前揭書，頁276；樊崇義主編，前揭書，頁147；卞建林，前揭書，頁157～161。

二、立案、偵查和提起公訴

　　第二編規定立案、偵查和提起公訴。其中立案制度為台灣刑事訴訟法所沒有的制度，偵查和提起公訴的觀念則大致相同。

（一）立　案

　　刑事立案的條件，是指刑事案件成立的法定條件，故立案則是指公安機關、人民檢察院、人民法院對報案、控告、舉報和自首等材料進行審查，依法決定將某項事實作為刑事案件進行偵查或審判的訴訟活動。

　　立案是刑事訴訟案件開始啟動的關鍵。當公安機關、司法機關發現犯罪事實或犯罪嫌疑人時，首先要解決的問題是該項犯罪應由偵查、檢察和審判三機關中哪一個機關負責查究，也就是要具體確定哪類機關以及哪一級法院對於哪一案件有管轄權。任何一個公安機關或司法機關，只有確定案件應由自己管轄時，才決定立案。所以，確定管轄，是立案的前提[54]。

　　根據大陸刑事訴訟法第107條的規定，刑事立案的條件有三：1.有證據證明有犯罪事實，且尚無證據證明有法定不應追究刑事責任的事實；2.需要追究刑事責任，不屬於刑訴法第15條規定的六種情形；3.屬於本機關管轄範圍的[55]。對於行使審判權的審判機關來說，自訴案件的立案條件則是：1.刑事案件是依法屬於本院管轄範圍的；2.刑事案件的被害人（或代為告訴人）告訴；3.有明確的被告人，具體的訴訟請求和能證明被告人犯罪事實的證據[56]。上述三個條件必須同時具備，如果是人民法院受理刑事訴訟法第204條第3項規定的自訴案件，還應該符合刑事訴訟法第110條、第176條的規定。

　　關於立案的程式，大陸刑事訴訟法第108條規定：公安機關、人民檢察院或者人民法院對於報案、控告、舉報都應當接受，對於不屬於自己管

---

[54] 汪建成，前揭書，頁114～116；徐靜村主編，前揭書（下），頁4～6；陳光中主編，前揭書，頁276；樊崇義主編，前揭書，頁291；胡銘，前揭書，頁243。

[55] 王國樞主編，前揭書，頁180；汪建成，前揭書，頁117～119；陳光中主編，前揭書，頁277～279；樊崇義主編，前揭書，頁298。

[56] 汪建成，前揭書，頁120；卞建林，前揭書，頁343。

轄的，應當移送主管機關處理，並通知報案人、控告人、舉報人；對於不屬於自己管轄又必須採取緊急措施的，應先採取緊急措施，然後移送主管機關[57]。

　　大陸刑事訴訟法第109條規定報案、控告、舉報可以書面，或口頭行之。對於口頭的報案、控告、舉報材料，接受報案控告舉報的工作人員，應將報案、控告、舉報內容寫成筆錄，經宣讀無誤後，由報案人、控告人、舉報人簽名或蓋章。接受控告、舉報的工作人員，應當向控告人、舉報人說明誣告應負的法律責任。但只要不是捏造事實、偽造證據，即使控告、舉報的事實有出入，甚至是錯告的，也與誣告不同。如果報案人、控告人、舉報人不願意公開自己的姓名和控告、報案、舉報行為的，受理的機關應為他保密[58]。

　　接受報案控告、舉報或自首材料後，首先應確定應由哪一個機關管轄，有管轄權的機關應根據立案條件迅速進行審查，審查後認為符合立案條件的，應做出立案決定製作立案的法律文書；認為不符合立案條件的，不予立案，並將不立案的原因通知控告人。控告人如有不服，可以申請復議[59]。

　　大陸刑事訴訟法第111條規定，人民檢察院認為公安機關對應當立案偵查的案件而不立案偵查的，或者被害人認為公安機關對應當立案偵查的案件而不立案偵查，向人民檢察院提出的，人民檢察院應當要求公安機關說明不立案的理由。人民檢察院認為公安機關不立案理由不能成立的，應當通知公安機關立案，公安機關接到通知後應當立案。大陸刑事訴訟法第

---

[57] 大陸刑訴法第108條：任何單位和個人發現有犯罪事實或者犯罪嫌疑人，有權利也有義務向公安機關、人民檢察院或者人民法院報案或者舉報。被害人對侵犯其人身、財產權利的犯罪事實或者犯罪嫌疑人，有權向公安機關、人民檢察院或者人民法院報案或者控告。公安機關、人民檢察院或者人民法院對於報案、控告、舉報，都應當接受。對於不屬於自己管轄的，應當移送主管機關處理，並且通知報案人、控告人、舉報人；對於不屬於自己管轄而又必須採取緊急措施的，應當先採取緊急措施，然後移送主管機關。犯罪人向公安機關、人民檢察院或者人民法院自首的，適用第3款規定：陳光中主編，前揭書，頁265～267；樊崇義主編，前揭書，頁206。

[58] 陳光中主編，前揭書，頁281；樊崇義主編，前揭書，頁300；卞建林，前揭書，頁219。

[59] 陳光中主編，前揭書，頁279；樊崇義主編，前揭書，頁208；卞建林，前揭書，頁221。

112條規定，對於自訴案件，被害人有權向人民法院直接起訴。被害人死亡或喪失行為能力的，被害人的法定代理人或近親屬有權向人民法院起訴，人民法院應當受理[60]。

（二）偵　查

1. 偵查行為之實施

偵查是公安機關、人民檢察院在辦理刑事案件過程中，依照法律進行的調查工作和有關的強制性措施。偵查的目的在於蒐集與案件有關的各種證據，查明犯罪事實的有無，查獲犯罪嫌疑人或查清犯罪情節的輕重。在大陸，偵查行為包括偵查人員依法進行的專門調查活動，並包括為了防止現行犯、犯罪嫌疑人繼續犯罪、逃跑、毀壞證據或者自殺等而採取的強制性措施。強制措施已如前述。其他強制性措施和專門的調查活動主要包括下列七項[61]：

（1)訊問犯罪嫌疑人

訊問犯罪嫌疑人必須由人民檢察院或者公安機關的偵查人員負責進行，同時間偵查人員不得少於二人。犯罪嫌疑人被送交看守所羈押以後，偵查人員對其進行訊問，應當在看守所內進行（大陸刑訴§116）。對於不需要逮捕拘留的犯罪嫌疑人，可以傳喚犯罪嫌疑人到所在的縣市內的指定地點或到其住所進行訊問，但應出示人民檢察院公安機關的證明文件。傳喚、拘傳持續的時間最長不得超過十二小時，並不得以連續傳喚、拘傳的形式變相拘禁犯罪嫌疑人[62]（大陸刑訴§117）。

對犯罪嫌疑人進行訊問時，首先訊問犯罪嫌疑人是否有犯罪行為，聽其陳述有罪的情節或做無罪的辯解，然後再向其提出問題。犯罪嫌疑人對偵查人員的提問，應當如實回答，但是對於本案無關的問題，有權拒絕

回答。偵查人員在訊問犯罪嫌疑人的時候，應當告知犯罪嫌疑人如實供述自己罪行可以從寬處理的法律規定。如果犯罪嫌疑人是聾啞人，詢問時應同時有通曉聾啞手勢的人參加，並將情況記明筆錄。如果犯罪嫌疑人不通曉當地語言文字，應當為其翻譯。訊問犯罪嫌疑人應當製作犯罪筆錄，筆錄應如實記載提問、回答和其他在場人的情況。值得注意的是，2012年新修改的刑事訴訟法設置了未成年人刑事案件訴訟的特別程式，其中規定，對於未成年人刑事案件，在訊問和審判的時候，應當通知未成年犯罪嫌疑人、被告人的法定代理人到場。無法通知、法定代理人不能到場或者法定代理人是共犯的，也可以通知未成年犯罪嫌疑人、被告人的其他成年親屬，所在學校、單位、居住地基層組織或者未成年人保護組織的代表到場，並將有關情況記錄在案。到場的法定代理人可以代為行使未成年犯罪嫌疑人、被告人的訴訟權利。到場的法定代理人或者其他人員認為辦案人員在訊問、審判中侵犯未成年人合法權益的，可以提出意見。訊問筆錄、法庭筆錄應當交給到場的法定代理人或者其他人員閱讀或者向他宣讀。訊問女性未成年犯罪嫌疑人，應當有女工作人員在場。

　　筆錄應交犯罪嫌疑人核對如果記載有遺漏或差錯，犯罪嫌疑人可以提出補充或改正，犯罪嫌疑人承認筆錄無誤後，應當簽名或蓋章。偵查人員也應在筆錄上簽名。犯罪嫌疑人請求自行書寫的供詞，應予准許。必要時，偵查人員也可以要求犯罪嫌疑人親筆書寫供詞[63]。

　　犯罪嫌疑人自被偵查機關第一次訊問或者採取強制措施之日起，有權委託辯護人；在偵查期間，只能委託律師作為辯護人。被告人有權隨時委託辯護人。偵查機關在第一次訊問犯罪嫌疑人或者對犯罪嫌疑人採取強制措施的時候，應當告知犯罪嫌疑人有權委託辯護人。人民檢察院自收到移送審查起訴的案件材料之日起三日以內，應當告知犯罪嫌疑人有權委託辯護人。人民法院自受理案件之日起三日以內，應當告知被告人有權委託辯護人。犯罪嫌疑人、被告人在押期間要求委託辯護人的，人民法院、人

---

[63]陳光中主編，前揭書，頁287；樊崇義主編，前揭書，頁217；卞建林，前揭書，頁228；胡銘，前揭書，頁279。

民檢察院和公安機關應當及時轉達其要求。犯罪嫌疑人、被告人在押的，也可以由其監護人、近親屬代為委託辯護人。辯護人接受犯罪嫌疑人、被告人委託後，應當及時告知辦理案件的機關（大陸刑訴§33～§34）。被告人沒有委託辯護人的，人民法院自受理案件之日起三日內，應當告知其有權委託辯護人；被告人因經濟困難或者其他原因沒有委託辯護人的，應當告知其可以申請法律援助；被告人屬於應當提供法律援助情形的，應當告知其將依法通知法律援助機構指派律師為其提供辯護。告知可以採取口頭或者書面方式。人民法院收到在押被告人提出的法律援助申請，應當在二十四小時內轉交所在地的法律援助機構。

對下列沒有委託辯護人的被告人，人民法院應當通知法律援助機構指派律師為其提供辯護：(1)盲、聾、啞人；(2)尚未完全喪失辨認或者控制自己行為能力的精神病人；(3)可能被判處無期徒刑、死刑的人。高級人民法院復核死刑案件，被告人沒有委託辯護人的，應當通知法律援助機構指派律師為其提供辯護。

具有下列情形之一，被告人沒有委託辯護人的，人民法院可以通知法律援助機構指派律師為其提供辯護：(1)共同犯罪案件中，其他被告人已經委託辯護人；(2)有重大社會影響的案件；(3)人民檢察院抗訴的案件；(4)被告人的行為可能不構成犯罪；(5)有必要指派律師提供辯護的其他情形。可以參照2013年1月1日《最高人民法院關於適用〈中華人民共和國刑事訴訟法〉的解釋》第39條、第40條、第42條、第43條。

(2)詢問證人和詢問被害人

偵查人員訊問證人可到證人所在單位或處所進行，但必須出示人民檢察院或公安機關的證明文件。必要時，可以通知證人到人民檢察院或公安機關提供證言。詢問證人應當個別進行（大陸刑訴§122）。詢問時應告知證人應如實提供證據、證言和有意做偽證或藏匿罪證應負的法律責任（大陸刑訴§123）。詢問不滿十八歲的證人可以通知其法定代理人到場（大陸刑訴§270）。詢問證人應制作筆錄，其規定與訊問犯罪嫌疑人相

同。詢問被害人適用詢問證人的規定[64]。

(3)勘驗與檢查

偵查過程中的勘驗、檢查，是偵查人員對於犯罪有關的場所、物品、人身、屍體進行勘驗檢查的偵查行為。現場勘驗應由偵查人員負責進行，必要時可以指派或聘請具有專門知識的人，在偵查人員主持下進行。對於犯罪的現場，任何單位和個人都有義務進行保護，並立即通知公安機關派員檢驗，檢查分屍體核對總和人身檢查。屍體檢驗是指偵查人員或法醫對屍體進行剖驗。對於死因不明的屍體，公安機關有權決定解剖，並通知死者家屬到場，人身檢查是為了確定被害人、犯罪嫌疑人的某些特徵傷害情況或者生理狀況，人身檢查可以提供指紋資訊，採集血液、尿液等生物樣本[65]。

犯罪嫌疑人拒絕檢查，偵查人員認為有必要的時候可以強制檢查。但是檢查婦女的身體，應當由女工作人員或醫師進行。勘驗、檢查的情況應當寫成筆錄，由參加勘驗、檢查的人和見證人簽名或蓋章。人民檢察院審查案件的時候對公安機關的勘驗、檢查認為需要複驗、複查時，可以要求公安機關複驗、複查，並可以派檢查人員參加。為了查明案情，在必要的時候，經公安機關或檢察機關負責人批准，可以進行偵查實驗，但偵查實驗禁止一切足以造成危險、侮辱人格或妨礙風化的行為[66]（大陸刑訴§126～§133）。

(4)搜 查

偵查過程中，為了蒐集犯罪證據、查清犯罪人，偵查人員可以對犯罪嫌疑人及可能隱藏罪犯或犯罪證據的人的身體、物品、住處和其他有關地方進行搜查，任何單位或個人都有義務按照人民檢察院和公安機關的要求，交出可以證明犯罪嫌疑人有罪或無罪的物證、書證、視聽資料（大陸

---

[64]王國樞主編，前揭書，頁210～212；汪建成，前揭書，頁274～276；陳光中主編，前揭書，頁289～292；樊崇義主編，前揭書，頁218。

[65]陳光中主編，前揭書，頁292～295；樊崇義主編，前揭書，頁219～220。

[66]王國樞主編，前揭書，頁192～197；汪建成，前揭書，頁276～278；陳光中主編，前揭書，頁296；樊崇義主編，前揭書，頁281~220；卞建林，前揭書，頁276。

刑訴§134～§135）。

　　搜查時必須向被搜查人員出示搜查證。但在執行逮捕、拘留的時候，遇有緊急狀況不另用搜查證也可以進行搜查。搜查時應有被搜查人或他的家屬，鄰居或其他見證人在場。搜查婦女的身體，應當由女工作人員進行。搜查應制作筆錄，寫明搜查的時間、地點、過程，並由搜查人員和被搜查人員或者他的家屬、鄰居、或其他見證人簽名或蓋章。如果被搜查人或者他的家屬在逃或者拒絕簽名、蓋章，應當在筆錄上簽名[67]（大陸刑訴§136～§138）。

　　(5)扣押物證或書證

　　偵查人員在勘驗、搜查中發現可以證明犯罪嫌疑人有罪或無罪的各種物品和文件，應當扣押。與案件無關的物品、檔不得扣押，但如果是違禁品，即使與案件無關，也應暫予扣押。對於扣押的物品、文件應當會同在場見證人和被扣押物品的持有人查點清楚，當場應列清單一式二份，由偵查人員、見證人和持有人簽名或蓋章，一份交給持有人，另一份附卷備查，對扣押的物品、檔要妥善保管封存，不得使用或損毀[68]（參照大陸刑訴§139～§140）。

　　對於犯罪嫌疑人的郵件、電報，偵查人員認為需要扣押，經公安機關或者人民檢察院批准，即可通知郵電機關將有關的郵件、電報、檢交扣押，不需要繼續扣押時，應即通知郵電機關（大陸刑訴§141）。對於犯罪嫌疑人的存款、匯款、根據偵查犯罪的需要，也可以依照規定查詢、凍結，已被凍結者，不得重複凍結（參照大陸刑訴§142）。所有被扣押的物品、檔、郵件、電報或被凍結的存款、匯款，經查明確與案件無關的，應當在三日內解除扣押、凍結，退還原主或郵電機關[69]（大陸刑訴§143）。

---

[67] 王國樞主編，前揭書，頁197～198；汪建成，前揭書，頁278～279；陳光中主編，前揭書，頁297～298；樊崇義主編，前揭書，頁218。
[68] 陳光中主編，前揭書，頁219；樊崇義主編，前揭書，頁222；卞建林，前揭書，頁277。
[69] 王國樞主編，前揭書，頁198～199；汪建成，前揭書，頁279～280；陳光中主編，前揭書，頁301；樊崇義主編，前揭書，頁213。

(6)鑑　定

鑑定是指公安機關爲了查明案情，需要解決案件中某些專門問題時，得指派或者聘請有專門知識的人對與案情有關的物品、痕跡、檔、人身等，進行分析研究和科學鑑識的活動。鑑定人進行鑑定後，應當寫出鑑定結論，並且簽名。數個鑑定人對同一專門問題共同進行鑑定時，可以互相討論；共同提出的鑑定結論，意見不一時，則可以分別提出自己的鑑定意見，分別簽名。

對人身傷害的醫學鑑定有爭議需要重新鑑定或對精神病的醫學鑑定，由省級人民政府指定的醫院進行。鑑定人進行鑑定後，應當寫出鑑定結論，並由鑑定人簽名，醫院加蓋公章。鑑定人故意做虛假鑑定的應當承擔法律責任。公安機關應當將用作證據的鑑定結論告知犯罪嫌疑人、被害人，如果犯罪嫌疑人、被害人提出申請，可以補充鑑定或者重新鑑定。對犯罪嫌疑人作精神病鑑定的期間不計入辦案期限[70]。

(7)技術偵查措施

技術偵查措施，是指偵查機關爲了偵破特定犯罪行爲的需要，根據國家有關規定，經過嚴格審批，採取的特定技術手段，通常包括電子偵聽、電話監聽、電子監控、秘密拍照、錄影、進行郵件檢查等秘密的專門技術手段。公安機關在立案後，對於危害國家安全犯罪、恐怖活動犯罪、黑社會性質的組織犯罪、重大毒品犯罪或者其他嚴重危害社會的犯罪案件，根據偵查犯罪的需要，經過嚴格的批准手續，可以採取技術偵查措施。人民檢察院在立案後，對於重大的貪污、賄賂犯罪案件以及利用職權實施的嚴重侵犯公民人身權利的重大犯罪案件，根據偵查犯罪的需要，經過嚴格的批准手續，可以採取技術偵查措施，按照規定交有關機關執行。

追捕被通緝或者批准、決定逮捕的在逃的犯罪嫌疑人、被告人，經過批准，可以採取追捕所必需的技術偵查措施（大陸刑訴§148）。批准技術偵查措施的決定應當根據偵查犯罪的需要，確定採取技術偵查措施的種

---

[70] 王國樞主編，前揭書，頁199～200；汪建成，前揭書，頁208～201；陳光中主編，前揭書，頁303～306；樊崇義主編，前揭書，頁223～224；胡銘，前揭書，頁287。

類和適用物件。批准決定自簽發之日起三個月以內有效。對於不需要繼續採取技術偵查措施的，應當及時解除；對於複雜、疑難案件，期限屆滿仍有必要繼續採取技術偵查措施的，經過批准，有效期可以延長，每次不得超過三個月（大陸刑訴§149）。

採取技術偵查措施，必須嚴格按照批准的措施種類、適用物件和期限執行。偵查人員對採取技術偵查措施過程中知悉的國家秘密、商業秘密和個人隱私，應當保密；對採取技術偵查措施獲取的與案件無關的材料，必須及時銷毀。採取技術偵查措施獲取的材料，只能用於對犯罪的偵查、起訴和審判，不得用於其他用途。公安機關依法採取技術偵查措施，有關單位和個人應當配合，並對有關情況予以保密（大陸刑訴§150）。此外，為了查明案情，在必要的時候，經公安機關負責人決定，可以由有關人員隱匿其身分實施偵查。但是，不得誘使他人犯罪，不得採用可能危害公共安全或者發生重大人身危險的方法。對涉及給付毒品等違禁品或者財物的犯罪活動，公安機關根據偵查犯罪的需要，可以依照規定實施控制下交付（大陸刑訴§151）。

對此，大陸有學者指出，技術偵查應當結合國際上技術偵查的走向與大陸的司法現狀，應進一步明確並限縮技術偵查的適用物件，授權檢察機關技術偵查執行權，改革技術偵查的審批程式，完善技術偵查的法律監督[71]。

(8)通　緝

公安機關為了捕獲應當逮捕但已逃跑的犯罪嫌疑人，可以發布通緝令，採取有效措施將其追捕歸案（大陸刑訴§153Ⅰ）。各級公安機關有權在自己管轄的地區內直接發布通緝令，超出自己管轄的地區，應報請有權決定的上級機關發布（大陸刑訴§152Ⅱ）。人民檢察院偵查直接受理的案件決定通緝的，應當將通緝通知書和通緝犯的照片、身分、特徵、案

---

[71] 胡銘，技術偵查：模糊授權抑或嚴格規制——以《人民檢察院刑事訴訟規則》第263條為中心，清華法學，6期，2013年，頁36～45。

情簡況送達公安機關，由公安機關發布通緝令[72]。

2. 偵查終結

公安機關通過偵查活動，認為案件事實已經查清，證據確實充分，足以認定犯罪嫌疑人是否犯罪和應否對其追究刑事責任時，即可結束偵查行為，依法對案件做出處理決定或提出處理意見，稱為「偵查終結」，偵查終結要製作偵查終結報告[73]。

公安機關偵查終結後的結案方式是：移送起訴或撤銷案件。人民檢察院偵查終結後的處理方式是：提起公訴、不起訴或撤銷案件。

對於做出撤銷案件決定，如果犯罪嫌疑人已被逮捕，應當立即釋放，發給釋放證明，並且通知原批准的人民檢察院（大陸刑訴§161）。關於偵查中羈押期限，法律規定對犯罪嫌疑人逮捕後的偵查羈押期限不得超過兩個月；但案情複雜、期限屆滿不能終結的案件，可經上一級人民檢察院批准延長一個月（大陸刑訴§154）。因特殊原因，在較長時間不宜交付審判的特別重大複雜案件，由最高人民檢察院報請全國人民代表大會常務委員批准延期審理（大陸刑訴§155）。交通不便的邊遠地區的重大複雜案件，重大的犯罪集團案件，流竄作案的重大複雜案件和犯罪涉及面廣，取證困難的重大複雜案件，三個月內仍不能偵查終結的，經省、自治區、直轄市人民檢察院批准或決定，可以延長兩個月[74]（大陸刑訴§156）。

在偵查期間，發現犯罪嫌疑人另有重要罪行的，自發現之日起，公安機關可以直接依照大陸刑事訴訟法第154條的規定，重新計算偵查羈押期限（大陸刑訴§158），但須報人民檢察院備案。對可能判處十年有期徒刑以上刑罰的，依照大陸刑事訴訟法第156條規定延長期限屆滿仍不能偵查終結的，經省、自治區、直轄市人民檢察院批准或決定，可以再延長二個月。對於不講真實姓名、住址，身分不明的犯罪嫌疑人，偵查羈押期限

---

[72]陳光中主編，前揭書，頁212～213；樊崇義主編，前揭書，頁343；卞建林，前揭書，頁240。

[73]陳光中主編，前揭書，頁214；樊崇義主編，前揭書，頁344；卞建林，前揭書，頁241。

[74]陳光中主編，前揭書，頁215～216；樊崇義主編，前揭書，頁346；卞建林，前揭書，頁242。

自清查其身分之日起計算，但不得停止對其罪行的偵查取證。對於犯罪事實清楚，證據確實充分的，也可以按其自報的姓名移送人民檢察院審查起訴[75]（大陸刑訴§158 II）。值得注意的是，新修改的刑訴法對偵查期間犯罪嫌疑人的訴訟權利有所加強，例如在案件偵查終結前，辯護律師提出要求的，偵查機關應當聽取辯護律師的意見，並記錄在案。辯護律師提出書面意見的，應當附卷（大陸刑訴§159）。

（三）提起公訴

人民檢察院經過對公安機關移送起訴的案件和自行偵查終結的案件進行審查，認為犯罪嫌疑人的行為已經構成犯罪，需要追究刑事責任，決定提請人民法院對犯罪嫌疑人進行審判的訴訟程式，稱為提起公訴[76]。

凡是需要提起公訴的案件，一律由人民檢察院審查決定。人民檢察院審查案件，必須查明以下事項：1.犯罪事實、情節是否清楚，證據是否確實、充分，犯罪性質和罪名的認定是否正確；2.有無遺漏罪行和其他應當追究刑事責任的人；3.是否屬於不應追究刑事責任的；4.有無附帶民事訴訟；5.偵查活動是否合法[77]。

人民檢察院審查案件，應當訊問犯罪嫌疑人，聽取被害人、犯罪嫌疑人及被害人委託之人的意見，並可要求公安機關提供法庭審判所必須的證據材料。審查公安機關移送起訴的案件，應當在一個月內做出決定，重大、複雜案件可以延長半個月；對於需要補充偵查的，可以退回公安機關補充偵查，也可以自行偵查；對於補充偵查的案件，應當在一個月內補充偵查完畢。補充偵查以二次為限。補充偵查完畢移送人民檢察院後，人民檢察院重新計算審查起訴期限[78]（大陸刑訴§169～§171）。人民檢察院

---

[75] 陳光中主編，前揭書，頁217；樊崇義主編，前揭書，頁346；卞建林，前揭書，頁242。

[76] 王國樞主編，前揭書，頁217；徐靜村主編，前揭書（下），頁164；陳光中主編，前揭書，頁329；樊崇義主編，前揭書，頁355～359；卞建林，前揭書，頁248。

[77] 王國樞主編，前揭書，頁217；樊崇義主編，前揭書，頁357；陳光中主編，前揭書，頁329；卞建林，前揭書，頁253。

[78] 王國樞主編，前揭書，頁218；陳光中主編，前揭書，頁317～318；樊崇義主編，前揭書，頁356；卞建林，前揭書，頁256。

對案件進行審查後，除需退回公安機關補充偵查或自行偵查的案件外，應根據不同情況，分別做出起訴、不起訴和撤銷案件的決定。人民檢察院認為犯罪嫌疑人的犯罪事實已經查清，證據確實、充分，依法應當追究刑事責任的，應當做出起訴決定。決定起訴的案件，應制作起訴書。起訴書是人民檢察院代表國家控告犯罪嫌疑人犯罪，並要求追究其刑事責任的法律文書，是人民法院對被告人進行審判的依據。人民檢察院應按審判管轄的規定，向人民法院提起公訴[79]。

　　人民檢察院對案件進行審查後，所做的不起訴決定有三種：一是認為犯罪嫌疑人的行為不構成犯罪，或者具有刑事訴訟法第15條規定的情形之一的，經檢察長決定，應當做出不起訴決定[80]，學理上稱之為「法定不起訴或絕對不起訴」；二是對於犯罪情節輕微，依照刑法不需要判處刑罰或者免除刑罰的，經檢察委員會討論決定，可以做出不起訴決定，學理上稱之為「酌定不起訴」；三是對於退回補充偵查又移送起訴的案件，仍然認為證據不足，不符合起訴條件的，經檢察委員會討論決定，可以做出不起訴決定，學理上稱之為「疑案不起訴」[81]。

　　不起訴的決定應當公開宣布，並將不起訴決定書送達被不起訴人和他的所在單位，如果被不起訴人在押，應當立即釋放；同時對偵查中扣押、凍結的財物應解除扣押、凍結；對被不起訴人需要給予行政處罰、行政處分或者需要沒收其違法所得的，人民檢察院應提出檢察意見，移送有關主管機關處理，有關主管機關應將處理結果及時通知人民檢察院[82]。

---

[79] 王國樞主編，前揭書，頁210～213；陳光中主編，前揭書，頁327～328；胡銘，前揭書，頁309～311。

[80] 大陸刑訴法第15條：有下列情形之一的，不追究刑事責任，已經追究的，應當撤銷案件，或者不起訴，或者終止審理，或者宣告無罪：①情節顯著輕微、危害不大，不認為是犯罪的；②犯罪已過追訴時效期限的；③經特赦令免除刑罰的；④依照刑法告訴才處理的犯罪，沒有告訴或者撤回告訴的；⑤犯罪嫌疑人、被告人死亡的；⑥其他法律規定免予追究刑事責任的。

[81] 陳光中主編，前揭書，頁319；樊崇義主編，前揭書，頁357；趙秉志、甄貞，前揭文，頁72。

[82] 王國樞主編，前揭書，頁228；陳光中主編，前揭書，頁337；樊崇義主編，前揭書，頁361；卞建林，前揭書，頁258。

　　如果是公安機關移送起訴的案件，人民檢察院決定不起訴的，應將不起訴決定書送達公安機關；公安機關認爲起訴決定有錯誤時，可以要求「復議」，如果意見不被接受，可以向上一級人民檢察院提請「復核」。對於有被害人的，應將不起訴決定書送達被害人，被害人如果不服，可以自收到決定書後七日以內向上一級人民檢察院「申訴」，請求提起公訴；人民檢察院應將複查決定告知被害人。對於人民檢察院維持不起訴決定的，被害人可以向人民法院起訴。被害人也可以不經申訴，直接向人民法院起訴。人民法院受理案件後，人民檢察院應當將有關案件材料移送人民法院。對於人民檢察院認爲犯罪情節輕微而依法做出的不起訴決定，被不起訴人不服的，可自收到決定書後七日以內向人民檢察院申訴。人民檢察院應當做出複查決定，通知被不起訴人，同時抄送公安機關[83]（參照大陸刑訴§175～§177）。人民檢察院根據第171條第4款規定，決定不起訴的，發現新的證據，符合起訴條件時，可以提起公訴[84]。

三、審　判

　　第三編規定審判，主要的內容有審判組織、第一審程式（包括公訴案件、自訴案件、簡易程式）、第二審程式、死刑復核程式、審判監督程式。

（一）審判組織

　　人民法院審理刑事案件的法庭組織有獨任庭和合議庭兩種。基層人民法院、中級人民法院審判第一審案件，應當由審判員三人或由審判員和人民陪審員共三人組成合議庭進行，但是基層人民法院適用簡易程式的案件可以由審判員一人獨任審判。高級人民法院、最高人民法院審判第一審案

---

[83] 王國樞主編，前揭書，頁234；陳光中主編，前揭書，頁340；樊崇義主編，前揭書，頁247；胡銘，前揭書，頁316～317。

[84] 大陸刑訴法第140條第4款：對於補充偵查的案件，人民檢察院仍然認爲證據不足，不符合起訴條件的，可以作出不起訴的決定；汪建成，前揭書，頁290～292；陳光中主編，前揭書，頁335。

件，應當由審判員三人至七人或由審判員和人民陪審員共三人至七人組成合議庭進行。合議庭的成員人數應當是單數。合議庭由院長或者庭長指定審判員一人擔任審判長，院長或者庭長參加審判案件的時候，自己擔任審判長。人民陪審員在人民法院執行職務，同審判員有同等的權利。合議庭進行評議的時候，如果意見分歧，應當按多數人的意見做出決定，但是少數人的意見應當寫入筆錄。評議筆錄由合議庭的組成人員簽名[85]（大陸刑訴§147～§148）。

合議庭開庭審理且評議後，應當做出判決或裁定。對下列疑難、複雜、重大的案件合議庭認為難以做出決定的，可以提請院長決定提交審判委員會討論決定：1.擬判處死刑的；2.合議庭成員意見有重大分歧的；3.人民檢察院抗訴的；4.在社會上有重大影響的；5.新類型案件（大陸刑訴§180；《刑訴法解釋》第178條）；6.其他需要由審判委員會討論決定的。對於合議庭提請院長決定提交審判委員會討論決定的案件，院長認為不必要時，可以建議合議庭「復議」一次。獨任審判的案件，開庭審理後，獨任審判員認為有必要的，也可以提請院長決定提交審判委員會討論決定。審判委員會的決定，合議庭和獨任庭都應當執行。合議庭有不同意見的，可以建議院長提交審判委員會復議[86]。

（二）第一審程式

第一審程式是人民法院審判第一審刑事案件之方式與步驟，包括對公訴案件和自訴案件的第一審審判。此外，基層人民法院在審判某些輕微刑事案件時，還可適用簡易程式進行審判[87]。

1. 法庭審判階段

法庭審判大致上分為庭前準備、開庭、法庭調查、法庭辯論、被告人

---

[85] 王國樞主編，前揭書，頁236～240；汪建成，前揭書，頁304～307；陳光中主編，前揭書，頁347、367。

[86] 陳光中主編，前揭書，頁361；趙秉志、甄貞，前揭文，頁75～76。

[87] 王國樞主編，前揭書，頁242；汪建成，前揭書，頁312～334；徐靜村主編，前揭書（下），頁209；陳光中主編，前揭書，頁342；卞建林，前揭書，頁263～264。

最後陳述、評議和宣判六個階段，以下分別說明。

(1)庭前準備

人民法院決定開庭審判後，應當進行下列工作：①確定合議庭的組成人員；②將人民檢察院的起訴書副本至遲在開庭十日以前送達被告人。對於被告人未委託辯護人的，告知被告人可以委託辯護人，或者在必要的時候指定承擔法律授助義務的律師為其提供辯護；③將開庭的時間、地點在開庭三日以前通知人民檢察院；④傳喚當事人，通知辯護人、訴訟代理人、證人、鑑定人和翻譯人員，傳票和通知書至遲在開庭三日以前送達；⑤公開審判的案件，在開庭三日以前先期公布案由、被告人姓名、開庭時間和地點。上述活動情形應當寫入筆錄，由審判人員和書記員簽名（大陸刑訴§182）。

(2)開　庭

開庭階段分為：①宣告開庭之前，書記員應先查對公訴人、當事人、證人、及其他訴訟參與人是否到庭，向訴訟參與人及旁聽群眾宣讀法庭規則，請審判長、審判員、陪審員入席，並向審判長報告開庭前的準備就緒；②由審判長宣布開庭，傳喚當事人到庭（大陸刑訴§185），查明當事人的姓名、年齡、民族、籍貫、出生地、文化程度、職業、住址等，查明被告人有無前科，被採取強制措施的種類及時間，收到人民檢察院起訴書副本的日期以及收到附帶民事訴狀的日期等；③審判長公布案件來源，起訴案由以及是否公開審理，對不公開審理的案件說明不公開審理的理由；④審判長宣布合議庭組成人員、書記員、公訴人、辯護人、訴訟代理人、鑑定人和翻譯人員名單，告知當事人、法定代理人、辯護人、訴訟代理人在法庭審理過程中依法享有的訴訟權利，包括：當事人和法定代理人有權對合議庭組成人員、書記員、公訴人、鑑定人和翻譯人員申請回避；被告人有權自行辯護和依法委託他人辯護；當事人、辯護人可以申請審判長對證人、鑑定人發問或者請求審判長許可直接發問，當事人和辯護人在法庭審理的過程中，可以提出證明被告人無罪、罪輕、或者減輕、免除刑事責任的證據，申請通知新的證人到庭，調取新的物證，申請重新鑑定或

者勘驗；經審判長允許，當事人和辯護人、訴訟代理人可以對案件事實和有關證據發表意見，並同對方互相辯論；被告人在法庭辯論終結後有最後陳述的權利等；⑤審判長應分別詢問當事人、法定代理人是否申請回避，如果當事人、法定代理人申請審判人員、出庭支持公訴的檢察人員回避，合議庭認爲符合法定情形的，應當依照刑訴法有關回避的規定處理；認爲不符合法定情形的，應當當庭駁回，繼續法庭審理。如果申請回避人當庭申請復議，合議庭應當宣布休庭，待做出復議決定後，決定是否繼續法庭審理。同意或者駁回回避申請的決定及復議決定，由審判長宣布，並說明理由。必要時，也可以由院長到庭宣布[88]（大陸刑訴§183、§185）。

(3) 法庭調查

法庭調查階段分爲：法庭調查是法庭審判的中心環節，其任務是查明案件事實，核實證據。具體程式是：首先由公訴人宣讀起訴書，有附帶民事訴訟的，再由附帶民事訴訟的原告人或者其訴訟代理人宣讀附帶民事訴狀。之後，被告人、被害人可以就起訴書指控的犯罪進行陳述。雙方陳述後，由公訴人訊問被告人，之後，被害人、附帶民事訴訟原告人和辯護人、訴訟代理人、經審判長許可，可以向被告人發問。最後，審判人員根據需要可以訊問被告人[89]（大陸刑訴§186）。

整個法庭調查活動應是在審判人員主持下進行的，當證人出庭作證時，審判人員應當核實其身分，並告知他要如實提供證言和有意做僞證或隱匿罪證要負的法律責任（大陸刑訴§189）。如果有幾名證人到庭作證，應當分別出庭作證。另外，公訴人、當事人和辯護人、訴訟代理人可以對證人、鑑定人發問。具體做法應當是：對公訴人提出的證人，在審判人員告知證人義務後，應由公訴人開始詢問，首先問明證人的基本情況，然後讓證人就其瞭解的案情做充分的陳述，最後再根據需要向他提問；公訴人詢問後，被害人及其訴訟代理人經審判長許可得向證人發問，被告人

---

[88] 王國樞主編，前揭書，頁244；徐靜村主編，前揭書（下），頁21；陳光中主編，前揭書，頁352～353；樊崇義主編，前揭書，頁270～271；卞建林，前揭書，頁270。

[89] 陳光中主編，前揭書，頁353～354；樊崇義主編，前揭書，頁379；趙秉志、甄貞，前揭文，頁75；卞建林，前揭書，頁270～272。

和辯護人經審判長許可也可向控方證人發問。對於被告人及其辯護人提出的證人，法庭同意到庭後，應先由被告人、辯護人進行詢問，然後，經審判長許可再由公訴人詢問。被害人及其訴訟代理人經審判長許可也可以發問。對於控辯雙方提出的證人在出庭作證和接受詢問過程中，審判人員根據查明事實的需要，可以隨時提問，不受控辯雙方詢問的限制。控辯雙方對證人詢問或發問的內容如與案件事實無關或者詢問、發問方式不當的，審判人員應當加以制止。對於鑑定人的詢問，可參照對證人的詢問進行。證人、鑑定人不得旁聽對本案的審理[90]。

此外，公訴人、當事人或者辯護人、訴訟代理人對證人證言有異議，且該證人證言對案件定罪量刑有重大影響，人民法院認為證人有必要出庭作證的，證人應當出庭作證。人民警察就其執行職務時目擊的犯罪情況作為證人出庭作證，適用前款規定。公訴人、當事人或者辯護人、訴訟代理人對鑑定意見有異議，人民法院認為鑑定人有必要出庭的，鑑定人應當出庭作證。經人民法院通知，鑑定人拒不出庭作證的，鑑定意見不得作為定案的根據（大陸刑訴§187）。經人民法院通知，證人沒有正當理由不出庭作證的，人民法院可以強制其到庭，但是被告人的配偶、父母、子女除外。證人沒有正當理由拒絕出庭或者出庭後拒絕作證的，予以訓誡，情節嚴重的，經院長批准，處以十日以下的拘留。被處罰人對拘留決定不服的，可以向上一級人民法院申請復議。復議期間不停止執行（大陸刑訴§188）。

值得一提的是，大陸有學者指出，新刑事訴訟法試圖改變鑑定人出庭率低的現狀而完善了鑑定意見審查規則；相應地，新確立的專家輔助人制度也被寄予厚望。從理論上看，保障被告方的對質權應成為上述改革的主要支點。但實證研究顯示，鑑定人出庭率並沒有因為新刑事訴訟法的實施而顯著改善，鑑定人與法官對於鑑定人出庭都缺乏積極性；專家輔助人在法庭上的角色定位是模糊的，其在鑑定人、證人、辯護律師和其他獨立的

---

[90] 徐靜村主編，前揭書（下），頁64；陳光中主編，前揭書，頁355～356；樊崇義主編，前揭書，頁380；卞建林，前揭書，頁272。

訴訟參與人等角色之間徘徊。應當圍繞保障被告方的對質權來完善必要鑑定人出庭制度，在保留職權化和強調中立性的鑑定制度的同時，賦予專家輔助人意見以證據能力，以構建控辯平等的司法鑑定體系[91]。

在法庭調查過程中，公訴人、辯護人應當向法庭出示物證，讓當事人辨認。雙方出示的物證，都要經過雙方當事人辨認，做出明確回答，並記錄在案。對未到庭的證人的證言筆錄、鑑定人的鑑定結果、勘驗筆錄和其他做為證據的文書，應當庭宣讀。宣讀程式可以依控辯雙方舉證的次序進行，每宣讀一份都要由本方和對方的公訴人、當事人和辯護人、訴訟代理人發表是否同意的質證意見。審判人員應當認真聽取雙方的意見[92]。

如果合議庭對證據有疑問，可以宣布休庭，對證據進行調查核實。調查核實證據可以採用勘驗、檢查、扣押、鑑定、查詢、凍結等方式。合議庭認為案件事實已經調查清楚，應當宣布法庭調查結束，開始法庭辯論[93]（大陸刑訴§191）。

(4)法庭辯論

法庭辯論是控辯雙方在審判長主持下，就案件事實、有關證據和法律的適用等問題，發表意見，進行論證，互相辯駁。控辯雙方發言的目的，都在於說服審判人員採納自己的意見，做到兼聽則明，公正裁判。法庭辯論開始時，首先由公訴人發言，被害人及訴訟代理人發言；然後由被告人及辯護人作辯護發言，第一輪辯護發言雙方一般是在總體上表明自己的訴訟立場。通常是公訴人發表公訴詞、辯護人發表辯護詞。第二輪、第三輪及以後的辯論，則主要圍繞爭論的焦點進行[94]。

附帶民事訴訟部分的辯論應當在刑事訴訟部分的辯論結束後進行。先由附帶民事訴訟原告人其訴訟代理人發言，然後由被告人及其訴訟代理人答辯。在法庭辯論過程中，審判長對於控辯雙方與案件無關、重複或者互

---

[91] 胡銘，鑑定人出庭與專家輔助人角色定位之實證研究，法學研究，4期，2014年，頁190～208。

[92] 陳光中主編，前揭書，頁273；樊崇義主編，前揭書，頁357；卞建林，前揭書，頁272。

[93] 樊崇義主編，前揭書，頁382；卞建林，前揭書，頁272。

[94] 陳光中主編，前揭書，頁358；樊崇義主編，前揭書，頁389；胡銘，前揭書，頁331～332。

相指責的發言應當制止。對於辯護人依照有關規定當庭拒絕繼續爲被告人進行辯護的，合議庭應當准許。如果被告人要求另行委託辯護人，合議庭應當宣布延期審理，由被告人另行委託辯護人或者由人民法院爲其另行指定辯護律師。被告人當庭拒絕辯護人爲其辯護，要求另行委託辯護人的，應當同意，並宣布延期審理。被告人要求人民法院另行指定辯護律師，合議庭同意的，應當宣布延期審理。待控辯雙方都已充分陳述各自的意見後，審判長宣布法庭辯論結束[95]。

(5)被告人最後陳述

被告人最後陳述分爲：審判長在宣布法庭辯論結束後，應立即宣布由被告人做最後陳述。這既是法庭審判的必經程式，也是被告人的一項重要訴訟權利。對於被告人的最後陳述，審判人員應當認眞聽取。被告人在最後陳述中提出了新的事實、證據，合議庭認爲可能影響正確裁判的，應當恢復法庭調查；如果被告人提出新的辯解理由，合議庭認爲確有必要的，可以恢復法庭辯論。被告人最後陳述完畢後，由審判長宣布休庭。開庭審理的全部活動，應當由書記員製作成筆錄，經審判長審閱後，分別由審判長和書記員簽名。法庭筆錄中的出庭證人的證言部分，應當在庭審後交由證人閱讀或者向其宣讀。證人確認無誤後，應當簽名或者蓋章。法庭筆錄應當在庭審後交由當事人閱讀或者向其宣讀。當事人認爲記錄有遺漏或者有差錯的，可以請求補充或者改正。當事人確認無誤後，應當簽名或者蓋章。對於當庭出示、宣讀的證據，審判長宣布休庭後，合議庭應當與提供證據的公訴人、辯護人等辦理交接手續[96]（參照大陸刑訴§193）。

(6)評議、宣判

評議是合議庭在庭審基礎上，對案件事實進行分析判斷和做出處理決定的訴訟活動；宣判是審判人員向當事人宣告判決的具體內容。評議是在審判長主持下秘密進行的，評議時如果意見分歧，應按多數人的意見做出

---

[95] 王國樞主編，前揭書，頁245；陳光中主編，前揭書，頁358；樊崇義主編，前揭書，頁389；胡銘，前揭書，頁309。

[96] 陳光中主編，前揭書，頁364；樊崇義主編，前揭書，頁386。

決定，但少數人的意見應當寫入筆錄，評議結束後，即可當庭宣判[97]（大陸刑訴§196）。

當庭宣告判決的，應當宣布判決結果，並在五日內將判決書送達當事人、法定代理人、訴訟代理人、提起公訴的人民檢察院、辯護人和被告人的近親屬。定期宣告判決的，合議庭應當在宣判前，先期公告宣判的時間和地點，傳喚當事人並通知公訴人、法定代理人、訴訟代理人和辯護人；判決宣告後應立即將判決書送達當事人，法定代理人、訴訟代理人、提起公訴的人民檢察院、辯護人和被告人的近親屬。判決生效後還應當送達被告人的所在單位或原戶籍所在地的公安派出所。被告人是單位時，應當送達被告人註冊登記的工商行政管理機關[98]。

合議庭所做的判決有三種情形：對於案件事實清楚，證據確實、充分，依據法律認定被告人有罪，應當做出有罪判決；依據法律認定被告人無罪的，應當做出無罪判決；對於證據不足，不能認定被告人有罪，應當做出證據不足，指控的犯罪不能成立的無罪判決。判決書應由合議庭組成人員和書記員署名，加蓋法院公章，寫明判決日期、上訴期限和上訴的法院（大陸刑訴§195～§197相關規定）[99]。

人民法院開庭審判後，一般應當連續進行審判，但在法庭審判過程中如有下列情形之一影響審判進行的，可以延期審理：①需要通知新的證人到庭，調取新的物證，重新鑑定或勘驗的；②檢察人員發現提起公訴的案件需要補充偵查，提出建議的；③由於當事人申請回避而不能進行審判的。延期審理原因消失後，合議庭應再行開庭審理[100]（大陸刑訴§198）。在審判過程中，有下列情形之一，致使案件在較長時間內無法繼續審理的，可以中止審理：①被告人患有嚴重疾病，無法出庭的；②被告人脫逃的；③自訴人患有嚴重疾病，無法出庭，未委託訴訟代理人出庭

---

[97]王國樞主編，前揭書，頁253；徐靜村主編，前揭書（下），頁215；陳光中主編，前揭書，頁360；樊崇義主編，前揭書，頁387。

[98]陳光中主編，前揭書，頁365；樊崇義主編，前揭書，頁387。

[99]陳光中主編，前揭書，頁365；樊崇義主編，前揭書，頁388。

[100]陳光中主編，前揭書，頁386～387；樊崇義主編，前揭書，頁387。

的；由於不能抗拒的原因；④中止審理的原因消失後，應當恢復審理。中止審理的期間不計入審理期限（參照大陸刑訴§200）。

關於第一審程式的期限，大陸刑事訴訟法第202條規定：人民法院審理公訴案件，應當在受理後二個月內宣判，至遲不得超過三個月。遇有大陸刑事訴訟法第156條規定的情形之一的，經上一級人民法院批准，可以延長三個月。因特殊情況還需要延長的，報請最高人民法院批准。如果遇人民法院改變管轄的案件，應從改變後的人民法院收到案件之日起計算審理期限。人民檢察院建議退回補充偵查的條件，補充偵查完皆移送人民法院後，人民法院可以重新計算審理期限。因當事人和辯護人申請通知證人到庭、調取新證據而延期審理的時間不得超過一個月，延期審理的時間不計入審理期限[101]。

2. 公訴案件

人民法院對提起公訴的案件進行審查後，對於起訴書中有明確的指控犯罪事實的，應當決定開庭審判（參照大陸刑訴§181）。

一審法院對案件審查後，應當根據不同情況分別處理：(1)屬於告訴才處理的案件，應當退回人民檢察院，並告知被害人有權提起自訴；(2)不屬於本院管轄或者被告人不在案的，應當退回人民檢察院；(3)不符合前條（2013年1月1日《刑訴法解釋》第180條）第2項至第8項規定之一[102]，需要補充材料的，應當通知人民檢察院在三日內補送；(4)依照刑事訴訟法

---

[101] 陳光中主編，前揭書，頁387；樊崇義主編，前揭書，頁387。

[102] 《刑訴法解釋》第180條第2項至第8項的內容為：起訴書是否寫明被告人的身分，是否受過或者正在接受刑事處罰，被採取強制措施的種類、羈押地點，犯罪的時間、地點、手段、後果以及其他可能影響定罪量刑的情節；是否移送證明指控犯罪事實的證據材料，包括採取技術偵查措施的批准決定和所蒐集的證據材料；是否查封、扣押、凍結被告人的違法所得或者其他涉案財物，並附證明相關財物依法應當追繳的證據材料；是否列明被害人的姓名、住址、聯繫方式；是否附有證人、鑑定人名單；是否申請法庭通知證人、鑑定人、有專門知識的人出庭，並列明有關人員的姓名、性別、年齡、職業、住址、聯繫方式；是否附有需要保護的證人、鑑定人、被害人名單；當事人已委託辯護人、訴訟代理人，或者已接受法律援助的，是否列明辯護人、訴訟代理人的姓名、住址、聯繫方式；是否提起附帶民事訴訟；提起附帶民事訴訟的，是否列明附帶民事訴訟當事人的姓名、住址、聯繫方式，是否附有相關證據材料；偵查、審查起訴程式的各種法律手續和訴訟文書是否齊全；有無刑事訴訟法第15條第2項至第6項規定的不追究刑事責任的情形。

第195條第3項規定宣告被告人無罪後，人民檢察院根據新的事實、證據重新起訴的，應當依法受理；(5)依照本解釋第242條規定裁定准許撤訴的案件，沒有新的事實、證據，重新起訴的，應當退回人民檢察院；(6)符合刑事訴訟法第15條第2項至第6項規定情形的，應當裁定終止審理或者退回人民檢察院；(7)被告人眞實身分不明，但符合刑事訴訟法第158條第2款規定的，應當依法受理。對公訴案件是否受理，應當在七日內審查完畢。

另外，對於人民檢察院建議按簡易程式審理的公訴案件，決定是否受理，應當在三日內審查完畢。人民法院對提起公訴的案件進行審查的期限，計入人民法院的審理期限。

3. 自訴案件

自訴案件的起訴主體是被害人。如果被害人死亡、喪失行爲能力或者因受強制、威嚇等原因無法告訴，或者是限制行爲能力人以及由於老、患病、盲、聾、啞等原因不能親自告訴，其法定代理人、近親屬代爲告訴的，人民法院應當依法受理。不過，代爲告訴人應當提供與被害人關係的說明和被害人不能親自告訴的原因的證明[103]。

自訴應符合自訴案件的立案條件。如遇有下列情形之一時，則不應提起自訴，否則將被法院裁定駁回自訴或不予受理：(1)不符合自訴案件的立案條件；(2)缺乏罪證；(3)犯罪已過追訴時效期限；(4)被告人死亡；(5)被告人下落不明；(6)除因證據不足而撤訴的以外，自訴人撤訴後，就同一事實又告訴；(7)經人民法院調解結案後，自訴人反悔，就同一事實再行告訴。提起自訴時，自訴人應當向人民法院提交刑事自訴狀；提起附帶民事訴訟的，還應當提交刑事附帶民事自訴狀。自訴人書寫自訴狀確有困難的，可以口頭告訴，由人民法院工作人員作出告訴筆錄，向自訴人宣讀，自訴人確認無誤後，應當簽名或者蓋章[104]。

自訴狀或者告訴筆錄應當包括以下內容：(1)自訴人、被告人、代爲告訴人的基本情況；(2)被告人犯罪行爲的時間、地點、手段、情節和危害後

[103]陳光中主編，前揭書，357；卞建林，前揭書，頁343；胡銘，前揭書，頁338。
[104]陳光中主編，前揭書，頁359；卞建林，前揭書，頁342。

果等；(3)具體的訴訟請求；(4)送交人民法院的名稱及具狀的時間；(5)證人的姓名、住址、聯繫方式及其他證據的名稱、來源等。

如果被告人是二人以上的，自訴人在告訴時需按被告人的人數提供自訴狀副本。人民法院應當在收到自訴時按被告人的人數提供自訴狀副本。

人民法院應當在收到自訴狀或者口頭告訴第二日起十五日內做出是否立案的決定，並書面通知自訴人或者代為告訴人。對於已經立案，經審查缺乏罪證的自訴案件，如果自訴人提不出補充證據，人民法院應當說服自訴人撤回自訴或者裁定駁回自訴；自訴人經說服撤回自訴或者被駁回自訴後，又提出了新的足以證明被告人有罪的證據，再次提起自訴的，人民法院應當受理。

自訴人明知有其他共同侵害人，可只對部分侵害人提起自訴，而對其他侵害人放棄告訴權利。共同被害人中只有部分人告訴的，其他被害人接到法院開庭通知後可以表示不參加訴訟或者不出庭，並放棄告訴權利而另行提起民事訴訟[105]（參照《刑訴法解釋》第266條）。

4. 簡易程式

簡易程式是指基層人民法院審判某些第一審輕微刑事案件，所適用的一種簡便易行的訴訟程式。案件由審判員一人獨任審判。按照新修改的刑事訴訟法第208條的規定，簡易程式的適用範圍是：(1)案件事實清楚、證據充分的；(2)被告人承認自己所犯罪行，對指控的犯罪事實沒有異議的；(3)被告人對適用簡易程式沒有異議的。人民檢察院在提起公訴的時候，可以建議人民法院適用簡易程式。

但是，具有下列情形之一的案件，不應當適用簡易程式：(1)被告人是盲、聾、啞人，或者是尚未完全喪失辨認或者控制自己行為能力的精神病人的；(2)有重大社會影響的；(3)共同犯罪案件中部分被告人不認罪或者對適用簡易程式有異議的[106]（參照大陸刑訴§209）。

---

[105] 王國樞主編，前揭書，頁257；徐靜村主編，前揭書（下），頁166；胡銘，前揭書，頁340。

[106] 王國樞主編，前揭書，頁258；汪建成，前揭書，頁328～330；徐靜村主編，前揭書（下），頁217；趙秉志、甄貞，前揭文，頁76～77。

適用簡易程式審理案件，審判人員應當詢問被告人對指控的犯罪事實的意見，告知被告人適用簡易程式審理的法律規定，確認被告人是否同意適用簡易程式審理（參照大陸刑訴§211）。適用簡易程式審理公訴案件，人民檢察院應當派員出席法庭。被告人可以就起訴書指控的犯罪進行陳述和辯護。經審判人員許可，被告人及其辯護人可以同公訴人互相辯論。適用簡易程式的自訴案件，在自訴人宣讀起訴書後，經審判員許可，原被告雙方可以互相辯論（參照大陸刑訴§210、§211、§212）。

適用簡易程式審理案件，不受第一審普通程式中關於訊問被告人，詢問證人、鑑定人，出示證據，法庭辯論程式規定的限制，但在判決宣告前應當聽取被告人的最後陳述意見。人民法院適用簡易程式處理案件應當在受後二十日內審結；對可能判處的有期徒刑超過三年的，可以延長一個半月。在審理過程中如果發現不宜適用簡易程式的，應當決定中止審理，並按照第一審普通程式重新審理[107]（參照大陸刑訴§213～§215）。

（三）第二審程式

第二審程式，是指一級人民法院根據上訴或抗告，對下一級人民法院尚未發生法律效力的第一審判決或裁定進行重新審理的訴訟程式[108]。以下分述第二審程式之相關規定[109]。

1. 上訴和抗訴

被告人、自訴人和他們的法定代理人，不服地方各級人民法院第一審的判決、裁定，有權用書狀或者口頭向上一級人民法院上訴。被告人的辯護人和近親屬，經被告人同意，可以提出上訴。附帶民事訴訟的當事人和他們的法定代理人，可以對地方各級人民法院第一審的判決、裁定中的附帶民事訴訟部分，提出上訴。對被告人的上訴權，不得以任何藉口加以剝奪（大陸刑訴§216）。地方各級人民檢察院認爲本級人民法院第一審的

---

[107]陳光中主編，前揭書，頁360～364；樊崇義主編，前揭書，頁388～389。
[108]汪建成，前揭書，頁339～341；徐靜村主編，前揭書（下），頁261。
[109]陳光中主編，前揭書，頁367；樊崇義主編，前揭書，頁400。

判決、裁定確有錯誤的時候，應當向上一級人民法院提出抗訴。被害人及其法定代理人不服地方各級人民法院第一審的判決者，自收到判決書後五日以內，有權請求人民檢察院提出抗訴。人民檢察院自收到被害人及其法定代理人的請求後五日以內，應當做出是否抗訴的決定並且答復請求人[110]（大陸刑訴§217、§218）。

不服判決的上訴和抗訴的期限為十日，不服裁定的上訴和抗訴的期限為五日，從接到判決書、裁定書第二日起算。附帶民事判決或裁定的上訴，抗訴期限，除原審是另行審判外，應當按照刑事部分的上訴、抗訴期限確定（大陸刑訴§219）[111]。

被告人、自訴人、附帶民事訴訟的原告人和被告人，通過原審人民法院提出上訴的，原審人民法院應當在三日以內將上訴狀連同案卷、證據移送上一級人民法院，同時將上訴狀副本送交同級人民檢察院和對方當事人。被告人、自訴人附帶民事訴訟的原告人和被告人直接向第二審人民法院提出上訴，第二審人民法院應當在三日以內將上訴狀交原審人民法院送交同級人民檢察院和對方當事人，同時原審人民法院應將案卷和證據移送上一級人民法院（大陸刑訴§220）。

地方各級人民檢察院對同級人民法院第一審判決、裁定的抗訴，應當通過原審人民法院提出抗訴書，並將抗訴書抄送上一級人民檢察院。原審人民法院應將抗訴書連同案卷、證據移送上一級人民法院，並且將抗訴書副本送交當事人。上一級人民檢察院如果認為抗訴不當，可以向同級人民法院撤回抗訴，並且通知下級人民檢察院。下級人民檢察院如果認為上一級人民檢察院撤回抗訴不當者，可以提請復議。上一級人民檢察院應當復議，並將復議結果通知下級人民檢察院。

上一級人民檢察院在上訴、抗訴期限內，發現下級人民檢察院應當提出抗訴而沒有提出抗訴的案件，可以指令下級人民檢察院依法提出抗

---

[110] 王國樞主編，前揭書，頁260；汪建成，前揭書，頁341～347；陳光中主編，前揭書，頁361；樊崇義主編，前揭書，頁400。
[111] 陳光中主編，前揭書，頁361；趙秉志、甄貞，前揭文，頁77。

訴[112]。

2. 上訴、抗訴案件的審理

第二審人民法院對第一審判決認定的事實和適用法律應當進行全面的審查，不受上訴或抗訴範圍的限制[113]。

第二審人民法院對上訴案件，應當組成合議庭，開庭審理。合議庭由審判員三人至五人組成。合議庭經過閱卷，訊問被告，聽取其他當事人、辯護人、訴訟代理人的意見，對於事實清楚的案件，可以不開庭審理。對檢察機關抗訴的第二審案件，則應一律開庭審理。開庭審理上訴或抗訴案件，可以到案件發生地或原審人民法院所在地進行[114]。

人民檢察院提出抗訴的案件或二審法院開庭審理的公訴案件，同級人民檢察院都應派員出庭。第二審人民法院應當在決定開庭審理後及時通知人民檢察院查閱案卷。人民檢察院應當在一個月以內查閱完畢。人民檢察院查閱案卷的時間不計入審理期限。

第二審程式的開庭審理，與一審程式有所不同。在審判長宣布開庭後，應由審判人員首先宣讀一審判決，如系上訴案件，接著由上訴人陳述上訴理由；如系抗訴案件或既有上訴又有抗訴的案件，則由出庭的檢察人員先說明抗訴理由。共同犯罪案件，沒有提出上訴的和沒有對其判決提出抗訴的第一審被告人，應當參加法庭調查，並可以參加法庭辯論。此後的審理程式參照第一審程式進行[115]。第二審人民法院對上訴、抗訴案件進行審理後，應當按照下列情形分別處理：(1)原判決認定事實和適用法律正確、量刑適當，應當裁定駁回上訴或抗訴，維持原判；(2)原判決認定事實沒有錯誤，但適用法律有錯誤或量刑不當，應當改判；(3)原判決事實不清楚或證據不足，可以在查清事實後改判；也可以裁定撤銷原判，發回原審

---

[112]陳光中主編，前揭書，頁370。

[113]陳光中主編，前揭書，頁373；樊崇義主編，前揭書，頁402；趙秉志、甄貞，前揭文，頁78。

[114]陳光中主編，前揭書，頁374；樊崇義主編，前揭書，頁403。

[115]王國樞主編，前揭書，頁266～270；汪建成，前揭書，頁370～371；徐靜村主編，前揭書（下），頁262～265；陳光中主編，前揭書，頁372。

人民法院重新審判[116]。原審人民法院對於依照前款第三項規定發回重新審判的案件作出判決後，被告人提出上訴或者人民檢察院提出抗訴的，第二審人民法院應當依法作出判決或者裁定，不得再發回原審人民法院重新審判（參照大陸刑訴§225Ⅱ的規定）。

　　第二審人民法院發現第一審人民法院的審理，有下列違反法律規定的訴訟程式的情形之一者，應當裁定撤銷原判，發回原審人民法院重新審判：(1)違反刑事訴訟法有關公開審判的規定；(2)違反回避制度；(3)剝奪或限制當事人的法定訴訟權利，可能影響公正審判；(4)審判組織的組成不合法；(5)其他違反法律規定的訴訟程式，可能影響公正審判[117]。

　　原審人民法院對於發回重新審判的案件，應當另行組成合議庭，依照第一審程式進行審判，審判期限從原審法院收到發回重審的案件之日起重新計算。對於重新審判後的判決，可以上訴、抗訴[118]。

　　第二審人民法院審理刑事附帶民事上訴、抗訴案件，如果發現刑事和附帶民事部分均有錯誤須依法改判的，應當一併改判。第二審人民法院審理對刑事部分提出上訴、抗訴，附帶民事訴訟部分已經發生法律效力的案件，如果發現第一審判決或裁定中的民事部分確有錯誤，應當對民事部分按照審判監督程式予以糾正。第二審人民法院審理對附帶民事訴訟部分提出上訴、抗訴，刑事部分已經發生法律效力的案件，如果發現第一審判決或裁定中的刑事部分確有錯誤，應當對刑事部分按照審判監督程式進行再審，並將附帶民事訴訟部分與刑事部分一併審理。

　　對第二審自訴案件，必要時可以進行調解，當事人也可以自行和解。調解結案的，應當製作調解書，第一審判決、裁定視為自動撤銷；當事人自行和解的，由人民法院裁定准許撤回自訴，並撤銷第一審判決或者裁定。

　　在第二審程式中，自訴案件的當事人提出反訴的，第二審人民法院應

---

[116]陳光中主編，前揭書，頁373；樊崇義主編，前揭書，頁403。

[117]陳光中主編，前揭書，頁373；樊崇義主編，前揭書，頁404；趙秉志、甄貞，前揭文，頁78。

[118]陳光中主編，前揭書，頁374；樊崇義主編，前揭書，頁404。

當告知其另行起訴。在第二審案件附帶民事部分審理中，第一審民事原告人增加獨立的訴訟請求或第一審民事被告人提出反訴的，第二審人民法院可以根據當事人自願的原則就新增加的訴訟請求或者反訴進行調解，調解不成的，告知當事人另行起訴[119]。

　　第二審人民法院受理上訴、抗訴案件，第二審人民法院受理上訴、抗訴案件，應當在二個月以內審結。對於可能判處死刑的案件或者附帶民事訴訟的案件，以及有本法第156條規定情形之一的，經省、自治區、直轄市高級人民法院批准或者決定，可以延長二個月；因特殊情況還需要延長的，報請最高人民法院批准。最高人民法院受理上訴、抗訴案件的審理期限，由最高人民法院決定[120]。

　　第二審的判決、裁定和最高人民法院的判決、裁定，是終審的判決、裁定，不得再上訴或抗訴。對於偵查、檢察和審判機關扣押、凍結的犯罪嫌疑人、被告人的財物及孳息，任何單位和個人不得挪用或自行處理，應由偵查、檢察、審判機關妥善保管，以供查核；對於被害人的合法財產，應當即時返還；對於違禁品或不宜長期保存的物品，應當依照國家有關規定處理；對於做為證據使用的實物，應當隨案移送，不宜移送的，應將其清單、照片或其他證明文件隨案移送；對於被扣押、凍結的贓款贓物及其孳息，在人民法院判決生效後，應當返還被害人的，返還被害人，其餘的一律沒收，上繳國庫。司法工作人員貪污、挪用或私自處理被扣押、凍結的贓款贓物及其孳息的，依法追究其刑事責任，不構成犯罪的，給予處分[121]（參照大陸刑訴§233～§234及相關規定）。

3. 上訴不加刑原則

　　所謂上訴不加刑原則，是指第二審人民法院審判只有被告人或者他的法定代理人、辯護人、近親屬上訴的案件，不得加重被告人的刑罰。但是，大陸刑訴法第226條規定，人民檢察院提出抗訴或者自訴人提出上訴

---

[119] 陳光中主編，前揭書，頁373；卞建林，前揭書，頁297。

[120] 陳光中主編，前揭書，頁374；卞建林，前揭書，頁298。

[121] 陳光中主編，前揭書，頁380～383；樊崇義主編，前揭書，頁304；卞建林，前揭書，頁299。

的，二審審判不受這一原則的限制[122]。

上訴不加刑原則主要是指以下幾個方面：(1)共同犯罪案件，只有部分被告人提出上訴的，既不能加重提出上訴的被告人的刑罰，也不能加重其他同案被告人的刑罰；(2)對原判認定事實清楚、證據充分，只是認定的罪名不當的，在不加重原判刑罰的情況下，可以改變罪名；(3)對被告人實行數罪並罰的，不得加重決定執行的刑罰，也不能在維持原判決決定執行的刑罰不變的情況下，加重數罪中某罪的刑罰；(4)對被告人判處拘役或有期徒刑宣告緩刑者，不得撤銷原判決宣告的緩刑或者延長緩刑考驗期；(5)對事實清楚、證據充分，但判處的刑罰畸輕，或者應當適用附加刑而沒有適用的案件，不得撤銷第一審判決，直接加重被告人的刑罰或適用附加刑，也不得以事實不清或者證據不足發回第一審人民法院重新審理。必須依法改判的，應當在第二審判決、裁定生效後，按照審判監督程式重新審判。此外，共同犯罪案件中，人民檢察院只對部分被告人的判決提出抗訴的，第二審人民法院對其他第一審被告人不得加重刑罰。而如果是人民檢察院抗訴的案件，經第二審人民法院審理後，改判被告人死刑且立即執行的，還應當報請最高人民法院核准[123]。

（四）死刑復核程式

死刑復核程式是人民法院對判處死刑的案件，進行審查核准的一道特別程式。該程式只適用於對被告人判處死刑的案件，包括死刑立即執行（簡稱死刑）案件的復核，和死刑緩期二年執行（簡稱死緩）案件的復核[124]。

1. 死刑立即執行案件的復核

對於死刑案件的核准，大陸的刑法和刑事訴訟法都規定：死刑除依法

---

[122] 陳光中主編，前揭書，頁378；樊崇義主編，前揭書，頁405；卞建林，前揭書，頁304。

[123] 王國樞主編，前揭書，頁266；汪建成，前揭書，頁352～354；徐靜村主編，前揭書（下），頁295～297；陳光中主編，前揭書，頁403。

[124] 王國樞主編，前揭書，頁274；汪建成，前揭書，頁360～361；陳光中主編，前揭書，頁383；樊崇義主編，前揭書，頁406。

由最高人民法院判決的以外，都應報請最高人民法院核准（參照大陸刑訴§235規定）。報請最高人民法院核准的死刑案件，應按照下列情形分別處理：(1)中級人民法院判處死刑的第一審案件。被告人不上訴、人民檢察院不抗訴的，在上訴、抗訴期滿後三日內報請高級人民法院復核。高級人民法院同意判處死刑的，應當依法做出裁定後，報請最高人民法院核准；不同意判處死刑的，應當提審或者發回重新審判（大陸刑訴§236）；(2)中級人民法院判處死刑的第一審案件，被告人提出上訴或者人民檢察院提出抗訴，高級人民法院終審裁定維持死刑判決的，報請最高人民法院核准；(3)高級人民法院判處死刑的第一審案件，被告人不上訴、人民檢察院不抗訴的，在上訴、抗訴期滿後三日內報請最高人民法院核准；(4)依法應當由最高人民法院核准的死刑案件，判處死刑緩期二年執行的罪犯，在死刑緩期執行期間，如果故意犯罪，查證屬實，應當執行死刑的，由高級人民法院報請最高人民法院核准；(5)被告人被判處死刑的數罪中，如果有應當由最高人民法院核准的，或者共同犯罪案件部分被告人被判處死刑的罪中有應當由最高人民法院核准的，必須將全案報請最高人民法院核准[125]。

　　中級人民法院判處死刑的第一審案件，被告人不上訴的，高級人民法院復核時，必須訊問被告人，核對事實和證據。高級人民法院向最高人民法院報送死刑復核案件時，必須一案一報。報送的材料應包括報請復核的報告、死刑案件綜合報告和判決書，以及全部訴訟案卷和證據[126]。最高人民法院、高級人民法院復核死刑或者死緩案件，應由審判員三人組成合議庭進行。復核後，應根據不同情況分別做出處理：(1)原判決認定事實和適用法律正確，量刑適當的，用裁定核准死刑判決，並由院長簽發執行死刑的命令；(2)原判決事實不清，或者證據不足的，用裁定撤銷原判，發回原審人民法院重新審判；(3)原判決認定的事實正確，但適用法律有錯誤，或者量刑不當，不同意判處死刑的，應當改判；(4)發現第一審人民法院或者第二審人民法院違反法律規定的訴訟程式，可能影響正確判決的，應當裁

---

[125]陳光中主編，前揭書，頁385～388；樊崇義主編，前揭書，頁409。
[126]陳光中主編，前揭書，頁385；樊崇義主編，前揭書，頁410；胡銘，前揭書，頁369。

定撤銷原判，發回第一審人民法院或者第二審人民法院重新審判[127]（大陸刑訴§239）。

　　為保證死刑復核的品質和效果，新修改的刑訴法還增加了一條規定，即：最高人民法院復核死刑案件，應當訊問被告人，辯護律師提出要求的，應當聽取辯護律師的意見；在復核死刑案件過程中，最高人民檢察院可以向最高人民法院提出意見；最高人民法院應當將死刑復核結果通報最高人民檢察院（大陸刑訴§240）。

2. 死緩案件的復核

　　判處死刑緩期二年執行的案件，依法應當由高級人民法院核准（大陸刑訴§237）。中級人民法院判處死緩的案件，沒有上訴、抗訴的，在上訴、抗訴期屆滿後，應當報送高級人民法院核准。如果有上訴、抗訴的，應按第二審程式處理[128]。

　　死緩復核案件，也應由審判員三人組成合議庭。合議庭經過對案件進行審查復核後，應根據不同情況分別進行處理：(1)原判決認定事實和適用法律正確，量刑適當的，用裁定核准；(2)原判決事實不清，或者證據不足的，用裁定撤銷原判，發回原審人民法院重新審判；發回重審的案卷，應按第一審程式進行審判，對裁判可以上訴、抗訴；(3)認為原判量刑過重的，應當依法改判。高級人民法院核准死刑緩期二年執行的案件，不得以提高審級等方式加重被告人的刑罰。高級人民法院復核死刑緩器質性案件，應當訊問被告人。高級人民法院判處死刑緩期二年執行的判決，在上訴期內沒有上訴、抗訴的，以及高級人民法院為第二審做出的維持第一審判處死緩的裁定，都是發生法律效力的判決和裁定[129]。

（五）審判監督程式

　　審判監督程式，是指人民法院、人民檢察院對於已經發生法律效力的

---

[127] 陳光中主編，前揭書，頁388；樊崇義主編，前揭書，頁411；胡銘，前揭書，頁371。

[128] 王國樞主編，前揭書，頁283；汪建成，前揭書，頁366～368。

[129] 王國樞主編，前揭書，頁285～294；陳光中主編，前揭書，頁394；樊崇義主編，前揭書，頁411～413；卞建林，前揭書，頁314。

判決和裁定，發現在認定事實和適用法律上確有錯誤，依法提出對案件重新審判的訴訟程式。審判監督程式是一種補救性的特殊程式，是專爲糾正已經發生法律效力的錯誤判決、裁定所設[130]。

1. 審判監督程式的提起

提起審判監督程式的法定理由是原裁判確有錯誤，包括認定事實方面的錯誤和適用法律方面的錯誤。認定事實的錯誤主要指：有新的證據證明原裁判認定的事實與客觀事實不符，或者證據不確實、不充分，或者主要證據之間存在明顯的矛盾，被認定的案件事實沒有根據。適用法律確有錯誤主要指：適用法律條文不當，導致罪與非罪的界限混淆或錯定罪名，或量刑畸輕畸重；另一方面也包含嚴重違反訴訟程式而導致錯誤裁判或者審判人員有貪污受賄、徇私舞弊或枉法裁判等情形[131]（大陸刑訴§242）。

提起審判監督程式的重要材料來源是申訴。申訴是指當事人及其法定代理人、近親屬對人民法院已經發生法律效力的判決、裁定不服，向人民法院或者人民檢察院要求重新處理的一種訴訟活動（大陸刑訴§241）。對於申訴，人民檢察院控告申訴部門、監所檢察部門應當分別受理，及時將審查結果告知申訴人，人民法院則一般由做出發生法律效力的判決、裁定的法院受理審查，並立申訴卷。人民法院受理申訴後；應當在二個月內做出決定，重大、疑難。複雜案件，經部門負責人或檢察長批轉，可以適當延長審查期限。經審查認爲有刑事訴訟法第242條規定的情形之一的，由院長提請審判委員會決定重新審判；對不符合刑事訴訟法第242條規定的申訴，應當說服申訴人撤回申訴；對仍然堅持申訴的，應當書面通知駁回。申訴人對駁回申訴不服的，可以向上一級人民法院申訴。上一級人民法院經審查認爲申訴不符合大陸刑事訴訟法第242條規定的，應當予以駁回。經兩級人民法院處理後又提出申訴的，如果沒有新的充分理由，人民

[130] 王國樞主編，前揭書，頁285～295；汪建成，前揭書，頁372～375；陳光中主編，前揭書，頁394；樊崇義主編，前揭書，頁411；卞建林，前揭書，頁354。
[131] 王國樞主編，前揭書，頁290～295；汪建成，前揭書，頁375～379；徐靜村主編，前揭書（下），頁323～324；陳光中主編，前揭書，頁395；樊崇義主編，前揭書，頁412。

法院可以不再受理[132]。提起審判監督程式的主體和提起方式包括：各級
人民法院院長對本院已經發生法律效力的判決和裁定，如果發現在認定事
實或適用法律上確有錯誤，必須提交審判委員會處理；最高人民法院對各
級人民法院已經發生法律效力的判決和裁定，上級人民法院對下級人民法
院已經發生法律效力的判決和裁定，如果發現確有錯誤，有權提審或者指
令下級人民法院再審；最高人民法院對下級人民法院已經發生法律效力的
判決和裁定，上級人民檢察院對下級人民法院已經發生法律效力的判決和
裁定，如果發現確有錯誤，有權按照審判監督程式向同級人民法院提出抗
訴[133]（大陸刑訴§243）。

　　上級人民法院指令下級人民法院再審的，應當指令原審人民法院以外
的下級人民法院審理；由原審人民法院審理更為適宜的，也可以指令原審
人民法院審理（大陸刑訴§244）。

2. 審判監督程式的審理

　　人民法院依照審判監督程式重新審判的案件，應當另行組成合議庭
進行。原來是第一審的案件，應按第一審程式進行審判，做出的判決、裁
定可以上訴、抗訴；原來是第二審的案件，或者是上級人民法院提審的案
件，應按第二審程式進行審判，所做的判決、裁定是終審的判決、裁定。
依審判監督程式對案件進行審理後，應分別情況做如下處理：(1)原判決、
裁定認定事實和適用法律正確、量刑適當的，應當裁定駁回申訴或者抗
訴；(2)原判決、裁定認定事實沒有錯誤，但適用法律有錯誤、或量刑不當
的，應當改判。按照第二審程式審理的案件，認為必須判處被告人死刑立
即執行的，直接改判後，應當報請最高人民法院核准；(3)應當對被告人
實行數罪並罰的案件，原判決、裁定沒有分別定罪量刑的，應當撤銷原判
決、裁定，重新定罪量刑，並決定執行的刑罰；(4)按照第二審程式審理的
案件，原判決、裁定的認定事實不清或者證據不足的，可以在查清事實後

---

[132] 陳光中主編，前揭書，頁402～405；樊崇義主編，前揭書，頁413；趙秉志、甄貞，前揭
　　　文，頁79。
[133] 陳光中主編，前揭書，頁405；樊崇義主編，前揭書，頁413。

改判，也可以裁定撤銷原判，發回原審人民法院重新審判。原判決、裁定的認定事實不清，證據不足，經再審查清事實的，應當依法做出判決；經再審仍無法查清的，證據不足，不能認定原審被告人有罪，應當判決宣告被告人無罪[134]。爲加強審判監督程式的效果，新修改的刑訴法還規定人民法院開庭審理的再審案件，同級人民檢察院應當派員出席法庭。

對於再審程式中強制措施和中止的問題，新刑訴法也進行了補充規定，即人民法院決定再審的案件，需要對被告人採取強制措施的，由人民法院依法決定；人民檢察院提出抗訴的再審案件，需要對被告人採取強制措施的，由人民檢察院依法決定。人民法院按照審判監督程式審判的案件，可以決定中止原判決、裁定的執行（大陸刑訴§246）。

人民法院按照審判監督程式重新審判的案件，應當在做出提審、再審決定之日起三個月內審結，需要延長期限的，不得超過六個月。接受抗訴的人民法院按照審判監督程式審理抗訴案件，審理期限和人民法院按照審判監督程式重新審判的案件的審理期限相同；對需要指令下級人民法院再審的，應當自接受抗訴之日起一個月以內做出決定，下級人民法院審理這類案件的期限適用上述規定[135]（大陸刑訴§247）。

四、執 行

第四編爲「執行」之相關規定，刑事執行，指人民法院和其他執行機關將已經發生法律效力的裁判付諸實施所進行的活動。法律規定，人民法院負責死刑、罰金刑、沒收財產刑、無罪判決和免除刑罰判決的執行；公安機關等其他執行機關負責管制、緩刑、假釋、監外執行等執行；拘役所、監獄負責拘役、有期徒刑、無期徒刑、死緩的執行；人民檢察院對執

---

[134] 王國樞主編，前揭書，頁294；汪建成，前揭書，頁379～384；徐靜村主編，前揭書（下），頁324。陳光中主編，前揭書，頁405；樊崇義主編，前揭書，頁413；卞建林，前揭書，頁364。

[135] 陳光中主編，前揭書，頁405；樊崇義主編，前揭書，頁413；趙秉志、甄貞，前揭文，頁79～80；卞建林，前揭書，頁363。

行活動實行監督[136]，以下分別說明。

（一）各種判決、裁定的執行程式

1. 死刑判決

最高人民法院判處和核准的死刑立即執行的判決，應當分別由最高人民法院院長（大陸刑訴§250）。下級人民法院接到最高人民法院執行死刑的命令後，應當在七日以內交付執行。但是，如果發現有下列情形之一的，應立即停止執行並報告核准死刑的法院處理：(1)在執行前發現判決可能有錯誤；(2)在執行前罪犯揭發重大犯罪事實或者有其他重大立功表現，可能需要改判；(3)罪犯正在懷孕。對於第一種情形，如果查明判決沒有錯誤，必須報請最高人民法院或者高級人民法院院長，再簽發執行死刑的命令才能執行，如果查明判決確有錯誤，應報核准死刑的法院改判；對於第二種情況依法可以從輕處罰，也應報請核准死刑的法院改判；如果罪犯系正在懷孕的婦女，包括被羈押後自然流產或為判處死刑而作了人工流產的婦女，也應報請核准死刑的法院依法改判[137]（大陸刑訴§251）。

對應當執行死刑的，人民法院在交付執行三天前，應當通知同級人民檢察院派員臨場監督。指揮執行的審判人員，對罪犯應當驗明正身，訊問有無遺言、信箚，然後交付執行人員執行死刑。在執行前，如果發現可能有錯誤，應當暫停執行，報請核准死刑的法院裁定。死刑採用槍決或者注射等方法執行。死刑可以在刑場或指定的羈押場所內執行。執行死刑應當公布，不應示眾。執行死刑時，在場書記員應當寫成筆錄，交付執行的人民法院應當將執行死刑的情況報告最高人民法院或被授權核准死刑的高級人民法院。執行死刑後，交付執行的人民法院應當通知罪犯家屬[138]（大陸

---

[136] 王國樞主編，前揭書，頁294～295；汪建成，前揭書，頁387～389；徐靜村主編，前揭書（下），頁355～359；陳光中主編，前揭書，頁405；樊崇義主編，前揭書，頁416。

[137] 王國樞主編，前揭書，頁299～302；汪建成，前揭書，頁389～391；徐靜村主編，前揭書（下），頁356；陳光中主編，前揭書，頁409～410；樊崇義主編，前揭書，頁415；卞建林，前揭書，頁324～325。

[138] 陳光中主編，前揭書，頁412；樊崇義主編，前揭書，頁420；胡銘，前揭書，頁396。

刑訴§252、《刑訴法解釋》第423條至第428條）。

2. 死緩、無期徒刑、有期徒刑和拘役

對於被判處死刑緩期二年執行、無期徒刑、有期徒刑的罪犯，公安機關等看守罪犯的機關應在接到判決書、裁定書、執行通知書後十日以內，依法將罪犯移送有關監獄執行刑罰。對於被判處有期徒刑的罪犯，被交付執行刑罰前，剩餘刑期在三個月以下的，由看守所代為執行。對於被判處拘役的罪犯，由拘役所執行。對於未成年犯應在未成年犯管教所執行刑罰。執行機關應當將罪犯及時收押，並且通知罪犯家屬。罪犯被交付執行刑罰的時候，應當由交付執行的人民法院將有關的法律文書送達監獄或者其他執行機關。被判處有期徒刑、拘役的罪犯，執行期滿，應當由執行機關發給釋放證明書[139]（大陸刑訴§253）。

3. 有期徒刑緩刑和拘役緩刑

對於被判處有期徒刑緩刑和拘役緩刑的罪犯，由公安機關等執行機關交罪犯所在單位或者基層組織予以考察。在緩刑考驗期內，被判處緩刑的罪犯沒有再犯罪的，緩刑考驗期滿，原判刑罰就不再執行，並由執行機關向有關群眾宣布，不再另辦法律手續。如果又犯罪的，可以由審判新罪的法院宣告撤銷原判決的緩刑；如果原緩刑判決是上級人民法院做出的，宣判新罪的法院也可以撤銷原判的緩刑，但應當通知原宣告緩刑的法院和執行機關[140]（大陸刑訴§217）。

4. 管制和剝奪政治權利判決

對於被判處管制、剝奪政治權利的罪犯，由公安機關執行機關執行。執行機關應依照法院的判決，向有關群眾宣布罪犯的犯罪事實，對被判處管制的罪犯要同時宣布管制期限，以及應當遵守的規定和是否剝奪政治權利。對被判處剝奪政治權利的罪犯，則要同時宣布剝奪政治權利的期限和應遵守的規定。管制、剝奪政治權利執行期滿，應當由執行機關通

---

[139] 王國樞主編，前揭書，頁304；汪建成，前揭書，頁391~392；陳光中主編，前揭書，頁410；樊崇義主編，前揭書，頁423；卞建林，前揭書，頁319。

[140] 王國樞主編，前揭書，頁304；汪建成，前揭書，頁393；陳光中主編，前揭書，頁410；樊崇義主編，前揭書，頁423；卞建林，前揭書，頁320。

知本人，並向有關群眾公開宣布解除管制、恢復政治權利[141]（大陸刑訴§259、《刑訴法解釋》第303條）。

5. 罰金和沒收財產判決

被判處罰金的罪犯應當按照判決的要求繳納罰金。期滿不繳納罰金的，人民法院在任何時候都應當強制其繳納。如因遭遇不可抗拒的災禍繳納確有困難的，可以裁定減少或者免除。沒收財產的判決，應由人民法院執行，必要時法院可以會同公安機關等其他執行機關執行[142]（大陸刑訴§260、§261）。

6. 無罪和免予刑事處罰判決

第一審人民法院判決被告人無罪或者免除刑事處罰的，如果被告人在押，不論有無上訴或抗訴，在宣判後應當立即釋放[143]（大陸刑訴§209）。

7. 非監禁犯罪的社區矯正

為緩解監獄罪犯過多的壓力，以及提升刑罰執行效果、幫助服刑人員順利回歸社會，世界上很多國家和地區都規定了非監禁性的矯正措施。中國大陸2003年開展社區矯正的試點工作，2012年刑事訴訟法修改時正式將社區矯正寫進立法，成為非監禁罪犯必須實施的刑事處遇措施。大陸刑事訴訟法第258條規定，對被判處管制、宣告緩刑、假釋或者暫予監外執行的罪犯，依法實行社區矯正，由社區矯正機構負責執行。

人民法院、人民檢察院、公安機關、監獄對擬適用社區矯正的被告人、罪犯，需要調查其對所居住社區影響的，可以委託縣級司法行政機關進行調查評估。受委託的司法行政機關應當根據委託機關的要求，對被告人或者罪犯的居所情況、家庭和社會關係、一貫表現、犯罪行為的後果和

---

[141] 王國樞主編，前揭書，頁304；汪建成，前揭書，頁393～94；陳光中主編，前揭書，頁410；樊崇義主編，前揭書，頁424；卞建林，前揭書，頁321。

[142] 王國樞主編，前揭書，頁304；汪建成，前揭書，頁394～395；陳光中主編，前揭書，頁410；樊崇義主編，前揭書，頁424。

[143] 王國樞主編，前揭書，306頁；汪建成，前揭書，頁395；陳光中主編，前揭書，頁422；樊崇義主編，前揭書，頁424。

影響、居住地村（居）民委員會和被害人意見、擬禁止的事項等進行調查瞭解，形成評估意見，及時提交委託機關。

對於適用社區矯正的罪犯，人民法院、公安機關、監獄應當核實其居住地，在向其宣判時或者在其離開監所之前，書面告知其到居住地縣級司法行政機關報到的時間期限以及逾期報到的後果，並通知居住地縣級司法行政機關；在判決、裁定生效起三個工作日內，送達判決書、裁定書、決定書、執行通知書、假釋證明書副本等法律文書，同時抄送其居住地縣級人民檢察院和公安機關。縣級司法行政機關收到法律文書後，應當在三個工作日內送達回執。

社區矯正人員應當自人民法院判決、裁定生效之日或者離開監所之日起十日內到居住地縣級司法行政機關報到。縣級司法行政機關應當及時為其辦理登記接收手續，並告知其三日內到指定的司法所接受社區矯正。發現社區矯正人員未按規定時間報到的，縣級司法行政機關應當及時組織查找，並通報決定機關。暫予監外執行的社區矯正人員，由交付執行的監獄、看守所將其押送至居住地，與縣級司法行政機關辦理交接手續。罪犯服刑地與居住地不在同一省、自治區、直轄市，需要回居住地暫予監外執行的，服刑地的省級監獄管理機關、公安機關監所管理部門應當書面通知罪犯居住地的同級監獄管理機關、公安機關監所管理部門，指定一所監獄、看守所接收罪犯檔案，負責辦理罪犯收監、釋放等手續。人民法院決定暫予監外執行的，應當通知其居住地縣級司法行政機關派員到庭辦理交接手續。

（二）變更執行的程式

1. 暫予監外執行

對於被判處無期徒刑、有期徒刑或者拘役，應在監獄或其他執行機關執行的罪犯，有下列法定情形之一的，可以暫予監外執行：(1)有嚴重疾病需要保外就醫的；(2)懷孕或者正在哺乳自己嬰兒的婦女。罪犯確有嚴重疾病必須保外就醫的，應由省級人民政府指定的醫院開出證明檔，依照法律

規定的程式審批；(3)生活不能自理，適用暫予監外執行不致危害社會的。對於被判處無期徒刑的罪犯，有前款第二項規定情形的，可以暫予監外執行。對於適用保外就醫可能有社會危險性的罪犯，或者自傷自殘的罪犯，不得保外就醫。對罪犯確有嚴重疾病，必須保外就醫的，由省級人民政府指定的醫院診斷並開具證明文件。

在交付執行前，暫予監外執行由交付執行的人民法院決定；在交付執行後，暫予監外執行由監獄或者看守所提出書面意見，報省級以上監獄管理機關或者設區的市一級以上公安機關批准[144]。監獄、看守所提出暫予監外執行的書面意見的，應當將書面意見的副本抄送人民檢察院。人民檢察院可以向決定或者批准機關提出書面意見。暫予監外執行的批准機關分別為省級監獄管理機關，和縣級以上公安機關。批准暫予監外執行的機關應當將批准的決定抄送人民檢察院。人民檢察院認為暫於監外執行不當的，應當自接到通知之日起一個月內，提出書面糾正意見呈報批准或者決定暫於監外執行機關的同級人民檢察院，送交批准或者決定暫予監外執行的機關。人民檢察院向批准或者決定暫予監外執行的機關，送交不同意暫予監外執行的書面意見後，應當監督其立即及對批准或者決定暫予監外執行的結果，進行重新核查的結果是否符合法律規定。對核查不符合法律規定的，應當依法提出糾正意見。

對於暫予監外執行的罪犯，由其居住地公安機關執行，執行機關應當對其嚴格管理監督，基層組織或者罪犯的所在單位協助進行監督。暫予監外執行的情形消失後，罪犯刑期未滿的，應當及時收監。罪犯在暫予監外執行期間死亡的，應當及時通知監獄[145]（大陸刑訴§256、§257）。

2. 減刑與假釋

被判處管制、拘役、有期徒刑或無期徒刑的罪犯，在執行期間確有悔改或者立功表現，應當依法予以減刑、假釋的，由機關提出建議書報請人

---

[144] 王國樞主編，前揭書，頁307；汪建成，前揭書，頁396～400；徐靜村主編，前揭書（下），頁357～359；陳光中主編，前揭書，頁428；樊崇義主編，前揭書，頁337。
[145] 陳光中主編，前揭書，頁425；卞建林，前揭書，頁326～327。

民法院審核裁定。對於被判處拘役緩刑或有期徒刑緩刑的罪犯，亦可適用減刑規定，縮減其緩刑考驗期（但不可單獨縮減）。對於經過一次或者幾次減刑以後的實際執行的刑期，判處管制、拘役、有期徒刑的，不能少於原判刑期的二分之一；判處無期徒刑的不能少於十三年；判處拘役緩刑的考驗期不能少於一個月；判處有期徒刑的考驗期不能少於一年[146]。

　　被判處有期徒刑已執行原判刑期二分之一以上，被判處無期徒刑已執行十三年以上，如果確有悔改表現，不致危害社會的，可以假釋。被假釋的罪犯，在假釋考驗期間由公安機關等執行機關予以監督，如果沒有再犯新罪，就認為原判刑罰已經執行完畢；如果再犯新罪，則撤銷假釋，把前罪沒有執行的刑罰和後罪所判處的刑罰，按數罪並罰原則予以執行[147]。

　　減刑、假釋的審批程式，一般先由執行機關向法院報送書面材料，有關法院應組成合議庭進行審理，審結後由庭長或主管院長簽發減刑、假釋裁定書。死緩罪犯的減刑和無期徒刑罪犯的減刑、假釋由服刑地高級人民法院審批，有期徒刑、拘役、管制和宣告緩刑的罪犯，其減刑或假釋由服刑地中級人民法院審批。人民檢察院有權對假釋、減刑裁定進行監督。如認為法院做出的減刑、假釋裁定不當，可在收到裁定書副本後二十日以內，向人民法院提出書面糾正意見。人民法院應當在收到書面糾正意見一個月內重新組成合議庭進行審理，做出最終裁定[148]。

3. 對新罪、漏罪和申訴的處理

　　罪犯在服刑期間又犯新罪，或發現了判決時沒有認定的罪行，執行機關應當移送人民檢察院處理（大陸刑訴§262）。監獄對罪犯提出的申訴，認為原判決可能有錯誤的，應當轉請人民檢察院或人民法院處理，人民檢察院或者人民法院應自收到監獄提請處理意見書之日起六個月內將處

---

[146]陳光中主編，前揭書，頁426～427；樊崇義主編，前揭書，頁427；卞建林，前揭書，頁327～330。

[147]王國樞主編，前揭書，頁301；汪建成，前揭書，頁400～403；徐靜村主編，前揭書（下），頁358；陳光中主編，前揭書，頁426；樊崇義主編，前揭書，頁429。

[148]陳光中主編，前揭書，頁459。

理結果通知監獄[149]。

五、特別程式

　　所謂特別程式，在概念上是相對於普通刑事訴訟程式而言的，指的是區別於普通刑事訴訟程式的特殊訴訟程式。大陸2012年修訂刑事訴訟法時新增了四種特別程序，分別是：未成年人刑事案件訴訟程序；當事人和解的公訴案件訴訟程序；犯罪嫌疑人、被告人逃匿、死亡案件違法所得沒收程序；依法不負刑事責任的精神病人的強制醫療程序。以上這些程式體現出了大陸刑事訴訟的現實特點，彰顯了對特殊訴訟主體的權利保障以及寬嚴相濟的司法政策。下面將就這些程式做簡要的介紹：

（一）未成年人刑事案件訴訟程序

　　未成年人刑事案件訴訟程式，只是針對未成年人犯罪的案件適用，這是其程式啓動和適用的前提條件。所謂未成年人，按照中國大陸《刑法》刑事責任年齡的劃分，專指已滿14周歲不滿18周歲的人。在認定未成年犯罪的年齡時，有幾個原則和標準：1.未成年人應當以實施犯罪時的年齡為標準，而不是指偵查、起訴或者法庭審判時的年齡；2.未成年年齡一律按照西曆而不是農曆計算；3.周歲年齡的計算方法是過了周歲生日從第二天起計算。由於年齡問題成爲能否使用未成年人刑事案件訴訟程式的關鍵事實，因此在立案、偵查、起訴和審判環節，公安機關、人民檢察院和人民法院都必須重點查明犯罪嫌疑人、被告人的確切出生時間。對此，《人民檢察院關於辦理未成年人刑事案件的規定》第9條以及《最高人民法院關於審理未成年人刑事案件的若干規定》第28條都對此進行了專門的規定。

　　大陸刑訴法規定對犯罪的未成年人實行教育、感化、挽救的方針，堅持教育爲主、懲罰爲輔的原則[150]。人民法院、人民檢察院和公安機關辦

---

[149]王國樞主編，前揭書，頁303～304；汪建成，前揭書，頁403～405；陳光中主編，前揭書，頁459～461；樊崇義主編，前揭書，頁338～339。
[150]陳光中，刑事訴訟法修改與未成年人刑事案件訴訟程式的創建，預防青少年犯罪研究，5期，2012年，25～28頁。

理未成年人刑事案件，應當保障未成年人行使其訴訟權利，保障未成年人得到法律幫助，並由熟悉未成年人身心特點的審判人員、檢察人員、偵查人員承辦。未成年犯罪嫌疑人、被告人沒有委託辯護人的，人民法院、人民檢察院、公安機關應當通知法律援助機構指派律師為其提供辯護。公安機關、人民檢察院、人民法院辦理未成年人刑事案件，根據情況可以對未成年犯罪嫌疑人、被告人的成長經歷、犯罪原因、監護教育等情況進行調查。對未成年犯罪嫌疑人、被告人應當嚴格限制適用逮捕措施。人民檢察院審查批准逮捕和人民法院決定逮捕，應當訊問未成年犯罪嫌疑人、被告人，聽取辯護律師的意見。對被拘留、逮捕和執行刑罰的未成年人與成年人應當分別關押、分別管理、分別教育（參照大陸刑訴§266～§269）。

另外，對於未成年人刑事案件，在訊問和審判的時候，應當通知未成年犯罪嫌疑人、被告人的法定代理人到場。無法通知、法定代理人不能到場或者法定代理人是共犯的，也可以通知未成年犯罪嫌疑人、被告人的其他成年親屬，所在學校、單位、居住地基層組織或者未成年人保護組織的代表到場，並將有關情況記錄在案。到場的法定代理人可以代為行使未成年犯罪嫌疑人、被告人的訴訟權利。到場的法定代理人或者其他人員認為辦案人員在訊問、審判中侵犯未成年人合法權益的，可以提出意見。訊問筆錄、法庭筆錄應當交給到場的法定代理人或者其他人員閱讀或者向他宣讀。訊問女性未成年犯罪嫌疑人，應當有女工作人員在場。審判未成年人刑事案件，未成年被告人最後陳述後，其法定代理人可以進行補充陳述（參照大陸刑訴§270）。

新修改的刑訴法還專門規定了未成年人刑事案件可以適用附條件不起訴，即：「對於未成年人涉嫌刑法分則第四章、第五章、第六章規定的犯罪，可能判處一年有期徒刑以下刑罰，符合起訴條件，但有悔罪表現的，人民檢察院可以作出附條件不起訴的決定。人民檢察院在作出附條件不起訴的決定以前，應當聽取公安機關、被害人的意見。對附條件不起訴的決定，公安機關要求復議、提請復核或者被害人申訴的，適用本法第一百七十五條、第一百七十六條的規定。未成年犯罪嫌疑人及其法定代理

人對人民檢察院決定附條件不起訴有異議的，人民檢察院應當作出起訴的決定。附條件不起訴的考驗期爲六個月以上一年以下，從人民檢察院作出附條件不起訴的決定之日起計算。被附條件不起訴的未成年犯罪嫌疑人，需要遵守以下規定：(1)遵守法律法規，服從監督；(2)按照考察機關的規定報告自己的活動情況；(3)離開所居住的市、縣或者遷居，應當報經考察機關批准；(4)按照考察機關的要求接受矯治和教育。被附條件不起訴的未成年犯罪嫌疑人，在考驗期內實施新的犯罪或者發現決定附條件不起訴以前還有其他犯罪需要追訴的，或者違反治安管理規定或者考察機關有關附條件不起訴的監督管理規定，情節嚴重的，人民檢察院應當撤銷附條件不起訴的決定，提起公訴」（大陸刑訴§273）。

值得注意的是，爲挽救未成年人、避免犯罪記錄對其今後的學習生活產生負面影響，新刑事訴訟法還規定了未成年人刑事案件記錄封存制度。大陸刑事訴訟法法第275條規定：犯罪的時候不滿18周歲，被判處五年有期徒刑以下刑罰的，應當對相關犯罪記錄予以封存。犯罪記錄被封存的，不得向任何單位和個人提供，但司法機關爲辦案需要或者有關單位根據國家規定進行查詢的除外。依法進行查詢的單位，應當對被封存的犯罪記錄的情況予以保密。

當然，還有大陸學者指出刑事訴訟法修改之後專門的未成年人保護法和預防未成年人犯罪法都應當同刑事訴訟法進行銜接。爲實現刑事訴訟法與未成年人立法之間的良性互動，應該保持刑事訴訟法與未成年人專門法的內在一致性和協調性[151]。

（二）當事人和解的公訴案件訴訟程序

中國大陸的刑事和解制度無疑受到了國外「恢復性司法」的影響，但是其改革進程的開始則完全是本土自覺行爲，這是因爲一方面大陸《犯罪被害人補償法》長期缺失，刑事案件中被害人受到犯罪行爲侵害後無法獲

[151]參見宋英輝，刑事訴訟法修改與未成年人立法，預防青少年犯罪研究，5期，2012年，頁29～30。

得國家補償；另一方面，現行刑事附帶民事制度因為執行力度有限，長期虛置，被害人無法從司法途徑彌補損失。新刑訴法第五編第二章第277至279條對刑事和解的公訴案件訴訟程式進行了專門規定，按照法律規定，因民間糾紛引起，涉嫌侵犯人身權利民主權利、侵犯財產犯罪，可能判處三年有期徒刑以下刑罰的故意犯罪案件，以及除瀆職犯罪以外的可能判處七年有期徒刑以下刑罰的過失犯罪案件納入公訴案件適用和解程式的範圍。但是，犯罪嫌疑人、被告人在五年以內曾經故意犯罪的，不適用這一程式。對於達成和解協定的案件，公安機關可以向人民檢察院提出從寬處理的建議。人民檢察院可以向人民法院提出從寬處罰的建議；對於犯罪情節輕微，不需要判處刑罰的，可以作出不起訴的決定。人民法院可以依法對被告人從寬處罰（大陸刑訴§277～§279）。

（三）犯罪嫌疑人、被告人逃匿、死亡案件違法所得的沒收程序

　　所謂犯罪嫌疑人、被告人逃匿、死亡案件違法所得的沒收程式，是指對於貪污賄賂犯罪、恐怖活動犯罪等重大犯罪案件，犯罪嫌疑人、被告人逃匿，在通緝一年後不能到案，或者犯罪嫌疑人、被告人死亡，依照刑法規定應當追繳其違法所得及其他涉案財產的，人民檢察院可以向人民法院提出沒收違法所得的申請的一種程式。理論和事務上可簡稱為獨立沒收程式。

　　新刑訴法規定人民檢察院可以向人民法院提出沒收違法所得的申請。公安機關認為有前款規定情形的，應當寫出沒收違法所得意見書，移送人民檢察院。沒收違法所得的申請應當提供與犯罪事實、違法所得相關的證據材料，並列明財產的種類、數量、所在地及查封、扣押、凍結的情況。人民法院在必要的時候，可以查封、扣押、凍結申請沒收的財產。

　　沒收違法所得的申請，由犯罪地或者犯罪嫌疑人、被告人居住地的中級人民法院組成合議庭進行審理。人民法院受理沒收違法所得的申請後，應當發出公告。公告期間為六個月。犯罪嫌疑人、被告人的近親屬和其他利害關係人有權申請參加訴訟，也可以委託訴訟代理人參加訴訟。人民法

院在公告期滿後對沒收違法所得的申請進行審理。利害關係人參加訴訟的，人民法院應當開庭審理。人民法院經審理，對經查證屬於違法所得及其他涉案財產，除依法返還被害人的以外，應當裁定予以沒收；對不屬於應當追繳的財產的，應當裁定駁回申請，解除查封、扣押、凍結措施。對於人民法院依照前款規定作出的裁定，犯罪嫌疑人、被告人的近親屬和其他利害關係人或者人民檢察院可以提出上訴、抗訴。在審理過程中，在逃的犯罪嫌疑人、被告人自動投案或者被抓獲的，人民法院應當終止審理。沒收犯罪嫌疑人、被告人財產確有錯誤的，應當予以返還、賠償（參照大陸刑訴§280～§283）。

（四）強制醫療程序

所謂依法不負刑事責任的精神病人的強制醫療程式，是指對於實施暴力行為，危害公共安全或者嚴重危害公民人身安全，經法定程式鑑定依法不負刑事責任的精神病人，有繼續危害社會可能的，可以有由人民法院作出予以強制醫療決定的程式。該程式的意義一方面有助於防止精神病人繼續實施危害社會的行為；另一方面，確立並彰顯司法審查的原則，切實保障精神病人的訴訟權利，避免以往實務中出現的「被精神病」現象，規範司法精神病的認定和強制醫療的實施。根據新刑訴法規定，對精神病人強制醫療的，由人民法院決定。公安機關發現精神病人符合強制醫療條件的，應當寫出強制醫療意見書，移送人民檢察院。對於公安機關移送的或者在審查起訴過程中發現的精神病人符合強制醫療條件的，人民檢察院應當向人民法院提出強制醫療的申請。人民法院在審理案件過程中發現被告人符合強制醫療條件的，可以作出強制醫療的決定。對實施暴力行為的精神病人，在人民法院決定強制醫療前，公安機關可以採取臨時的保護性約束措施（大陸刑訴§285）。

人民法院受理強制醫療的申請後，應當組成合議庭進行審理。人民法院審理強制醫療案件，應當通知被申請人或者被告人的法定代理人到場。被申請人或者被告人沒有委託訴訟代理人的，人民法院應當通知法律援助

機構指派律師爲其提供法律幫助（大陸刑訴§286）。

　　人民法院經審理，對於被申請人或者被告人符合強制醫療條件的，應當在一個月以內作出強制醫療的決定。被決定強制醫療的人、被害人及其法定代理人、近親屬對強制醫療決定不服的，可以向上一級人民法院申請復議（大陸刑訴§287）。

　　強制醫療機構應當定期對被強制醫療的人進行診斷評估。對於已不具有人身危險性，不需要繼續強制醫療的，應當及時提出解除意見，報決定強制醫療的人民法院批准。被強制醫療的人及其近親屬有權申請解除強制醫療（大陸刑訴§288）。又，人民檢察院對強制醫療的決定和執行實行監督（大陸刑訴§289）。

參、比較兩岸刑事訴訟法

　　在掌握大陸刑事訴訟法的精要內涵後，接著擇取大陸刑事訴訟法中較爲特殊的規定，與台灣刑事訴訟法相互比較。

一、任務與基本原則

　　大陸刑事訴訟法最爲特殊之處，是在其第一篇中規定「任務和基本規則」，此如第1、2條規定其刑事訴訟法之目的與任務；且第6至9條規定其特有的基本原則，例如：以事實爲根據，以法律爲準繩；分工負責、互相配合、互相制約；人民檢察院依法對刑事訴訟實行法律監督；用本民族語言、文字進行訴訟原則。

　　這些規定是台灣刑事訴訟法所沒有的，也可能是世界各國所罕見的。大陸在篇首規定刑事訴訟法的任務與基本原則，料想是因爲可能長久以來法制並未健全，所以有意做一項清楚的宣示，表達施行刑事訴訟法，有效追訴與審判犯罪的決心。

二、兩審終審

　　依據大陸刑事訴訟法第10條的規定，人民法院審判案件，實行兩審終審制。所以大陸刑事案件之審級制度是以二審終審制為原則，不過，對於大陸刑事訴訟法第10條的案件有例外處理，此與台灣刑事訴訟法之審級制度是以三級三審為原則，三級二審為例外（參照台灣刑訴§4但書、大陸刑訴§376）不同。

　　世界各國的法院制度多採三級三審，最上級審以法律審為主，當事人的審級利益因此比較可以確保。大陸採二級二審制，當事人的審級利益難免受影響。不過，以大陸幅員之遼闊，人口的眾多，如果要採三級三審制，必定耗掉極為可觀的訴訟資源與社會成本。也許在考慮實際上的艱難之後，選擇了適度犧牲當事人的審級利益。

三、一般人得逮捕通緝被告與越獄犯人

　　大陸刑事訴訟法第82條規定，對於有下列情形的人，任何公民都可以立即扭送公安機關、人民檢察院或者人民法院處理：(一)正在實行犯罪或者在犯罪後即時被發覺的；(二)通緝在案的；(三)越獄逃跑的；(四)正在被追捕的[152]。

　　台灣刑事訴訟法第88條僅規定，不問何人，得徑行逮捕現行犯，對通緝在案之被告與越獄逃跑之犯人，其逮捕許可權屬於檢察官、司法警察官或司法警察，一般人無法為之，故大陸刑事訴訟法賦予一般人有較大範圍的逮捕權。

四、強措制施

　　大陸刑事訴訟法規定有五種強制處分的措施，由輕到重的順序是：拘傳、取保候審、監視居住、拘留和逮捕。修法並調整逮捕的條件為「有證據證明有犯罪事實，可能判處徒刑以上刑罰，且採取取保候審不足以防止

---

[152]陳光中主編，前揭書，頁216～218；樊崇義主編，前揭書，頁136。

發生相應社會危險的」即可逮捕。將原屬收容審查中「不講真實姓名、住址、身分不明的和有流竄作案、多次作案、結夥作案重大嫌疑」的物件納入拘留物件，同時決定取消收容審查。另外，還規定監視居住的期限不得超過六個月，取保候審的期間不得超過十二個月；尤其，原刑事訴訟法規定取保候審只限於「保證人」，但修正後的刑事訴訟法為了配合市場經濟的需要，增加了「保釋金制度」（大陸刑訴§66～§68）。

較特殊者是，強制措施包括對人民身體「短暫的拘留」。惟所謂短暫，事實上可能長達十四日或四十日，公安機關得短暫剝奪人民自由之拘留權力，短暫拘束人民自由的期間，得長達四十日[153]。

對此，有大陸學者指出，審前羈押在我國成為對待犯罪嫌疑人的常態化處置方式，其主要原因在於混同了逮捕與羈押從而導致司法審查的缺失以及司法救濟的虛無。應當從根本上對審前羈押制度進行改革，實現逮捕與羈押相分離，將逮捕定位於羈押的前置程式並設置獨立的羈押審查程式，以控制羈押的適用。在秉持司法授權原則、司法審查原則、司法救濟原則以及比例原則等現代審前羈押制度通行原則的基礎上，我國審前羈押制度可通過如下具體進路予以完善：堅持檢察機關的審查主體定位，完善羈押審查程式，厘清羈押期限問題，強化羈押救濟程式，豐富羈押替代措施[154]。

反觀台灣員警機關對人民自由的剝奪，最多不能超過二十四小時，憲法第8條規定，人民被拘禁逮捕時，必須於二十四小時內送交法院審問，台灣刑事訴訟法第93條亦規定，檢察官若認為被告有羈押之必要，必須在拘提或逮捕後二十四小時內，聲請法院羈押，否則應釋放被告[155]。台灣刑事訴訟法中的強制處分為傳喚、拘提、逮捕、羈押[156]，大體上，較大陸符

---

[153] 因為，公安機關對被拘留的人，認為需要逮捕的，應當在拘留後的三日以內，提請人民檢察院審查批准。在特殊情況下，提請審查批准的時間可以延長一日至四日；對於流竄作案、多次作案、結夥作案的重大嫌疑分子，提請審查批准的時間可以延長至三十日，而人民檢察院應當自接到公安機關提請批准逮捕書後的七日以內，作出決定。以上時程加起來共四十日。

[154] 參見卞建林，論我國審前羈押制度的完善，法學家，3期，2012年，頁81～88。

[155] 陳光中主編，前揭書，頁239；樊崇義主編，前揭書，頁145。

[156] 台灣自從大法官釋字392號及陸續於1995年、1997年、2000年及2001的修正後，強制處分的

合先進國家的立法例。

五、立　案

　　立案是指公安機關、人民檢察院和人民法院等機關，對報案、控告、舉報和犯罪嫌疑人自首的材料進行審查，根據事實和法律，決定是否做爲一個案件進行偵查或審判的訴訟活動。依大陸刑事訴訟法第107條規定，人民法院、人民檢察院或公安機關認爲有犯罪事實需要追究刑事責任的時候，應當立案[157]。又依第107條規定：立案的條件是認爲有犯罪事實且須要追究刑事責任。簡言之，立案分爲「立案階段」與「立案決定」兩個階段。

　　在台灣雖然並無所謂的立案制度，但依台灣的刑事訴訟法，所謂立案制度的精神全部兼顧到了。不管告訴乃論或非告訴乃論的犯罪，被害人及其近親等，都可以循公訴程式，向員警機關或檢察官提出告訴；也可以直接向法院自訴。至於案外人知道有犯罪事實，也可以向員警機關或檢察官告發。所謂的立案制度，基本上是如何發動刑事司法權的規定而已。

六、緘默權

　　大陸刑事訴訟法第118條規定，犯罪嫌疑人對偵查人員的提問，應當如實回答，可知被告之緘默權保障並不存在[158]。相較於此，台灣於1997年修正刑事訴訟法第95條時，增列了被告的緘默權。

　　其實，被告應否據實陳述是學說上有爭論之「被告謊言權」，通說認爲被告負有眞實義務，故被告應據實陳述，不得虛構或說謊。惟司法機關不能以強迫手段，強制被告在陳述時履行其眞實義務。不過，既然承認被告之防禦權，則被告之虛構或說謊在所難免。事實上，從事所有的法律

相關規定，大體上，已符合先進國家之立法例。詳細內容可參閱拙著，刑事訴訟法百年回顧與前瞻，月旦法學，75期，2001年8月，頁40以下。

[157] 王國樞主編，前揭書，頁180；陳光中主編，前揭書，頁276～278；樊崇義主編，前揭書，頁291。

[158] 陳光中主編，前揭書，頁196；樊崇義主編，前揭書，頁；王兆鵬，前揭文，頁402。

行為，應遵守誠信原則，參與刑事訴訟自亦受誠信原則支配，故被告應無謊言權，只是要被告真實陳述，不得沉默亦非常不妥，否則，司法機關據以強迫被告陳述，反生諸多弊端。當然，被告不據實陳述，履行其真實義務，自可做為不利被告之裁量因素。

七、搜　查

與大陸相同，台灣的搜索權問題，向來就未受重視。由於發生了檢察官搜索立法院及中國時報事件，立法委員自行提案修正，2001年快速三讀審查通過刑事訴訟法部分修正條文，將搜索權的發動移交法院。這是台灣立法史上罕見的高效率。大陸對於搜查（台灣稱為搜索）僅以第134條規定：「為了蒐集犯罪證據、查獲犯罪人，偵查人員可以對犯罪嫌疑人以及可能隱藏罪犯或者犯罪證據的人的身體、物品、住處和其他有關的地方進行搜查。」及第136條：「進行搜查，必須向被搜查人出示搜查證。在執行逮捕、拘留的時候，遇有緊急情況，不另用搜查證也可以進行搜查。」對於搜查證之核發，大陸的刑事訴訟法中，並無明文，其做法為，須經有關人員批准，填寫搜查證[159]，此所謂有關人員乃指，縣以上公安局長，或由人民檢察長的簽發，對於緊急搜索亦無相關嚴格程式，故大陸之搜查相當於空白搜索票，易被濫用。

八、凍結犯罪嫌疑人之存款與匯款

大陸刑事訴訟法第142條第1項規定，人民檢察院、公安機關根據偵查犯罪的需要，可以依照規定查詢、凍結犯罪嫌疑人的存款、匯款。其目的在查明犯罪、證實犯罪的需要，也是為了國家、集體、個人挽回經濟損失所必須[160]，當然也系在保障被害人，使其所受的損害不致擴大，並防止犯罪人從犯罪行為中獲得不法利益[161]。

---

[159]王國樞主編，前揭書，頁195。
[160]陳光中主編，前揭書，頁303。
[161]陳光中主編，前揭書，頁303；樊崇義主編，前揭書，頁325。

台灣刑事訴訟法並無此規定，不過，若其存款或匯款得為證據之物時，得依台灣刑事訴訟法第133條第1項加以扣押。至於其他相關之權利須依民事法律關係求得補償。

九、精神鑑定的期間不計入羈押期限

大陸刑事訴訟法第147條規定，對犯罪嫌疑人做精神病鑑定的期間不計入辦案期限。其中的期限，指偵查期限，而期限應多久，法律無具體規定，依照大陸學者看法，由於案件的情況不同，因此，很難做出統一的時間要求；另外，如果對犯罪嫌疑人沒有採取任何強制措施，具體限定偵查時間也不十分必要，但如果犯罪嫌疑人已經被羈押，則不能無限期地羈押，應當有明確的時間限制。這種對偵查時間上的限制即偵查期限，實際上是對犯罪嫌疑人的偵查羈押期限，故依據大陸刑事訴訟法第147條之規定，對犯罪嫌疑人做精神鑑定的期間，不計入羈押期限[162]。

不過，台灣刑事訴訟法第203條第3項規定：因鑑定被告心神或身體之必要，得預定七日以下之期間，將被告送入醫院或其他適當之處所；同法第203條之3第1項鑑定留置之預定期間為「法院得於審判中依職權或偵查中依檢察官之聲請裁定縮短或延長之。但延長之期間不得逾二月。」另外，因鑑定留置對人身自由之影響與羈押所差不多，台灣刑事訴訟法遂增訂第203條之4對被告執行第203條之3第3項之鑑定者，其鑑定留置期間之日數，視為羈押之日數。台灣刑事訴訟法的新規定應更能保障被告或犯罪嫌疑人之人權。

十、審查起訴

「審查起訴」是人民檢察院對偵查終結需要提起公訴案件進行審查，決定是否起訴的訴訟活動，依據大陸刑事訴訟法第167條規定：凡需要提起公訴的案件，一律由人民檢察院審查決定。由此可見，人民檢察院不是

---

[162]王國樞主編，前揭書，頁218；陳光中主編，前揭書，頁323；樊崇義主編，前揭書，頁356。

審查全部偵查終結的案件，例如，偵查終結決定撤銷的案件，就不必經過審查起訴這個環節；只有偵查終結後需要提起公訴的案件，才由人民檢察院進行審查，決定是否起訴[163]。

　　台灣亦有所謂的起訴審查制度，然在本質上有些不同。2002年修法參考本法第231條之1有關檢察官對於司法警察（官）移送案件之退案審查制度精神，及德國刑事訴訟法規定之「中間程式」之立法宗旨，增設起訴審查機制，規定「法院於第一次審判期日前，經審查檢察官所指出之證明方法，如認顯然不足以認為被告有成立犯罪之可能時，應以裁定定期通知檢察官補正證明方法」，立法目的在於可使檢察官慎重起訴，避免被告苦於訟累，往返於法院；故台灣起訴審查之主體為法院，大陸起訴審查之主體則為人民檢察院[164]。

十一、人民參與審判

　　大陸刑事訴訟法第178條規定：基層人民法院、中級人民法院審判第一審案件，應當由審判員三人或由審判員和人民陪審員共三人組成合議庭進行，但是基層人民法院適用簡易程式的案件可以由案判員一人獨任審判。高級人民法院、最高人民法院審判第一審案件，應當由審判員三人至七人或由審判員和人民陪審員共三人至七人組成合議庭進行，合議庭開庭審理且評議後，應當做出判決或裁定。

　　大陸的人民參與審判制度（人民陪審）類似德國之參審制度。理論上，人民參與審判可以更有效監督刑事司法的運作，比較容易促成審判的公正性，使判決結果更加得到信服。不過，不管何種型態的人民參與審判（陪審或參審），都需要較高的人民素質，也需要耗掉更多的司法資源，尤其是人民參與審判的效果和品質更是該制度成功與否的評判標準。大陸便有學者對人民陪審制度「陪而不審」的現象做出批評，指出具體而言，人民陪審應當重回人民陪審員制度的原初功能，深刻體認其運作機理和賦

---

[163] 王國樞主編，前揭書，頁205。
[164] 陳光中主編，前揭書，頁343～347；樊崇義主編，前揭書，頁375～377。

權基礎；完善法官指示制度，強化庭審與合議的實質性進程；明確陪審案件中法官的責任和考核標準；合理規制陪審員的評議細則；加強激勵以充分調動陪審員參與的積極性[165]。

十二、出庭支持公訴

「出庭支持公訴」是人民檢察院在提起公訴之後參與法庭審判活動的一項權利與義務，亦是提起公訴的法律效果之一（大陸刑訴§184）。其活動處於案件的審判階段，要受法庭審判程式的支配，但其內容主要是依提起公訴的法律檔起訴。因此，人民檢察院派員出庭公訴之人，必須在法庭審判中宣讀起訴狀、發表公訴詞、參與法庭調查與法庭辯論，根據起訴狀依法追究犯罪的訴訟活動[166]。

該項制度類似於台灣2003年修法通過後的落實檢察官舉證責任的法庭活動，亦即台灣現行改良式當事人進行主義要求下的「檢察官善盡實行公訴之職責」。

十三、證人必須出庭

為盡可能第還原案件真實情況，避免事發錯誤，大陸2012年新修改的刑訴法規定證人強制出庭制度，並提高了證人拒絕出庭作證的司法代價，大陸刑事訴訟法第187條規定，公訴人、當事人或者辯護人、訴訟代理人對證人證言有異議，且該證人證言對案件定罪量刑有重大影響，人民法院認為證人有必要出庭作證的，證人應當出庭作證。人民警察就其執行職務時目擊的犯罪情況作為證人出庭作證，適用前款規定。公訴人、當事人或者辯護人、訴訟代理人對鑑定意見有異議，人民法院認為鑑定人有必要出庭的，鑑定人應當出庭作證。經人民法院通知，鑑定人拒不出庭作證的，鑑定意見不得作為定案的根據。

---

[165] 羊震，人民陪審員制度的運行障礙及其多維性消解——以「陪而不審」為主要研究物件，江蘇社會科學，1期，2017年，頁152～158。

[166] 陳光中主編，前揭書，頁340～342；樊崇義主編，前揭書，頁378。

又，大陸刑事訴訟法第188條則進一步規定，經人民法院通知，證人沒有正當理由不出庭作證的，人民法院可以強制其到庭，但是被告人的配偶、父母、子女除外。證人沒有正當理由拒絕出庭或者出庭後拒絕作證的，予以訓誡，情節嚴重的，經院長批准，處以十日以下的拘留。被處罰人對拘留決定不服的，可以向上一級人民法院申請復議。復議期間不停止執行。

由此看出，大陸刑訴法在證人出庭作證方面進行規模較大的修改，由原先的證人可以不出庭，到現在的強制出庭，甚至在法律條文中體現出「親親相隱」的法律傳統。反觀台灣刑事訴訟法為了讓證人到庭，於1992年修正第176條，提高證人無故不到庭的罰鍰額度至新台幣30,000元，並得拘提之；再傳不到庭亦同，以加重證人不到庭的處罰。

十四、卷證不併送

大陸刑事訴訟法第190條規定，公訴人，辯護人應當向法庭出示物證，讓當事人辨認；依此規定對於刑事審判的影響為起訴時，卷證不須移送，公訴案件經公訴人提出公訴後，於案件移送人民法院審判時，所蒐集的被告犯罪證據，不必隨同案件移送人民法院，故偵查中所蒐集有關不利被告的犯罪證據，應由公訴人於法庭執行支持公訴的任務時，當庭提出，供當事人辨認，適當地避免審判人員與被告人的對立。且大陸刑事訴訟法第186條第1項規定，公訴人在審判庭上宣讀起訴書後，先由被告人或被害人就犯罪事實陳述，再由公訴人訊問被告，最後才由審判人員訊問被告人；大陸學者認為這種審判制度為「控辯式」[167]，此與台灣刑事訴訟法第264條第3項，起訴時應將卷宗及證物一併送交法院之規定，並不相同。

卷證不併送的制度，是為了排除法官審前的預斷，避免形成不利於被告的心證。法庭活動不管是實行當事人進行主義或職權主義的國家，幾乎都是起訴時卷證一併移送，日本是極少數的例外，大陸新的刑事訴訟制度

---

[167]陳衛東、嚴軍興主編，新刑事訴訟法通論，法律出版社，1996年，頁330；王兆鵬，前揭文，頁413。

則向日本跟進。卷證不併送的立意固然好，但必須配合極其詳細、幾乎沒有瑕疵的偵查活動，將來在法庭攻防時，起訴的檢方才不至於潰敗。大陸的卷證不併送制度，成效如何，也還要進一步觀察。

十五、法院審理期限

　　大陸刑事訴訟法第168條第1項前段規定，人民法院審理公訴案件，應當在受理後二個月以內宣判，至遲不得超過三個半月。明文規定審判期限，主要在避免法院審理案件時延宕過久，以保護當事人之權益，因為「遲來的正義不是正義」，所以大陸的刑事訴訟法有規定審理期限[168]。至於簡易程式的案件，應當在二十日內審結；對可能判處有期徒刑超過三年的，可以延長一個半月（大陸刑訴§214）。不過，對於違反審判期限之效果如何，並無規定，乃美中不足之處。

　　台灣並無類似之規定，僅在第311條規定，宣示判決應自辯論終結之日起十四日內為之。且此期間為訓示期間，故違反十四日之規定者，僅生違反職務之問題，對於判決之效力不生影響。

十六、自訴案件之範圍

　　從大陸刑事訴訟法第204條規定得知，關於自訴案件之範圍限於：(一)告訴才處理的案件；(二)被害人有證據證明的輕微刑事案件；(三)被害人有證據證明對被告人侵犯自己人身、財產權利的行為應當依法追究刑事責任，而公安機關或者人民檢察院不予追究被告人之刑事責任的案件。只有上述三種案件才可以由人民不透過偵查機關，直接向人民法院提起自訴[169]。

　　台灣關於自訴案件之範圍並無限制，原則上，任何案件的犯罪被害人均得提起自訴或公訴，為澈底的公訴與自訴並立制度。

---

[168] 陳光中主編，前揭書，頁342～360；樊崇義主編，前揭書，頁386～390。
[169] 陳光中主編，前揭書，頁117～118、342；樊崇義主編，前揭書，頁366、391。

十七、自訴之調解與撤回

關於自訴之調解，大陸刑事訴訟法第206條前段規定，人民法院對自訴案件，可以進行調解。由於調解程式可以對自訴案件的當事人雙方進行說服教育，在查明事實、分清是非的基礎上使雙方達成一定的協定，及調解結案，不用再進行判決，既可減少當事人的訟累，又有利於人民內部的團結[170]。有關於此，台灣的刑事訴訟法無此規定，僅有在民事訴訟法有相關規定（大陸民訴、刑訴§403以下）。不過，將來的刑事訴訟法擬於第七編之一增設「協商程式」其立法精神是一致的。

關於自訴之撤回，大陸刑事訴訟法第206條後段規定：自訴人在宣告判決前，可以同被告人自行和解或者撤回自訴。對此台灣的刑事訴訟法在第325條第1項亦規定告訴或請求乃論之罪，自訴人於第一審辯論終結前，得撤回自訴。二者除撤回時期，一為宣告判決前；一為第一審辯論終結前外，台灣刑事訴訟法對得撤回自訴之案件限定在「告訴或請求乃論之罪」。

十八、簡易程式之審理

大陸刑事訴訟法第208條規定：適用簡易程式審理公訴案件，人民檢察院應當派員出席法庭。被告人可以就起訴書指控的犯罪進行陳述和辯護。經審判人員許可，被告及其辯護人可以同公訴人互相辯論[171]。故其在簡易程式中的審理方式兼采「言詞審理原則」。

台灣關於簡易程式法院之審理，原則上系採書面審理，僅有於必要時，依第409條第1項但書規定於處刑前訊問被告，不過，仍限於法院訊問被告，被告並無與公訴人辯論之機會。

---

[170]王國樞主編，前揭書，頁255；陳光中主編，前揭書，頁342；樊崇義主編，前揭書，頁391。

[171]陳光中主編，前揭書，頁342；樊崇義主編，前揭書，頁392。

十九、終審法院

在審級制度原則下，最高審理之法院稱為終審法院，其所為之判決為終審判決，雖然終審法院各國的立法例不同，但通常為單一獨立機關。不過，大陸刑事訴訟法第233條規定：第二審的判決、裁定和最高人民法院的判決、裁定，都是終審的判決、裁定。由此可知，大陸刑事訴訟法規定二個終審法院，也因如此，大陸刑事訴訟法在第227條規定中賦予第二審人民法院有權裁定撤銷原判決，且發回原審法院重新審理[172]。

台灣的刑事審級制度系采三級三審為原則，雖刑事訴訟法第376條有限制不得上訴第三審之判決，但終審法院仍為最高法院，只有最高法院才有權把案件發回重審，換言之，最高法院為單一的終審法院。另外，依大法官釋字530號解釋，基於司法獨立原則及為期合乎憲法第77條之司法院為最高司法機關的規定，將來的終審法院應從最高法院回歸至司法院。

二十、死刑復核程式

死刑復核程式是大陸人民法院對判處死刑的案件，進行審查核准的一道特別程式。該程式只適用於對被告人判處死刑的案件，包括死刑立即執行（簡稱死刑）案件的復核和死刑緩期二年執行（簡稱死緩）案件的復核。由於大陸刑法和刑事訴訟法規定：死刑除依法由最高人民法院判決的以外，都應報請最高人民法院核准[173]（大陸刑訴§235）。

在台灣並無「死刑復核程式」，不過由於死刑之執行在諭知死刑之判決確定後，檢察官應速將該案卷宗送交法務部，以便對案件加以審查應否呈請特赦、減刑，或有無命檢察官聲請再審或聲請檢察總長提起非常上訴之必要。蓋死刑一經執行，便無可回復，故不得不審慎行之。

關於死刑復核程式，大陸的規定可能是世界各國法制中極其少見的。死刑仍存在於多數國家，保留死刑的國家不能刻板的認為就是野蠻與落

---

[172]陳光中主編，前揭書，頁344；樊崇義主編，前揭書，頁398。
[173]陳光中主編，前揭書，頁383～388；樊崇義主編，前揭書，頁406～409。

伍[174]。美國的多數州、日本、台灣都還有死刑，只要有死刑的運用，都難免存在一個疑慮，法官不是神，法官與任何人一樣都會犯錯，如果誤判死刑，而沒有層層的救濟管道，司法謀殺就可能出現。緩死制度與死刑復核制度，或許是防止司法謀殺的最後一個機會。這個制度值得我們注意。

二十一、審判監督程式

大陸刑事訴訟法第242條規定：當事人及其法定代理人、近親屬的申訴符合下列情形之一的，人民法院應當重新審判：(一)有新的證據證明原判決、裁定認定的事實確有錯誤的；(二)據以定罪量刑的證據不確實、不充分或者證明案件事實的主要證據之間存在矛盾的；(三)原判決、裁定適用法律確有錯誤的；(四)審判人員在審理該案件的時候，有貪污受賄，徇私舞弊，枉法裁判行爲的。

大陸刑事訴訟法第242條之規定爲「審判監督程式」，又稱「再審程式」，是指人民法院、人民檢察院對已經發生法律效力的判決和裁定，在認定事實或適用法律上確有錯誤時，予以提出並對案件進行重新審判的方式、方法和應遵守的順序[175]等。由上述可知，大陸刑事訴訟法把認定事實錯誤與適用法律錯誤合併在同一程式中進行救濟，且無論是確定判決或裁定，均得請求重新審判。

台灣的刑事訴訟法將判決確定後的救濟途徑分爲二種，其一爲對確定判決認定事實有錯誤的「再審」（刑訴§420以下）；其二爲對判決確定後發現該案件之審判系違背法令的「非常上訴」（刑訴§441以下），且僅能針對確定之判決才可以聲請，確定之裁定不可依此程式聲請救濟。

---

[174] 以死刑對付罪大惡極的殺人犯，固然難以回答人道原則，可是以終身監禁對付，同樣難以逃避踐踏受刑人的人性尊嚴的責難。一個受刑人必須老死於監獄，毫無重獲自由的機會，其生命尊嚴將澈底崩落，自覺與動物無異。人類有什麼權力對待一個人如同對待動物。關於死刑不牴觸自由主義的論證，林東茂在其刑事政策與自由主義一文，有詳細而新穎的說法，發表於甘添貴教授六十歲祝壽論文集第4冊，2002年4月，頁1以下。

[175] 王國樞主編，前揭書，頁275；陳光中主編，前揭書，頁383；樊崇義主編，前揭書，頁409。

二十二、停止執行死刑之原因

　　大陸刑事訴訟法第251條規定，執行死刑前發現有下列情形之一者，應停止執行：(一)在執行前發現判決可能有錯誤的；(二)在執行前罪犯揭發重大犯罪事實或者有其他重大立功表現，可能需要改判的；(三)罪犯正在懷孕。台灣刑事訴訟法第465條規定，停止執行死刑的原因有，心神喪失中與婦女懷胎中。兩岸刑事訴訟法均將婦女懷胎列為停止執行死刑之原因。

　　較為特殊的是，大陸刑事訴訟法規定，在執行前罪犯揭發重大犯罪事實或者有其他重大立功表現，可能需要改判的，應停止執行死刑。本項規定，大陸學者認為，從貫徹「有錯必糾」的原則和「可不殺的不殺」的限制，執行死刑的立法精神及鼓勵悔過自新的刑事政策言，對於揭發重大犯罪與重大立功表現的罪犯，暫停執行死刑是有必要的[176]。

肆、大陸刑事訴訟法評估

　　2012年修正後的大陸刑事訴訟法，雖然對於訴訟程式的保障有了某種程度的進展，但是，仔細檢視這些規定後，仍會發現有許多規定（或應規定而未規定的）與刑事司法的國際水準尚存一些距離的情況。根據大陸學者的看法[177]，大致可以歸納以下幾點：

---

[176]徐靜村主編，刑事訴訟法學（上），頁344；陳光中主編，前揭書，頁448、449；樊崇義主編，前揭書，頁334。

[177]陳瑞華著，修正後的中國刑事訴訟法典——從刑事司法國際標準角度的分析，1996北京刑事訴訟法學國際研討會論文，頁3以下。

一、未充分保障審判獨立

根據研究指出，大陸的司法實踐中經常存有機關、團體或個人以言代法、以權壓法的現象[178]。為了能夠使這種現象減低，並且響應1982年憲法的規定[179]，修正後刑事訴訟法增加第5條規定，人民法院依照法律規定獨立行使審判權，人民檢察院依照法律獨立行使檢察權，不受行政機關社會團體和個人干涉。惟由於大陸刑事訴訟法是規定「法院獨立」而非「法官獨立」，所以，法官對於他的同事、行政領導與上級法院並沒有完全的獨立性。修正後的刑事訴訟法雖擴大了合議庭的許可權，希望藉此防止審判委員會「不審而定的形式審判」，但是，合議庭能否完全獨立於審判委員會，是非常值得疑慮的。

尤其「審判委員會」的設計，是最受人質疑的，依大陸刑事訴訟法第180條「合議庭開庭審理並且評議後，應當做出判決。對於疑難、複雜、重大的案件，合議庭認為難以做出決定的，由合議庭提請院長決定提交審判委員會討論決定。審判委員會的決定，合議庭應當執行」。審判委員會乃由院長提請同級國家權力機關任免，委員會由院長主持，對於案件實行合議制，少數服從多數，同級人民檢察院檢察長得列席參加討論，但無表決權，故顯示出大陸刑事訴訟法未能貫徹審判獨立的決心。另外，修正後的刑事訴訟法並未將主持庭前的法官，和主持法庭審判的法官分開；而且，合議庭成員可能因閱卷而提前接觸控方所提證據；或法院的庭外調查當事人無法參與等，這些因素均可能形成法官先入為主的情形，因此，法官就無法達到超然與中立的立場。

對此，不少大陸學者主張應當堅持審判獨立，並且以新刑事訴訟法實施和司法改革為契機，圍繞對質權保障推動庭審實質化，從證明力切入逐漸限制證據能力，完善分工配合制約原則，漸次展開審判中心主義之改

---

[178] 陳光中，刑事訴訟法修改的主要內容和重大意義，1996北京刑事訴訟法學國際研討會論文，頁1以下。

[179] 1982年中華人民共和國憲法第123及131條規定，人民法院及人民檢察院，依照法律規定，獨立行使審判權及檢察權，不受行政機關社會團體和個人干涉。這兩條規定是在憲法中明文揭櫫「司法獨立」的原則。

革，以實現刑事司法中看得見的正義[180]。

二、被告防禦權的保障仍有進步空間

2012年大陸刑事訴訟法的修正，對於被告防禦權更加重視，尤其是關於刑事辯護制度的部分。必須說明的是，刑訴辯護制度的修改、完善不限於「第四章辯護與代理」的範圍，而是整體性、全方位的，貫穿、體現於刑事訴訟法的諸多方面。從某種程度上講，這次刑事訴訟法再修改主要是圍繞保障人權、完善刑事辯護制度、強化刑事辯護職能而展開的。在重點內容上，明確了偵查階段辯護律師的法律地位，在第36條、第54條、第86條、第95條、第97條明確了其訴訟權利。完善刑事法律援助制度。針對長期存在的辯護律師會見難、閱卷難、取證難等「三難」問題，進行了有針對性制度建設。例如第37條規定了不論何訴訟階段，除三類案件外，辯護律師與在押犯罪嫌疑人、被告人的會見不須經辦案機關許可，持「三證」就可以直接到看守所進行會見，並要求看守所應當及時安排，至遲不得超過48小時。再如第38條明確規定：辯護律師自人民檢察院對案件審查起訴之日起，可以查閱、摘抄、復制本案的案卷材料。但是，辯護制度尚有需要完善之處，立法上有些原則性、抽象化的規定需要進一步解釋，例如，在刑事法律援助方面，偵查階段如何確定犯罪嫌疑人是否屬於可能判處無期徒刑或死刑的人，這涉及到在偵查階段公安機關為此兩類犯罪嫌疑人依法、及時提供法律援助律師的問題。如何嚴格依法審查並排除被告人及其辯護人提出的非法證據[181]。

美中不足的是缺乏相關權利的保障性和程式制裁性條款，且這有可能會影響到律師辯護權實質而有效的行使。而對於上述偵查機關、檢察機

---

[180] 參見胡銘，審判中心、庭審實質化與刑事司法改革——基於庭審實錄和裁判文書的實證研究，法學家，4期，2016年，頁16～27、175、176；陳瑞華，新間接審理主義「庭審中心主義改革」的主要障礙，中外法學，4期，2016年，頁845～864；劉靜坤，刑事審判的精義在於依法獨立公正，人民法院報，2013年1月1日，第1版；卞建林、謝澍，「以審判為中心」視野下的訴訟關係，國家檢察官學院學報，1期，2016年，頁33～42。

[181] 顧永忠，我國刑事辯護制度的重要發展、辯護阿和實施：以新刑事訴訟法為背景的考察分析，法學雜誌，6期，2012年，第56～65頁。

關、審判機關違反法定程式，侵犯辯護律師的程式辯護權利時，可以通過建立程式性制裁制度使得受到程式性違法之直接影響的證據、公訴、裁判以及其他的訴訟行為失去法律效果，以此使辯護權利受到侵犯的律師獲得權利救濟的有效途徑[182]。

此外，由於「不被迫自證其罪」是刑事訴訟的基本原則之一。然而，大陸的刑事訴訟法仍保留被告「如實陳述的義務」，沒有享有不供述的自由；另外，對於非任意性的自白，沒有排除其證據能力的規定，凡此種種均有造成枉法裁判的可能。再者，被告與證人不同，證人必須據實陳述，被告則可以緘默不語，如果被告要承擔不利的法官心證，他甚至可以胡言亂語。總之，被告無須據實陳述。刑事司法機關必須運用龐大的組織與人力，蒐集各種證據，使被告難以抵賴，而不是強求被告配合，自己認罪。這一點，也許還值得大陸學習。

三、原告與被告地位不平等

大陸的刑事訴訟法雖然提高了犯罪嫌疑人與被告的地位，然而仍舊存在不平等的情形。因為，追訴者的一方仍然處於絕對優勢的地位，除了被害人有直接提起自訴的權利外，並將自訴人定為當事人之一。同時也賦予被害人及其代理人有聲請回避的權利；在審判階段享有與被告同等的訴訟權利，另外還有優先訊問被告、證人、鑑定人的權利。此外，由於沒有明確規定已經不起訴及已經裁判案件的既判力，被訴追的人有被重複追訴審判及科刑的可能[183]；另外，由於修正後刑事訴訟法沒有規定證人不出庭作證，法院可以強制其到庭，容易發生採用傳聞證據，使被告無法實施反對訊問的情形；而且，在沒有明確規定直接審理原則與言詞辯論原則的情況下，都會使被告在審判時無法充分防禦自己的權利[184]。

---

[182] 潘申明、劉宏武，論刑事辯護制度的革新：以新刑事訴訟法為基點，法學雜誌，3期，2013年，第118～126頁。
[183] 陳瑞華，前揭文，頁3以下。
[184] 程味秋，我國庭審程式的改革，1996北京刑事訴訟法學國際研討會論文，頁2。

四、強制措施過分嚴苛

　　大陸刑事訴訟法規定有五種強制處分的措施：拘傳、取保候審、監視居住、拘留和逮捕。然而仔細檢視後可以發現有些規定有侵犯人身自由之虞。例如，拘留是由公安機關自行決定與執行、犯罪嫌疑人在被羈押十日至三十日的期間，無法聲請中立的機關審查羈押是否合法必要，羈押期間的計算是從偵查人員獲知犯罪嫌疑人的真實姓名與身分後才開始，偵查期間如發現有另外其他重要罪行時，自發現之日起重新計算羈押期限，因此羈押期間有任意被延長的可能（參照大陸刑訴§84）。另外，搜查、扣押、查封等強制性偵查手段，也都是由偵查人員自行決定與執行，無法受到中立的機關審查與制約，都使得強制措施有被濫用的可能[185]。

　　需要指出的是，大陸監視居住制度的改革初衷是好的，是為了減少審前羈押。但是指定居所監視居住制度反而使得監視居住具有了羈押的性質，在適用條件上增加了規定「因為案件的特殊情況或辦理案件的需要，採取監視居住更為適宜的」這一條件，為偵查機關監視居住大開方便之門，缺乏制約[186]。

　　2012年修法細化了逮捕的條件，強化了逮捕程式的言詞性，建立逮捕後羈押必要性審查機制。對逮捕條件的修改未能體現降低羈押率的根本方向；審查批捕未能建立偵查機關與辯護方同時到場的言詞聽證程式；逮捕後繼續羈押必要性審查程式的建構存在主體不中立，啟動方式不合理，審查決定的效力不足等問題[187]。

　　無罪推定、禁止雙重追訴等現代訴訟原則未正式確立。雖然第12條「未經人民法院依法判決，對任何人不得確定有罪」，但與無罪推定原則相去甚遠。審判監督程式的修改中沒有對提起不利於被告人的再審作出限制，與「公民權利與政治權利公約」第14條規定的「任何人已依一國的法

---

[185]陳瑞華，前揭文，頁5。
[186]卞建林，中國特色刑事訴訟制度的重大發展，法學雜誌，5期，2012年，頁1～8。
[187]陳永生，逮捕的中國問題與制度應對：以2012年刑事訴訟法對逮捕制度的修改為中心，政法論壇，4期，2013年，頁17～35。

律及刑事程式被最後定罪或宣告無罪者，不得就同一罪名再予審判或懲罰。」這一原則不相一致[188]。

2012年刑事訴訟法修正案是對證據制度的重大修改和完善。但是沒有確認無罪推定、證據裁判、自由心證或內心確信等各國公認的證據法基本原則，而這些原則恰恰是實體性證據規範和程式性證據規範的基礎。關於舉證責任、非法證據排除範圍等實體方面的法律規範不夠嚴密，遺漏了大量的真空地帶沒有規範。證據蒐集、調查程式等程式性規範明顯不足，有的法律規範之間還存在著直接的衝突，例如對證人出庭的範圍限制太嚴，對採用技術偵查措施蒐集的材料又允許不經法庭質證作為定案的根據[189]。

刑事再審程式，是一種非常救濟程式，應當註重再審糾錯與程式安定性價值之間的衡平。此次大陸刑事訴訟法修改用修改兩條、新增兩條的方式對刑事再審程式作了一定的修改與完善，有其進步意義。但對於申訴改造、再審事由的設置、再審的啟動主體以及再審審理程式的構建等核心問題並沒有涉及[190]。

伍、結　語

長久以來，大陸刑事司法的運作都在於實現「犯罪真實的發現」。換言之，刑事程式的設計都在於使偵查與審判機關查明事實真相，有效懲治犯罪與維持社會秩序。在這種觀念下，刑事訴訟法的規定與制度，只有程式工具主義的價值觀念，不具有任何獨立的內在價值與意義[191]。因此，大陸刑事司法在民主化與科學化的過程中，價值觀念的突破是最困難的障礙[192]。不過，2012年大陸刑事訴訟法的修正，已經有了很大的進展。

---

[188]卞建林，中國特色刑事訴訟制度的重大發展，法學雜誌，5期，2012年，頁1～8。
[189]孫長永，論刑事證據法規範體系及其合理構建：評刑事訴訟法修正案關於證據制度的修改，政法論壇，9期，2012年，頁25～34。
[190]陳衛東、杜磊，再審程序的理解與適用：兼評「刑事訴訟法」關於再審程序的修改，法學雜誌5期，2012年，頁9～18。
[191]陳瑞華，前揭文，頁5。
[192]楊誠，聯合國刑事司法政策與中國國情，1996北京刑事訴訟法學國際研討會論文，頁1以

　　誠如大陸學者徐靜村樂觀的說，刑事訴訟上之各項原則和措施的落實程度，與政府在政治、經濟、社會生活中相對於個人的現實地位有密切關係，一個缺乏民主基礎的政府，對於這些原則和措施即使在法律上給予承認，在現實社會中也不會認眞地去執行，不過，隨著大陸市場經濟的發展，經濟體制的改革及對外交流的擴大，個人社會地位提高及權利意識的增強，大陸2012年修正後的刑事訴訟法，已經順應了保障涉訟公民人權的潮流[193]。

　　在鳥瞰大陸刑事訴訟法後，與台灣刑事訴訟法加以比較，發現有些規定是台灣制度所沒有、類似或不相同的，必須加以掌握，例如，任務與基本原則、兩審終審、一般人得逮捕通緝被告與越獄犯人、強制措施、立案、緘默權、搜查、凍結犯罪嫌疑人之存疑與匯款、精神鑑定的期間不計入羈押期限、審查起訴、人民參與審判、出庭支持公訴、證人可不出庭、卷證不併送、法院審理期限、自訴案件之範圍、自訴之調解與撤回、簡易程式之審理、終審法院、死刑復核程式、審判監督程式、停止執行死刑之原因等。

　　新的大陸刑事訴訟法與國際標準的刑事司法相較，雖仍然存有差距[194]，不過，任何法律制度都需要逐步的演進，而不是跳躍的成長。大陸法制的蓬勃開放與積極地與世界接軌，不過三十餘年的時間，但法律制度上已有基本人權的尊重，並注意西方法律思潮之新趨勢，這是相當可貴的。我深信，大陸持續地與西方世界來往，在完全自由開放中，以其充沛的優秀人力，很快就可以築成肥沃的學術土壤，進而影響立法與司法。也許有朝一日，我們要向他們學習，這應非無據的臆測。

下。
[193]徐靜村主編，前揭書（上），頁59、80。
[194]陳瑞華著，前揭文，頁5。

第二十二章

通訊保障及監察法之修正與評析

壹、前　言

　　2014年1月快速修正通過的「通訊保障及監察法」（以下稱新法或簡稱通保法），導因於特偵組100年度特他字第61號案件。特偵組為偵查陳某貪污案，以此取得法院監聽票，偵查某立委是否涉嫌介入關說假釋案，後又以此案來監聽台灣高檢署某檢察官。這些案件原本與貪污案無關，是偵查過程中衍生的「另案」，但特偵組並未另行分案，僅依該監聽票續行偵查。其後，高等法院雖已對貪污案做出宣判，但特偵組仍持續監聽某立委至2013年9月，並側錄到立法院長與某立委的疑似關說案。

　　台北地方法院核發的監聽票，原本目的在於監聽某立委是否涉入陳某貪污案。但特偵組竟以同一個案號，偵辦多個無關案件，案號目的與監聽目的明顯不同，甚至爆出監聽國會總機的軒然大波，從而引來朝野立委一致撻伐，進行快速的修法。不過，如此急就章的修法，是否符合學理，能否恰當的因應實務運作，是本文所要探討的重點。

貳、新法之修正內容

　　通訊監察是重要的偵查手段之一。若干重大犯罪的線索，皆源於通訊監察而來，因此通訊監察有其必要性。若說通訊監察是維護治安的利刃，應該不為過。然而，在行使通訊監察的同時，難免發生侵害人權及隱私權保護的問題，浮濫的通訊監察，也與刑事訴訟法維護人權的精神有所違背。為了回應前述監聽案件，乃有此次通保法的修正。

　　此次通保法的修正幅度，堪稱近年來最大。修正焦點，主要在深化憲法第12條所揭示「人民秘密通訊自由」的保障。通保法第1條，特將隱私權明文納入本法權利保障範圍中。修正重點，可分為「強化秘密通訊與隱私權的保障機制」以及「完善通訊監察處分之監督機制」兩大方向。另外，雖然同時擴大實施通訊監察的權限，但修正幅度相對輕微。下文將逐一說明。

一、強化秘密通訊與隱私權的保障機制

（一）通聯紀錄納為保障客體

　　舊法通訊監察的客體，是通訊雙方溝通資訊的內容，而未及於能顯示通訊對象、次數以及時間、地點等相關資訊。但修法增列第3條之1及第11條之1，規定通聯紀錄通訊的監察規範。新法對於通聯紀錄加以定義，該法第3條之1第1項規定：「本法所稱通信紀錄者，謂電信使用人使用電信服務後，電信系統所產生之發送方、接收方之電信號碼、通信時間、使用長度、位址、服務型態、信箱或位置資訊等紀錄」，經由此一規定，通聯資訊正式納入監察保障範圍。

　　同法第11條之1，則為聲請監察通聯紀錄的方式。原則上，通聯紀錄的通訊監察採取「令狀原則」，必須經過法院核發調取票，才可實施。其發動主體為檢察官，要件為「最重本刑三年以上」、「有事實足認通聯紀錄與通信使用者資料於偵查的必要性與關聯性」，而司法警察官亦得報請檢察官，向法院聲請調取票[1]。另外，如果案情急迫不及事先申請者，雖得不經法院聲請調取票，但在急迫原因消滅後，應向法院補行聲請之，此則規定於第4項。

　　新法另有法官保留原則的例外規定，亦即，若案件為「最輕本刑十年以上之罪」或為「通訊保障及監察法定特定之罪」，檢察官得依職權或依司法警察官的聲請，調取通聯紀錄。這是該法第11條之1第3項：「檢察官、司法警察官為偵辦最輕本刑十年以上有期徒刑之罪、強盜、搶奪、詐欺、恐嚇、擄人勒贖，及違反人口販運防制法、槍砲彈藥刀械管制條例、懲治走私條例、毒品危害防制條例、組織犯罪防制條例等罪，而有需要

---

[1] 通保法第11條第1項及第2項規定：「檢察官偵查最重本刑三年以上有期徒刑之罪，有事實足認通信紀錄及通信使用者資料於本案之偵查有必要性及關聯性時，除有急迫情形不及事先聲請者外，應以書面聲請該管法院核發調取票。聲請書之應記載事項，準用前條第1項之規定（第1項）。司法警察官因調查犯罪嫌疑人犯罪情形及蒐集證據，認有調取通信紀錄之必要時，得依前項規定，報請檢察官許可後，向該管法院聲請核發調取票（第2項）。」

時，得由檢察官依職權或司法警察官向檢察官聲請同意後，調取通信紀錄，不受前二項之限制。」

（二）嚴格規定通訊監察的聲請

通保法修正前，對通訊監察的聲請程序，嚴謹性似乎不足。依照舊法第5條第2項：「前項通訊監察書，偵查中由檢察官依司法警察機關聲請或依職權以書面記載第11條之事項，並敘明理由、檢附相關文件，聲請該管法院核發。」通訊監察對於個人隱私有重大的侵害，因此，應該在聲請時說明監察理由，並且說明通訊監察的最後手段性（亦即，何以其他偵查方式不能取代通訊監察）。有鑑於此，新法對於通訊監察的聲請，加以更嚴格的規定，要求檢察官更詳盡的釋明義務：「聲請書應……檢附相關文件及監察對象住居所之調查資料，釋明有相當理由可信其通訊內容與本案有關，且曾以其他方法調查仍無效果，或以其他方法調查，合理顯示為不能達成目的或有重大危險情形。」換言之，現行法除了相關文件外，更應於聲請書上說明「有相當理由認為與本案有關」及「其他調查方法無效果或有重大危險」。

針對通訊偵查的對象，舊法並未明文「一人一票一監聽」，被立法者認為是造成實務基於便利採取「一票吃到飽」現象的主要原因。新法第5條第5項因而規定，通訊監察書的聲請僅能針對單一對象，不得擴及其他對象。如果是「同一偵、他字或相牽連案件，得同時聲請數張通訊監察書。」因此，依照新法，對於通訊監察的對象，以「一人一票一監聽」為原則，然基於犯罪偵查的需要，檢察官亦可同時聲請多張通訊監察書，針對同一犯罪偵查中的偵字、他字案中的不同對象實施通訊監察。

（三）續行通訊監察的限制

關於續行通訊監察的規定，舊法第12條第1項僅規定：「第5條、第6條之通訊監察期間，每次不得逾三十日，第7條之通訊監察期間，每次不得逾一年；其有繼續監察之必要者，應附具體理由，至遲於期間屆滿之二

日前，提出聲請。」換言之，舊法時期若有續行監察的必要，仍可在期限屆滿二日前，提出續行通訊監察的聲請。

　　通訊監察對於人民的隱私權具有高度干預的特性，若允許偵查機關毫無限制續行聲請，勢必重大侵害人民的隱私權與秘密通訊自由權。因此，新法第12條第1項有如下的修正：「但第5條、第6條繼續之監察期間，不得逾一年，執行機關如有繼續監察之必要者，應依第5條、第6條重行聲請。」

　　依照新法，延長通訊監察期間，除了必須釋明具體理由之外，更關鍵的是，聲請的續行通訊監察期間，不得超過一年。若執行機關認為有繼續監察的必要，則需另行蒐集證據，重行新的令狀程序向法院聲請。

（四）禁止使用另案證據

　　偵查過程中，發現其他案件之內容者，得否作為證據使用，新法明文給予限制。新法第18條之1第1項規定：「依第5條、第6條或第7條規定執行通訊監察，取得其他案件之內容者，不得作為證據。但於發現後七日內補行陳報法院，並經法院審查認可該案件與實施通訊監察之案件具有關聯性或為第5條第1項所列各款之罪者，不在此限。」換言之，本次修法新增若係取得他案之內容，因非通訊監察書上所載的案由，原則上不得作為證據。惟若經過法院審查而認為與本案具有關聯性，或符合第5條重罪類型者，則例外賦予證據適格。

　　另外，執行通訊監察所獲得的內容或衍生證據，與監察目的無關者；或違反第5、6及7條規定所進行的通訊監察所取得的內容或衍生證據，分別依據第18條之1第2、3項規定，不能作為司法偵查、審判、其他程序之證據甚或其他用途，同時應予以銷燬[2]。換言之，新法已不再如同舊法區

---

[2] 通保法第18條之1第2、3項規定：「依第5條、第6條或第7條規定執行通訊監察所取得之內容或所衍生之證據與監察目的無關者，不得作為司法偵查、審判、其他程序之證據或其他用途，並依第17條第2項規定予以銷燬（第2項）。違反第5條、第6條或第7條規定進行監聽行為所取得之內容或所衍生之證據，於司法偵查、審判或其他程序中，均不得採為證據或其他用途，並依第17條第2項規定予以銷燬（第3項）。」

分「違反情節是否重大」，只要是違法的監聽，均不得採爲證據或其他用途[3]。另外，爲防止另案或違法監聽，於新法第27條增列第3項，規定公務員或曾任公務員者，違反上述規定，將通訊監聽資料挪作他用，處三年以下有期徒刑。

（五）受通訊監察人之救濟程序

依照2004年1月29日前的刑事訴訟法規定，受通訊監察人，其在通訊保障及監察法並無相關的救濟程序。另外，在刑事訴訟法中，有關抗告及準抗告的規定，亦無通訊監察之明文，受通訊監察人無法適用該程序提起救濟權利。然而，通訊監察對隱私權的侵害並不亞於搜索扣押，故應給予受通訊監察人合理的救濟程序，方符合人權保障的精神。

據此，立法者修正刑事訴訟法第404條第1項第2款及第416條第1項第1款規定，將通訊監察納入「抗告」與「準抗告」的範圍，賦予受通訊監察人合理的救濟程序。同時，於第416條第1項中，更明文規定「處分已執行終結，受處分人亦得聲請，法院不得以已執行終結而無實益爲由駁回」，讓受處分人得受救濟的完整保障。

二、完善通訊監察處分之監督機制

（一）強化監察進行中的監督機制

關於通訊監察的監督，舊法第5條第4項規定：「執行機關應於執行監聽期間，至少作成一次以上之報告書，說明監聽行爲之進行情形，以及有

---

[3] 修法前通保法明定違法監聽所得證據禁止之規定：「違反本條規定進行監聽行爲『情節重大』者，所取得之內容或所衍生之證據，於司法偵查、審判或其他程序中，均不得採爲證據（舊法§5Ⅴ、§6Ⅲ參照）」。但最高法院97年度台上字第2743號判決卻認為，違法監聽若「情節重大」，始適用「絕對排除法則」處理；至於違法監聽「情節非重大」，仍依「權衡理論」處理；亦即，關於違法進行通訊監察行爲「情節重大者」，所取得之證據資料是否具有證據能力之判斷，自應優先適用通保法上述特別規定；至於僅在違反通保法進行通訊監察「情節並非重大」之情形，始回歸適用刑事訴訟法相關規定（如刑訴§158之4），以判斷其是否有無證據能力。

無繼續執行監聽之需要。」然而，通訊監察時間可能長達數月之久，若要求執行機關在執行期間僅需作成至少一次的報告書，對於監聽的監督過於寬鬆，無法落實監督的效果。

據此，新法將第5條第4項修正爲：「執行機關應於執行監聽期間內，每十五日至少作成一次以上之報告書，說明監聽行爲之進行情形，以及有無繼續執行監聽之需要。檢察官或核發通訊監察書之法官並得隨時命執行機關提出報告。」如此，執行機關每十五天應該作出通訊監察報告書，同時檢察官與法官亦可隨時命提出報告，以落實監督之實。

除了檢察官與法官的監督外，新法也規定執行機關應於一定期間內，取回通訊監察的內容。一般而言，執行機關並無實施通訊監察的能力，而是由刑事警察局監察中心（一般稱機房）或專業的電信業者實施通訊監察。爲了落實執行機關的義務，並促使通訊監察更有效率，新法在第13條第3項規定：「執行機關除有正當理由者外，應至少每三日派員取回監錄內容。」同條第4項規定：「前項監錄內容顯然與監察目的無關者，不得作成譯文。」此不但強化執行機關的取回義務，同時若與監察目的無關時，亦不可將其轉爲譯文，而適度限制通訊監察的實施。

（二）通訊監察的事後通知義務

通訊監察結束，關於事後通知的規定，舊法第15條固然有規定，但其具體作法的規範不夠明確。新法則針對事後通知的「內容」及事後通知的「程序」給予明確規範。舊法在第15條第1項中僅規定：「應即敘明受監察人之姓名、住所或居所報由檢察官……」，但對於其他通訊監察的事項，例如實施期間、有無獲得符合通訊監察目的之資料等，並未詳爲規定。新法對此修正爲：「應即敘明受監察人之姓名、住所或居所、該監察案件之第11條第1項各款及通訊監察書核發機關文號、實際監察期間、有無獲得監察目的之通訊資料及救濟程序報由檢察官……」。

在通知受監察人的部分，舊法第15條第2至4項僅規定法院有通知義務，但並未規定應於何時通知。對此，新法第15條有明確的期限規範，該

條第2項規定：「通訊監察結束後，檢察官、綜理國家情報工作機關逾一個月仍未為前項之陳報者，法院應於十四日內主動通知受監察人。但不能通知者，不在此限。」第3項亦規定：「法院對於第1項陳報，除有具體理由足認通知有妨害監察目的之虞或不能通知之情形外，應通知受監察人。」若有不能陳報的原因消滅後，法院應補行通知；若仍未消滅，第4項規定檢察機關應於三個月內說明原因，逾期未說明者，法院則應在十四日內主動通知受監察人。

（三）連續流程履歷紀錄及其管理

關於通訊監察的流程及所得的資料，向無行政管理的機制。新法特別在第18條第2、3項規定，應建立「連續流程履歷紀錄」並與原本的通訊監察管理系統進行整合。第18條第2項：「依第5條及第6條規定通訊監察書之聲請、核發、執行、通訊監察所得資料之保管、使用、銷燬，應就其經辦、調閱及接觸者，建立連續流程履歷紀錄，並應與台灣高等法院通訊監察管理系統連線。」第3項：「前項其他執行通訊監察之機關，每月應將所有截聽紀錄以專線或保密方式傳遞至台灣高等法院通訊監察管理系統。」

（四）建立國會監督機制

本次立法修正，肇因於監聽國會而形成爭議。立法院為了進行適當的監督，並希望透過該監督，緩解通訊監察所產生的侵害，而於新法第32條之1規定國會監督機制。第32條之1第1項，是關於「年度報告與定時調閱」的規定，使通訊監察的資訊受到立法院的監督。第32條之1第2項，是關於「國會的主動監督」，賦予國會有權隨時檢查通訊監察的概況。

立法者希望透過國會監督，使違法通訊監察的機率降至最低。依照第32條之1第1項：「法務部每年應向立法院報告通訊監察執行情形。立法院於必要時，得請求法務部報告並調閱相關資料。」第2項：「立法院得隨時派員至建置機關、電信事業、郵政事業或其他協助執行通訊監察之機

關、事業及處所，或使用電子監督設備，監督通訊監察執行情形。」

三、擴大實施通訊監察的權限

（一）擴大通訊監察的適用罪名

　　基於通訊監察最後手段性的考量，立法上必須限縮其實施對象，此在修法前的第5條第1項即可得知。在立法的設計上，我國主要分為兩類：第一、刑度；第二、罪名。關於刑度，新舊法皆以「有期徒刑最低三年以上」為標準（第1款）。至於罪名，則依據法律名稱分列在同條第2至15款中，包含普通刑法、特別刑法及附屬刑法。

　　本次修正，新增三種可實施通訊監察的罪名，分別是「意圖在國外損害營業秘密罪」（營業秘密法§13之2Ⅰ、Ⅱ）、「竊取森林主副產物罪」（森林法§52Ⅰ、Ⅱ）及「廢棄物清理法第46條各罪」等。

　　擴大通訊監察案件類型的目的，著眼於偵查犯罪的必要性與有效性，諸如意圖在國外損害營業秘密罪，由於其犯罪地在國外，同時涉及營業秘密，在偵查上有必要以通訊監察的方式輔助，因此列入通訊監察的範圍。廢棄物清理法第46條各罪的入法，則是考量近年廢棄物的污染現象嚴重，加上環境犯罪具隱密性及損害的不可回復性，犯罪偵查更有賴通訊監察等方式。另外，本次修法將貪污治罪條例第11條第4項關於違背職務行為之行賄罪納入監查犯罪類型，也是考慮其犯罪手段隱密性所為之修正。上述修正，顯然考慮到偵查實務的困難與通訊監察的必要性。

（二）緊急通訊監察條件之調整

　　通訊監察的發動，除了依法聲請通訊監察書之外，若有急迫情形，必須立即實施通訊監察，應給予緊急通訊監察的權力。這是未經法院審查的無令狀通訊監察，稱為「緊急監聽」。依新法第6條，如有事實足認被告或犯罪嫌疑人有列舉之罪名，為防止他人生命身體的急迫危險，檢察官得口頭通知執行機關，先予執行通訊監察，再於二十四小時之內補發通訊監

察書。緊急監聽的程序爲司法警察機關向該管檢察官聲請，再由檢察官向法院陳報，由法院補發通訊監察書[4]。

修法前第6條第1項規定：「有事實足認被告或犯罪嫌疑人有犯……爲防止他人生命、身體、財產之急迫危險，司法警察機關得報請該管檢察官以口頭通知執行機關先予執行通訊監察。」不過，若有事實顯示該通訊係作爲第5條第1項的犯罪連絡而生情況急迫時，爲求偵查效能，仍應容許偵查機關發動緊急通訊監察。因此，新法第6條第1項，將緊急通訊監察的要件放寬，擴及與第5條第1項有關的犯罪連絡：「……或有事實足信有其他通訊作爲前條第1項犯罪連絡而情形急迫者，司法警察機關得報請該管檢察官以口頭通知執行機關先予執行通訊監察。」

參、驗證新法與通訊監察法制之原則

通訊監察是刑事訴訟上強制處分之一種，國家基於犯罪偵查之目的，對被告或犯罪嫌疑人進行通訊監察。監察通訊必須秘密爲之，人民隱私通訊內容完全遭到探知，將剝奪人民秘密通訊自由的權利；且又不受有形空間的限制，係屬重大的權利侵害。另外，人民受通訊監察時，通常無從得知其基本權已遭侵害而無法行使防禦權，且通訊的雙向本質，必將同時侵害無辜第三人之秘密通訊自由，此種廣泛的權利侵害，也包含其所衍生的資訊自主權以及有害人性尊嚴與人格完整發展[5]。

由於通訊監察嚴重侵害人民秘密通訊自由權，大法官釋字631號解釋才言明，通訊保障監察法的制定是國家衡酌「保障人民秘密通訊自由不受非法侵害」及「確保國家安全、維護社會秩序」的利益衝突，兩相權衡後的結果，且國家僅在爲確保國家安全及維護社會秩序必要，「於符合法定

---

[4] 不過，如在檢察官主動偵查之案件如認爲有緊急監聽之必要時，比照2004年關於第5條第2項修法意旨出發，應認爲檢察官實不宜有實施緊急監聽之權限，參照張麗卿，刑事訴訟法理論與運用，五南圖書出版，2016年9月13版，頁302。

[5] 張明偉，監聽風雲——以通訊監察進行國家情報工作之規範檢討，軍法專刊，56卷6期，2010年12月，頁167～168。

之實體及程序要件之情形下」始得監察人民的秘密通訊。

　　是故，本法必然隱含各種制約國家權力的原則，同時，諸項原理原則，也可視爲以保障人民基本權爲目的，作爲建立法制規範或解釋的指引。因而，檢視本次的修正是否妥適，有必要驗證新法與通訊監察法制各項原理原則之契合度。

一、令狀原則

　　令狀原則，又稱法官保留原則。這是指，司法機關實施強制處分時，侵害人民的自由、財產與隱私等基本權，原則須經由超然地位的機關，秉持中立的態度，事先審查處分的適法性、妥適性以及必要性。令狀原則建立在制約執行機關公權力的思考上。偵查機關基於本位立場，往往無法客觀正確的判斷，強制處分是否過度侵害人民權利，因而，應由法院作爲人民權利的把關者，凡是侵害人民權利的強制處分，必須先經法院審查同意後始能發動。

　　對於通訊監察，大法官釋字631號解釋已表明：「爲檢察官或司法警察機關爲犯罪偵查目的，而有監察人民秘密通訊之需要時，原則上應向該管法院聲請核發通訊監察書，方符憲法上正當程序之要求。」故在2007年的通保法修正後，第5條第2項規定，只有法院有權簽發通訊監察書[6]。在偵查中，由檢察官聲請該管法院核發通訊監察書；審判中仍由法官依職權核發。

---

[6] 法院於核發通訊監察書時，必須明確記載「通訊監察之期間、『對象』、方式等事項」，避免漫無邊際，故通保法第11條第1項第2、3款規定，通訊監察書應記載：「監察對象」、「監察通訊種類及號碼等足資識別之特徵」。此爲令狀原則所當然要求的「特定明確原則」，可視爲令狀原則所派生的子原則。例如，九月政爭事件中，特偵組檢察官鄭○○於偵辦系爭案件時，雖依法定程序檢附相關證據資料向法院聲請監聽0972***235號（下簡稱0972門號）電話，明知其欲監聽之0972門號之電話基本資料申登人記載爲「立法院」，卻未謹愼查證該記載立法院之電話究爲何人持有使用，而誤認該門號持用人爲立法委員柯建銘之助理，該聲請監聽案經檢察官楊○○組長及黃世銘總長審核時，亦未督導鄭○○檢察官深入查證，率予核准向法院聲請監聽，明顯違反「特定明確原則」。詳參，檢察官評鑑委員會102年度檢評字第18、19號評鑑決議書，https://www.moj.gov.tw/lp.asp?ctNode=33539&CtUnit=12783&BaseDSD=7&mp=001（最後瀏覽日：2014/4/8）。

　　新法第5條第1項所列的通訊監察罪名，原則應「事先」向法院聲請核發通訊監察書，且法院必須在四十八小時內核復；但例外依據第6條第1項規定，有事實足認通訊有第5條第1項罪名之聯絡時，若情況急迫得緊急實施無令狀通訊監察，但應於二十四小時內陳報該管法院「事後」補發通訊監察書，法院並應設置專責窗口受理上開聲請，並於四十八小時處理完畢，故屬「相對的法官保留原則」[7]。

　　另外，新法第11條之1的增訂，將通聯資訊納入令狀原則的適用範圍：「有事實足認通信紀錄及通信用者資料於本案之偵查有必要性及關聯性時，除有急迫情形不及事先聲請者外，應以書面聲請該管法院核發調取票。」由此可知，檢警欲調取本案有關的通信紀錄及通信用者資料，原則上也須取得令狀（調取票），為此亦屬相對法官保留原則，於急迫情況，得不經令狀逕自執行之。

二、重罪原則

　　通訊監察手段侵害人民隱私與秘密通訊自由等權利，故依比例原則的要求，必須進行框架式的立法，劃定允許實施通訊監察的犯罪類型與範圍。立法上，劃定得以實施通訊監察的罪名，除能設定國家實施犯罪偵查，追求公益維護的上限外；如犯罪本質具有隱密性，利用其他偵查手段難以有效追訴時，亦成為納入通訊監察罪名的衡量標準。發動通訊監察的罪名，應以嚴重影響社會秩序或有損公共利益為前提，故有「重罪原則」作為實施通訊監察的指引原則。

　　從不法內涵的高低或法益侵害的輕重觀之，通保法第5條第1項第1款規定，被告或犯罪嫌疑人犯最輕本刑為三年以上有期徒刑之罪，如危害國家安全、經濟秩序或社會情節重大者，得施予通訊監察。本條項採取「法定刑模式」作為重罪類型的判斷標準，直接沿用立法者對實體法規範

---

[7] 張麗卿，前揭書，頁301；林鈺雄，刑事訴訟法（上），自版，2013年9月7版，頁308。

效果建立的價值判斷[8]。相對的，新法第5條第1項第2款所列舉的「罪名模式」，不盡然都是法定刑為三年以上的重罪，例如利誘投票罪、詐欺罪或是新增貪污治罪條例第11條第4款的違背職務行為之行賄罪、廢棄物清理法等罪。這些犯罪的共通性，在於行為的隱密性。由於傳統蒐證方式已陷入瓶頸，因此必須透過通訊監察才能有所突破。罪名模式下的犯罪類型，是基於偵查的合目的性與手段之有效性所設定的標準[9]。

必須說明的是，第5條第1項第2款所規範的各項罪名，與立法者當初判斷的不法內涵與刑度等價值決定無關。個案中，罪名模式下之犯罪，是否得發動通訊監察，必須嚴格審查是否符合第5條第1項所稱危害國家、經濟秩序或社會秩序情節重大的情況。若為肯定，才符合重罪原則的要求。

三、補充性原則

補充性原則又稱最後手段性原則，是比例原則的派生原則。補充性原則是指，國家為了追求公益，使用限制人民基本權的手段，除了有效達成目的之外，還要進一步思考，這個手段是否為追求目標所不得已的最後手段。若有其他不侵害人民權利的手段而可以達成相同目的，國家捨此而不為，就有違補充性原則。所謂「不得已」的概念，就是補充性原則的核心精神。

通訊監察對人民的秘密通訊自由與隱私權的侵害既深且廣，所以發動通訊監察，必須考量是否為不得已。依通保法第5條第1項規定，有事實足認被告或犯罪嫌疑人有所列各款之罪名，並危害國家安全、經濟秩序或社會秩序情節重大，而有相當理由可信其通訊內容與本案有關者，若「不能或難以其他方法蒐集或調查證據者，得發通訊監察書」，這即是補充性原

---

[8] 詳言之，是否為通訊監察保障法所允許監察的重罪，立法者可隨時透過刑事實體法的修正，提高三年以下有期徒刑至三年以上；或將三年以上刑度降低為三年以下，藉此等同是立法者決定何者屬於本法所稱的重罪。

[9] 有學者批評，罪名模式下，甚至容許對媒介性交易犯罪進行監聽，恐怕過於浮濫，有侵害人權之虞。參照李仁淼，秘密通訊自由與監聽，月旦法學教室，135期，2014年1月，頁7～8。

則的明確表示。檢調機關追訴犯罪時，應先窮盡其他調查的手段，諸如跟監、埋伏或長期查訪等方式（不侵擾人民權利），若仍無法順利蒐證，或除了通訊監察之外，已無其他偵查方式，始能符合補充性原則的要求，依法實行通訊監察。

四、最小侵害原則

　　最小侵害原則，是所有強制處分所必須遵循的原則；通訊監察作為強制處分類型之一，當有其適用[10]。不過由於本質上的差異，與其他強制處分相較，最小侵害原則於通訊監察中更為重要。通訊監察與傳統搜索扣押間不同之處在於，執行傳統的搜索扣押時，令狀上的記載，可以有效地特定及限縮搜索的範圍，避免不必要的隱私侵害，例如，應扣押物記載為行竊用的油壓剪時，就不得翻閱書本或帳冊，亦不得開啟書桌抽屜。此外，執法人員於搜索現場，多能即時判斷所發現的物件是否為搜索票上所記載的應扣押之物，再決定是否扣押，比較不會有過度或不當扣押的問題。

　　通訊監察是監聽（錄）未來，尚未發生，但預測可能發生與本案有關的對話。是故，無論通訊監察書如何的明確具體，執法人員都無法在聽聞其內容前，事先預測其是否與本案有關。也因此，執行通訊監察時，不得不容忍執法人員先接觸通訊內容，確認其是否與本案有關，再決定是否繼續監察。如此一來，偵查機關就會無可避免地接觸到與本案無關，甚至是無辜第三人的通訊。受監察人根本無法就違法的通訊監察即時聲明不服，且欠缺第三人在場監督的可能。

　　有鑑於此，法院於核發令狀時，應依新法第5條第2項，於通訊監察書上要求執法官員，必須以「侵害最小的方式」執行通訊監察，減少對於與本案無關之通訊的侵害。另外，法院也應依同法第5條第4項之規定，於審查執法機關作成的事中報告時，仔細審查通訊監察的執行是否合於最小侵

---

[10] 參照林山田，刑事程序法，五南圖書出版，2004年9月，頁270。

害原則[11]。

五、期間限定原則

通訊監察發動後，必然會在實施期間內持續侵害人民的秘密通訊自由，為避免人民的通訊自由隨著監聽時間拉長而受永無止盡的侵害，限定期間的必要。亦即，通訊監察必須有法定期間的限制；法定期間屆至，如須續行監聽，也須符合一定的法定要件。

期間限定原則，是從時間的範圍來限縮對人民權利的侵害。依據新法第12條第1項，無論是令狀監聽（第5條）或有急迫情形的緊急監聽（第6條），其監察期間每次不得超過三十日；而第7條的國安監聽[12]，每次不得逾一年。此為期間限定原則的具體規範。若有繼續監察必要者，新法修正後，特別要求偵查機關必須「釋明」具體理由。按實務現行標準，若續監聲請書未有任何具體記載、提出具體事證，僅僅抄錄法條規定者，並非已有釋明。實務也要求法官受理繼續通訊監察之聲請，宜參酌執行機關於監察期間所作成之報告書，及聲請繼續監察之具體理由，以為准駁的依據。

新法第12條增列但書，規定續行監察，期間不得超過一年。若仍有繼續監察必要者，則視為新的案件，重新審視第5條或第6條發動通訊監察的法定程序。另外，第5條、第6條之通訊監察期間屆滿前，偵查中檢察官、審判中法官認為已無監察必要者，應即停止監察。第7條之通訊監察期間

---

[11] 論者有謂，執法人員執行時應採取「間續性通訊監察」（即執法人員先監聽（錄）通訊前的1到3分鐘，以確認其是否與本案相關。若是，則繼續監察；若否，則停止監察。無法判斷時，則應先中止1到3分鐘，再進行1至3分鐘的監察，反覆進行，直到能夠確認其內容是否與本案相關為止。）的方式，如此方能切實符合為通保法第2條第2項之「最小侵害原則」的要求。參照李榮耕，通訊監察中之最小侵害原則，台北大學法學論叢，82期，2012年6月，頁211以下。

[12] 依新法第7條第1項規定，為避免國家安全遭受危害，而有監察「外國勢力、境外敵對勢力或其工作人員在境內之通訊」、「外國勢力、境外敵對勢力或其工作人員跨境之通訊」及「外國勢力、境外敵對勢力或其工作人員在境外之通訊」等原因，以蒐集外國勢力或境外敵對勢力情報之必要者，綜理國家情報工作機關首長得核發通訊監察書。此種涉及國家安全之通訊監察，稱之為「國安監聽」。

屆滿前，由綜理國家情報工作機關首長認停止監察。此皆爲期間限定原則的要求，如無監察必要者，監察機關能主動停止，降低侵害通訊自由的程度。

六、事後監督原則

　　除了透過事前的令狀原則審查通訊監察的合法性與必要性之外，應另設事後監管機制，讓受監聽者得針對受侵害的權利提起救濟。換言之，由於「受告知權」爲正當法律程序之一環，但監聽本身有其特殊性，不適宜「事前」告知，只能在監聽結束後讓受監聽人知悉。

　　因此，新法第15條第2、3項規定：「法院對於第1項陳報，除有具體理由足認通知有妨害監察目的之虞或不能通知之情形外，應通知受監察人。前項不通知之原因消滅後，執行機關應報由檢察官、綜理國家情報工作機關陳報法院補行通知。原因未消滅者，應於前項陳報後每三個月向法院補行陳報未消滅之情形。逾期未陳報者，法院應於十四日內主動通知受監察人。」透過此項事後告知程序，讓當事人獲悉權利被侵害後，檢視通訊監察的適當性與合法性。如此，執行機關更能小心謹慎，合法行事。除了事後告知義務外，依新法第18條，主管機關必須建立「連續流程履歷紀錄」並與原本的通訊監察管理系統進行整合。此外，新法第32條之1設立了「國會監督機制」。這些規定，都以預防違法監聽爲目標，展現事後監督原則的立法精神。

肆、新法修正之評析

　　更加嚴格限縮通訊監察的權力，是本次修法的核心[13]。然而，誠如大法官於釋字631號解釋中所言，通保法是保障人權與維護社會秩序兩相折衝制衡下所產生的法律規範，立法者一旦過度傾向制約公權力措施，就可能忽略通訊監察是作為維護社會秩序，有效訴追犯罪的重要手段。據此，新法的內容，是否達成犯罪偵查與人權保障的平衡，值得檢視。

一、通信紀錄調取的嚴格化

　　「通信紀錄」，即所謂的通聯紀錄與通訊使用者資料（如通訊之門號、通話之時間、位置等資料）。新法第11條之1規定，檢察官偵查「最重本刑三年以上有期徒刑之罪」，有事實足認「通信紀錄及通信使用者資料」於本案的偵查有必要性及關聯性時，應以書面聲請該管法院核發調取票。司法警察官則須報請檢察官許可後，向該管法院聲請核發「調取票」。

　　依照這些規定，往後如欲調取通聯紀錄或通訊使用者的個人資料，除了案件設有刑度限制外，必須遵守令狀原則，先向法官聲請核發調取令狀。新法允許兩種例外情況，無需事先聲請：其一，相對法官保留原則，對於最輕本刑三年以上有期徒刑之罪，如有急迫情形不及事先聲請者，得待原因消滅後向法院補行令狀；其二，偵辦重罪時[14]，檢察官得依職權調取通信紀錄。

---

[13] 本人忝為「第一屆檢察官評鑑委員會」委員之一，全程參與調查「特偵組涉嫌違法濫權監聽」過程，的確深刻感受到舊通保法存在許多問題。因此修法必須真正落實正當法律程序，縝密令狀原則的核發門檻，且為制約通訊監察的權利侵害性，除了限縮續行監察期間、禁止使用衍生的另案證據外，也應建立行政與立法等事後監管機制，才可避免將來可能再有如上述事件發生。

[14] 如最輕本刑十年以上有期徒刑之罪、強盜、搶奪、詐欺、恐嚇、擄人勒贖，及違反人口販運防制法、槍砲彈藥刀械管制條例、懲治走私條例、毒品危害防制條例、組織犯罪防制條例等罪。

　　值得注意的是，若偵查案件屬於法定刑三年以下有期徒刑之罪者[15]，按新法規定，等同完全封鎖偵查機關調取通聯紀錄的可能性。因為，依大法官釋字631號解釋，秘密通訊自由旨在確保人民就通訊之有無、對象、時間、方式及內容等事項，有不受國家及他人任意侵擾之權利。其中，所謂「通訊之有無、對象、時間與方式」所指者，就是肯定通聯紀錄屬於秘密通訊自由所保障的內涵。因此，從基本權的客觀保護義務出發，無論政府基於何種目的加以監管、調閱這類資料，國家皆有義務透過立法來規範制衡與監督[16]。

　　不過，論者謂，若從憲法保障隱私權及權利侵害的角度來思考，通訊的交流，一旦受到國家監察或紀錄，應是秘密通訊自由所欲保障的核心內涵。通聯紀錄與通訊使用者資料，屬於通訊所必然衍生的附帶資訊，並非通訊自由權利所保障的核心，因此人民是否有合理的期待，要求國家不得監管手機發話地點、或通訊號碼以及揭露個人資訊等，即可商榷[17]。換言

---

[15] 刑事警察局於修法後指出，如嫌疑人所犯為本刑未滿三年有期徒刑，含電話恐嚇、網路公然侮辱、網路色情、侵占手機或電話騷擾、謊報災害等，都屬民眾生活中常遇到犯罪，若無法調通聯，將嚴重影響民眾身心安全。參照，通保法修法警界大反彈，http://www.cna.com.tw/topic/popular/4264-1/201401150026-1.aspx（最後瀏覽日：2014/4/3）。

[16] 換言之，從基本權干預程度的角度檢視，雖然國家刺探私人通訊之內容所造成的侵害程度顯然高於監管人民之通訊紀錄。惟大法官已明確揭示通聯紀錄亦屬我國憲法第12條人民秘密通訊自由所保障的一環，無論是通聯紀錄的調閱或通訊個人資訊的監管，立法者有制定明確法律規範的義務，以符法律保留原則的精神。參照林鈺雄，通訊監察之修法芻議——通訊保障及監察法之部分修正條文，萬國法律，192期，2013年12月，頁28。

[17] 王兆鵬、張明偉、李榮耕，刑事訴訟法（上），承法，2012年9月，頁221以下。再從外國立法例觀察，對於通訊紀錄的調取，亦少有採取令狀原則的立法例。以法國刑事訴訟法為例，關於監聽係受1991年7月10日有關電話網絡通訊秘密的法律（Loi no91-646 du 10 juillet 1991 relative au secret des correspondances émises par la voie des télécommunications）的影響，增訂於刑事訴訟法第100至100條之7，其中並未將通聯紀錄列為禁止調取的客體。1991年前，法國刑事訴訟法雖未有監聽的規定，最高法院認定如果是採取科學技術，查明電話從何而來，並非監聽電話（écoute téléphonique）。而且，增訂監聽的規範後，最高法院再度作出判決，認為向電信服務部門要求查明通訊的來源，亦非屬於攔截（interception），因其不屬於攔阻電話通訊的發送，不受刑事訴訟法第100條以下的保護。學者亦認為，要求電信業者提供撥打與接聽的資料，非屬於攔截，非監聽的範疇。換言之，所謂「攔阻電話通訊的發送」，必須涉及實體的對話內容，若僅是通聯紀錄，因不涉及對話內容，因非監聽保障的範圍故不需以令狀為之。資料來源：東海法研所碩士生陳旻甫；See Crim. 16 janv. 1974, Bull. no. 25; Crim. 17 juill. 1984, Bull. no. 259; See Crim. 2 avr. 1997, Bull. no. 131; Crim. 2 avr. 1997, Bull. no. 131; Bernard Bouloc, Procédure pénal, 23ème éd., Dalloz, 2012, no. 142.

之，國家監管通聯資訊與監察通訊內容相較，對人民通訊自由所造成的侵害，程度上仍有顯著差異，在立法控制的強度上，是否有必要將「通訊內容」與「通聯紀錄」等同視之，一律遵循令狀原則，不無疑問，因為通聯紀錄與通訊內容雖均有隱私、秘密通訊自由的保障必要，但兩者的性質有別，調閱通聯紀錄的立法控制，或許不須採取監察通訊內容同一標準[18]。

　　上述說法可能遷就以往實務為了查證持用人所在位置與聯繫對象而調閱通聯紀錄，尤其，民眾向警方求助，家人打電話透露尋死念頭，或者登山失聯，警方基於救人優先原則，會向電信公司調閱發話位置，趕到現場救人或阻止犯罪發生[19]。

　　不過，比照類似通聯紀錄的資訊，如病歷、戶政資訊的查詢等，目前並無法院令狀審查的規定，檢察官可輕易依職權調取。故若按本次修法標準，是否應該一併檢討？再從有效的犯罪偵查角度看，如果認為通聯紀錄並非通話內容，不屬於通訊自由權的核心內涵，隱私期待可能性也相對較低，那麼立法上似乎也可考慮另設監管規範，以因應偵查實務所需。

二、一人一票一監聽的實情

　　新法第5條第5項規定：「通訊監察書之聲請，應以單一監察對象為限，同一偵、他字或相牽連案件，得同時聲請數張通訊監察書。」此為新法設立的「一人一票一監聽」原則，俗稱「禁止一張監聽票吃到飽」。修法緣由，來自特偵組偵辦某法官貪污案所扣押之90萬元現金不明來源，而另立100年度特他字第61號案件監聽所衍生。特偵組本應限於貪污案件相關者為監聽範圍，卻將對象擴及收賄案無關之人。特偵組藉由一個特他字第61號案，不斷擴線監聽，其範疇已非僅是本案的被告，而是全面侵犯所

---

[18] 參照吳志強，全面鎖定之監聽偵蒐——從制度面尋求犯罪偵查與維護秘密通信、隱私權之平衡，萬國法律，192期，2013年12月，頁12；另可參照李榮耕，簡評2014年新修正的通訊保障及監察法——一次不知所為何來的修法，月旦法學雜誌，227期，2014年4月，頁165以下。

[19] 例如，曾經喧騰一時的高鐵爆炸案，就是因即時調閱通聯紀錄和使用者資料，迅速掌握嫌犯身分，才能於最短時間逮人。參照，通保法修法警界大反彈，http://www.cna.com.tw/topic/popular/4264-1/201401150026-1.aspx（最後瀏覽日：2014/4/3）。

有與之通話者的通訊隱私，引發一票吃到飽的批評[20]。

　　依照實務向來的作法，凡擴線監聽（新增門號），即須重新聲請監聽票，釋明與原犯罪事實的關聯性或新的犯罪事實。無論監聽對象人數多少，檢調如向法官申請核准監聽，都需在通訊監察中附具每位監聽對象及其理由，按理不會有「一票吃到飽」的情事，故「特他字第61號」應屬於特例。換言之，是特偵組未依照實務作法，導致以門號控管的機制失靈[21]，才讓人產生莫大的恐慌與疑慮。新法因此規定，同一偵、他字或相牽連案件，若屬不同監聽對象就需個別申請通訊監察書。不過，監聽令狀是否核發，法官仍應將重點置於監聽對象與監察理由的實質審查，而非僅是形式上核對人數與監聽票數，如此才可杜絕浮濫監聽的疑慮[22]。

三、另案監聽之證據門檻模糊

　　不同於刑事訴訟法有明文規定「另案扣押」之要件及執行，2014年1月修法前，通保法並無明文規定是否「允許另案監聽」以及「另案監聽所得之資料可否作為證據」等規範，因此，對於實務上並不罕見的監聽本案，卻另外監聽到他案內容時，監聽之合法性及監聽內容之證據能力等，便值得研究[23]。此一問題，是在合法監聽本案的情形下，碰巧獲得另案的

---

[20] 詳參，檢察官評鑑委員會102年度檢評字第18、19號評鑑決議書，https://www.moj.gov.tw/lp.asp?ctNode=33539&CtUnit=12783&BaseDSD=7&mp=001（最後瀏覽日：2014/4/8）。

[21] 有關於此，修法前即有學者指出，在一票通吃且長期監聽的情況下，所得的資訊必然非常的龐雜，且執法機關只會提出對被告不利的部分為證明，乃屬一種恣意選擇，難還原真相，立法者自應對此法為整體性的檢討與修正之呼籲。參照吳景欽，監聽法制須全面修正，http://www.nownews.com/n/2013/09/27/980136/2（最後瀏覽日期：2014年2月28日）。

[22] 相同看法，參照李榮耕，前揭文，頁164以下。

[23] 不過，本次修正的「另案監聽」限制，非針對他案監聽的部分。所謂「他案監聽」，是指偵查機關自始即利用以監聽「他案」為目標，卻佯稱本案之監聽而聲請核發通訊監察書，以達另案監聽之效果，企圖規避檢察官或法官對他案監聽准許與否之審查，此種情形，無異於未經取得檢察官及法官之授權、核准，即由警察機關逕行實施監聽，間接違反令狀原則、列舉重罪原則及監察理由之審查，由於執行監聽機關之恣性重大，該監聽所得他案資料，學理上稱為「他案監聽」（或稱為「聲東擊西式」的監聽）。此種脫法行為，所取得的證據，不管是本案，還是他案，均不具合法授權的基礎，無證據能力；參照黃朝義，刑事訴訟法，新學林，2013年4月3版，頁301。

犯罪證據資料，屬於偶然獲得之另案證據。此一情況，如必須等待授權才能續行監聽，可能導致重要通訊內容，無法掌握的窘境。

應否容許其作為另案之證據使用，舊法雖未明文規定，不過依照最高法院97年度台上字第2633號判決之意旨，基於與「另案扣押」相同之法理及善意例外原則，倘若另案監聽亦屬於通保法第5條第1項規定得監察之犯罪，或雖非該條項所列舉之犯罪，但與本案通訊監察書所記載之罪名有關聯性者，自應容許將該「另案監聽」所偶然獲得之資料作為另案之證據使用[24]。

為期明確，新法增訂第18條之1第1項，執行機關依規定執行通訊監察，取得「其他案件」之內容者，不得作為證據。但於發現後七日內補行陳報法院，並經法院審查認可該案件與實施通訊監察之案件具有關聯性或為第5條第1項所列各款之罪者，不在此限。由此觀之，立法者依循該判決，建立了兩項例外得作為證據使用的標準，分為「重罪列舉原則」或「與本案相關聯之犯罪」。

最高法院97年台非字第549號判決曾謂：「合法監聽時，偶然附隨取得之另案證據資料，並非違背法定程序取得之證據，亦未侵害憲法所保障之人民秘密通訊權，基於維護公平正義及刑事訴訟發現真實之目的，該偶然取得之監聽內容及所衍生之證據，亦應認為有證據能力。」由此可知，目前實務對於另案監聽證據能力的看法，也有直接採行善意例外的法理[25]，肯定另案監聽所得證據的使用適格。本次修法，則是明確規定，僅限於重罪或與本案相關聯之犯罪。

不過，新法設定的關聯性標準，恐有寬廣認定不一的情形發生。一旦解釋過嚴，恐會造成多數另案關鍵證據遭到排除，不利於真實的發現；

---

[24] 有關修法前另案監聽的證據能力論述；參照吳巡龍，監聽偶然獲得另案證據之證據能力，月旦法學教室，47期，2010年1月，頁80以下。

[25] 從違法證據排除法則的觀點來說，由於監察人員的主觀意圖非出於惡意，一旦排除意外取得之另案證據，也無法嚇阻監察人員未來不再「偶然」的發現另案證據。若以舉重明輕的法理視之，參考刑事訴訟法第158條之4權衡排除的標準，也會得到相同結論。參照王兆鵬，新刑訴、新思維，元照出版，2005年8月，頁13以下。

如解釋過寬，將使非重罪但因與本案相關聯，而得作爲偵查審判之證據或其他用途，使得規定形同虛設。因而，另案監聽所得之證據，究竟得否使用，似應將焦點置於如何判斷監察機關出於善意且偶然之意外發現。立法門檻不應僵化發現眞實與追訴犯罪所必須有的彈性。

此外，第18條之1第1項，新增發現後「七日」內補行陳報法院的法理依據何在，亦令人費解。「七日」的起算期間也有疑問，因偵查中犯罪事實並非立即清晰，何時才是所謂「發現他案」之起算時間，恐怕無法認定[26]。從事後監督的精神來看，立法者的立意良善，但七日陳報期間的設計，是否合宜？哪一個時間點起算？都還有再思考與檢驗的必要[27]。

四、續行監查應重新核票的真相

新法第12條第1項規定，除了第7條之國安監聽外，一般令狀監聽（第5條）以及緊急監聽（第6條），於發動後，持續監聽期間不得超過一年。通訊監察的法定期間，以一年爲限。期滿後，如有繼續監察之必要，偵查機關必須向法院重新聲請令狀。亦即，成爲一個新的監聽案件，而非續行的舊案。

目前實務對於續行監察的聲請，依法必須在核准通訊監察後，每三十日向法院聲請續行監察。聲請時，監察機關必須「釋明」具體理由，如監察報告書或具體事證與繼續監察的理由等。至遲於期間屆滿二日前，提出聲請。如僅抄錄法條規定者，法院自當駁回。由此可知，無論是「通訊監察書的核發」或「續行監察書的聲請」，法院審查的標準並無二致，應當同樣嚴格[28]。

立法者或許考量，聲請續行監察與重新核發令狀，兩者程序上的主要

---

[26] 李榮耕，前揭文，頁173。

[27] 相同看法，參照陳瑞仁，監聽修法檢察官撞牆，2014年1月27日，聯合報，A15版；另外，論者有謂，參考美國聯邦通訊監察法之規定，也只要求檢察官在取得另案通訊內容時，必須儘速陳報法院而已：李榮耕，前揭文，頁173。

[28] 蔡榮耕，I Am Listening to you（下）——釋字第六三一號解釋、令狀元則及修正後通訊保障及監察法，台灣本土法學雜誌，105期，2008年4月，頁43以下。

差別在於，續行監察書是向核發通訊監察書的同一位法官聲請；但一年屆至後，重為令狀聲請就無法與同一法官配合，須由其他法官重新審查[29]。不過，現實上，只要偵查機關選擇審查寬鬆的法官值班時遞出聲請，結果並無二致。更甚者，假如一年前核發令狀的法官，審查標準非常嚴格，偵查機關這一年期限內的續監聲請，都需審慎的備妥相關資料，一旦續監期間屆至，反倒給予偵查機關有機會去尋找較為寬鬆的法官聲請令狀，如此也會喪失修法的美意。

　　續行監察設定一年的期限，應有必要。但要求重新聲請法官核發令狀，由於審查標準並無不同，可能不具實質意義。因為如由同一位法官審查，並不必然形成弊端，有時反而因為是同一法官，對續監案件的進展與偵查機關所得證據，更為清楚；對於是否有擴線或續監的必要，亦能更精確判斷[30]。

　　深入觀之，即能發現「續行監聽」及「重新聲請監聽」的爭議，與監聽期限有一定程度的關係。依照我國法，只要核准監聽，期間長達一年，與其他國家相較，似乎為期過長。例如，德國刑事訴訟法第100b條規定，原則上以三個月為限，在依據調查結果有繼續監聽之必要時，得延長，但至多延長三個月，合計六個月期間，且以一次為限[31]。日本犯罪偵查監聽法第7條第1項規定，監聽原則上以十日為限，雖得延長但不得超過三十天[32]。法國刑事訴訟法第100條之2規定，原則上以四個月為限，而且不允許延長監聽，倘若仍有需要續行，則必須重新進行裁定[33]。

---

[29] 其實，這也是特偵組監聽案的蝴蝶效應，因為該監聽案核准之法官，均為同一個人。

[30] 相同意見，參照陳瑞仁，禁一案吃到飽為關說鋪路？，2014年1月17日，聯合報，A25版。

[31] Vgl, Meyer-Goßner, Strafprozessordnung, Kommentar, 55. Aufl., 2012, § 100b, Rn. 2; Gerd Pfeiffer, StPO Kommentar, 5.Aufl., 2005, § 100b, Rn. 3.

[32] 「犯罪捜査のための通信傍受に関する法律」：犯罪捜査のための通信傍受に関する法律Ⅰ 地方裁判所の裁判官は、必要があると認めるときは、検察官又は司法警察員の請求により、十日以の期間を定めて、傍受ができる期間を延長することができる。ただし、傍受ができる期間は、通じて三十日を超えることができない。

[33] Cette décision est prise pour une durée maximum de quatre mois. Elle ne peut être renouvelée que dans les mêmes conditions de forme et de durée. (art. 100 al. 2 CPP); Bernard Bouloc, op. cit., no 693 ; Jean Larguier et Philippe Conte, Procédure pénal, 22èmeéd., Dalloz, 2010, p. 186.（資料來源：東海法研所碩士生陳旻甫提供）

修法前的續行監聽規定，讓監聽期限遙遙無期，但與上述國家相較，修法後的一年仍屬最長。新法雖要求偵查機關必須向法院重新聲請令狀的核發，但仍有年復一年毫無限期的疑慮。因此，對於續行監聽與否的爭議，應歸結於監聽期限，而非以重新聲請監聽的方式緩解爭議。

五、執法人員的入罪規定

新法第27條第3項規定：「公務員或曾任公務員之人違反第18條之1第2項、第3項規定，將本案通訊監察資料挪作他用者，處三年以下有期徒刑。」本條項為新增，對監察機關公務員設有刑罰規定。依據新法第18條之1第2、3項，處罰的行為態樣有二：其一，合法通訊監察後，將取得與監察目的無關的內容或衍生證據資料挪做他用；其二，違法通訊監察所取得之內容或衍生證據而挪為他用。

新增的刑罰規定可能過於嚴苛，執行監察的公務員為免觸法，或許降低積極蒐集證據的意願。此項修法，本意是為了避免將監聽資料挪做他用[34]。但是，對於符合法定程序的監察行為，在善意且偶然情況下所衍生的另案證據（僅限刑事證據），偵查機關擔憂遭到本項規定的處罰，恐怕為求自保而不願繼續蒐證。因此，為了避免偵查人員動輒得咎，必須透過合理解釋，正確適用本條的處罰規定。

首先，針對新法第18條之1第2項的規定，該如何理解「與監察目的無關的衍生內容或證據」，將直接影響本規定之處罰範圍。所謂與監察目的無關者，應指合法監聽下所衍生的一切刑事不法內容或證據。通訊監察的目的，在於犯罪偵查，若執行監察的公務員，就受監察人與犯罪無關的通訊內容，製成監聽譯文挪為他用，顯已侵害他人的隱私，依本法新增規

---

[34] 本次修正，肇因於檢察總長黃○○將監聽資料挪做他用呈報總統的事件，為避免再出現類似情形，因而有本條之刑責規定。蓋依檢察機關辦理刑事訴訟案件應行注意事項第98點規定，檢察官偵查犯罪，如發現偵查中之案件有違反行政規定之情節，宜函知行政主管機關本於權責依法處理，詎料總長黃○○竟向總統報告行政不法之關說案，有洩密及違反偵查不公開之情事。詳參，檢察官評鑑委員會102年度檢評字第18、19號評鑑決議書，https://www.moj.gov.tw/lp.asp?ctNode=33539&CtUnit=12783&BaseDSD=7&mp=001（最後瀏覽日：2014/4/8）。

定處罰，自無疑問。若偶然獲得的另案犯罪事證，無論罪名輕重，是否與本案相關，甚或最終會被法院宣告禁止使用。但是，如果監察執行者並未逾越犯罪偵查的意旨，自然不能與上述行為等同視之。因此，所謂與監察目的無關之內容或證據，應嚴格限縮解釋為一切與刑事犯罪無關的衍生資訊。

其次，如何正確解釋「挪為他用」？依照新法的規範意旨，執行通訊監察之公務員，無論合法或違法監聽所取得之內容或衍生證據，若是為了監察他人犯罪以及蒐集證據，在合乎目的下使用，就不得解釋為挪為他用。

最後，本條新增的刑事不法行為態樣有兩種，法律效果卻同為三年以下有期徒刑。「合法監聽取得與監察目的無關的另案衍生證據」，以及「違法監聽取得的衍生證據」，兩者的結果，都是隱私的侵害。但是，前者是在合法監聽的前提下，偶然取得另案所衍生的證據，主觀上並無惡意；後者則為違法監聽，是監聽者惡意忽略或規避法律規定。兩者的不法內涵顯然不同，因此相應的處罰必須有別。換言之，合法監聽取得另案證據並挪為他用的處罰，理當低於違法監聽的挪用行為。

伍、結　語

通保法的修正，是對於特偵組監聽事件的回應。修正的方向與內容，都為了確保被監聽人及其通話者的隱私。對於執行監聽的公務員，則有更為嚴格的要求。新法兼顧了許多重要的原則，包括：令狀原則、重罪原則、補充性原則、最小傷害原則、期間限定原則、事後監督原則。

新法最為特殊的規定之一，是針對通聯紀錄的令狀原則。修法前，通聯紀錄的調取無須經過法官的審查。依照新法，通聯紀錄視同通訊內容，除了少數例外，調閱通聯紀錄必須向法官聲請。過去實務機關可以輕易獲得通聯紀錄，當作偵查的重要手段，今後此種便利性將隨之消失。此一新增的令狀原則，必然重大影響偵查實務。事實上，通聯紀錄很難視同通訊

內容。通訊內容是通訊者相互聯繫的內容，是通訊自由之所以受保護的核心。通聯紀錄則屬於通訊的衍生資訊，不是通訊的真正內容。令狀原則是否適用於通聯紀錄的調閱，恐還有再做思考的餘地。

　　新法許可的通訊監察期間，可以長達一年。如果與日本（三十天）、德國（六個月）、法國（四個月）的規定相較，我國法顯然寬鬆。監聽期限是否適度限縮，將來修法需要再加以檢討。

　　新法增設對於執行監聽公務員的處罰規定，如果執行監聽者將監聽資訊「挪作他用」，得處三年以下有期徒刑。新增的處罰規定，主要是為了嚇阻監聽者的不當處置。挪作他用的情況有兩種：其一，合法監聽取得與監察目的無關的另案證據；其二，違法監聽取得的衍生證據。從結果看，通訊內容被挪作他用，都侵犯了被害人的隱私，但是合法監聽而取得另案證據，其執行者並無主觀惡意，其處罰理應相對較輕。這一點，將來修法時可以再思考。

第二十三章

電子監控的實務運作
——以觀護人的深度訪談爲核心

壹、前　言

　　預防犯罪、避免再犯、減少監獄人數的負擔，是世界各國治安政策的致力目標。在達成目標的諸多政策中，「電子監控」[1]是一顆閃亮的星星，其之所以受重視，理由在於電子監控不但有利於預防犯罪、避免再犯，更可以提升受監控人再社會化的機率[2]。同時，受惠於近年來通訊科技的發展，電子監控設備也逐步從傳統的電話視訊監控，發展到全天候的全球衛星監控，不但增加監控的強度，更將電子監控推向新頁。

　　2005年起發展的電子監控，目前僅運用在付保護管束的性侵害犯罪加害人，目的在於監控，而避免再度發生憾事。此舉立意良善，是社會發展過程中為了完善刑事司法制度所發展出來的重要工具，但在執行面與法制面上，至今仍有相當多的問題有待解決。甚至在人民的觀感上，因媒體渲染造成人民存有過度期待。實際上，電子監控僅是一套輔助工具，無法保證受監控人完全不會犯罪，在許多研究也顯示，許多家暴或毒品案件經常發生在受電子監控者的家中[3]。

　　本文針對電子監控的實務運作進行說明，並且指出實務的缺點，同時提出解決電子監控難題的芻議。由於第一線執行電子監控者為——觀護人[4]，根據其執行的經驗可以發掘電子監控的寶貴意見，同時透過觀護人

---

[1] 必須說明的是，學理上所稱的「電子監控」，在性侵害犯罪防治法及性侵害犯罪付保護管束加害人科技設備監控實施辦法中，以「科技設備監控」稱之。

[2] 對於電子監控的起源，本文不多贅述，詳細的內容可以參見：許福生，風險社會與犯罪治理，元照出版，2010年8月，頁166；吳景欽，利用電子監控解消性侵害犯再犯疑慮之立法評析，軍法專刊，51卷8期，2005年8月，頁47～48；柯鴻章、許華孚，電子監控的刑事政策比較，刑事法雜誌，54卷4期，2010年8月，頁105～106；汪南均，電子監控技術設備於刑事司法之實務運用（一），法務通訊，2398期，2008年7月。

[3] 黃徵男，監獄學——理論、實務與對策，一品，2010年8月，頁579；鄭添成，科技設備監控運用於我國社區處遇可行性之評述，犯罪與刑事司法研究，4期，2005年3月，頁185～187。

[4] 觀護人主要業務內容有：(1)觀護輔導，透過分級分類處遇，展現個別化處遇，強化預防再犯的功能。(2)辦理保護管束事務，得運用社區資源，遴聘觀護志工，協助受保護管束人能自立更生。(3)加強緩起訴社區處遇案件，以社會服務取代刑罰。目前電子監控是觀護人負責執行，屬保護管束事務的範疇，性侵害的保護管束更是目前重點項目，但因觀護人力有限，造成業務量與人力配置失衡，導致觀護人十分辛勞。參見：法務部，http://www.moj.gov.tw/ct.asp?xItem=173093&ctNode=27653&mp=001（最後瀏覽日：2012/5/22）。

的描述，就執行上的基本思維分從法制面與執行面的角度，更可顯示電子監控的真相，而不會流於學說上的空想，對於立法上的改進與修正極富意義。電子監控的問題，或許會隨著科技的發展，而逐步解決相關問題，但未發展成熟之前，如何在新舊制度的折衝下，找到最合適的電子監控方案，用以預防犯罪、降低再犯率，以達犯罪人成功再社會化的目標，實為當務之急。

貳、電子監控的法律依據與運作現況

　　建構電子監控的法源依據，是以性侵害犯罪防治法第20條為基幹，再輔以性侵害犯罪付保護管束加害人科技設備監控實施辦法作細節性規範。更具體的說，依性侵害犯罪防治法第20條第3項第7款，觀護人報請檢察官許可後，便得對受保護管束的性犯罪加害人實施電子監控。藉由電子監控輔助，可使受監控人遵守一定指令，達到實質監控效果，避免性侵害犯罪再犯的發生。

　　至於電子監控設備的發展過程，至目前為止，共可分為三階段。第一階段是「影像電話監控」，第二階段是「RFID電子監控」，第三階段是「GPS電子監控」。其中，無線射頻辨識（Radio Frequency Identification, RFID），是現階段電子監控所採用的技術；而拜科技進步所賜，讓全球衛星定位系統（Global Positioning System, GPS）能運用於電子監控上，達到全面監控的效果。現在GPS運用在電子監控，已是國際的潮流，目前除英美外，德國與日本近年也在研究試行[5]，鄰近的新加坡、韓國亦有使用

---

[5] 德國電子監控的發展主要從黑森邦（Hessenmodell）及巴登‧符騰堡邦（Baden-Würtenberg-Modell）開始，甚至在2010年12月，德國刑法也加以修正，在「保護管束」、「保安監禁」時，亦可實施電子監控。因此電子監控已非各邦獨自實施的措施，而是全國性的制度。http://www.gesetze-im-internet.de/bundesrecht/stgb/gesamt.pdf（最後瀏覽日：2012/5/22）；日本基於「強制處分法定主義」，認為電子監控侵害隱私權過甚，不具備任意處分的要件，在法律尚未明文前，並未加以實施。

電子設備來監控假釋犯[6]。以下，針對電子監控制度的法律依據，以及運作現況，進行扼要說明。

一、法律依據

性侵害犯罪防治法立法於1997年，但當時並無電子監控的相關規定。由於對性犯罪再犯的恐懼，如何監控假釋後的性犯罪者，已爲社會所重視。直到2005年修法時，電子監控方才被納入其中；爾後於2011年再度進行修正。

（一）2005年的確立

實施電子監控的法律依據，主要是2005年修訂的性侵害犯罪防治法。該法第20條第3項，觀護人得報請檢察官、軍事檢察官許可後，實施電子監控。對於實施電子監控的對象，係針對性侵害犯罪的假釋犯與受緩刑者，且以兩種類型爲主：第一、無一定居住處所，或居住處所不利保護管束時，而命居住於指定的處所；第二、有夜間犯罪的習性，或有事實足認再犯之虞，而施以宵禁。

此外，在同條第8項，關於監控方法、執行程序等細節性事項，規定由法務部會商相關機關定之；因此同年8月，法務部頒布性侵害犯罪付保護管束加害人科技設備監控實施辦法，規範執行電子監控設備的相關細節。

關於性侵害犯罪付保護管束加害人科技設備監控實施辦法（下稱實施辦法），共計16條，是實際實施電子監控的法令依據。實施辦法第3條規定電子監控是指，運用工具或設備系統輔助查證受監控人，於監控時間內

---

[6] 新加坡早期的電子監控主要用於吸毒假釋犯的戒治。該國根據不同毒癮程度，而施予不同的矯治方案，電子監控就是在宵禁的階段上，扮演監控的角色。現在新加坡的電子監控不僅適用於於毒品犯，更擴大適用在輕微的暴力犯及白領犯罪者。See Dick Whitfield, The Magic Bracelet, WATERSIDE, May 2001, p. 74～75；韓國在2008年訂立「關於特定犯罪者定位電子裝置配戴法律」，復又於2010年3月擴大適用電子監控的犯罪類型，同時拉長監控的時間。關於韓國電子監控的發展，也是以「遏止性犯罪再犯」為底，逐步擴張監控範圍。參照聯合晚報，「南韓假釋犯上電子腳鐐」，2010年8月13日，A6版。

進出監控處所的執行狀況，並藉由訊號傳送，通報地方法院檢察署。

　　依實施辦法第5條規定，電子監控的執行，是由觀護人經綜合保護管束執行情形、矯正機關、家庭暴力及性侵害防制中心評估、治療等相關資料，認為有對受保護管束人實施電子監控的必要者，得報請檢察官在一定期間內施以電子監控。又，實施辦法第6條、第7條規定，執行電子監控時，除了應注意受監控人的名譽及身體健康之外，應具備科技監控命令書，並送達受監控人。因為實施科技設備監控亦屬侵害人民自由、隱私的一種強制處分，應使受監控人知悉受電子監控的情形，以及實施電子監控的時間長短，以符合強制處分採令狀原則的要求。此外，監控期間，實務通常以三個月為限，超過三個月後需再次評估是否再延長；監控期間內，觀護人依法綜合執行成效及受監控人的情況，若認無繼續執行之必要者，得報請檢察官許可，予以免除電子監控的執行；反之，則續行監控。

　　電子監控主要是透過外在的監控，提醒受監控人現處於監控的狀態，藉此產生嚇阻的力量，間接防止再犯的發生。因此，在科技監控命令書上應記載該遵守的事項及違反的法律效果，藉此提醒受監控人違反規定的效果，並強化監控的成效。由於觀護並不只有輔導，更含有監督成分，在電子監控期間，依實施辦法第9條規定，觀護人應進行訪視、查證受監控人在執行科技設備監控中的生活。必要時，得通知當地警察機關依法處理。如此一來即能隨時瞭解受監控人是否有違反相關規定，或其生活是否因監控而遭到不便，而可隨時調整監控機制，更符合人性化的要求。

　　在監控期間，受監控人必須遵守相關的規範，如有違反恐將遭到撤銷假釋或緩刑的處分。依據實施辦法第10條規定，受監控人應在觀護人指定的期間、地點接受科技監控設備的裝置、拆卸，且應依觀護人的指示，配合科技監控設備之訊號，作必要的行為或反應，以及依指定之時間於監控處所住居或活動。如此一來，能確保電子監控的順利進行，並強化居家監控的效果。受監控人不得拒絕觀護人或警察的電話訪談、進入監控處所檢查、維修監控設備或查訪；其次，受監控人不得擅自或故意拆除、損害、隱匿或阻斷電子監控設備，亦不得從事其他影響電子監控的行為。蓋受監

控人於監控期間內，除應負有特定期間待在特定處所的義務外，亦有不得刻意破壞、拆除監控設備亦屬當然的義務。

當監控訊號發生異常時，若經觀護人初步之查證與判讀，認定該狀態顯示為受監控人有脫離監控處所或違反應遵守事項之虞，觀護人應為必要的處理。實施辦法第11條規定，若受監控人不在指定的時間於電子監控處所活動或故意拆除、損壞、隱匿、阻斷、影響電子監控設備，觀護人應立即通報警察機關及防治中心處理；因觀護人並無司法警察權，故於必要時，觀護人亦得請求相關機關協助。

另外，受監控人不在指定的時間、地點接受電子監控設備的裝置、卸除或不依觀護人指示，配合電子監控設備訊號作必要之行為或拒絕觀護人之電話訪談、進入監控處所進行設備查證與維修，觀護人應為適當的處理。若是夜間監控設備發生異常的訊號，地檢署法警應為訊號異常的判讀，並通報觀護人、警察機關及防治中心。除非發生實施辦法第12條規定，不可歸責於受監控人的情形，也就是於電子監控期間內，遇有危及身體、生命、安全或其他特殊緊急狀態，導致受監控人違反應遵守事項，方可免除責任；但應於狀態發生之日起五日內，檢附證明文件，書面陳送觀護人處理。

（二）2011年的修正

為了強化對性侵害犯罪加害人保護管束的監控，2011年11月性侵害犯罪防治法修正，關於電子監控的部分，於第20條第3項第7款規定，觀護人得報請檢察官的許可，對受保護管束加害人實施電子監控。與2005年相比，除了假釋犯或受緩刑者，只要屬於受保護管束之人皆可施予電子監控，在要件上也放寬，不限於限制住居或宵禁。換言之，只要屬於受保護管束的性侵害加害人，即可實施電子監控。

此外，因應2011年性侵害犯罪防治法的修正，2012年1月性侵害犯罪付保護管束加害人科技設備監控實施辦法作出小幅度的修正。整體而言，依舊維持2005年實施辦法的基調，僅作出細節性的修正：1.電子監控的

意義；2.電信事業主體的協助；3.監控期間的明文；4.監控訊號異常的處理；以及5.不可歸責受監控人的陳報方式。

首先，為配合GPS行動監控在未來的運作，實施辦法第3條修正為：「運用工具或設備系統輔助查證受監控人於監控時段內是否遵守有關指定居住處所、禁止外出、接近特定場所或對象等命令，及蒐集其進出監控處所、監控時段內之行蹤紀錄等情形，並藉由訊號之傳送，通報地方法院檢察署或地方軍事法院檢察署。」透過監控行蹤的描述，使未來GPS行動監控，能符合實施辦法有關電子監控的意義。

由於GPS行動監控的技術較為繁雜，因此實施辦法於第5條亦修正，使檢察機關得請電信事業主管機關或電信事業提供執行所需的資源，並委託建置監控設備及提供專業技術的服務。又，監控期間長度，修正前的實施辦法並未規定，仰賴實務的運作經驗，原則以三個月為一期；此次修正，在第6條第2項將監控期間明文規定，監控期間以三個月為一期，必要時得於屆滿前報請檢察官許可延長。此外，若監控訊號異常原因的不明，實施辦法第12條第2項，賦予觀護人決定是否通報警察的裁量權，而不再是強制通報。最後修正的是，受監控人之所以違反應遵守的事項，如果是不可歸責於己的事由，除了狀態發生起五日內以書面報告觀護人之外，實施辦法第13條規定，亦可以言詞陳報。

二、運作現況

觀察電子監控設備的發展，至今共可分為三個階段。第一階段是萌芽時期的「影像電話監控」，第二階段是運用期的「RFID電子監控」，第三階段是未來展望期的「GPS行動監控」。RFID電子設備運用時期，是目前電子監控的主要模式，屬於掌握性侵害假釋犯居家動向的重要工具，一般稱為「居家監控」；近年拜科技進步所賜，GPS技術讓電子監控走出住宅，戶外全面監控的時代亦指日可待，此稱之為「行動監控」。2010年，法務部委請力麗科技公司研發GPS與電子監控結合技術，以下將詳細說明，目前運行中的居家監控，以及正在試行，預計未來實行的行動監控。

（一）居家監控

居家監控是指，法律規定被監控者在特定的時間，活動範圍僅限於家中或指示的類似特定住所並進行監控，防止被監控者行動超出指定的居家範圍。電子監控設備就是居家監控的輔助手段之一。以下分別說明執行居家監控時，電子監控模式的運用與進展。

1. 影像電話監控

2005年性侵害犯罪防治法修正，為防範性侵害加害人再犯，依當時該法第20條規定，觀護人對於受緩刑、假釋而付保護管束的性侵害加害人，無一定居住處所或其居住處所不利保護管束執行者，以及受保護管束的加害人有於夜間犯罪習性，或有事實足認其有再犯罪之虞時，得報請檢察官許可後，施以宵禁，並輔以科技設備監控。這樣的居家監控，正式引進預防性侵害再犯的系統。

初期決定實施電子監控時，由於法務部採用的RFID監控設備未及時完成建置，故採用「性侵害假釋犯影像電話監控」，作為電子監控的工具。亦即，利用影像電話與監視器進行監控作為暫時機制，並輔以夜間宵禁，由負責監控所屬地檢署的法警，不定時以電話聯繫受監控者，並要求受監控者親自透過影像電話通話。電話監控設備雖可完全確認受監控者是否在家，但受監控者一旦未接電話，則需要更多人力去查詢，否則無法判定受監控人究竟是否故意規避[7]。再者，因為以視訊傳輸影像，需要較高的頻寬，且最好能獨立而專屬於受監控者，以避免欲查詢時卻面臨占線問題[8]，因此「性侵害假釋犯影像電話監控」系統雖能完全掌握受監控者是否在家，但卻需耗費更多成本填補查詢時的不足之處。

---

[7] 桃園地檢署率先以租用影像電話的方式執行電子監控，由夜間值班法警監看影像（經寬頻傳送），如其違反宵禁或指定居所之規定外出，法警即通報相關單位（包括性侵害防治中心、警局勤務指揮中心、觀護人），並由線上警網或管區警察前往查看、回報。參照林順昌，破除「電子監控」之迷思——論回歸實益性之犯罪者處遇政策，觀護法論，協和，2009年8月，頁416。

[8] 這個問題，若以今日眼光觀察，應已非難事，但在寬頻網路不發達的當時，這確實是個技術上的障礙。由此亦可瞭解，電子監控會隨著科技一同進步。

2. RFID電子監控

電子監控的運行，經過影像電話監控的初步萌芽過渡時期，2006年力麗科技公司設計的「RFID電子監控設備」，才改善影像電話監控設備的不足與諸多缺點，開啟實施電子監控的新頁。居家監控所使用的RFID監控設備，係指訊號發射器（環狀，有如大型手錶，配戴於受監控者手上或腳踝）、訊號接收器（裝置於受監控者住處，一般會在受監控者臥室裝置監控主機，並視監控環境決定是否加裝延展器）及監控平台電腦設備（裝置於高檢署中央監控中心主機與各地檢署法警室）。

操作上，是定點式居家監控，即將發訊器戴在性侵害假釋犯罪者的手腕或腳踝，並於其家中裝設讀取器。當受監控者離開訊號接收器所設定的地點時，置於監控處所的RFID訊號讀取器會因無法收到隨身發訊訊號，彼端接收設備就會發出異常警告，傳送給監控者知悉。相較於初期的影像電話監控系統，RFID監控系統利用放置於被監控者身上的訊號發射器，能清楚判定與確認受科技設備監控人是否遵守監控範圍指示，有無違規進出監控處所，能緩解人力資源耗費的問題。

剛開始使用的RFID監控系統，常常面臨訊號覆蓋率的問題，因為居家監控設備須考量室內建材與格局因素，無論是鋼筋水泥或木造隔間等，都會影響在布局監控設備時，需要多少延展器加以串聯；又南北居家環境迥異，特別是大台北地區多是高樓住宅，中南部則以透天厝式建築居多，需要較多的延展器。不過，訊號覆蓋率的問題，後來透過ZigBee無線傳輸技術得以解決[9]，而能有效掌握受監控人的行蹤。但是，第二代的RFID電

---

[9] 理論上，Zigbee有效覆蓋範圍大概可以從10到100多公尺，不過還是必須視晶片功率與運用環境而定。實際運作上，室內可覆蓋10到30公尺不等的有效距離範圍。透過ZigBee，可以進一步瞭解監控個案的定點，比如說限制住居的時候，在特定的地點與時間，可知道受監控者是否確實報到。ZigBee技術源於蜜蜂的八字舞，由於蜜蜂（bee）是靠飛翔和「嗡嗡」（zig）地抖動翅膀的「舞蹈」，來與同伴傳遞花粉所在方位信息，而構成傳遞訊息的網絡。由於ZigBee技術具有三項特點（可靠性、擴展性與安全性），將廣泛運用於工業控制與定位、家庭網絡、建築與汽車自動化、消費電子等領域。關於ZigBee技術可以參考，科技商情，http://www.digitimes.com.tw/tw/dt/n/shwnws.asp?cnlid=13&cat=20&id=0000284121_7H30GIVA3TNVDQ0QEGL06&ct=1（最後瀏覽日：2012/5/22）。

子監控屬被動式的監控手段,仍需配合居家監禁、宵禁等輔助措施;若受監控者脫離監控範圍,只能望人興嘆,而無法達到監控、防範再犯的目標;又若受監控人選擇在非居家監禁時段犯案,將造成監控漏洞。在民情輿論的壓力與期待下,催促政府以更新的技術來監控性侵害犯罪者,以防止其再犯,行動監控的概念也孕育而生。

(二)行動監控

近年世界各國逐漸開始利用GPS作為電子監控的手段。事實上,最早期衛星定位系統的發展,是美國為監控蘇聯軍備動態(核子裝備位置)而開發的軍事科技,但科技普及後而廣泛運用於民間,現在多用於汽車導航,且衛星定位系統的精密程度,甚至可定位偵測到如高爾夫般大小的物品,美國也曾普遍運用於失蹤士兵的搜尋[10]。

目前正在嘗試發展的GPS電子監控設備,主要就是運用在行動監控或戶外監控的情況。目前行動監控只有試行,並未實際運用至個案。未來,若行動監控上路,應會發生RFID與GPS同時使用的情況,前者依舊用於居家監控,後者則是配合被監控者外出時使用。

行動監控,是利用GPS在開放性空間中瞭解個案行蹤。GPS設備的運作,必須將「定位模組」裝置在受監控者身上,透過該裝置發送訊號,由衛星確認位置後,將行蹤資訊送回負責的監控中心。GPS監控表徵的功能特色,就是透過能覆蓋全球各地的衛星電波,順利定位被監控者位置,確認行蹤。GPS設備主要有三個模組,第一是「手機模式」,用來負責通訊,就是現在常用的3G或3.5G通訊。第二是「GPS模組」,就是衛星定位。第三個模組就是「Zigbee讀取器」的模組,這個模組是負責跟腳鐐同步進行訊號確認,確認受監控人外出時有攜帶監控設備。

行動監控最重要的功能,除了獲悉個案人身在何處及行蹤外,就是設定禁止區(熱區),禁止受監控的個案接近該區域。例如戀童癖的個案,

---

[10] 吳景欽,前揭文,頁50以下。

就將禁止區設定為小學及幼兒園，一旦個案接近該區域，GPS監控設備就會提醒個案與觀護人，以避免個案再犯。簡言之，藉由GPS監控設備設定個案危險區域，因為這些區域個案可能會有再犯罪的問題，所以禁止個案進入。

可是，目前GPS監控技術面臨一些難題。一是GPS的準確性可能受環境影響，例如GPS只要進入建築物或天候不佳，衛星訊號就會受到遮蔽而無法定位。目前處理模式，就是使用電信公司提供的「基地台定位」加以輔助。因此，監控機器會有兩種定位方式，一種是GPS定位，另一種是基地台定位；但基地台定位的精準度誤差較大，居於輔助定位的功能。

其次，GPS存有誤差，除非使用多顆衛星，若僅由一至二顆衛星定位，誤差可能達到20、30公尺。在新聞中，常可見聞有人使用GPS輔助駕車，結果在山區產業道路迷路，就是因為誤差導致[11]。相對的，如果使用四顆以上衛星定位的話，誤差會縮小，可是成本就會增加。至於基地台定位誤差更大，在郊區因為基地台比較少，誤差可能高達1至2公里。然而在GPS監控中，誤差產生的誤報，將會減損行動監控的效能。誤差是GPS的難題，只能夠儘量去縮減誤差。

參、觀護人執行經驗的深度訪談

為避免對電子監控的研究流於空泛，忽略實際運用的狀況，本文針對實施電子監控的第一線實務工作者——觀護人，進行訪談，希冀藉由深度訪談能對本議題有更深入瞭解，以加深研究厚度。訪談是受訪者與訪問者的直接互動，可以從中明白受訪者的信念、態度及看法，所得的訪問資料

---

[11]GPS由美國國防部研發與維護，可滿足全球任何地方與空間的軍事基地，連續且精準定位三維位置、三維運動或時間的需要。該系統包括24顆GPS衛星，但只需3顆即能迅速定位用戶端的位置與海拔高度。但是由於軍用與民用的差異，精確度略有不同，軍用精確度在10公尺以下，民用則在100公尺以下。也拜科技進步之賜，GPS在「差分GPS」（different GPS）的輔助下，減低大氣干擾的因素，許多衛星定位系統接受器準確度將達1至3公尺。參照黃清德，科技定位追蹤監視與基本人權保障，元照出版，2011年11月，頁82～83。

更是社會互動的產物，對社會科學研究至為重要，這樣的實證研究方法對
於法學研究而言，同樣深具價值。

一、訪談方法

　　深度訪談分為結構訪談、半結構訪談及非結構訪談[12]。結構訪談強調
訪談過程的高度控制，提問的問題、次序及方法均完全統一，多適用在問
卷訪談；非結構訪談則是非正式的訪談，沒有特定的對話焦點，亦無問題
組織，是自然與受訪者互動從中獲得訪問者所需要的資訊。結構訪談與非
結構訪談均不適合本文的訪談方法，因為前者過於僵化，會使受訪者難暢
所欲言，後者則天馬行空，不適合用於講求嚴謹的法學研究訪談。

　　本文採取「半結構訪談」。所謂半結構訪談是[13]，交互運用引導發問
與開放發問的方式：訪問者事先擬定研究問題與訪談大綱，但在實際訪問
時，不用拘泥於既定的研究問題與訪談大綱，而是按實際受訪者的情況，
彈性且開放的問答。通常，先對受訪者提出已經設計好的問題，以蒐集基
本資料，並作為後續問題的開端；然後，視問答狀況，深入瞭解受訪者及
議題本身，讓受訪者暢所欲言。訪談後的資料會謄錄整理，進行分析，以
期對於電子監控的研究有更深入瞭解。

　　簡言之，研究方法特色有：(一)主題式，藉由核心主題延伸，訪問者
的題目只是引言，作為受訪者發話的火種；(二)彈性式，訪問者於訪談前
會制定訪問大綱與題組，但並非按表操課，提問的順序與方式，端看訪
問當下的實際狀況，依受訪者個別不同的狀況活潑呈現；(三)以受訪者為
主，秉持半結構訪談的精神，以受訪者的發言為主，讓受訪者暢所欲言，
以期對於議題能通盤掌握。

---

[12] 袁方編，社會研究方法，五南圖書出版，2005年10月，頁257以下。
[13] 王雲東，社會研究方法——量化與質性取向及其應用，威仕曼出版社，2007年5月，頁251以
　　下。

二、訪談概況

（一）對象

　　本文的訪談對象是，分布在各地方法院檢察署的觀護人，且均曾參與電子監控。受訪觀護人分別是：台灣高等法院檢察署觀護人1名、台灣板橋地方法院檢察署觀護人2名、台灣士林地方法院檢察署觀護人2名、台灣桃園地方法院檢察署觀護人2名、台灣彰化地方法院檢察署1名、台灣雲林地方法院檢察署觀護人2名、台灣嘉義地方法院檢察署觀護人1名、台灣台南地方法院檢察署觀護人2名、台灣高雄地方法院檢察署觀護人3名、台灣屏東地方法院檢察署1名，共計17名觀護人[14]。

（二）時地

　　本文的深度訪談研究從準備到完成，共計約一年許的時間[15]。訪談次數共計七回，第一次訪談於2011年3月9日，於法務部的第二辦公室進行。第二次訪談於2011年5月13日，於高雄大學法學院進行。第三次訪談於2011年5月26日，於台灣高雄地方法院檢察署第二辦公室及台灣台南地方法院檢察署進行。第四次訪談於2011年5月31日，於東海大學法律學院進行。

　　第五次訪談於2011年6月7日，台灣嘉義地方法院檢察署及台灣桃園地方法院檢察署第二辦公室進行。第六次訪談於2011年6月24日台灣板橋地方法院檢察署及台灣士林地方法院檢察署進行。第七次訪談於2011年7月7日台灣雲林地方法院檢察署進行。爾後，針對訪談內容的謄錄、確認與比對分析，持續至2011年11月。

---

[14]感謝這些許多接受深度訪談的觀護人，因為他（她）們提供寶貴的工作經驗以及對於電子監控法制的親身感受，讓本文得有實證基礎的依據。

[15]本文之完成，全賴台灣彰化地方法院檢察署計畫案（MM9909-1142）的協助。本計畫的籌備自2010年下半年開始，直至2011年12月完成。

（三）主題

本訪談的大綱分為二大主題。其一是電子監控法制面的基本思維，其二是執行電子監控實務運作所遭遇的難題。

法制面的問題，首先詢問觀護人對於電子監控的宏觀看法，這是是訪談的起點，藉由觀護人的回應，讓採訪者進一步深入問題；再者，詢問觀護人電子監控與個案重返社會的關係，並延伸至使用者付費、電子監控中心設置，以及立法層面等問題。至於執行面，則屬於開放式問題，主要讓觀護人暢所欲言，就受訪者實際操作電子監控所遭遇的問題作出回應；另外就參與GPS行動監控試行的觀護人，訪談其對於試行的想法。

肆、訪談結果所獲得的基本思維

基本上，觀護人對於電子監控是抱持肯定立場。不過，執行電子監控的觀護人們在持肯定立場的同時，本文也獲得，執行電子監控應有如下的基本思維。

一、破除電子監控萬能的迷思

受訪的觀護人特別強調，多數民眾可能受媒體誤導，或政府宣傳不足，誤以為只要個案戴上監控儀器，如電子腳鐐，就能高枕無憂，以為電子監控可以完全杜絕犯罪這是一個錯誤觀念[16]。觀護人明確指出：「戴上監控就不會再犯，這是不可能的」、「電子監控是一個輔助的，瞭解個案的日常作息，給個案一個提醒，而不是搞到最後就認為個案不會犯罪，這是不可能的事。」

雖然電子監控，尤其是第三代的行動監控更受人民期待，可是萬不能讓民眾誤以為電子監控是解決犯罪問題的萬靈丹。觀護人從執行的經驗指出：事實上「個案對這個機器（按：電子監控的儀器），比我們更敏銳，

---

[16] 有一些想法可以參見：林順昌，前揭文，頁407以下。

有時候機器發出什麼燈號，個案都會去判斷，因爲他會觀察發出這個燈號的效果，是法警打電話給我，發出這個燈號，是觀護人打電話給我，雖然他沒有理工的背景，但他可以慢慢從這個規律性得知，他大概做了什麼行爲，幾秒之後這個燈號會變，觀護人或法警就會打來。如果這些規律性被他發現，他眞的有心再犯的話，是不容易防堵的。」因此，電子監控只居於輔助地位，用以協助個案回歸社會，縱然多少存有嚇阻個案犯罪的力量，也十分有限[17]。

從觀護人的角度觀察，電子監控固然可以作爲防範未然的手段之一，但是整體犯罪矯治計畫與成效高低，才是左右是否再犯的重要關鍵。操作面上，固然可用監控設備鎖定可能再犯的高危險群，但機器終究有極限，受誤差的影響，無法百分之百呈現眞實。況且，只要受監控人犯罪決意穩固，即便再精準的設備，仍然無法徹底解決迴避再犯風險。

二、執行電子監控應無標籤化之疑慮

攜帶在被監控人身上的電子監控設備，由於屬於外露模式，一直都有論者質疑是否會產生標籤效果（Labelling）[18]，反而不利於個案重返社會[19]。不過，受訪觀護人均表示，一旦戴上電子監控儀器，標籤就一定存在，但並不必然就會造成個案重返社會的困難。現今使用的電子腳鐐，個案會穿著長褲與鞋襪試圖遮掩。若未來能在科技上取得突破，縮小電子監控儀器體積，這樣的疑慮就可消除。

值得一提的是，有觀護人採取另一種角度看待儀器所造成的標籤化問

---

[17]黃富源，「科技設備監控」的省思，台灣本土法學，68期，2005年3月，頁2。

[18]Hans Dahs, Im Banne der elektronischen Fußfessel, NJW1999, S. 3470. 另外，關於「標籤理論」，可以參見：蔡德輝、楊士隆，犯罪學，五南圖書出版，2011年3月，頁137以下；蔡德輝、楊士隆，犯罪矯正新趨勢：社區處遇制度之可行性研究，法學叢刊，179期，2000年7月，頁42；林山田、林東茂、林燦璋，犯罪學，三民書局，2007年10月，頁143以下；許福生，犯罪與刑事政策，元照出版，2010年9月，頁211以下；黃富源、范國勇、張平吾，犯罪學概論，三民書局，2006年1月，頁401以下。

[19]有學者認為，我國目前電子監控實際上，並非為節約司法成本，也不利於個案重返社會，而是以風險管理為名，藉由電子監控排除公眾對於罪犯的恐懼感。參見蕭宏宜，電子監控與性犯罪者——借鑑美國經驗？，高大法學論叢，7卷2期，2012年3月，頁130。

題，其謂：「標籤化的問題是一定有的，可是在整個過程裡，我們用另外一個角度來看，這不也是提醒他（按：被監控者）有人在看著我，類似金箍咒的效果，這不全然是負面的效果，就看我們怎麼去解釋它。」據此，該位觀護人的觀點認為，電子監控除了讓個案提早回到社會外，同樣擔負社會防衛的功能。藉由儀器產生的提醒效果，有助於個案自我控制。

　　此外，經假釋提前重返社會的被監控者，本來就應承受對應的條件，電子監控在假釋審核中，可視為獲得假釋的條件之一，並無強烈侵害人權的性質。據觀護人分享自身經驗分享：「大部分的個案都會反彈，只是反彈程度大小不同。我們會告訴個案，這與關在監獄有很大的差別，因為有些個案會說寧願被關進去算了，我們會跟他們解釋，科技監控可以四處遊走，基本上還是自由的，只是存有某部分的限制，這樣與被關是不同的。我們觀護人要對他們的情緒進行調適與認知的改變，這本來就是觀護人要作的工作。」從該位觀護人的說法可以得知，電子監控既作為假釋的條件，假釋犯本應有承受義務，並不能因為具有標籤作用，即否定電子監控的效益。觀護人的工作就是，協調與管控受監控者的反彈與不適。

　　總之，電子監控所生的標籤作用確實存在，但不能因為有標籤作用就揚棄電子監控的發展，而應以宏觀角度觀察整體政策。電子監控除了要讓個案復歸社會之外，同樣存有社會防衛的機能，對於需要監控的個案，在權衡利害之下，司法人員應準確地判斷是否要加諸電子監控；若再犯率極高的受刑人，則將之拘禁於監獄即可，電子監控的社會成本，恐怕較受刑人關在監獄裡更多。此外，從現實執行狀況亦可發現，電子監控所產生的標籤作用，尚未對個案重返社會產生極大的阻礙，只要遵循監控規則，並且獲得親友體諒與支持，多半無礙正常生活。

　　附帶一提的是，科技不斷進步，現在試行的GPS模組雖然外觀較大，但據力麗科技公司表示，改良後的GPS模組，會比試行設備的體積再小三分之一，且充電完畢後，可在戶外使用超過20小時。未來，或許這些設備會更加縮小，標籤作用的疑慮也就可以降低。

三、有無使用者付費的可行性

電子監控所費不貲，尤其一旦採行GPS行動監控後，更將形成一筆可觀的開支。在西方國家，有一些使用者付費的規定，若個案欠缺資力或精神障礙，則由政府補助[20]；我國的電子監控是否也可以採行使用者付費，容有討論空間[21]。受訪觀護人對這項議題看法較為兩極。不過先敘明的是，若將電子監控作為替代羈押的手段之一，要求聲請停止羈押者，自行負擔電子監控的費用當成停止羈押的條件，較無爭議；但本文探究的，是受電子監控者，是否應自行付費的問題。

傾向自費制度的觀護人表示：「假釋是刑法執行的延伸，假釋後的替代措施是國家刑罰權的行使，我認為應該要由當事人付費，讓他去承擔他的後果。」但考量現實情況，支持自費制度的觀護人也認為要求個案全額承擔費用是不可能也不可行的，需視個案經濟能力，規劃適合的比例負擔或補助方案。相反的，反對自行付費者則認為：「用金錢來衡量有沒有悔悔而作為提早釋放的依據，這可能跟一般的社會公平正義不太符合。演變成你有錢就可以提早出來，沒有錢就繼續關，這可能跟社會大眾的期待會有落差。」據此可以瞭解，持反對態度的觀護人，主要是基於公平的角度，認為不能以能否負擔費用的標準，決定個案是否可以出獄。

不過，大多數受訪觀護人似乎不在乎電子監控是否需要使用者付費，或許是因為身處觀護的第一線，多數所關心的是，若採行使用者付費制度，當個案不付費時，應如何處理。觀護人認為：「現實上犯罪者大部分都是社會中低下層的人民，他們生活上都有困難了，要他們自費監控應該是滿困難的。」、「個案沒辦法付錢，是否有罰則？」因此，縱然承認自

[20]GPS行動監控所費不貲，例如美國佛羅里達州在2005年時曾統計，該州對1,200名性犯罪者使用GPS的耗費是390萬美元，所以大部分的州為了籌措相關費用，只好轉而要求性犯罪者支付。See Megan Janicki, Note, Better Seen than Herded: Residency Restrictions and Global Positioning System Tracking Laws for Sex Offenders, 16 B.U. Pub. Int. L.J. 285, (2007), 296. 又如加州刑法也有相關的規定，See California Penal Code 1210.15.

[21]亦有學者認為應明訂由當事人負擔監控費用，且為符合公平原則，不得以聲請人無力負擔的理由，否定居家監禁，而應以分期付擔的方式取代。參照吳景欽，對假釋犯為電子監控之可行性探討，立法院院聞，33卷3期，2005年3月，頁48。

行付費，實踐上也有困難。甚至有觀護人提到司法機關不可能因為個案無力負擔或不願付費就停止電子監控。此外，觀護人表示，一般來說性犯罪者若有資力，基本上會直接進行金錢性交易，不會鋌而走險犯下妨害性自主的犯罪。亦有觀護人以毒品替代療法為借鏡，認為對自身有好處（恢復健康，避免毒害）的自費戒毒都難以落實，更何況是自費以電子儀器監控自己，很難想像受假釋或緩刑者會欣然接受。

伍、訪談結果所發現的實務難題

除了電子監控基本思維需要釐清外，實務執行上的問題，亦影響監控成效的高低。科技始終來自於人性，電子監控雖然使用最先進的技術，但在執行過程中仍發現許多地方無法完全滿足需求。從執行面的角度觀察，可以避免制度規劃陷入紙上談兵的困境，更何況欠缺執行經驗的分享，將無從得知具體缺失，而無法達到再犯防止的目標。

據此，本文就觀護人的訪談內容，歸納出關於電子監控儀器訊號的問題，試行GPS行動監控後的想法，以及其他個別關於執行面的問題，希冀藉由實際操作經驗，呈現電子監控運作上的難題。

一、儀器訊號的問題

就電子監控儀器訊號的問題，分為居家監控與行動監控，對於觀護人就此所反應的訊號問題[22]，說明如下。

（一）居家監控訊號的判讀

關於居家監控，也就是第二代的電子監控，受訪的觀護人認為多少還是會遭遇訊號錯亂的問題。所幸，第二代的監控範圍僅是個案的住家，以當前技術較易克服。此外，居家監控已實行一段期間，也累積許多經驗，

---

[22] 關於科技設備的一些問題探討，可以參見：許福生，科技設備監控在再犯預防之運用，刑事法雜誌，51卷2期，2007年4月，頁41。

縱然曾經發生瑕疵，經過工程師的調整，都能順利解決。整體而言，觀護人對於居家監控儀器訊號的正確率是有信心的。

對於第二代監控設備，觀護人表示：「會遇到機器的問題，所以還是需要專業的人士做判讀。如果機器出問題，我們半夜也是要起來的，執行到現在四年多，機器都是半夜出問題，因為監控的時間都是在晚上。」由此可知，儀器多於夜間發生問題。不過，也因為居家監控已經執行多年，觀護人與警方也逐漸養成默契。觀護人稱：「監控主機會不穩定，但個案跟我們，無論是法警、管區或是觀護人，大家工作上都有一個共識在，還不至於會有什麼突發的情形。」設備的不穩定，確實造成觀護人「很大的困擾」。但是，第二代監控的進步，觀護人也給予肯定並表示：「經過第一代到第二代這麼多年的研修，第二代的系統已經相當穩定與成熟，誤報率已經很低。依今年我們執行的四則個案來看，幾乎沒有誤報率。」

綜觀受訪觀護人的意見，對於第二代電子監控設備，滿意度頗高。雖然誤報的瑕疵依舊存在，但透過人工補救的方式，對於壓制再犯方面，成效仍然值得肯定。因此，對受訪的觀護人而言，現行穩定且熟悉的監控模式，足以滿足多數需要監控的個案，對社會治安的維持有相當助益。

（二）行動監控訊號的收訊

相對於第二代的居家監控，第三代行動監控目前僅有試行（就本文所訪談的地檢署觀護人，僅桃園地檢署與高雄地檢署有試行），但參與試行的觀護人對此評價均不甚理想，故觀護人多呼籲延長試行時間，以修正第三代遭遇的問題。

關於訊號的穩定性，受訪的觀護人直接表示：「GPS的電子監控效果很差，訊號會亂飄，有時候人在這裡，但訊號卻跑掉了。」、「我們都是自己試運作，例如在雨天中，故意進入緩衝區，再刻意拉回來，試探訊號的準確度；或是測試高架路面與地面行駛時的訊號落差。其實機器的效果不太好，尤其若是地形較不平坦，或周邊有軍事用地，GPS極易受遮蔽而收不到訊號。」雖然科技必然會持續進步，屆時GPS技術一定會逐漸成

熟，但受訪的觀護人認為，就現況而言，仍有待加強。

　　從上述觀護人的意見可知，行動監控最大的問題就是訊號不穩。然而，監控的成功與否端看監控設備所回報的訊號是否穩定及正確，倘若易受天候與人為干擾，將無法完成監管工作。因此，在設備未改善到相當穩定的程度時，行動監控不宜貿然實施。

二、觀護人與個案間無法取得信任

　　在訪談的過程發現，不少觀護人認為電子監控使觀護人的輔導工作產生困擾。因為將輔導與監督工作綁在一起，有時個案會因實施電子監控的緣故，對觀護人產生反感，如此一來，恐危及重視與個案信賴關係的觀護業務。不過，也有觀護人指出：「事實上輔導跟監督本身就是矛盾的，如何在矛盾之中找到個契合點，讓對方在矛盾中磨合，也能夠自圓其說地去讓他配合你這樣的監控，那這是觀護人本身說理的功力。」也就是說，因為制度設計的關係，使觀護人必須努力去填補，與個案之間可能因電子監控所造成的不信任裂縫。

　　對於目前讓觀護人通包輔導與監督業務的情況，多數觀護人反應如下：「老實講在我們的輔導上，這是一個很大的障礙」、「我們觀護人要作輔導又要做監控這實在是很兩難」。亦有受訪觀護人表示這個問題與電子監控中心有密切相關：「觀護不只是監督，輔導是很重要的成分。其實這個問題可以延伸到，是不是要設立監控中心，由整個監控設施的裝置、維護、訊號的通報以及訊息的研判，是否交由專責機構，而把觀護人獨自抽離出來回歸到正常的輔導工作。一方我們要強力監督他，一方又要安撫他，其實這有點自欺欺人，其實會很嚴重阻礙觀護關係的建立。因為個案可能會認為，你就是在監督我的，他已經先入為主的認識了，就是你讓我戴這個，其實後面的觀護關係是很難去建立的，更何況要走到內心深處去輔導他，這是滿困難的。」從此也可看出監控中心的重要性。

　　不過，也有少數觀護人認為，並不會因為電子監控就使得觀護人與個案之間，造成信賴的破損；更有觀護人表示「我們對個案不是單純輔導老

師的關係，在法的層面也是要執行去約束他的，一旦他違法了，就沒有輔導的問題，一定要依法處理。」亦即，也有觀護人認為輔導與監督之間並不相互衝突的。

依上所言，是否因電子監控的實施，導致觀護人與個案信任關係破裂，受訪觀護人的意見並不一致，但歸根究柢，就是觀護業務包山包海的問題。雖有觀護人認為輔導與監督的衝突並沒有想像中的劇烈，但不可諱言的是，信任感是維護觀護業務的重要關鍵，電子監控的實施多少都會對信任感產生破毀。

三、安置機構與相關單位無法配合

本於半結構訪談的精神，藉由開放性的問題深入瞭解受訪者在執行電子監控所遭遇的難題。其中，本文認為有些對於當前執行電子監控的改善建議，深具參考價值，即(一)目前實務忽略個案可能因為欠缺安置機構，而造成電子監控的困難；(二)電子監控的設備並無法完全杜絕個案再犯，要達到社會防衛的目標必須要有其他相關單位的配合。

關於安置機構的欠缺，有受訪的觀護人表示：「最大的問題，就是我們沒有安置機構。有一些個案，他很明顯有高再犯危險，明明就需要電子監控，但很抱歉沒地方讓你裝監控設備。他可能是無家可歸、可能是流浪漢、可能被家屬遺棄，他的戶籍甚至還在監獄裡，甚至在戶政事務所，這樣的個案我碰到好多個，此時要在哪裡監控？」同時，有觀護人對於更生保護協會不積極設置中途之家表示遺憾。其認為若設有中途之家，無家可歸的更生人至少有棲身之所，可惜國家對此並不重視。

另外，要杜絕個案再犯，不能只依賴電子監控，相關單位均應通力合作[23]。有觀護人從現行機關間資訊交換的現況出發，認為：「防治中心、觀護人、警察、衛生局，各部門的角色分工要清楚。剛剛我提到這幾個部門，定期的資訊交換是非常重要，因為個案的變化是非常快的，甚至有時

---

[23]關於執法分工的問題，亦可參見：許福生，前揭文，頁41以下。

候一兩天個案就會有一直變化。比如說個案去心理師那諮詢已經有些異常了，但心理師的報告可能是一個月後才送到衛生局，衛生局再轉送，就欠缺及時性了。所以我認為資訊的交換非常重要。」同時，觀護人也指出心理治療師在觀察個案是否有可能再犯具有重要地位，可惜實務上心理治療師的功能並未完全發揮，其謂：「心理師的治療報告的品質也是參差不齊，有時候很嚴重的個案，他只給你一張A4的紙，其中很多又是在介紹個案的背景資料而心理師評估的內容就是短短幾行字，這是很可惜的。」因此，機關間資訊交換的即時性與心理治療師的專業評估，是杜絕再犯非常重要的一環。

觀護人也特別強調，現在全民對於電子監控有近似電影情節的幻想，特別是誤以為採用行動監控後，就能全面杜絕再犯。對於再犯的杜絕，觀護人認為：「要配合其他的措施，不管是測謊、密集觀護、加強訪談約視，甚至要結合到性侵害防治中心，處理有關治療的部分。其他還有社工的體系，社會救濟體系以及警政的系統，這是一個團隊的工作，而不是單一的電子監控。」由此可知，預防再犯絕非單純的電子監控即可完成，而需綜合其他機關的協助，方可確實杜絕再犯危險。

透過觀護人的觀點，監控並非單屬觀護人的責任，國家機關不能將監控的重擔全部交給觀護人承擔。更何況觀護人的業務屬性繁雜，人數比例稀少，能否獨立負擔已生疑義。因此，面對再犯危險性較高的性侵害犯罪者，整體社會的防治體系應一起面對與抗制。

四、第三代電子監控的試行期間過短

就訪談的地檢署觀護人而言，有試行過GPS技術下的行動監控者，僅有桃園地檢署與高雄地檢署。有試行經驗的觀護人認為「應該再拉開試行期，利用試行期間去改善所碰到的問題」。由此可知，現行一個月的試行，似乎過於倉促且不足，應考慮延長第三代電子監控的試行期間，以避免發生窒礙難行的困難，甚至破壞人民對司法或觀護制度的信任。

延長試行期間的關鍵因在於設備。觀護人說道：「第三代試行上還

是設備穩定性的問題，至於要不要再試行，還是先上路邊做邊修，我覺得等試行後有好一點的狀況再做比較好。」、「GPS的監控設備是相當不純熟，費用也比較貴，雖然現在科技很進步，但要配合的好並不是那麼簡單。」、「第三代試行上還是有設備穩定性的問題，我想還是先試行後，等設備狀況好一點後再做會比較好。」、「現在第三代的部分還是有發展的地方，所以第三代最好是有一段實證研究的時間，實際上做現場實地的演練，而不是在實驗室的試行而已。」以上都可顯示設備運行的順暢需要時間，不可倉促上路。

設備的問題，亦受科技的侷限，如體積大小、電池蓄電量等。此問題觀護人也提到，其謂：「天線跟電池問題，都是我們當初在研究的大問題，天線電池還是會有個大問題，因為一般人會認為說，我們都有行車紀錄器都有GPS，為什麼GPS行動監控會這麼困難。因為電池就是一個大問題，行車紀錄器不用發射電波，只要接收就可以了，我們手機不打電話的話，待機可能三五天，如果有在打一兩天可能就要充電了，我們第三代行動監控，是六十秒就發收一次，所以耗電是非常大的。」因此，電池的蓄電能力，影響GPS電子監控成功發展的重要關鍵。

另外，在GPS的監控設備上，圖資的問題也成為相當重要的一環。觀護人即提到圖資與經費間的關係，其謂：「國內地形的關係，有些問題還是沒辦法做處理，『圖資』受到要信賴，要投注多少經費？」、「圖資要配合其他的衛星公司、大哥大的公司，那經費是非常龐大的，也不是我們一小部分就可以做的，可能就現有科技的技術層面，盡最大的努力去做，能不能符合民眾的期待，我想這是會有很大的落差」。此外，有觀護人觀察南北的圖資，認為兩者存有不小的差異性，造成投資的困難，觀護人說道：「在中南部是很難的。在北部可能使用率很高，因為預設的圖資很細，巷弄號都有；中南部可能性很低，地形也有問題，因為廠商不可能在這裡做盲目的投資。」

關於訊號問題，高雄地檢署的觀護人特別提到自身經驗：「有個案住在山裡面，根本收不到訊號，那要怎麼監控他呢？也不會因為我們要監

控他，就叫個案搬到市區來，那要幫他租房子嗎？這是很現實的問題，我們不能以我們的情況去推測個案，因為他之所以會成為加害人，就是他在生活家庭經濟方面就已經常常出現問題了。我們常常遇到某些狀況，就是收不到訊號！或是突然間出現莫名奇妙的訊號等等，例如訊號就顯示他違規外出，但其實他是在家的，如此引起個案的緊張進而造成彼此不信任感。」有相當品質的電子監控設備，才能真正發揮電子監控的價值，目前尚不成熟的第三代電子監控，確實存有繼續試行觀察的必要。

　　藉由訪談可以發現，現在試行的行動監控，確實有許多現實上的問題，如技術不夠純熟，經費是否能夠應付GPS行動監控的計畫，地形關係與圖資是否充足等等。這些問題若不能解決，行動監控將難發揮功能。最重要的是，「監控會造成人權的侵害，政府有責任要維持機器的穩定度」，倘若貿然實行，恐怕無法滿足民眾期待，反而衍生更多困擾，變成引發民怨的制度。

陸、解決電子監控難題的芻議

　　在充分掌握電子監控在執行層面的基本思維，以及瞭解執行上的相關難題之後，以下提出關於電子監控在實務運作上的相關芻議。如果這些法制面的關鍵問題可以獲得釐清，執行面的配套可以建立，實務運作電子監控應當可以更加流暢，效用也必然能夠發揮。

一、功能的抉擇──社會防衛或社會復歸

　　關於電子監控的功能，一直以來都有社會防衛或社會復歸的不同意見[24]。我們必須先清楚，無論是社會防衛或社會復歸，目的都在於控制再犯風險，差別在於二種觀點延伸相異的控制方法。社會防衛是對「現在危

---

[24] 電子監控在社會防衛與社會復歸的不同意見，可參考：大谷實，刑事政策講義，弘文堂，1996年6月，頁335-336；藤本哲也，刑事政策概論，青林書院，2007年8月，頁286～289；岩井宜子，刑事政策，尚學社，2011年4月，頁209。

險」的掌握，對於具有高度再犯危險性的犯罪者，將之囚禁於牢籠，使之與社會隔絕，直接監督與控制危險源的散播可能。相反的，社會復歸是對「未來危險」的矯正，其概念與特別預防理論同源，也就是認為，刑罰或其他處遇的發動，主要考慮去除犯罪人的危險性格，運用各種教育輔導與治療手段，尋求再社會化的可能性。

關於電子監控功能的選擇，究竟應屬社會防衛或社會復歸，本文以美國與德國為例說明，該兩國法制的設計及所企求達成的功能，然後再提本文見解。

（一）以社會防衛為主的美國思維

以嚴厲的制裁手段，解決日益惡化的治安問題，通常被認為是快速且有效的方法，其中最直接的手段就是，藉由監獄的隔離，使犯罪風險無法對社會造成危害，進而保護社會大眾的安全生活。然而，單純仰賴監獄，恐怕沒有辦法滿足現存風險控制的要求，因為這些受刑者可能因假釋等原因離監，離監後的風險控制就必須利用電子監控，也就是藉由監控設備的定位，掌握被監控者的行蹤，讓受監控者感覺自己正處於國家監管之下，心生畏懼而不敢再犯，如此便能防止風險擴散，避免社會產生不安的疑慮。

1970年代的美國，犯罪率攀高，又受經濟崩毀影響，治安嚴重惡化，政府選擇以嚴厲的制裁手段解決治安問題；但嚴格的刑事制裁，同時造成監獄壅塞，造成國家負擔。為了在維持國家控制，與解決監獄人滿為患的問題之間取得均衡，較監獄禁錮自由且經濟，但國家控制力又比社區處遇強烈的中間制裁措施（Intermediate Sanctions）逐漸受到重視。以打擊性侵害犯罪為例，美國將性犯罪的假釋犯放回社區，但同時採用登記通告制度等手段[25]，配合電子監控，降低再犯發生的機率。

---

[25] 以登記制度為例，從1994年雅各·威特靈對兒童犯罪與性侵害者登記法案（the Jacob Wetterling Crimes Against Children and Sexually Violent Offender Registration Act, JWA）、1994年梅根法案（Megan's Law）、1997年雅各·威特靈改善法案（the Jacob Wetterling Improvement Act）、2005年潔西卡法案（Jessica's Law）、2006年亞當·沃爾許法案（Adam

　　由於美國境內發生一連串重大的性侵害犯罪，促使性犯罪的處遇態度，雖然全美各州的態度有所不同，但整理而言，是趨於嚴格的社會防衛[26]，這樣嚴格的態度，同樣反應在對性侵害犯罪者的電子監控上，其中最著名的就是2005年的潔西卡法案（Jessica Law）[27]。潔西卡法案除了對性侵害犯罪的懲罰重刑化之外，更強制實施有期限的或終身的電子監控，目的就是防堵性侵害犯罪者發生再犯。因此，美國對性侵害罪犯的電子監控，主要以扮演監控的角色，從社會防衛的觀點出發，遏止性犯罪的再犯，進而降低社區居民的被害恐懼。此外，電子監控也可與美國行之有年的「登記通告制度」搭配，建構全方位的監控網絡，對性侵害犯罪的假釋者，進行最嚴密的監督，防止其再犯。由此可知，美國在性犯罪的處遇上，電子監控制度主要是出於避免再犯的社會防衛思想。

　　雖然美國的電子監控傾向社會防衛，但因各州規定不同，適用範圍也比較廣，所以部分電子監控仍具有社會復歸的色彩。例如，美國伊利諾斯州的處遇中心，就針對犯罪人不同的生活習性與態樣，調整監控實施，以免因監控而影響受監控者的工作和學習[28]；阿拉巴馬州在處理少年犯罪，採用電子監控也是比較傾向社會復歸的態度[29]，希望曾經犯錯的少年知過能改，走回正途。但是，與更加傾向社會復歸的電子監控的國家相比（如

Walsh Child Protection and Safety Act, AWA），透過漸趨嚴格的登記制度強化社區監控的力道，使民眾得以知悉性犯罪者的相關資訊而採取事先防備的行為。關於美國法的法案進展，可以詳見：Richard G. Wright, Parole And Probation: Sex Offender Post-Incarceration Sanctions: Are There Any Limits?, 34 N. E. J. on Crim. & Civ. Con. (2008), 17; Kelsie Tregilgas. Comment, Sex Offender Treatment in the United States: The Current Climate and an Unexpected Opportunity for Change, Tulane Law Review, Vol. 84, (2010), 730. 相關電子監控的內容可以參見：Todd R. Clear / George F. Cole / Michael D. Reisig, Amerian Corrections, 9th ed., Wadsworth, (2011), p. 572～574.

[26] 有相同見解認為若電子監控標榜預防再犯、協助更生、實質懲罰、產生心理威嚇壓力、減少監獄壅擠、節省成本的功能，那將是刑事司法的最愛，惟電子監控強調監控遠大於矯治的功能。因此，電子監控是強調對犯罪者之監督與控制，反應出近代矯治的發展朝向隔離化的嚴格刑事政策。參照許福生，風險社會與犯罪治理，元照出版，2010年8月，頁169。

[27] 潔西卡案發生在美國佛羅里達州，這是一名幼女被性侵殺害的案件，造成當時佛羅里達州極大的轟動，進而催生潔西卡法案。關於佛羅里達州電子監控的規定，see the 2011 Florida Statutes §800.04; §775.082.

[28] 參照林順昌，前揭文，頁205。

[29] See State of Alabama Department of Youth Services, 2010 Annual Report, p.5.

德國），美國在電子監控的運用上依舊較傾向社會防衛。

　　雖然電子監控在美國法上存有許多不同態樣與目的，但多數仍著重在防衛的本質，扮演著管控與監視的功能[30]。社會復歸與減少監獄人數過多，雖屬電子監控目的之一，惟從該國的其他處遇措施，如登記通告制度等作法看來，皆係以防堵性侵害犯罪者再犯為主要目的。因此，美國電子監控主要還是從「社會防衛」的觀點出發，用以降低社區居民的被害恐懼[31]。

（二）以社會復歸為重的德國基調

　　傳統監禁的目的在於，阻隔犯罪誘因，掌握現時風險，避免社會安全遭受破壞；但現實風險被阻隔，不代表犯罪不會再度受到誘發，若不從個案本身加以矯治，社會仍處於潛在的風險之中。是故，特別預防理論認為，刑罰目的在於除去罪犯的危險性格，希望根絕再犯風險，使犯罪人回復善良平和的心理狀態，而再度融於一般人民的生活，使之復歸社會。再社會化的復歸精神，對於電子監控制度的影響，在於以矯正罪犯為目的的人性化監控手段，也就是說，電子監控是輔助矯正罪犯工作得以順利進行的工具。換言之，電子監控能掌控現存風險，協助復歸方案發揮預期效果，順利根除個案的再犯危險。電子監控應是社會復歸消除未來風險的重要輔助手段之一。

---

[30] 有論者認為，自1990年起，隨著科技發展，電子監控已作為遏阻性犯罪者的社區監控措施，特別是被判定為危險者。迄今，已有44州透過電子監控掌握社區處遇的犯罪者之處所與動向，其中39州甚至特別針對性犯罪者立法，並至少有10州對特定性犯罪者要求透過EM或GPS予以終身監控。See Gaylene S. Armstrong/ Beth C. Freeman, Examining GPS monitoring alerts triggered by sex offenders: The divergence of legislative goals and practical application in community corrections, Journal of Criminal Justice Vol. 39, (2011), 175.

[31] 美國最新的性侵害社區處遇政策是設置禁制區，期待將性犯罪者圍堵並監視，此種方式又稱「抑制模式」，惟此種方式是否能有效防堵犯罪，在美國仍受到質疑。在立法的過程中，民意、婦運團體的壓力，迫使著立法者常常流於激情，未考量到性犯罪的根本問題。雖然電子監控制度的發展很迅速，但司法實務界仍相對保守觀望。詳見劉寬宏，論美國性侵害加害人社區監護處遇之電子監控法律規定及實例分析，電子監控法制之展望學術研討會，台灣彰化地方法院檢察署主辦，台灣大學法律學院國際會議廳，2011年8月26日，頁70。

　　從傾向社會復歸的德國電子監控可以發現，電子監控的實施，必定伴隨著個別化的監控計畫，用以矯治個案不同的犯罪傾向，確實達到排除再犯的目標。德國電子監控的法制建構，最早發跡於該國1999年的刑事執行法草案，該草案針對不超過六個月刑期的短期受刑人，考慮改採電子監控的手段命其居家服刑，但必須以「得到受刑人同意」為前提[32]。2000年德國黑森邦（Hessen）在法蘭克福地區率先試辦電子監控的實驗方案[33]，由政府單位針對不同犯罪者的身心狀態、生活環境等，對於個案回歸社會最有利的情況下，給予不同的監控條件。由此可見，電子監控只是協助個案回歸社會的輔助策略，達到再社會化的目標。

　　以德國黑森邦的電子監控實驗方案為例，當時雖無司法明確授權的依據，但法官則透過刑事附帶處分，針對受緩刑者（§56c StGB）；受緩刑者違反規定，但不撤銷緩刑的情形（§56f StGB）；假釋犯（§57f StGB）；受生活監督者（§68ff StGB）；審前替代拘留的手段（§116 StPO）等五種對象，進行為期二年的試驗。其次，透過個別化監控計畫，輔導個案適應一般生活，幫助其徹底回歸社會[34]。

　　其後，2009年巴登·符騰堡邦（Baden-Würtenberg）制定「執行自由刑之電子監控法」（Gesetz über elektronische Aufsicht im Vollzug der Freiheitsstraf, EAStVollzG）（下稱巴登電監法），成為德國首個電子監控

---

[32] Hans Dahs, Im Banne der elektronischen Fußfessel, NJW 1999, S. 3470.

[33] Sven Bergmann, Training des bürgerlichen Normalzustandes-Ethnographie zum Projekt Elektronische Fußfessel, S. 1.

[34] 以德國黑森邦的實驗計畫為例，若平常日間有正常工作者，週一至到週四原則上自20時開始實施監控至隔日6時；週五則在15時至20時容許彈性調整；週六的監控時段提前於18時開始監控，並且延長至隔日9時，其餘時間則容許做彈性的調整（基本上10時至14時亦需要監控）；週日最為嚴格，除了在14時至18時可以彈性調整外，全天皆加以監控。依據個案狀況，若日間無正常工作者，該實驗計畫更加限縮受監控人自由活動期間。尤其是在週一至五增加下午監控時段，希望避免無正常工作者利用機會再度犯案。關於確切的監控計畫，可以參見：Markus Mayer, Modellprojekt Elektronische Fußfessel. Wissenschaftliche Befunde zur Modellphase des hessichen Projekts, http://www.markus-mayer-info.de/Forschungaktuell23.pdf（最後瀏覽日：2012/5/22）；此外，德國巴登·符騰堡邦的電子監控法中，為被監控者量身設計個別性的監控處遇措施，亦展現再社會化的特色。

法制[35]。該邦司法部長Ulrich Goll曾說[36]：「電子監控可以避免執行拘禁，而避免拘禁其實就是最好的再社會化」。從巴登電監法的相關內容可以知悉，該邦採取「社會復歸為主」的立法模式，對於協助罪犯再社會化的工作全面且精緻。例如，巴登電監法第4條第1項b規定，政府需提供適當的監控住所、以及設置相關的監控人員；同條項e規定，同時政府需提供適合受監控人的工作，以及協助其培養技能，規劃適合生活的環境；同法第7條規定，實施電子監控的期間，每週應給予受監控人二十小時的時間，進行關於工作、教育、兒童照料的活動；若要進行其他戶外活動，考量個案的狀況不同，於不同監控的時期給予不同的活動時間。

　　值得注意的是，2009年12月歐洲人權法院宣告，德國在自由刑執行完畢後，才施以帶有刑罰意味的保安監禁處分，違反歐洲人權公約；其後，德國聯邦憲法法院也據以判定違憲[37]。德國為了回應人權公約的精神，在刑法第68b條作出相應修正，如此一來，反而開啟德國全面實施電子監控的契機。第一，在保護管束（Weisung），新增得施以電子監控的法律依據，降低保安處分得拘禁色彩[38]；第二，在刑後的保安監禁（Sicherungsverwahrung），新增受保安監禁的行為人，故意犯特定的暴力或性犯罪，而受二年以上的自由刑，或行為人將來有可能犯刑法第63條第3項特定的罪時，法院在宣告行為人的刑責時，可同時宣告行為人於刑後須受到保安監禁，且於保安監禁期間，施以電子監控[39]。

---

[35] Oliver Ratzel / Rüdiger Wulf, Elektronische Aufsicht im Vollzug der Freiheitsstrafe–Der badden-württembergische Modellversuch, S. 338.

[36] http://www.landgericht-mannheim.de/servlet/PB/menu/1259833/index.html（最後瀏覽日：2012/5/22）。

[37] BVerfG, 2 BvR 2365/09 vom 4.5.2011.

[38] 依照德國刑法第68b條第1項第12款規定，法院得以保護管束相同的期間或者更短的期間，對受刑人指示要求其配戴，對其指定之處所進行電子監控所必須的科技設備，並持續保持設備能運作的狀態，不得干擾其正常運作的功能。http://www.gesetze-im-internet.de/bundesrecht/stgb/gesamt.pdf（最後瀏覽日：2012/5/22）。

[39] 德國刑法第68b條的規定，受保安監禁之人，若犯下特定之罪（如侵害生命、身體法益、妨礙個人自由或性自主的權利等重罪）；或受刑人將來有犯德國刑法第66條第3項所列舉犯罪的可能，可在執行保安監禁的同時，對其施以電子監控，而不拘束其人身自由。參見：Hans-Jürgen Kerner著，許澤天、薛智仁譯，德國刑事追訴與制裁，元照出版，2008年11月，頁128以下。

從德國的黑森邦到巴登‧符騰堡邦，再到最新修正關於保安監禁的規範，可以看出德國希望透過電子監控，輔助受監控人重返社會，其反覆提醒個案「在某個時段，你必須做什麼行為或在什麼地方」，促使個案適應社會[40]。但這並不表示電子監控維護社會治安的功能喪失，電子監控作為中間制裁措施，本來就兼有社會防衛與復歸的色彩，只是德國法的作法上傾向社會復歸。

（三）本文立場

電子監控引進之初，是為了監控假釋在外的性侵害犯罪者，也就是採取社會防衛的觀點，滿足社會大眾的安全期望；2011年更修正性侵害犯罪防治法第20條，擴大電子監控的施用對象，可看出政府欲強化電子監控監督色彩的意圖[41]。電子監控就外在而言，能掌握受監控者的行蹤，使其不能隨意行動，而須受到一定限制，進而降低再犯；就內在而言，電子監控能在受監控人心中產生壓力，促使受監控人面臨衝突情境時能理性選擇，達到自我控制的成效。是故，我國目前仍走在社會防衛的道路上；但這樣的電子監控終究有其侷限性，因為科技有限，無法完全掌握行蹤，而完全防止犯罪的發生[42]，如果電子監控的態度停留在社會防衛，終究只能威嚇犯罪人，而不能真正改變犯罪人。

如果要真正改變罪犯，完全除去其危險性格，我們應該思考，如何從

---

[40] Oliver Ratzel / Rüdiger Wulf, a.a.O., (Fn. 38), S. 339.

[41] 關於我國電子監控實施對象在立法上的進展可分為二。首先，性侵害犯罪防治法在2005年2月5日修正時，將電子監控限於假釋犯或受緩刑者，且須具有以下要件之一：(1)無一定住居所或住居所不利執行保護管束而被命居於指定的住居所；(2)如夜間犯罪習性或有事實足認有再犯之虞而受宵禁（參照§20Ⅱ、Ⅲ）。然而，2011年11月9日，性侵害犯罪防治法修正第20條第3項，不限假釋犯與受緩刑者，亦不限於限制住居或宵禁，只要加害人受保護管束時，即可實施電子監控。

[42] 電子監控功能有其侷限性，具體實踐上，仍然無法完美防堵性犯罪假釋者的再犯可能。近年來，曾有犯下多次強制猥褻、妨害性自主、妨害風化等前科的假釋犯者，佩戴電子腳鐐的同時，依舊能找到機會，對早晨運動的婦女做出騷擾、襲胸等猥褻行為，而該案發生後，已是假釋犯者第二次被指控猥褻婦女。相關新聞可以參見：聯合報，戴著電子腳鐐累犯還襲胸，2011年12月25日，B2版。

偏向社會防衛的電子監控，更接近社會復歸。當前電子監控的施行，是由觀護人報請檢察官發動，因此觀護人係針對再犯可能性的高低進行評估，並且配合個案的情況，提出適合個案的監控時段，表示觀護人希望藉由電子監控使犯罪人能改過向善，順利回歸社會。平心而論，我國電子監控仍有社會復歸的色彩，但與德國相比，尚不夠精緻。這可能是受限於觀護的人力資源的欠缺，有待改進[43]。

　　本文認為，要消滅再犯的風險，社會防衛只能治標，而無法治本，要根除風險，仍有賴罪犯的矯正。此外，社會防衛式的電子監控可能走向極端，成為完全不定期或終身的電子監控，反而有侵害人權的疑慮。反觀社會復歸式的電子監控，手段緩和，但目標更加積極，希望藉由教化或治療等方式，讓罪犯真正悔改，永不再犯，電子監控只是輔助措施。但教化等矯治手段，無法立刻見效，若全然依賴，亦可能形成再犯風險預防的漏洞，所以讓電子監控接近社會復歸，也不能完全忘記社會防衛。

　　兼顧社會防衛與社會復歸，是項困難的工作。以性侵害犯罪為例[44]，

---

[43] 以99年法務部及所屬機關員工人數為例，矯正機關（含監獄、矯治所、少年輔育院、矯正學校、技能訓練所、看守所、少年觀護所）共有7,400名，然而各法院檢察署觀護人卻只有220名，彼此差距為33.6倍。詳細資料可參考，法務部統計處，中華民國法務統計年報99年，2011年4月，頁94～95。

[44] 性侵害犯罪的再犯機率，國內外的研究報告見解不一。有研究認為再犯率約為10%至15%之間，有認為遭判決後的性侵害犯罪者幾乎或甚少再犯；然而也有見解認為基於性侵害案件之特殊性，受害人皆不願主動舉發與出面作證，因此犯罪黑數相當高，加上統計採樣數據的問題以及追蹤期的不足，影響再犯機率的高低甚深，因此提出質疑。有學者研究認為，監獄內犯性侵害案件的受刑人且具有性侵害犯罪前科者約為17%，參見周煌智，性侵害犯罪流行病學，性侵害犯罪防治學－理論與臨床實務應用，五南圖書出版，2006年4月，頁64～65。又實務統計，以法務部2010年的統計資料為例，移送檢察機關執行有罪人數為1,876人，其中初犯占51.9%，其性侵害前科之累再犯者占19.9%，參見：法務部統計處，註43書，頁35。又依司法院妨害性自主犯罪量刑分析研究小組的統計，自2008年開始至2011年3月底的地方法院妨害性自主案件有罪判決，剔除涉及連續犯或牽連犯妨害性自主罪者，刪除部分有誤之資料後，共分析4,094件，3,460人次。在此之中，無性侵前案數占全部性侵案的94.1%（3,851件），再累犯的部分約是5.9%（一次性侵有204件（5.0%）；二次有30件（0.7%），三次以上者8件（占0.2%））。如由司法院的統計數據則反映，大部分的性犯罪者都是初犯，再犯的機率不高，詳見：司法院妨害性自主犯罪量刑分析研究小組，期中報告：以刑法第221條強制性交罪為例，2011年4月19日，頁3～4，http://www.judicial.gov.tw/revolution/judReform06.asp（最後瀏覽日：2012/5/22）。

除了可能利用外在的監控力量，如密集向觀護人報到、訪談及電子監控之外，也必須重視對犯罪人本身的輔導矯治，以增加行為人內在的自我控制能力。總之，要罪犯永遠與犯罪脫鉤，必須犯罪者真誠覺悟，否則外在的監控一旦弱化，犯罪就將趁勢再起。理想的電子監控制度，應該以社會復歸為主，社會防衛則是輔助，這也是未來應該努力的方向。

二、立法的選擇——分別立法或單獨立法

2009年3月31日立法院審議通過「經濟、社會及文化權利公約」及「公民與政治權利國際公約」後[45]，宣示人權立國的政策，將進入新的里程碑。如何在進行電子監控的同時，又能兼顧人權保障是重要的議題。從觀護人的角度來觀察，完備的法制化才能在執行電子監控時更加於法有據。

當前電子監控的法律規範，主要以性侵害犯罪防治法第20條第3項第7款、第9項，以及法務部依前開法律所頒布的性侵害犯罪付保護管束加害人科技設備監控實施辦法構築監控的法源。然而，依中央法規標準法第5條的規定，應屬法律保留事項，必須以法律規範。電子監控對於人民的權利產生侵害，現行法僅以性侵害犯罪防治法第20條作授權性的規範，似乎過於簡略。更何況電子監控的適用範圍有逐漸擴大的趨勢，法制化的問題將無可避免。

就法制化的選擇而言，其選擇有二：其一、對電子監控獨立立法，成為電子監控法或科技設備監控法；其二、對電子監控分別立法，在採用電子監控的法典中作出相對應的規定，如我國對性侵害犯罪有採行電子監控，而直接在性侵害犯罪防治法中擬定電子監控的規定。觀護人對於這個問題，看法南轅北轍，但均有道理，可供立法者思索未來電子監控法制化

---

[45]2009年3月31日立法院審議通過「公民與政治權利國際公約」、「經濟社會文化權利公約」；同時通過「公民與政治權利國際公約及經濟社會文化權利國際公約施行法」。此後，各級機關應積極將不符兩公約規定的法規及行政措施，完成制定、修正、廢止或改進，對於提升人權標準、促進人權發展、重新融入國際人權體系及拓展國際人權合作，具有指標性之意義。

的方向。

（一）分別立法模式

　　有受訪觀護人認為，可以繼續採行當前的分別立法模式，其謂：「實施科技監控的態樣都不太一樣，發動跟執行的方式也不太一樣，可能要散在各種法規中會比較恰當」、「電子監控是一個工具，不應該獨立變成標的。電子監控是一個配套的工具，要輔助我們在人力上的不足，才會有科技監督的誕生。……需要科技監督的情況，實在防不剩防，太多的東西需要受電子監控。法制化是說在所有的細節裡有這樣的科技監督加以輔助監控，在其他相關的法裡，如果有需要用到這部分，再把這個工具的部分納入相關的法裡即可。」有論者更進一步表示，如果電子監控要獨立立法，那「測謊要不要法制化？驗尿要不要法制化？」若將這些輔助手段都獨立立法的話，法典將相當龐大雜亂，所以只要在有需要使用電子監控之處，增修相關規定即可。

　　分別立法主要是從現實層面進行考量，認為現行的電子監控主要作為輔助查證的手段，屬於配套性的措施。在法規範未擴大適用範圍前，電子監控僅適用於性侵害犯罪的範疇。因此單對性侵害犯罪的電子監控獨立立法，並無實益。

（二）單獨立法模式

　　有觀護人認為基於專業考量應獨立立法，說道：「這樣（按：當前的立法模式）是比較快，因為就現行法直接做修正，哪裡缺就補哪裡，但就考量專業性的來說，我覺得長遠來說，應該要把與電子監控相關的東西要放在一個特定的法案裡，但是這個法案或許不止電子監控的議題。……包括偵查中、交保中、審判中、審判完緩刑中、已經執行到一半附電子監控條件而釋放出來的，這與假釋不一樣，甚至是包括假釋出來電子監控的，還包括期滿之後因為被心理師或是經過某些專業人士授法官要求經過評鑑後，仍有監控必要的，都放在這裡面，幾乎整個廣義的司法訴訟流程都用

的到。」亦有觀護人認為，獨立立法與分別立法都各有優點，但避免日後因監控類型的限定，而無法實施監控，這是需要考量的地方，其謂：「專法有專法的好處，分開立法有分開立法的好處。只是擔心如果分開立法，以後要用就用不到，也不知道後面發展會到什麼程度。」但是，支持獨立立法者也有認為，電子監控涉及科技設備，科技設備日新月異，很難以現在的角度去制定一個未來通用的法律，謂「科技的東西，現在來看可能是不可能，過了半個月可能就會變成有可能，很難去定一個法在那讓大家都可以套用，個人覺得是滿難的。」從上述觀護人的說法可以得知，「法規完整性」是思考單獨立法模式的重點。

（三）本文立場

1. 現階段的電子監控不宜單獨立法

關於電子監控立法制度的選擇，美德二國關於電子監控的立法方式，恰可作為我國的參考。美國各州立法取向不同，並無一致標準，以加州為例，電子監控制度附加於刑法內，而非單獨立法；就美國法觀點，電子監控並非單獨處遇的措施，通常必須搭配具保、責付、限制住居、尿液與藥物檢測等輔助配套，共同避免受監控人的再犯行為。反觀德國，因為電子監控與德國憲法基本權保障之間的衝突疑慮，以及刑事政策向來審慎的傳統，而無法全面大規模推行電子監控[46]，只能單靠邦法規範[47]。2009年德

---

[46] 電子監控制度有違反德國基本法第2條第2項之「人格自由發展」（freie Entfaltung der der persönlichkeit）、「個人身體完整性與自由權」（körperliche Unversehrtheit und Freiheit der Person）與基本法第10條的「信件、郵電以及遠距通訊秘密」（Brief-, Post-und Fernmeldegeheimnis）等基本權保障的疑慮。參見Albrecht / Arnold / Schädler, Der hessische Modellversuch zur Anwendung der "elektronischen Fußfessel," Darstellung und Evaluation eines Experiments, ZRP 2000, S. 466.

[47] 必須說明的是，2006年德國聯邦憲法法院決議，各邦針對刑事執行的部分，在不違反「刑事執行法」（Strafvollzugsgesetz）的情況下，允許各邦自行立法。因此，在2006年之前，德國黑森邦試行電子監控則是透過法律解釋的方法。關於這些內容的說明，參見Makus Mayer, Modellprojekt Elektronische Fußfessel. Wissenschaftliche Befunde zur Modellphase des hessischen Projekts, S. 1. http://www.markus-mayer-info.de/ Forschungaktuell23.Pdf.（最後瀏覽日：2012/5/22）。

國因巴登‧符騰堡邦訂立的「執行自由刑之電子監控法」，而有專法的誕
生，但終究是邦法的層級；德國電子監控具有全國性法律基礎，是因為
2010年德國刑法的修正，但仍非單獨立法。

　　在思考電子監控是分別或單獨立法的問題上，應先思考我國引進電子
監控的緣由。當初引進電子監控制度，僅是為了防止性侵害犯罪的高再犯
危險，希望藉此監控性侵害的加害人，而於性侵害犯罪防治法，以及性侵
害犯罪付保護管束加害人科技設備監控實施辦法中制定相關規定。是故，
立法之初，若專為監控性侵害犯罪的加害人而單獨立法，恐怕過猶不及。

　　再者，如果政策面考慮擴大電子監控的適用範圍，將之延伸至其他犯
罪的假釋犯，或羈押替代等方面，則應通盤斟酌國家社會的實力與實益。
衡酌目前實務參與電子監控的人力、物力有限，以及第三代科技監控設備
尚不成熟，恐怕尚無實力擴大適用範圍，實不宜輕率為之；如果沒有充分
的資源支應電子監控，匆忙上路恐怕不見得具有實益，操之過急反而有
害。

　　然而，從長遠來看，發展電子監控制度，並且單獨立法以周全電子監
控的相關規範，應該是值得努力的方向。單獨立法得以彰顯電子監控的專
業性與獨特性，且配合社會復歸的制度目的，創造良善的電子監控制度。
此外，未來若資源整合成功，且人力充足、經費充裕且科技設備成熟，則
意味電子監控的適用，已經跨出性侵害犯罪至其他領域，諸如其他犯罪的
假釋、羈押替代、家暴保護及老人照護等，此時國家應設立專職的監控中
心，將電子監控的效能發揮最大。

2. 現階段電子監控應朝向立法細緻化努力

　　現階段電子監控應以提升制度效益與強化人權保障為立基點，將現有
電子監控的相關規定，進行細緻規範，應當較為適切。目前對於電子監控
僅在性侵害犯罪防治法制定原則性規定，其餘皆規定於性侵害犯罪付保護
管束加害人科技設備監控實施辦法。惟考量法體系的完整性，且電子監控
具有侵害權利的性質，需受法律保留原則拘束，宜將實施辦法中的相關規
定納入性侵害犯罪防治法，以資明確。如此一來，電子監控不但具有法律

位階的適用依據，於實務運作上也將更加明確，並且能保障人民不輕易遭到監控與限制，使防治犯罪的政策具體落實，踏實邁出電子監控法制化的第一步。

對於電子監控法制的精緻化，首先應檢討的是，電子監控的定義在現行法下有所欠缺，應於性侵害犯罪防治法第2條增列電子監控的定義，因為該條本屬解釋法典內相關名詞的條文。除此之外，目前電子監控的規定係於性侵害犯罪防治法第20條，就體例上，建議將電子監控實施方法的相關規定，增訂於第20條之後，以周全性侵害犯罪防治法電子監控的規範。總之，藉由電子監控意義的明確化，電子監控程序的人性化、透明化，增加監控設備利用的限制與受監控人的救濟程序。對此，分別說明如下：

(1)明確電子監控的意義

現行法雖有明文實施監控的依據，但並未明文規定電子監控的意義。由於電子監控在控制性侵害犯罪上，屬於相當重要的手段，為求明確，應增訂其意義，以供未來司法處遇制度採行之便。對此，應將實施辦法中關於科技設備監控的內涵，增訂GPS行動監控的意義於性侵害犯罪防治法第2條，「本法所稱科技設備監控，謂下列利用科技設備傳送訊號，通報地方法院檢察署、地方軍事法院檢察署之監控方式：一、利用工具或設備系統，輔助查證受科技設備監控人於監控期間內，進出監控處所之情形；二、利用全球衛星定位系統，輔助查證受科技設備監控人於監控期間內之行蹤。」以供未來司法處遇制度採行之便。

(2)電子監控程序的人性化

為了追求更人性化的監控程序，使個案不至過度抗拒電子監控，同時提高再社會化的機會。應明定電子監控程序的開啟條件，如觀護人得經檢察官的許可，得對性侵害犯罪防治法中的保護管束加害人實施電子監控。增訂核准假釋前需經一定期間評估是否施予電子設備監控的機制，包括須審慎考量個案有無逃亡之虞、再犯危險及比例原則，且觀護人需經一個月以上的仔細評估，始得實施監控，並命相關單位設置監控設備、委託民間單位監控時需採取書面方式、執行結果報告，以及免除執行監控程序等，

以求愼重。另外，電子監控設備的系統與制度化，有助電子監控實施的便利與效能，應完善相關法令，促請主管單位設置必要監控設備，並得視需要，設置中央的電子監控中心，達到人性化管理目的。

(3)電子監控程序的透明化

爲使執行監控程序更加透明，確保個案權益與人權保障，首先應明定執行應注意事項，如檢察官許可執行電子監控時，應核發執行電子監控命令書，同時列舉受監控人應注意事項如，個案須依指定期間、地點接受科技監控設備的裝置、拆除；不得擅自或故意拆除、損壞、隱匿或阻斷科技監控設備；依指定時間及電子監控處所，住居或活動；依觀護人指示，配合科技監控設備訊號，做必要行爲或反應；無正當理由不得拒絕觀護人或警察的電話訪談、進入電子監控處所進行設備檢查、維修或查訪等一切影響電子監控的行爲。關於違反效果，由輕至重，分別是送交觀護人處理或撤銷假釋、緩刑。若發生緊急狀態而違反注意規定時，增訂個案陳報觀護人的解釋程序等，使受控人知悉受限制的範圍。若需委託民間單位辦理監控，需採行書面程序，以求執行程序的審愼明確。此外，監控結束時，需進行監控結果的報告，以透明監控成果，並掌握研判是否須延長監控期間。

(4)增加監控設備利用的限制與救濟程序

電子監控可能會侵害個人名譽或相關權利，所以在執行電子監控時，應特別注意受監控人的身體及名譽保護、且明文監控設備不得用於竊聽或竊錄等不法行爲，使用受監控人的地理資訊，應考量相關重要事項，並同時符合個人資料保護法之相關規定。另外，本於「有權利即有救濟」的原則，若發生受監控人不服或權利遭受侵害等情形，應有相對應的救濟途徑，可惜現行法對於，受電子監控人若認爲沒有受電子監控的必要，或對電子監控處分的相關內容不服時，欠缺救濟管道，故本文建議受電子監控人得向所屬法院聲請撤銷或變更之。

三、實務的配套——監控中心

　　除了法制建立外，人力、物力的投入也十分重要，觀護人接下電子監控的重擔後，幾乎成為全天候都在工作的鐵人，業務量及工作壓力均過於沉重。觀護人殷切期盼能夠設置「監控中心」，特別是未來完全採行全天的行動監控後，相關儀器設備的使用、判讀及修護等，還是需要有專業人士負責，否則以現有的觀護人力與專業，都難以勝任。因此，對於監控中心的設置，受訪的觀護人不約而同表示贊同，雖然在部分看法上存有異見，但大方向是一致的。本文亦認為，若要徹底發揮電子監控，特別是GPS行動監控，如此繁雜且全天無休的監控業務，不可能僅交由部分觀護人執行，更何況當前的觀護業務量已經相當龐大[48]，所以監控中心的設立勢在必行。

（一）設置監控中心的理由

　　綜覽觀護人認為設置監控中心的必要原因，大抵整理出以下幾點：

1. 展現專業分工

　　電子監控，尤其是第三代的電子監控，個案配帶電子監控設備後，將對其進行全天候且跨管區的行動追蹤。舉凡監控裝備的安裝、個案身上的設置、設備儀器的維護，以及訊號的研判通報，均應由專人運作，方屬妥適。觀護人不是科技專才，對於機器維護或訊號判讀，均無專業性，還不如讓觀護人回歸自身專業的觀護業務。當前電子監控全由觀護人負責，心理壓力相當大，觀護人對此作出反應：「監控時都是神經緊繃的，在神經緊繃的狀態之下，如何冷靜的去做臨時突發事件的調配，這是有困難的。」因此，分工的概念就相當重要，觀護人稱：「監控中心就是負責訊

---

[48] 一位觀護人提到觀護業務的複雜：觀護業務繁雜，難以全心專注於電子監控業務。觀護人工作多樣化、負荷重，除保護管束案件監督、輔導外，尚須分工其他業務（包含緩起訴法治教育、義務勞務、二級毒品緩起訴處分金審查、戒癮計畫、大專生實習督導、校園法治教育、社會勞動、團體治療、團體、職業輔導、假日資源回收，反賄選宣導……等）。參見孫啟俊，電子監控個案研討——在協調與違規之間，電子監控法制化學術研討會（二），高雄大學法學院、東海大學法律學院主辦，東海大學法學院波錠廳，2011年6月17日，頁95。

息研判的部分，當你確定訊息沒有異常的時候，就是交給觀護人了，觀護人才能夠指揮請轄區的警員做出相關的行動，確認是危險情況，再呈報檢察官依法處理。」據此，監控中心就是專業分工的表徵。

2. 因應未來變革

當前的電子監控雖然侷限在性侵害犯罪，但放眼未來，許多刑事司法領域都可能涉及，例如其他有必要施以監控的犯罪類型，如家暴、吸毒；又或者在刑事訴訟上作為替代羈押的手段等[49]。換言之，未來電子監控恐怕不是單純針對受判決確定者，其牽扯的面將更為廣大，若僅由觀護人負擔顯然不符未來的需求。

3. 提升觀護士氣

在觀護人力不足的狀況下，尤其是涉及電子監控業務的性侵專股觀護人，如何成功扮演觀護的角色，是相當困難的。有觀護人語重心長談及此事：「白天是觀護人，晚上是觀護志工，因為一開案執行監控後，幾乎就沒有上下班的分別，雖然下班有回到家而非待在辦公室，但有帶手機的人就知道，這是一種心理壓力，根本不知道什麼時候會接到一個違規的簡訊，違規簡訊來，法警是第一線要去查證，個案有沒有在家，可是他還是會問觀護人到底發生什麼事，因為跟個案接觸都是觀護人，最後要扛責任的也是觀護人，跟法警是沒有什麼關係的。」成立監控中心，適度紓減觀護人有形與無形的壓力，對於整體觀護士氣的提升應有相當助益。尤其未來採行GPS行動監控後，二十四小時的全天候監控，已超過現行觀護人力所能負荷，若欠缺監控中心的輔助，將無法達成完善的監控。

---

[49] 由於現行的電子監控只用於性侵害犯罪，因此是否擴大適用電子監控，一直以來都有廣泛的討論。尤其是在重大案件的交保上（如貪污或經濟犯罪），現行的交保制度已無法完全保證被告不會棄保潛逃，因此有認為應藉由電子監控的輔助，確保交保後的被告能準時出庭應訊。以美國為例，其亦未限於貪瀆或重大經濟犯罪，而是廣泛運用在審前交保的案例。關於擴大監控的類型，可以參考汪南均，電子監控技術設備於刑事司法之實務運用（六），法務通訊，2403期，2008年8月；吳景欽，前揭文，頁39；鄭添成，前揭文，頁184～192。

（二）理想監控中心的模型

　　受訪觀護人在期待政府成立電子監控中心之餘，對於理想的監控中心也做出一些看法，這些看法重要之處在於，監控中心除了有觀護人之外，應加入：1.專業工程師，用以正確判讀電子監控儀器所發出的訊息，以供觀護人或檢警等進行及時的反應；2.警力配合，因為觀護人並無司法警察權，有時發生緊急時刻，還必須報請檢察官，再由檢察官令警察處理，如此恐怕將錯失良機而造成悲劇。總之，若成立監控中心，應宏觀考量電子監控的適用範圍，將相關的專業人力納入，如此才能真正發揮中心的功能。

　　更進一步的說，監控中心有專職的工程師是非常重要的。因為文科出身的檢警或觀護人，難有操作複雜監控儀器的能力，能夠正確認識儀器才不會造成訊號解讀的誤謬。對於現行實務，觀護人反應：「對機器設備不瞭解，如何判讀訊息是否正確也不知道，一定要打電話給工程師。半夜工程師都在休息，有時候不開機，那我跟法警就很緊張，要叫警察去抓也不知道這訊號是真是假。如果是假的，勞動警察去找個案可能會反彈相當大，他會想因為我沒有違規，突然一堆警察來到我家，弄到左右鄰舍家裡的人都不得安寧，其實根本是誤判一場，那以後我們怎麼去面對個案？」透過觀護人的操作經驗，可知訊號的判讀不但影響觀護人的日常生活，甚至對於受監控人與鄰居都有不小的影響。

　　觀護人對於工程師的需求，說道：「訊號出現問題的時候我們根本不知道怎麼處理，我們又不是電子工程師，他們是民間公司的工程師，而且就一兩個工程師負責全國的業務，也不能馬上有問題就趕來。」「（按：工程師）一開始就可以篩選訊號，真的有危急或緊急的時候再通報警網跟觀護人，否則有時候會有狼來了的效果，管區查訪幾次，會認為個案只是單純的遲到，到最後就大家就彈性疲乏了。」由此可知，工程師在電子監控之中扮演十分重要的角色，監控中心內應編制常駐的專職工程師，否則

電子監控業務容易造成資源浪費,甚至癱瘓[50]。

若被監控的個案脫軌,不具警察權的觀護人,無法及時保護人民,在執行電子監控時就顯得綁手綁腳。若警察能夠進入監控中心,由警察發動強制力,處理緊急事態,將可紓緩不夠靈活的電子監控,並同時降低悲劇的發生。未來若採行GPS行動監控,警察的重要性將會更加提高,因為全天候執勤的公部門首推警察,恰可因應二十四小時無休的電子監控。對此,觀護人是這樣說的:「現在的監控如果發生狀況,我們還是要報請檢察官,再用傳真請警察去抓人,往往會拖延許多時間,應該要有專責的人員,不管是設備或是法規,整個程序都非常清楚,讓他們來掌控會相當有效率。觀護人也是會輪替的,而且又不只忙這個,還有很多事情要忙,也要顧及其他業務。沒有警察權的觀護人,每次都拜託別人幫忙,所以一定要成立全國性的監控中心。」

(三)監控中心的隸屬

如果真的成立電子監控中心,應隸屬於哪一個單位較為有利,是一項值得思考的問題。雖然現在負責電子監控業務的觀護人,是隸屬於法務部保護司,但對這項議題表示意見的觀護人多認為,若監控中心成立,應置於內政部警政署。因為電子監控將從居家監控走入行動監控,由夜間監控走入全日監控,警察系統本來就有二十四小時的輪班制度,可與全日的電子監控相互配合。更重要的是,有突發狀況的話,警察有能力解決問題。

觀護人有不同意見,其認為:「監控中心本身應該是一個類似機關的特別組織,類似委員會或審查會,屬於組織內的執行單位。」、「監控中心可以配置在我國高等法院檢察署的各分檢署,自己不能單獨成立為一個中心。」、「就像最高法院檢察署底下設置特偵組,這個特偵組就像監控中心,它是一個單位,而配置在一個具有相當權力的組織下。」、「事實上真正的執行者第一線應該是檢警調人員,他們有偵查犯罪的經驗,也有

---

[50] 工程師在監控上的重要性,美國實際的運作亦是如此。參見翁珮嫻,美國交保被告之電子監控法制與實務等研究,法務部進修報告,2007年10月,頁73。

相當的組織。」這樣的想法或許是認為，電子監控有侵害人權的疑慮，應讓檢察官介入，且檢察官有指揮警察的權能，如遭遇突發狀況也可以便宜行事。觀護人的想法可供參考：「各檢察署的檢察官可以指揮刑事警局，刑事局底下還有派出所，而一個縣市卻只有一到三個觀護人，是無法做監控的。」

柒、結　語

　　2005年，性侵害犯罪防治法進行修正，首先將電子監控運用在性侵害犯罪的假釋與緩刑者的處遇上，這是因為性侵害犯罪與一般犯罪，性質上有很大的不同。性侵害犯罪，除了造成受害者巨大的創傷外，更重要的是，其中有屬難以根治的犯罪類型。因此，在面臨性犯罪者刑後處遇的問題時，我們應同時綜合考量治療與監控的面向。在治療方面，犯罪人本身之心理缺陷與以輔導與矯治，讓其習得自我控制的基礎能力，而在面臨犯罪情境時，得以自我約束。在控制方面，得運用其他手段便利監控，例如密集的報到與訪談、不定時的驗尿與測謊、登記與公告制度的警示，其中電子監控的輔助，更是完善不可缺少的控制手段。

　　電子監控從早期的影像電話監控到RFID電子監控，又進展至現在熱門的GPS行動監控，發展堪稱迅速，但其中仍存有許多問題。由於電子監控由觀護人負責執行，故本文深度訪談實際參與電子監控的觀護人17名，瞭解及省思這些問題。訪談採半結構式方式，藉由引導與發問，瞭解觀護人對於電子監控制度的意見，再佐以開放式的問題，深入瞭解受訪者對於相關議題的看法。

　　觀護人對電子監控，多持肯定立場，認為電子監控對於社會防衛或社會復歸均有相當程度的貢獻。觀護人作為執行電子監控的第一線人員，對於電子監控有許多感觸，也提出許多具有參考價值的建議。所有受訪的觀護人不約而同強調，應建立電子監控中心，監控中心應由觀護人、工程師及警察等組成，如此一來對於電子監控儀器的判讀能有專人服務；此外，

警察參與電子監控，可以針對可能的再犯，有更好的預防力量。

在執行電子監控的過程中，觀護人提出許多實務上的問題，其中的關鍵依然在於，電子監控設備訊號的穩定性。RFID居家監控雖非完美，但在數年經驗的累積下，已趨於穩定，大多數受訪的觀護人對此也相當有信心；但是，尚在試行的GPS行動監控，觀護人就多持保留態度，認為應延長試行的時間進行修正，因為GPS電子監控設備的穩定性並不理想，若貿然實行恐怕無助於監控的目的，反而造成個案或一般人民的困擾。

電子監控本身是科技進步下的時代產物。機器的本質，是一種單純掌握行蹤、監視個體的工具。基於刑事政策考量，電子監控可以作為輔助性侵害犯罪防治的重要角色。電子監控的優勢，從社會防衛的角度思考，是節省成本，控制風險的一帖良藥。從社會復歸的目的衡量，電子監控則是達到歸復目標的合作夥伴。不過，電子監控並非社會治安維護的萬靈丹，部分人民受媒體誤導，錯認電子監控（特別是行動監控），能對治安維持產生奇效。事實上，居家監控只是協助觀護人瞭解受監控者在管制時間內是否身處家中，行動監控也只是讓觀護人知道受監控者身在何處，若要真正預防再犯或協助更生人重返社會，必定需要觀護人與其他警政、社政及衛政機關等密切分工合作。理想的電子監控制度，是以社會復歸為主，社會防衛為輔。

關於電子監控立法模式的走向，無論是分別立法或單獨立法，都有觀護人表示贊同與支持。誠然，立法模式的選擇設計，除了考量功能性與立法目的有無密切結合外，實際現況面的各種問題，也不能輕易忽略。本文認為，衡酌目前實務尚無充分資源、GPS監控設備有待改進，尚不宜貿然採取單獨立法模式，輕率擴大監控適用範圍。先階段應朝向調整性侵害犯罪防治法，細緻電子監控相關規定應較為適切。當然，未來若能將困境逐一克服，則電子監控的適用，也能有效擴張諸如其他犯罪的假釋、羈押替代、家暴保護及老人照護等，將其效能發揮最大。雖然我們站在社會復歸的立場，電子監控是一種權宜配套，監控本質仍是源於社會防衛精神。不過，若能審慎規劃使用，必能為預防再犯的目的，達到事倍功半的效果。

國家圖書館出版品預行編目資料

驗證刑訴改革脈動／張麗卿著. －－四版.
－－臺北市：五南，2017.10
　　面；　公分
參考書目：面
含索引

ISBN 978-957-11-9276-5（精裝）

1.刑事訴訟法

586.2　　　　　　　106011858

1T62

驗證刑訴改革脈動

作　　　者 — 張麗卿（224）

發 行 人 — 楊榮川

總 經 理 — 楊士清

主　　編 — 張若婕

責任編輯 — 李孝怡

封面設計 — 姚孝慈

出 版 者 — 五南圖書出版股份有限公司

地　　　址：106台北市大安區和平東路二段339號4樓

電　　　話：(02)2705-5066　　傳　　真：(02)2706-6100

網　　　址：http://www.wunan.com.tw

電子郵件：wunan@wunan.com.tw

劃撥帳號：01068953

戶　　　名：五南圖書出版股份有限公司

法律顧問　林勝安律師事務所　林勝安律師

出版日期　2003年10月初版一刷
　　　　　2004年 9 月二版一刷
　　　　　2008年 9 月三版一刷
　　　　　2017年10月四版一刷

定　　　價　新臺幣620元

經典永恆·名著常在

五十週年的獻禮——經典名著文庫

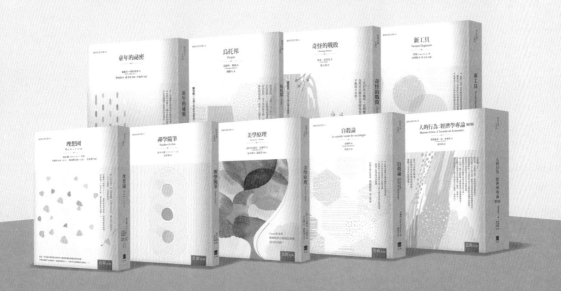

五南，五十年了，半個世紀，人生旅程的一大半，走過來了。
思索著，邁向百年的未來歷程，能為知識界、文化學術界作些什麼？
在速食文化的生態下，有什麼值得讓人雋永品味的？

歷代經典·當今名著，經過時間的洗禮，千錘百鍊，流傳至今，光芒耀人；
不僅使我們能領悟前人的智慧，同時也增深加廣我們思考的深度與視野。
我們決心投入巨資，有計畫的系統梳選，成立「經典名著文庫」，
希望收入古今中外思想性的、充滿睿智與獨見的經典、名著。
這是一項理想性的、永續性的巨大出版工程。
不在意讀者的眾寡，只考慮它的學術價值，力求完整展現先哲思想的軌跡；
為知識界開啟一片智慧之窗，營造一座百花綻放的世界文明公園，
任君遨遊、取菁吸蜜、嘉惠學子！